Dieses Buch gehört der
FRITZ-STEINHOFF-SCHULE
und ist pfleglich zu behandeln.

Ausgeliehen an:

Schj.	Name	Kl.	Kontr. durch
19/20	Ozan C. Öztürk	11.4	
20/21	Gabriel Pöötech	77.4	

westermann

BLICKPUNKT SOZIALWISSENSCHAFTEN

1 Einführungsphase SII

Prof. Dr. Joachim Detjen
Dennis Knebel
Katrin Krämer
Christian Raps
Jens Schmidt
Meike Voß
Jürgen Westphal

BLICKPUNKT SOZIALWISSENSCHAFTEN 1 Einführungsphase SII

Prof. Dr. Joachim Detjen
Dennis Knebel
Katrin Krämer
Christian Raps
Jens Schmidt
Meike Voß
Jürgen Westphal

westermann GRUPPE

© 2019 Bildungshaus Schulbuchverlage
Westermann Schroedel Diesterweg Schöningh Winklers GmbH, Braunschweig
www.westermann.de

Das Werk und seine Teile sind urheberrechtlich geschützt.
Jede Nutzung in anderen als den gesetzlich zugelassenen Fällen bedarf der
vorherigen schriftlichen Einwilligung des Verlages.
Für Verweise (Links) auf Internet-Adressen gilt folgender Haftungshinweis:
Trotz sorgfältiger inhaltlicher Kontrolle wird die Haftung für die Inhalte der
externen Seiten ausgeschlossen. Für den Inhalt dieser externen Seiten sind
ausschließlich deren Betreiber verantwortlich. Sollten Sie daher auf kostenpflichtige,
illegale oder anstößige Inhalte treffen, so bedauern wir dies ausdrücklich und bitten
Sie, uns umgehend per E-Mail davon in Kenntnis zu setzen, damit beim Nachdruck
der Verweis gelöscht wird.

Druck A^1 / Jahr 2019
Alle Drucke der Serie A sind im Unterricht parallel verwendbar.

Umschlagfotos: Picture-Alliance GmbH | dpa/Stache, Soeren (o.l.);
©xy - stock.adobe.com (o.r.); Shutterstock.com | oneinchpunch (u.)
Druck und Bindung: westermann druck GmbH, Braunschweig

ISBN 978-3-14-**118029**-9

Inhaltsverzeichnis

1. Marktwirtschaftliche Ordnung

Seite 8/9

Vorwort 6

1.1 Akteure in der Marktwirtschaft 10
Leben in der Konsumgesellschaft: Entwicklung und Grundlagen 11
Wirtschaften unter Bedingungen der Knappheit 14
MODELL Wirtschaftswissenschaftliche Modellbildung 16
METHODE Modellkritik: Das Leitbild des Homo oeconomicus 17
MODELL Das Marktmodell 18
Der aufgeklärte Wirtschaftsbürger zwischen Manipulation
und Verantwortung 20
MODELL Der Wirtschaftskreislauf 22
Konsumentensouveränität – ein Leitbild in der Diskussion 24
WISSEN KOMPAKT 26

1.2 Der Betrieb als wirtschaftliches und soziales System[1] 27
Das Unternehmen – Gründung und Formen 28
Aufbau, Abteilungen und Konzepte von Unternehmen 30
Betriebliche Mitbestimmung und Tarifverhandlungen 34
LERNWEG Betriebserkundung 37
WISSEN KOMPAKT 38

**1.3 Soziale Marktwirtschaft – Ordnungselemente
und Grundannahmen** 39
Wirtschaft braucht Ordnung 40
Gründung einer neuen Wirtschaftsordnung 42
Wie die soziale Marktwirtschaft funktionieren soll 46
Die soziale Marktwirtschaft und der Sozialstaat 50
WISSEN KOMPAKT 54

1.4 Die Leistungsfähigkeit der sozialen Marktwirtschaft 55
Bestandsaufnahme 56
METHODE Analyse von Statistiken (Tabellen und Diagramme) 58
Soziale Ungleichheit 60
E-Mobilität 62
Positionen 64
METHODE Textanalyse in Sozialwissenschaften 68
WISSEN KOMPAKT 70

1.5 Der Staat als Wettbewerbshüter 71
Marktformen und Beschränkungen des Wettbewerbs 72
Beeinflussung des Wettbewerbs 74
Fusionen und Kartellrecht 75
Erhalt des Wettbewerbs 76
WISSEN KOMPAKT 78

KLAUSUR 80

---
[1] Insbesondere im Rahmen des Kernlehrplans Sozialwissenschaften/Wirtschaft zu behandelndes Thema.

2. Politische Strukturen, Prozesse und Partizipationsmöglichkeiten

Seite 82/83

2.1 Möglichkeiten des Engagements in der Demokratie ... 84
Soziales und ökologisches Engagement auf freiwilliger Basis ... 85
Mitgliedschaft in Parteien und anderen Organisationen ... 88
Wählen und Abstimmen ... 90
WISSEN KOMPAKT ... 92

2.2 Die politischen Grundorientierungen der Parteien ... 93
Was sind Parteien? ... 94
Die Parteienvielfalt in Deutschland ... 96
Politische Grundströmungen und Ideologien ... 98
METHODE Analyse und Vergleich von Programmaussagen ... 102
Parteien als Spiegel gesellschaftlicher Konfliktlinien ... 103
WISSEN KOMPAKT ... 104

2.3 Der politische Prozess im parlamentarischen Regierungssystem ... 105
Das Zusammenwirken der Verfassungsorgane ... 106
MODELL Der Politikzyklus / Dimensionen der Politik ... 109
MODELL Politische Urteilskompetenz ... 112
METHODE Training der Urteilskompetenz ... 114
Die Bedeutung freier Medien in der Demokratie ... 116
Der Einfluss der Medien auf unser Denken und Meinen ... 118
Chancen und Probleme der Kommunikation in den sozialen Medien ... 120
Die Funktionsweise des parlamentarischen Regierungssystems ... 122
Kanzlerwahl, Regierungssturz und die Herbeiführung von Neuwahlen ... 124
Drei Verfassungsorgane auf dem Prüfstand ... 126
WISSEN KOMPAKT ... 128

2.4 Die freiheitliche demokratische Grundordnung ... 129
Merkmale einer freiheitlichen Demokratie ... 130
Mehrparteiensystem und Oppositionsfreiheit ... 132
Gewaltenteilung ... 134
Grundrechte ... 136
Rechtsstaatliche Ordnung ... 138
WISSEN KOMPAKT ... 140

2.5 Demokratietheoretische Grundkonzepte ... 141
LERNWEG Assoziationen zum Begriff „Demokratie" ... 141
Demokratietheoretische Grundfragen ... 142
Identitätstheorie und Konkurrenztheorie der Demokratie ... 144
METHODE Karikaturenanalyse ... 148
Direkte Demokratie und repräsentative Demokratie ... 149
WISSEN KOMPAKT ... 152

2.6 Ist unsere Demokratie in Gefahr? ... 155
LERNWEG Die Positionslinie ... 155
Nimmt das Interesse an Politik ab? ... 156
Befinden wir uns in einer Beteiligungskrise? ... 158
Linksextremismus ... 160
Rechtsextremismus ... 162
WISSEN KOMPAKT ... 164

KLAUSUR ... 166

3. Individuum und Gesellschaft

Seite 168/169

3.1 Jugend gestern, heute – und morgen? ... 170
Lebensentwürfe im Vergleich ... 171
LERNWEG Podcast erstellen ... 171
Lebensphase Jugend: Definitionen und Einschätzungen ... 174
Werte und Normen ... 176
Jugend im Spiegel der Forschung ... 178
METHODE Umfragen und Fragetechniken ... 180
WISSEN KOMPAKT ... 182

3.2 Identitätsmodelle ... 183
Identitätskonzepte nach Erikson und Hurrelmann ... 184
Identität und Geschlecht ... 188
Patchworkidentität und virtuelle Identität ... 190
Identitätsbalance und Einfluss der kulturellen Herkunft ... 192
WISSEN KOMPAKT ... 194

3.3 Sozialisationsinstanzen ... 195
Die Familie ... 196
Die Schule ... 198
Die Peergroup ... 200
METHODE Präsentation ... 201
Die Medien ... 202
WISSEN KOMPAKT ... 204

3.4 Berufliche Sozialisation* ... 205
Beruf und Identität ... 206
Identität in einer sich wandelnden Arbeitswelt ... 208
Konflikte im Betrieb ... 210
WISSEN KOMPAKT ... 212

3.5 Verhalten von Individuen in Gruppen ... 213
Was ist eine Gruppe? ... 214
Wie funktionieren Gruppen? ... 216
Einflussnahme auf Gruppen ... 218
Inter- und Intragruppenkonflikte ... 220
WISSEN KOMPAKT ... 222

3.6 Rollenmodelle, Rollenhandeln und Rollenkonflikte ... 223
Strukturfunktionalistischer Ansatz nach Parsons und Dahrendorf ... 224
Symbolisch-interaktionistischer Ansatz nach Mead ... 226
Umgang mit Rollenerwartungen im kulturellen Kontext ... 228
LERNWEG Rollenspiel ... 230
WISSEN KOMPAKT ... 232

KLAUSUR ... 233

Operatorentrainer ... 236
Selbstprüfung zu den erworbenen Kompetenzen ... 240
Glossar ... 246
Stichwortverzeichnis ... 251
Bildquellenverzeichnis ... 252

Liebe Schülerinnen und Schüler,

dieser erste Band von „Blickpunkt Sozialwissenschaften" wird Sie während Ihres ersten Jahres in der Sekundarstufe II im Fach Sozialwissenschaften begleiten. Er bietet zuverlässige Informationen, verschafft Grundwissen und hilft, Zusammenhänge zu verstehen. Damit möchten wir Sie zum einen sicher auf die letzten zwei Jahre vor dem Abitur, in denen Sie das Fach weiterbelegen oder sogar als Leistungskurs wählen werden, vorbereiten. Zum anderen hoffen wir, Sie für die Inhalte des Faches zu begeistern und Sie zu Antworten auf die für die Gestaltung der Zukunft entscheidenden Fragen anzuregen, wie wir uns verantwortungsvoll in politische Prozesse einbringen, bewusst am Wirtschaftsleben teilnehmen und respektvoll unser Zusammenleben einrichten können.

„Blickpunkt Sozialwissenschaften" orientiert sich an den **Vorgaben des neuen Kernlehrplans** und ist darauf ausgerichtet, dass Sie die darin geforderten Kompetenzen im Fach Sozialwissenschaften erwerben können. Dies werden Sie sicherlich in erster Linie in Ihrem Kursverband tun. Um Ihnen darüber hinaus auch das selbstständige Arbeiten mit dem Band zu erleichtern, möchten wir Ihnen seine Grundstruktur erläutern und auf einige Besonderheiten hinweisen.

Der Band gliedert sich in **drei große Hauptkapitel**, die den im Kernlehrplan für die Einführungsphase vorgesehenen Inhaltsfeldern entsprechen und die sich jeweils einem der zentralen Fachgebiete der Sozialwissenschaften widmen: der Wirtschaft, der Politik und der Soziologie.
Jedes Hauptkapitel beginnt mit einer **Auftaktdoppelseite**. Auf ihr wird durch Bildmaterial und Aufgabenstellungen ein anschaulicher Zugang zu dem Themengebiet ermöglicht. Auf der jeweils rechten Seite finden Sie außerdem einen strukturierten Überblick über die inhaltlichen Schwerpunkte, in denen Sie in den folgenden Kapiteln fachspezifische Kompetenzen erwerben.

Die einzelnen Kapitel sind ebenfalls nach dem **Doppelseitenprinzip** aufgebaut. Die Doppelseiten dienen zur Orientierung innerhalb eines Themengebietes und können als unterrichtspraktische Abschnitte genutzt werden.

Eine **Einstiegsseite** am Beginn jedes Kapitels führt mittels eines Autorentextes in die jeweils behandelte Thematik ein. Auch hier finden sich Bildelemente und Aufgabenstellungen, um einen lebendigen Einstieg zu gewährleisten.

> Im **Basiswissen** wird kurz wiederholt, was das Kapitel an Vorkenntnissen aus der Sekundarstufe I voraussetzt.

Umfassende **Materialseiten** mit fundierten Grundlagentexten, ausgewählten Fallbeispielen und vielfältigen statistischen und bildlichen Materialien regen zusammen mit den **Aufgabenstellungen** zur kontroversen Auseinandersetzung an und unterstützen das eigenständige Arbeiten.

MATERIAL 1

In den Aufgabenstellungen sind die klausur- bzw. abiturrelevanten **Operatoren hervorgehoben**, um den selbstverständlichen Umgang mit ihnen zu festigen. Dabei unterstützt Sie auch der **Operatorentrainer** im Anhang auf S. 236 bis 239. Er enthält eine Übersicht über alle Operatoren und Anforderungsbereiche und erläutert Ihnen, welcher Operator welche Anforderung an Sie stellt.

1 Aufgabenstellungen, die dunkelblau unterlegt sind, enthalten Zusatz- oder Alternativaufgaben und dienen dem Ziel der **Binnendifferenzierung**. Der Unterricht kann so den unterschiedlichen Kenntnissen, Fähigkeiten und Interessen angepasst werden.

Das Symbol für Medienbildung kennzeichnet Aufgaben, die der Förderung der Medienkompetenz dienen.

Am Rand finden Sie wichtige Informationen zu Personen und Begriffen sowie Internetlinks für Recherchen und weitere Tipps. Verweise auf das Glossar teilen Ihnen mit, welche Begriffe dort nachgeschlagen werden können. Querverweise verdeutlichen thematische Zusammenhänge.

INFO   **INTERNET**   **GLOSSAR**   **QUERVERWEIS**

Der Band legt einen Schwerpunkt auf **methodenorientiertes Lernen**. Unterschieden werden hierbei fachspezifische Methoden (z. B. Analyse von Statistiken), sozialwissenschaftliche Modelle (z. B. Wirtschaftskreislauf, Politikzyklus) und Lernwege, die der handlungsorientierten Unterrichtsgestaltung dienen. Diese drei Elemente werden auf farblich hervorgehobenen Sonderseiten im konkreten thematischen Kontext vorgestellt und an Beispielen erklärt. Im Verlauf des Bandes wird immer wieder auf diese Seiten Bezug genommen.

METHODE   **MODELL**   **LERNWEG**

Die jedes Kapitel abschließende Seite **Wissen kompakt** fasst das Wichtigste zusammen und hilft Ihnen beim Wiederholen für Leistungskontrollen. Sie ersetzt aber nicht die Arbeit mit den vorangegangenen Seiten. Hier wird ggf. auch darauf verwiesen, was offen bleibt bzw. strittig ist.

WISSEN KOMPAKT

Am Ende jedes Hauptkapitels finden Sie eine **Übungsklausur mit Erwartungshorizont**, anhand derer Sie selbst überprüfen können, ob Sie sich gut auf Leistungskontrollen vorbereitet fühlen. Auch können Sie hier am Beispiel ersehen, wie Klausuren in der Sekundarstufe II und später im Abitur aufgebaut sein können und was von Ihnen darin gefordert wird.

KLAUSUR

Neben dem bereits erwähnten Operatorentrainer erhalten Sie im Anhang auf S. 240 bis 245 auch die Möglichkeit zur **Selbstprüfung zu den erworbenen Kompetenzen**. An dieser Stelle sind alle Kompetenzen, die Sie laut Kernlehrplan während der Einführungsphase im Fach Sozialwissenschaften erwerben sollen, aufgeführt. Seitenangaben verweisen darauf, wo die jeweilige Kompetenz in diesem Band schwerpunktmäßig bzw. beispielhaft behandelt wird.

Im Anschluss daran folgt ein ausführliches **Glossar** mit Begriffserklärungen sowie ein detailliertes **Stichwortverzeichnis** mit Seitenverweisen.

Wir hoffen, dass Sie mit diesem Band einen gelungenen Einstieg in das Fach Sozialwissenschaften finden werden.

Das Autorenteam und die Redaktion

1. Marktwirtschaftliche Ordnung

„Oh, ich kauf mir was.
Kaufen macht so viel Spaß.
Ich könnte ständig kaufen gehn.
Kaufen ist wunderschön."

Herbert Grönemeyer (geb. 1956)
in seinem Song „Kaufen" aus dem
Album „Gemischte Gefühle", 1983
by Hans Gerig OHG, Bergisch Gladbach

Produktion von Tiefkühlpizza

Einkaufen auf dem Wochenmarkt

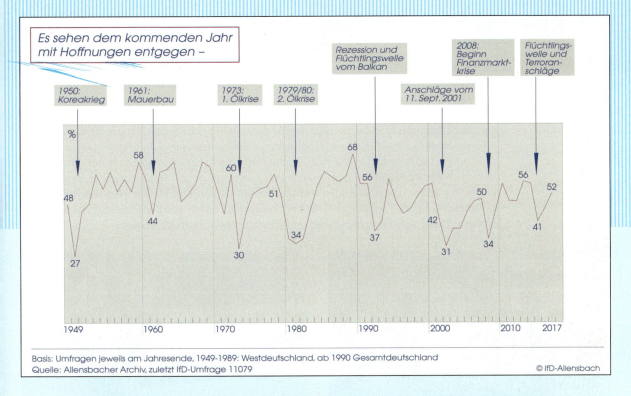

Basis: Umfragen jeweils am Jahresende, 1949-1989: Westdeutschland, ab 1990 Gesamtdeutschland
Quelle: Allensbacher Archiv, zuletzt IfD-Umfrage 11079 © IfD-Allensbach

1 Sieben Fragen werden an jede Wirtschaftsordnung gestellt: *Was* wird *wo* und *wie* und *wann* und *von wem* und *in welcher Menge* produziert und konsumiert, und *wie* werden die produzierten Güter und Dienstleistungen *verteilt*?
Notieren Sie vorläufige Antworten und legen Sie diese beiseite. Versuchen Sie, nach Abschluss der Arbeit mit Kap. 1.1 bis 1.5 Ergänzungen bzw. Korrekturen vorzunehmen.

2 **Erläutern** Sie den Kurvenverlauf des Stimmungsbildes in der Grafik oben.

1.1 Akteure in der Marktwirtschaft

> **INFO**
> **Konsum**
> Verbrauch von Waren und Dienstleistungen

Vor allem Jugendliche haben ständig neue Interessen, Wünsche und Bedürfnisse, die befriedigt werden wollen. Denn wir leben in einer Konsumgesellschaft, in der wir alles mit Geld kaufen können, was wir begehren, in der aber auch viel angeboten und beworben wird, was wir nicht brauchen. Dabei befinden sich vor allem Jugendliche im Spannungsfeld zwischen Konsum und Produktion. Im Zentrum des marktwirtschaftlichen Systems stehen aber nicht nur Jugendliche als Akteure (= Konsumenten), die sich auf dem Markt treffen und ihre Interessen in dort stattfindenden Tauschbeziehungen äußern, sondern auch die Produzenten, die Banken und der Staat. Aber wie funktioniert der Prozess des Wirtschaftens in einer Volkswirtschaft genau? Was bedeutet es, in einer Konsum- oder vielleicht sogar Überflussgesellschaft zu leben? Und letztlich: Wer lenkt eigentlich unsere Kaufentscheidungen – wir Konsumenten mit unseren Wünschen und Bedürfnissen oder die Produzenten mit der Entwicklung immer neuer Güter und ihren Marketingstrategien?

> **INFO**
> **Restitution**
> hier: Wiederherstellung

Basiswissen
Wirtschaften heißt, mit grundsätzlich knappen Mitteln die Bedürfnisse der Menschen in planvoller Weise und so nutzenbringend wie möglich zu befriedigen. Ein **Bedürfnis** ist zu verstehen als ein subjektiv empfundener Mangel, der uns motiviert, eine Handlung zu seiner Befriedigung auszuführen, z. B. ein Brötchen zu kaufen, wenn wir Hunger haben. Nach dem Entwicklungspsychologen Abraham Harold Maslow (1908–1970) unterscheidet man **Existenz-** oder **Primärbedürfnisse** (Essen, Trinken, Sicherheit, Liebe) von **Luxus-** und **Kultur-** bzw. **Sekundärbedürfnissen**, die nach der Entwicklungsstufe eines Menschen, den Umweltbedingungen, dem technischen und zivilisatorischen Fortschritt und den wirtschaftlichen Verhältnissen, in denen ein Mensch lebt, jeweils unterschiedlich ausfallen können.
Der Unerschöpflichkeit der menschlichen Bedürfnisse steht die **Knappheit** der verfügbaren **Güter** gegenüber. Da die Menschen zumeist nicht in der Lage sind, ihre Bedürfnisse durch eigene Produktion zu befriedigen (vor allem nicht in arbeitsteiligen Gesellschaften wie der unseren), müssen die Menschen untereinander Güter tauschen (**einfacher Wirtschaftskreislauf**).

1. **Erläutern** Sie zur Wiederholung die Definition des Wirtschaftens.
2. **Nennen** Sie Beispiele für die verschiedenen Bedürfnisebenen nach Maslow.
3. **Beurteilen** Sie an dem Beispiel Bedürfnis nach Essen (physiologisches Bedürfnis) und Bedürfnis nach Liebe (soziales Bedürfnis), ob man Bedürfnisse – wie Maslow es annahm – streng hierarchisch ordnen kann.
4. **Entwickeln** Sie anhand der Bilder und Ihrer Vorkenntnisse Hypothesen dazu, inwiefern man von einem Spannungsfeld zwischen Produktion und Konsum sprechen kann.

Leben in der Konsumgesellschaft: Entwicklung und Grundlagen

Konsumgesellschaft

MATERIAL 1

Mit dem Begriff „Konsumgesellschaft" oder auch „Überflussgesellschaft" will man ausdrücken, dass in einer Gesellschaft der Konsum einen hohen Stellenwert im Leben der Bürgerinnen und Bürger hat, so dass die persönliche Identität von Dingen abhängig ist, die die entsprechende Person sich leisten kann. Die Anhäufung von Konsumgütern, Geld oder Statussymbolen wird dabei mit dem Grad des Glücks gleichgesetzt, das beim Kauf empfunden wird.

Autorentext

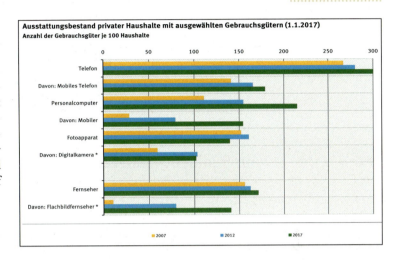

Jugendliche als Wirtschaftsfaktor

MATERIAL 2

1. **Beschreiben** Sie die Statistik in M1 und werten Sie sie hinsichtlich der Veränderung des Lebensstandards der Haushalte von 2005-2015 aus und erläutern Sie die Auswirkungen für das Leben und die Bedürfnisse der Menschen.
2. **Überprüfen** Sie ausgehend von den Informationen aus M2 und Ihren eigenen Erfahrungen die These, dass Jugendliche ein bedeutender Wirtschaftsfaktor sind.
3. **Begründen** Sie, ob Ihre Ergebnisse aus den vorangegangenen Aufgaben die Aussagen des Autorentexts zur Konsumgesellschaft bestätigen.

MATERIAL 3 Die Qual der Wahl

MATERIAL 4 Vom Bedürfnis zum Kaufakt

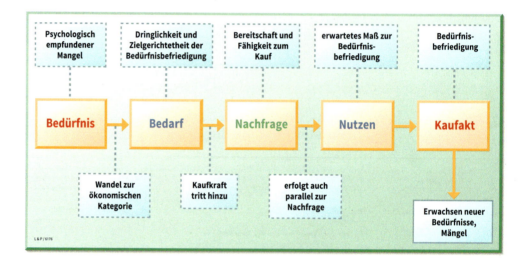

MATERIAL 5 Güter und Güternutzen

Unter einem **Gut** versteht man ein materielles [Sachgüter] oder immaterielles [Dienstleistungen und Rechte] Mittel zur Befriedigung menschlicher Bedürfnisse. […] Güter müssen aus der Sicht des Bedürfnis- und Bedarfsträgers einen positiven Wert haben, damit sie ein Mittel zur Bedürfnisbefriedigung und Bedarfsdeckung sein können. Als subjektives Maß für diese Fähigkeit eines Gutes verwendet man in der Wirtschaftstheorie den Begriff **Nutzen**. […] Bleiben wir bei unserem Studenten: Nachdem er sich die ganze Woche von seiner „Lieblingsspeise" Nudeln ernährt hat, wird er von seiner Freundin […] am Wochenende zum Spaghettiessen eingeladen. Er wünscht sich stattdessen aber Bratkartoffeln, da er sich an Nudeln in dieser Woche schon „satt" gegessen hat. Dieses Beispiel zeigt uns eine weitere mögliche Güter- und Nutzeneigenschaft: Der Nutzen eines „Gutes" kann von der in einer Periode konsumierten Menge abhängig sein und bei zunehmendem Konsum bis zur „Sättigung" führen [Sättigungsgesetz].

Aus: Dirk Piekenbrock, Einführung in die Volkswirtschaftslehre und Mikroökonomie, 2. akt. u. korr. Aufl. Springer Berlin, Heidelberg 2013, S. 5 f.

Güterarten

MATERIAL 6

Zunächst kann man die Güter einteilen in **freie** und **knappe Güter**. Ein freies Gut wird durch die Natur bereitgestellt. Es ist unbegrenzt verfügbar und hat daher keinen Preis.
5 [...] Wie ein freies Gut – nämlich Wasser – zu einem knappen Gut werden kann, zeigen die Verhältnisse in einer modernen Industriegesellschaft. Wasser muss man heute in weiten Gebieten für den menschlichen Genuss erst
10 aufbereiten. Es entstehen Kosten, die einen Preis für das Gut zur Folge haben.

Die meisten Güter, die der Mensch zur Befriedigung seiner Bedürfnisse benötigt, werden nicht von der Natur bereitgestellt, sondern müssen produziert werden. Sie sind 15 knapp, und der Mensch muss daher mit ihnen wirtschaften.
Da sich die Volkswirtschaftslehre nur mit der Beschaffung und Verwendung von knappen Gütern beschäftigt, beziehen sich die folgenden Ausführungen [siehe die Tabelle unten] 20 nur auf knappe Güter.

Einteilungskriterium	Güterarten	Beispiel
Verfügbarkeit	■ freies Gut ■ knappes Gut	■ Sonne ■ Smartphone
Art der Zusammensetzung	■ Sachleistungen ■ Dienstleistungen ■ Rechte	■ Schuhe ■ Schuhreparatur ■ Patent
Verwendungszweck	■ Konsumgut ■ Produktionsgut ■ Investitionsgut	■ Kühlschrank ■ Erz ■ Gabelstapler
Lebensdauer	■ Verbrauchsgut ■ Gebrauchsgut	■ Eis ■ Auto
Ersatz/Ergänzung	■ Substitutionsgut ■ Komplementärgut	■ Butter und Margarine ■ Auto und Benzin
Art und Weise der Befriedigung	■ privates Gut ■ öffentliches Gut	■ Einfamilienhaus ■ Müllabfuhr, Spielplatz
Dringlichkeit der Bedürfnisse	■ Existenzgut ■ Kulturgut ■ Luxusgut	■ Kartoffeln, Hose, Haus ■ Kirche, Denkmal ■ Yacht

Aus: Horst Wagenblaß, Volkswirtschaftslehre, öffentliche Finanzen und Wirtschaftspolitik, 8., überarb. Aufl., Heidelberg 2008, S. 9; Tabelle (ergänzt) S. 15

> **INFO**
>
> **Substitutionsgüter**
> austauschbare Güter
>
> **Komplementärgüter**
> sich ergänzende Güter
>
> **Öffentliche Güter**
> werden (vollständig) vom (oder in Kooperation mit dem) Staat bereitgestellt, weil man entweder niemanden von ihrer Nutzung ausschließen darf oder weil ihre Herstellung für private Unternehmen keinen Gewinn verspricht.

1 Erschließen Sie die Aussageabsicht der Karikatur (M 3).
2 Erörtern Sie die Frage, ob unsere Bedürfnisse von Natur aus unersättlich sind oder ob sie von der Überflussgesellschaft unersättlich „gemacht" werden (Basiswissen S. 10, M 3).
3 Erläutern Sie den Weg vom Bedürfnis zum Kaufakt mit eigenen Beispielen (M 4).
4 Erklären Sie, was genau man unter dem Nutzen eines Gutes versteht und **beurteilen** Sie, welche Rolle die Sättigung für den Konsum und die Produktion spielt (M 5).
5 Legen Sie den Unterschied zwischen freien und knappen Gütern **dar** (M 6).
6 Begründen Sie das Interesse des Staates an der Bereitstellung öffentlicher Güter (Tabelle und Info M 6).
7 Entwickeln Sie mithilfe der Materialien dieser Doppelseite Hypothesen
   a) dazu, an welchen Stellen auf dem Weg vom Bedürfnis zum Kaufakt die Interessen der Käufer und Verkäufer aufeinandertreffen (M 4);
   b) zu möglichen Interessenskonflikten zwischen Konsumenten und Produzenten.

Wirtschaften unter Bedingungen der Knappheit

MATERIAL 7 — Produktion und Produktionsfaktoren

Im Schlaraffenland stehen Güter ohne weitere Anstrengung in konsumierbarer Form zur Verfügung. In der realen Welt knapper Güter ist dies anders. Knappe Güter müssen zunächst hergestellt werden. Unter **Produktion** versteht man die planmäßige **Transformation** von Produktionsfaktoren in marktfähige Güter. Sie umfasst alle Tätigkeiten von der Urerzeugung (durch Landwirtschaft, Forstwirtschaft und Bergbau), über die Be- und Verarbeitung (in Industrie und Handwerk) bis zur Verteilung knapper Güter (durch Gütertransport und Handel). Die Produktionsfaktoren heißen auch Inputs; das Produktionsergebnis auch Output. Unter den Produktionsfaktoren sind die **Primärfaktoren** [siehe Tabelle] – Kapital, Arbeit und Boden – von besonderer Bedeutung. Durch ihren Einsatz entstehen Arbeitseinkommen, Gewinne, Zinsen und Pachten.

INFO
Transformation
Umwandlung

technischer Fortschritt
qualitatives Element der Produktionsfaktoren, der sich beim Faktor Arbeit (siehe auch Glossar) z. B. im Ausbildungsniveau der Arbeitskräfte äußert und zusammen mit dem Know-how den vierten Produktionsfaktor bildet

Produktionsfaktoren	
Produktionsfaktor	**Beschreibung**
Arbeit	■ der auf Produktionsziele gerichtete Einsatz menschlicher Tätigkeit ■ Arten: körperliche und geistige, unselbstständige und selbstständige, leitende und ausführende, gelernte, angelernte und ungelernte Arbeit
Boden bzw. natürliche Ressourcen	■ Grundstücke, die zur Produktion genutzt werden ■ Bodenschätze sowie andere natürliche Gegebenheiten, z. B. Umwelt, Klima
(Sach-)Kapital ≠ Geld	■ umfasst die im Produktionsprozess eingesetzten Gebäude und Maschinen ■ entsteht durch Investitionen in der Vergangenheit

Thomas Siebe, Mikroökonomie. Arbeitsteilung, Markt, Wettbewerb, 2. überarbeitete Aufl., Konstanz/München 2016, S. 31 f.

MATERIAL 8 — Produktivitätssteigerung durch Arbeitsteilung

GLOSSAR
Arbeitsteilung
Spezialisierung
Produktivität

Robinson Crusoe ist ein Paradebeispiel für eine sich selbst versorgende (autarke) Wirtschaftseinheit, in der über Arbeitsteilung nicht nachgedacht zu werden braucht. In dem Moment, wo der Eingeborene Freitag hinzukommt, möge [folgende] Ausgangssituation [...] gelten. Robinson (R) benötigt zur Herstellung einer Angel 8 Zeiteinheiten (ZE) und zum Pflücken einer Kokosnuss 4 ZE. Freitag (F) pflückt eine Kokosnuss in 2 ZE und braucht zur Herstellung einer Angel 12 ZE. Sofern R und F jeder eine Angel bauen und je eine Kokosnuss pflücken, benötigen sie insgesamt 26 ZE, z. B. Minuten [...]. Dies ist nicht chronologisch zu sehen, d. h., wenn sie um 9.00 Uhr anfangen, sind sie nicht erst um 9.26 Uhr fertig, sondern bereits um 9.14 Uhr (so viel Zeit benötigt F). Dennoch sind insgesamt 26 Arbeitsminuten aufgewendet worden. In der Industrie spricht man dabei von Mann-Minuten, Mann-Stunden, Mann-Monaten etc. [...] Die Güterproduktion kann offensichtlich verbessert werden, indem R und F die Arbeit anders zwischen sich aufteilen. [...] Unser Robinson-Beispiel können wir zur Erläuterung eines volkswirtschaftlich und betriebswirtschaftlich wichtigen Begriffs verwenden. Bezieht man das Produktionsergebnis (Output) auf den zur Erzielung dieses Ergebnisses erforderlichen Mitteleinsatz (Input), so spricht man von Produktivität.

	Angel	Kokosnüsse
R	8	4
F	12	2

$$\text{Arbeitsproduktivität} = \frac{\text{Output}}{\text{Input}} = \frac{\text{Produktionsergebnis}}{\text{benötigte Arbeitszeit}}$$

$$\text{hier:} \quad \frac{2 \text{ Angeln} + 2 \text{ Kokosnüsse}}{26 \text{ ZE}} = \text{Arbeitsproduktivität}$$

Aus: Jörn Altmann, Volkswirtschaftslehre. Einführende Theorie mit praktischen Bezügen, 7., überarb. Aufl., Stuttgart 2009, S. 53 ff.

Knappheit und ökonomisches Prinzip

MATERIAL 9

Ökonomen [...] gehen davon aus, dass jeder Konsument für sich am besten weiß, welche Bedürfnisse er in welcher Reihenfolge befriedigen möchte. [...] Treffen prinzipiell unbegrenzte Konsumwünsche auf eine begrenzte Produktion, dann spricht man von **Knappheit**. In Knappheitssituationen werden wirtschaftliche Entscheidungen getroffen. Dabei sollte die Produktion beispielsweise so organisiert sein, dass mit den gegebenen Mitteln möglichst viele Konsumwünsche erfüllt werden können. Die Produktion sollte also möglichst **effizient** sein. [...] Damit sind wir in der Volkswirtschaftslehre angekommen: *Wirtschaften bedeutet, rationale Entscheidungen über den Einsatz knapper Güter und Produktionsfaktoren zu treffen und damit die Diskrepanz zwischen Bedürfnissen und knappen Mitteln zu verringern.*

Ökonomen sprechen von Rationalverhalten, wenn das **ökonomische Prinzip** angewendet wird. In der Ausprägung des **Minimalprinzips** liegt Rationalverhalten vor, wenn ein gegebenes Ziel mit möglichst geringem Mitteleinsatz angestrebt wird. Alternativ kann man den Mitteleinsatz festlegen und eine möglichst große Zielerreichung anstreben. Diese Variante wird als **Maximalprinzip** bezeichnet.

Ökonomisches Prinzip		
	Haushalte	**Unternehmen**
Maximalprinzip	Maximierung der Bedürfnisbefriedigung bei gegebenem Konsumbudget	Maximierung des Gewinns bei gegebener Technologie und gegebenen Preisen und Faktorpreisen
Minimalprinzip	Minimierung der Konsumausgaben bei vorgegebenem Grad der Bedürfnisbefriedigung	Minimierung der Kosten für eine bestimmte Produktionsmenge bei gegebener Technologie

Wirtschaften heißt Optimieren. Optimieren bedeutet, Entscheidungen für bestimmte Alternativen zu treffen und damit wegen der Knappheit bestimmte andere Alternativen auszuschließen. Jede Entscheidung für etwas ist gleichzeitig eine Entscheidung gegen andere Alternativen [Studieren oder Ausbildung?]. Durch die Entscheidung gegen diese Alternativen entstehen **Opportunitätskosten**. Dabei handelt es sich um den Nutzen oder die Erträge derjenigen Alternativen, die gerade nicht mehr realisiert werden können.

INFO

Faktorpreise
Preise der zur Erfüllung der unternehmerischen Aufgaben erforderlichen Produktionsfaktoren

Aus: Thomas Siebe, Mikroökonomie. Arbeitsteilung, Markt, Wettbewerb, 2. überarbeitete Aufl., Konstanz/München 2016, S. 30 f.

1. **Fassen** Sie **zusammen**, was man unter Produktion versteht (M 7).
2. **Erläutern** Sie, wie Robinson und Freitag die Arbeit untereinander aufteilen müssten, damit die Güterproduktion verbessert und so die Produktivität gesteigert wird (M 8).
3. Stellen Sie Vor- und Nachteile der Arbeitsteilung und Spezialisierung gegenüber (M 8).
4. **Legen** Sie den Zusammenhang zwischen Knappheit, Effizienz und ökonomischem Prinzip dar (M 8, 9).
5. Um welches Prinzip geht es – Minimalprinzip oder Maximalprinzip? **Begründen** Sie Ihre Entscheidung (M 9).
   a) Familie Müller hat 250 000 Euro zur Verfügung, um ein Haus zu bauen.
   b) Martin möchte das neueste Smartphone kaufen. Er vergleicht dazu die Preise in Fachgeschäften und im Internet und überprüft zahlreiche Sonderangebote.
   c) Ein Bauunternehmer soll ein Bürogebäude mit 1 000 m² Fläche ausbauen.
6. **Nennen** Sie Beispiele für Opportunitätskosten (M 9).
7. „Wir leben nicht im Schlaraffenland": **Prüfen** Sie, inwiefern Knappheit zu einem Spannungsfeld zwischen Produktion und Konsum führt, und **vergleichen** Sie Ihre Ergebnisse mit denen aus Aufgabe 4, S. 10.

MODELL Wirtschaftswissenschaftliche Modellbildung

Wirtschaftswissenschaftliche Modelle sind, entgegen den Experimenten in den Naturwissenschaften, **Gedankenexperimente**, weil z. B. die Komplexität einer Volkswirtschaft zu groß ist, um in der Realität konstante und wiederholbare Versuchsbedingungen zu schaffen.

Wenn man in den Naturwissenschaften untersuchen will, welche Bedingungen das Wachstum von Tulpen in welcher Weise beeinflussen, so gibt es relativ klare Ursachen (Temperatur, Sonnenscheindauer etc.). Diese Ursachen nennt man gegebene Bestimmungsfaktoren (unabhängige oder exogene Variablen), die Einfluss auf das Wachstum der Pflanze (abhängige oder endogene Variable) haben. Um herauszufinden, welche Wirkung die einzelnen Faktoren tatsächlich haben, darf man nicht alle Einflussgrößen gleichzeitig untersuchen, sondern variiert nur eine, während man die anderen konstant hält. Nur so können zuverlässige Ursache-Wirkungs-Aussagen über den Zusammenhang z. B. von Sonnenscheindauer und Tulpenwachstum getroffen werden.

Auch **ökonomische Modelle** (= Aussagesysteme), die sich auf die wirtschaftliche Realität beziehen, beruhen auf **Prämissen** (Annahmen), die aufgrund von Beobachtungen oder logischen Überlegungen getroffen werden – allerdings ist menschliches Verhalten nicht immer vorhersehbar. Ökonomische Modelle enthalten mindestens eine **Hypothese** über funktionale Zusammenhänge zwischen Variablen und eine **Aussage** darüber, welche Variable als exogen und welche als endogen betrachtet wird, z. B.:

- **Fragestellung:** Wie reagieren Verbraucher mit ihrer Nachfrage auf Preisänderungen?
- **Grundannahme:** Verbraucher sind rational handelnde Nutzenmaximierer.
- **Hypothese:** *Wenn* der Preis eines Gutes sinkt, *dann* steigt die Nachfrage danach, *weil* eine Abhängigkeitsbeziehung zwischen nachgefragter Menge und dem Preis eines Gutes besteht.
- **Variablen:** Preis (exogen), nachgefragte Menge (endogen).

Bei näherer Betrachtung wird man feststellen, dass auch noch andere Faktoren Einfluss auf das Nachfrageverhalten der Verbraucher haben, z. B. das Einkommen oder die Preise anderer Güter. Um aber eine zuverlässige Aussage über den Ursache-Wirkungs-Zusammenhang von Preis und nachgefragter Menge eines Gutes machen zu können, werden diese Einflussfaktoren ebenfalls als konstant angenommen. Der Ursache-Wirkungs-Zusammenhang wird also „unter sonst gleichen Bedingungen" (**Ceteris-paribus-Klausel**) betrachtet. Die Funktionen derartiger ökonomischer Modelle bestehen darin, wirtschaftliche Prozesse zu erklären, Prognosen über zukünftige Entwicklungen zu erstellen oder Entscheidungshilfen zur Realisierung wirtschaftlicher Ziele zu geben.

Modelle sind also mithilfe von Annahmen konstruiert, die Details ausschließen, um einen Sachverhalt untersuchen zu können. Alle Modelle vereinfachen damit die Realität, um das Verständnis der Wirklichkeit zu verbessern. Der Prozess der Modellbildung vollzieht sich durch:

- Abgrenzung und Reduktion des Ausschnittes des wirtschaftlichen Geschehens, z. B. des zu betrachtenden Wirtschaftsraums (regional, volkswirtschaftlich etc.),
- Aggregation: Vereinigung von Segmenten zu einem Ganzen, z. B. Individuen zu Haushalten,
- Festlegung des zeitlichen Aspekts der Analyse: Monat, Quartal, Jahr etc.

Andre Fourçans
Die Welt der Wirtschaft
Frankfurt/New York
1998 (1997)

Zitat rechts: S. 20 f.

Diesen Sinn von Modellen erläutert der französische Wirtschaftswissenschaftler André Fourçans im fiktiven Gespräch mit seiner Tochter so: „Es ist deshalb unsinnig, ein Modell zu kritisieren, weil es zu einfach und nicht ‚realistisch' genug sei. Modelle sind naturgemäß nicht realistisch, und kein Ökonom ist so blind, das nicht zu sehen. Er überlegt sich ja gerade eine Theorie, um jene Phänomene, die zu komplex für unser Hirn sind, in ihrem Kern zu erfassen […]. Ein Beispiel: Wenn wir mit dem Auto von Hamburg nach Aschaffenburg fahren, bedienen wir uns eines Modells: der Landkarte. Wenn es uns darauf ankommt, so schnell wie möglich anzukommen, weil du Freunde besuchen willst, studieren wir die Übersichtskarte, auf der alle Autobahnen eingezeichnet sind, d. h. eine überaus grobe Darstellung der topografischen Wirklichkeit zwischen der Hansestadt und dem Wohnort deiner Freunde. Trotzdem ist dieses Modell für uns weitaus nützlicher als eine vollständige, detaillierte Landkarte mit allen Bundesstraßen und Gemeindewegen; Letzteres hätte nämlich nur eins zur Folge: Wir würden uns verfahren. Hätten wir jedoch Lust und Zeit genug, uns treiben zu lassen und alle Gegenden bis in den kleinsten Winkel zu erkunden, wären wir besser beraten, uns einen ganzen Vorrat an detaillierten Landkarten zuzulegen."

Modellkritik: Das Leitbild des Homo oeconomicus

METHODE

Leitbilder des wirtschaftlichen Handelns der Menschen stellen die Grundlage von Modellen und Theorien in den Wirtschaftswissenschaften dar. Um herauszufinden, welche Leitbilder in Ihrem Kurs vorherrschen, können Sie das Ultimatumspiel durchführen. Das Spiel wurde erstmals 1982 in einem experimentellen Ansatz von Werner Güth und seinen Mitarbeitern am Max-Planck-Institut umgesetzt. Seither wurde es v. a. vonseiten der experimentellen Wirtschaftsforschung – in Deutschland vertreten durch Prof. Dr. Axel Ockenfels – in zahlreichen Laborexperimenten wiederholt.

Das Ultimatumspiel
1. Bilden Sie Zweiergruppen. Einer von Ihnen ist der Anbieter, der andere der Empfänger. Der Anbieter erhält in der Originalfassung des Spiels einen bestimmten Geldbetrag (früher 1 000 DM, heute 1 200 €). In Ihrem Kurs können Sie stattdessen z. B. zehn Schokomünzen, Bonbons, Nüsse etc. (vom Lehrer zugeteilt) verwenden.
2. Der Anbieter darf den Betrag durch ein einmaliges Angebot beliebig auf sich und seinen Mitspieler aufteilen.
3. Der Empfänger kann das Angebot annehmen oder ablehnen. Im ersten Fall erhalten beide den jeweiligen Betrag. Im letzteren Fall gehen beide leer aus.

GLOSSAR
Homo oeconomicus

Homo oeconomicus als Leitbild der klassischen Volkswirtschaftslehre
Der Homo oeconomicus stellt als Leitbild die Grundlage der Modelle der klassischen Volkswirtschaftslehre dar. In diesen Modellen wird angenommen, dass der gut informierte Wirtschaftsakteur sich auf Märkten relativ schnell und ohne Zeitverzögerungen an immer neue Rahmenbedingungen anpassen kann und sich in seinen Entscheidungen ausschließlich von seinem eigenen Nutzen leiten lässt. Dabei handelt es sich beim Homo oeconomicus selbst streng genommen nicht um ein Modell, sondern um ein Menschenbild, das wirtschaftliches Verhalten in konkreten Situationen erklären soll. Es beinhaltet folgende Grundannahmen:
- unbegrenzte Bedürfnisse (keine Sättigung),
- Präferenzen (Wünsche, Motive, Einstellungen, Ziele) der Nachfrager sind stabil und konstant,
- vollkommene Markttransparenz, d. h., sowohl Nachfrager als auch Anbieter haben einen vollkommenen Überblick über den gesamten Gütermarkt, aber auch über die eigenen Entscheidungsalternativen und deren Konsequenzen (Opportunitätskosten),
- Fähigkeit zu uneingeschränktem rationalem Verhalten nach dem Minimal- oder Maximalprinzip auf beiden Seiten,
- Eigennutzenstreben bzw. das Streben nach Nutzenmaximierung bei Konsumenten und Gewinnmaximierung bei Produzenten.

1 Führen Sie in Ihrem Kurs das Ultimatumspiel durch.
2 **Begründen** Sie Ihr jeweiliges Entscheidungsverhalten im Spiel als Anbieter bzw. als Empfänger: Welche Motive bzw. die Verinnerlichung welcher gesellschaftlichen Werte (z. B. Fairness, Eigennutz, Gerechtigkeit) haben zu Ihrer Entscheidung geführt?
3 **Vergleichen** Sie Ihre Ergebnisse aus dem Ultimatumspiel mit dem Leitbild des Homo oeconomicus.
4 **Diskutieren** Sie die Aussagefähigkeit des Leitbildes des Homo oeconomicus, indem Sie
   a) ausgehend von Ihren eigenen Motiven beurteilen, inwiefern Sie die Merkmale des Homo oeconomicus als Grundlage für das Entscheidungsverhalten der Akteure im Wirtschaftsprozess ansehen bzw. nicht ansehen,
   b) ggf. andere Entscheidungskriterien für wirtschaftliches Handeln nennen und
   c) das Ultimatumspiel als Laborexperiment zur Erfassung des wirtschaftlichen Entscheidungsprozesses kritisch bewerten.

MODELL — Das Marktmodell

INFO

Markt
von lat.: merx = Ware;
jedes Zusammentreffen von Angebot und Nachfrage

Präferenz
Vorliebe

Der Markt als Treffpunkt von Angebot und Nachfrage

Grundvoraussetzungen für Angebot und Nachfrage sind zum einen das Gewinnstreben der Unternehmer und zum anderen der Wunsch der Nachfrager, ein bestimmtes Gut zu besitzen bzw. ein Bedürfnis mit einem bestimmten Gut zu befriedigen.

Einflussfaktoren der Nachfrage nach einem Gut sind vor allem:
- Preis des Gutes,
- Preise anderer Güter,
- Dringlichkeit der Bedürfnisse und der eigenen Präferenzen,
- Einkommen,
- Marketingmaßnahmen der Unternehmen, insbesondere Werbung.

Einflussfaktoren des Angebots sind vor allem:
- Preis des Gutes und der dadurch mögliche Gewinn,
- Produktionskosten (Preise der Produktionsfaktoren),
- technologischer Fortschritt (senkt möglicherweise Produktionskosten),
- Erwartungen in die Zukunft.

Angebot und Nachfrage sind Teil eines Modells. Um zu zuverlässigen Ursache-Wirkungs-Aussagen zu gelangen, werden deshalb nicht alle Bestimmungsfaktoren betrachtet, sondern zunächst nur der Preis. Dabei wird die Frage gestellt, wie die Nachfrager bzw. Anbieter auf Veränderungen des Preises reagieren (siehe Wirtschaftswissenschaftliche Modellbildung, S. 16).

Beispiel: Kauf von Muffins am Schulkiosk

Schülerin Marie möchte in der Pause Muffins am Schulkiosk kaufen. Sie tritt dabei als – im Beispiel einzige – Nachfragerin am Markt für Muffins auf. In der Tabelle ist angegeben, wie viele Muffins Marie nachfragen würde, wenn sie kostenlos wären. Diese 5 Muffins stellen die Sättigungsmenge dar, da Marie nicht mehr Muffins essen könnte. Je teurer die Muffins werden, desto weniger fragt Marie nach, bis sie schließlich bei einem Preis von 5 Euro gar keinen Muffin mehr kaufen würde. Der Hausmeister bietet Muffins an, er tritt als – im Beispiel einziger – Anbieter auf. Je höher der Preis der Muffins ist, desto mehr bietet er auch an, da es für ihn rentabler wird.

Maries Nachfrage	5	4	3	2	1	0
Preis pro Muffin in Euro	0,0	1,0	2,0	3,0	4,0	5,0
Angebot des Hausmeisters	0	1	2	3	4	5

1 **Ermitteln** Sie mithilfe der Daten in der Tabelle die Nachfragekurve von Marie und die Angebotskurve des Hausmeisters in einem Koordinatensystem. Tragen Sie dafür auf der horizontalen Achse die Menge und auf der vertikalen Achse den Preis ein.

2 **Interpretieren** Sie den Schnittpunkt der beiden Kurven.

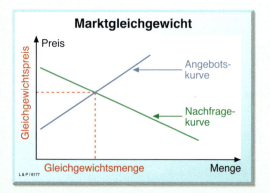

Da in der Realität nicht nur Marie Muffins nachfragt und der Hausmeister auch nicht der einzige Anbieter von Muffins in der Nähe der Schule ist, spricht man in der Realität von Konkurrenz- oder Wettbewerbsmarkt, ein Markt mit sehr vielen Nachfragern und Anbietern. Als Einzelne haben diese keinen Einfluss auf den Marktpreis, denn dieser wird von der Gesamtheit aller Nachfrager und Anbieter bestimmt. Der Hausmeister kann also den Preis für Muffins nicht selbst bestimmen, da die Schüler ansonsten bei einem anderen Muffinverkäufer kaufen würden. Auf dem Markt für Muffins bildet sich anhand der nun zusammengefassten Angebots- und Nachfragekurven aller Anbieter und Nachfrager genau der Preis heraus, bei dem die nachgefragte Menge gleich der angebotenen Menge ist. Dies sagt der Schnittpunkt der Angebots- und Nachfragekurve aus. Hier ist der

Markt im Gleichgewicht und alle Marktteilnehmer, die zu diesem Preis kaufen oder verkaufen wollen, können ihre Kaufwünsche auch realisieren. Grundlage hierfür sind die **Modellannahmen**, dass alle Muffins bei allen Bäckern gleich sind (= homogen), dass es keine Präferenzen der Marktteilnehmer gibt, dass vollkommene Markttransparenz (keine Informationsdefizite = vollkommener Überblick über den Markt) besteht und dass unendliche Reaktionsgeschwindigkeit herrscht. Der Hausmeister in unserem Beispiel wird die Muffins nicht günstiger verkaufen, da er sonst weniger einnimmt, und Marie wird nicht mehr bezahlen, weil sie ansonsten bei einem anderen Bäcker einkaufen könnte.

Grundlagen des Marktmodells nach Mussel/Pätzold

Basis des marktwirtschaftlichen Systems ist die Mitte des 18. Jahrhundert geborene sozialphilosophische Idee des klassischen Liberalismus. Der englische Liberalismus forderte vor allem aufgrund des berühmten Werkes von Adam Smith die Hinwendung zu einem **freiheitlich-marktwirtschaftlichen System**. Nach dieser Auffassung stehen einzel- und gesamtwirtschaftliche Ziele keineswegs in Konkurrenz zueinander – im Gegenteil: Das individuelle Streben nach Nutzen- bzw. Gewinnmaximierung [**Leitbild Homo oeconomicus**] führt – so die Überzeugung der Klassik – zugleich zur Maximierung des gesamtwirtschaftlichen Nutzens und damit zu einem höchstmöglichen „Wohlstand der Nationen". Die klassischen Nationalökonomen wiesen dem Staat nur begrenzte wirtschaftspolitische Aufgaben zu. Sie waren der Überzeugung, dass die „unsichtbare Hand" des **Wettbewerbs** staatliche Interventionen überflüssig machen würde. Die Aufgabe des Staates wurde lediglich darin gesehen, die für die Funktionsweise des Systems erforderlichen rechtlichen Rahmenbedingungen zu schaffen, um sicherzustellen, dass sich der freie Wettbewerb auch voll entfalten kann. [...] Kennzeichnend für das Funktionieren einer idealtypischen Marktwirtschaft ist das Fehlen einer staatlichen Planungsinstanz. Die Wirtschaftssubjekte erstellen individuelle Wirtschaftspläne. Voraussetzung für die freie Individualplanung der Produktion ist das **Privateigentum** an Produktionsfaktoren. Die Koordination der Wirtschaftspläne findet nicht über zentrale Befehle statt, sondern ausschließlich über Märkte. Hier treffen sich Angebot und Nachfrage. Damit kommt dem **Preismechanismus** die entscheidende Bedeutung in der Marktwirtschaft zu. Er liefert den Marktteilnehmern die erforderlichen Kenntnisse über relative Knappheiten von Gütern bzw. Produktionsfaktoren (**Informationsfunktion**). Daraus ziehen die Unternehmen entsprechende Schlüsse und passen ihre Produktionspläne den sich ändernden Marktsignalen an. Änderungen der Preisverhältnisse [...] bewirken eine Umstrukturierung der Produktion. Die Produktionsfaktoren werden in die von den Nachfragern gewünschte Verwendung gelenkt [**Leitbild Konsumentensouveränität**]. Der Preismechanismus übernimmt sozusagen die Rolle eines „Verkehrsleitsystems" für die Produktionsfaktoren. Dies ist die **Allokationsfunktion** der Preise. Schließlich übernehmen Preise auch eine **Sanktionsfunktion**. Leistungsstarke Anbieter erhalten über höhere Preise eine Belohnung in Form eines Gewinns, leistungsschwache Anbieter werden durch Verluste bestraft. Der Preismechanismus wirkt quasi für die Unternehmer wie „Zuckerbrot und Peitsche". Die Gewinnanreize sind zugleich wesentliche Triebfeder für technische und organisatorische Fortschritte.

Aus: Gerhard Mussel/Jürgen Pätzold, Grundfragen der Wirtschaftspolitik, 8. Aufl., München 2012, S. 2

MODELL

INFO

Adam Smith
* Juni 1723 in Kirkcaldy, Schottland
† 17.7.1790 in Edinburgh
Smith war schottischer Moralphilosoph und Ökonom, er gilt als Begründer der klassischen Nationalökonomie; ökonomisches Hauptwerk: *An Inquiry into the Nature and Causes of the Wealth of Nations* (1776).

Weitere Voraussetzungen der Marktwirtschaft:
- Gewerbe- und Vertragsfreiheit (Freiheit des Einzelnen, ein Gewerbe zu gründen und seine privaten Lebensverhältnisse durch Verträge zu regeln),
- freie Wahl des Berufs- und Arbeitsplatzes,
- Haftung (für entstandenen Schaden).

---

3 **Prüfen** Sie, in welche Richtung sich die jeweiligen Kurven verschieben, wenn
   a) der Preis für Mehl aufgrund einer schlechten/guten Weizenernte steigt/sinkt.
   b) sich das Einkommen der Nachfrager erhöht/verringert.

4 **Diskutieren** Sie Auswirkungen von Veränderungen weiterer Einflussfaktoren.

5 **Beurteilen** Sie den Zusammenhang zwischen Marktpreis und Wert eines Gutes.

6 **Benennen** Sie die Grundannahmen des marktwirtschaftlichen Systems (Text mit Info, S. 19, ggf. M 13, S. 24); **erklären** Sie ihre Bedeutung als Grundlage des Marktmodells.

7 Erkunden Sie mit Ihrem Kurs einen Wochenmarkt. Beobachten Sie die Marktteilnehmer bei ihren Tauschaktivitäten und kaufen Sie etwas. **Beschreiben** Sie, wie der Preis zustande kommt und welche Motive/Interessen auf beiden Seiten deutlich werden.

Der aufgeklärte Wirtschaftsbürger zwischen Manipulation und Verantwortung

MATERIAL 10 — Werbestrategien und Manipulationsmöglichkeiten

Das AIDA-Konzept wurde von dem amerikanischen Marketing-Spezialisten Elmo Lewis im Jahr 1898 entwickelt und gilt noch heute als Grundlage für die Entwicklung von Werbestrategien. Das vierstufige Modell setzt sich aus den Anfangsbuchstaben der Werbeziele zusammen und beschreibt die vier Phasen, die ein potenzieller Käufer eines Produktes oder einer Dienstleistung durchlaufen muss, um sich letztendlich für einen Kauf zu entscheiden.

Beispiel: Aufmerksamkeit wird in Stufe A in der Werbung bildlich oder textlich erzeugt. Angewendet auf ein Werbeplakat oder auch auf ein Banner auf einer Internetseite, wird der Betrachter durch ein Bild erregt (Blickfangfunktion). In der nächsten Stufe I wird sein Interesse für das zu bewerbende Produkt geweckt, weil ein lebendiger Text in Kombination mit einem Bild etwas verspricht (Bild-Text-Kombination). Beispiel: Cremedose + Fotomodel (Bild) = Das Model benutzt die Creme und ist deshalb erfolgreich (Text). In der dritten Stufe D muss der Besitzwunsch geweckt werden, indem man dem Käufer klarmacht, dass nicht nur das Model mit der Creme sexy und erfolgreich aussieht, sondern der Käufer selber mit der Creme ein erfolgreicher Mensch wird, was wiederum oft durch einen Text geschieht. In der letzten Stufe muss eine konkrete Handlung provoziert werden. Der Kaufakt kann durch Zusatzinformationen, wie mit der Nutzung einer Internetadresse, die der Kunde sofort anwählen kann, um das Produkt zu erwerben oder mit einem besonders attraktiv wirkenden Preis/Rabatt ausgelöst werden.

Autorentext

A — Attention = Aufmerksamkeit erzeugen
I — Interest = Interesse wecken und Aufmerksamkeit ausbauen
D — Desire = Bedürfnis/Wunsch/Verlangen Produkt zu besitzen hervorrufen
A — Action = Entschluss zur Handlung/zum Kauf auslösen

QUERVERWEIS
Marketing in einem Unternehmen
S. 31, M 7

MATERIAL 11 — Grenzen der Manipulation

Erstens wirkt das Phänomen der selektiven Wahrnehmung. Erreicht die Werbebotschaft den Verbraucher, so ist noch immer nicht sichergestellt, dass er sie auch wahrnimmt bzw. aufnimmt, denn aus der Gesamtheit aller Reize, die auf ihn tagtäglich einwirken, wählt er jene aus, die in irgendeiner Form für ihn bedeutsam sind. Es haben daher nur solche Botschaften eine Chance, verarbeitet und somit verhaltenswirksam zu werden, die den selektiven Filter durchdringen.

[... Oder] der Verbraucher merkt die Beeinflussungsabsicht der Werbebotschaft und reagiert verstimmt. Auch wird Werbung von vielen Verbrauchern nur für eingeschränkt kompetent gehalten, und sie nehmen daher gegenüber Werbeaussagen eine misstrauische Haltung ein. [...]

Außerdem ist Werbung nur eine von vielen Informationsquellen: Der Konsument kann sich auch durch Verkäufer, Bekannte oder Freunde beraten lassen oder Auskünfte bei Verbraucherberatungsstellen einholen [...].

Schließlich wird die Manipulation durch Werbung auch dadurch eingeschränkt, dass die einzelnen Werbebotschaften zueinander in Konkurrenz stehen und sich dadurch zum Teil in ihrer Wirkung kompensieren.

Aus: Günter Schweiger/Gertraud Schrattenecker, Werbung, 9. Aufl., Konstanz/München 2017, S. 437

Gesellschaft und Nachhaltigkeit

MATERIAL 12

Konsum ist Ausdruck gesellschaftlicher Entwicklungen und individueller Umgangsweisen. Deshalb konsumieren Jugendliche, Kinder und Ältere anders – und anderes. Wie auch immer Konsum öffentlich diskutiert wird, er ist ein soziales Konstrukt. Dennoch erscheint Konsum mitunter so selbstverständlich wie essen, trinken, mobil sein oder arbeiten. Die Typisierung von Gesellschaft als eine des Konsums ist vergleichsweise neu. Sie wird erst mit dem Aufkommen der Massenproduktion durchgesetzt. [...] Nach dem Zweiten Weltkrieg schaffte der Nachholbedarf der westdeutschen Bevölkerung an allen nur erdenklichen Gütern die Basis für eine fast grenzenlose Produktion. Konsum war für lange Zeit die Basis für Beschäftigung: Mehr Konsum stand für die Sicherung von Beschäftigung durch Ausweitung der Produktion. Die Begleitumstände der Produktion, also der Ressourcenverbrauch und die Verschmutzung von Luft und Wasser, wurden kaum beachtet. [...] Die Veröffentlichung der Studie „Grenzen des Wachstums" Anfang der 1970er-Jahre, durchgeführt im Auftrag des Club of Rome, wird oft angeführt, um die beginnende Debatte um die Begrenzung des Ressourcenverbrauchs zu datieren. [...] Im Mittelpunkt steht seitdem die ethische Frage, wie durch Konsum Einfluss auf das Warenangebot genommen werden kann. [...] Vor dem Hintergrund der Maxime der Nachhaltigkeit gilt es, den Konsum seiner „Selbstverständlichkeit" und „Natürlichkeit" zu entkleiden. Konsum muss reflexiv und in seinen Folgen bedacht werden: Jeder Konsum ist mit sozialen, kulturellen und ökologischen Folgen verbunden. [Es gilt], den Zusammenhang zwischen der Produktion von (materiellen und immateriellen) Gütern und den dabei entstehenden Wirkungen auf die Umwelt ins Bewusstsein zu rücken. [...] Kurzum: Statt beiläufigen Konsums bedarf es seiner reflexiven Betrachtung.

INFO
Produktion und Wirtschaftswachstum
Kurzfristig müssen bei der Produktion die Bedürfnisse an die gegebenen Produktionsmöglichkeiten angepasst werden. Wirtschaftswachstum ist jedoch eine Option, die es erlaubt, die Produktionsmöglichkeiten – gemäß dem Leitbild der Konsumentensouveränität – längerfristig den Bedürfnissen anzunähern.

Quelle: Claus Tully, Jugend und Mobilität, in: Gerd Michelsen/Jasmin Godemann (Hrsg.), Handbuch Nachhaltigkeitskommunikation, 2. Aufl., München 2007, S. 221-231

Aus: Claus J. Tully, Nachhaltiger Konsum, in: Aus Politik und Zeitgeschichte, B 27–28/2012, S. 51 ff.

---

1. Recherchieren Sie im Internet Werbung und analysieren Sie diese nach dem AIDA-Konzept (M 10).
2. **Gestalten** Sie nach dem AIDA-Konzept mithilfe eines Präsentationsprogramms ein Werbeplakat für ein selbstgewähltes Produkt (M 10).
3. **Erläutern** Sie die genannten Manipulationsmöglichkeiten der Werbung an eigenen Beispielen (Info M 10).
4. **Diskutieren** Sie den Einfluss der Werbung auf unser Kaufverhalten (M 10, 11).
5. **Legen** Sie den Begriff „nachhaltiger Konsum" **dar** und erschließen Sie den Zusammenhang zwischen Produktion, Wirtschaftswachstum und (nachhaltigem) Konsum (M 12 und Info).
6. **Erörtern** Sie, ob reflexiver Konsum vor Manipulation durch Werbung schützt (M 10-12).
7. **Entwickeln** Sie ausgehend von Ihren Alltagserfahrungen konkrete Vorschläge für ethisch verantwortungsvolles Handeln von Konsumenten, Produzenten und Staat (M 12).
8. **Charakterisieren** Sie die Eigenschaften des Leitbilds des „aufgeklärten Wirtschaftsbürgers", das dem Konzept des nachhaltigen Konsums zugrunde liegt, und vergleichen Sie es mit dem Leitbild des Homo oeconomicus (M 12 und Ergebnisse des Ultimatumspiels, S. 17).

INTERNET
Recherchemöglichkeiten zur Herstellung von Kleidung z. B. unter: www.nachhaltig-einkaufen.de

GLOSSAR
Nachhaltigkeit
aufgeklärter Wirtschaftsbürger

MODELL: Der Wirtschaftskreislauf

GLOSSAR
Volkswirtschaft
Transferleistungen
Subventionen
Investitionen
Kapitalgüter

Auch um die täglich ablaufenden Tauschbeziehungen zwischen den Akteuren einer Volkswirtschaft, die sich wie in einem Kreislauf stetig wiederholen, deutlich zu machen, verwendet man zur Vereinfachung ein Modell: das Modell des Wirtschaftskreislaufs, das sich in mehreren Stufen der Realität annähert.

Der einfache Wirtschaftskreislauf als Grundmodell

Ein Beispiel: Für die Erledigung Ihrer Hausaufgaben und das Chatten mit Freunden wünschen Sie sich einen neuen Laptop. Dafür arbeiten Sie in den Ferien bei einem Landschaftsgärtner und haben so zu Beginn des neuen Schuljahres genug Geld zusammen, um sich den Laptop beim günstigsten Anbieter zu kaufen. Im Zuge der Verwirklichung Ihres Kaufwunsches wurden Sie in vielfältige Tauschbeziehungen verwickelt. Für die Faktorleistung (=Arbeit) beim Landschaftsgärtner haben Sie z. B. eine entsprechende Entlohnung erhalten. Diese Tauschbeziehung fand auf dem Arbeitsmarkt statt. Mit dem verdienten Geld konnten Sie dann auf dem Gütermarkt bei einem anderen Unternehmen einen Laptop (=Konsumgut) erstehen. Ein einfacher Wirtschaftskreislauf ist entstanden, bei dem immer ein Geldstrom einem Güterstrom entspricht (im Beispiel: Entlohnung = Gegenwert der Arbeitsleistung). Um die Darstellung zu vereinfachen, aggregiert man im Modell alle Konsumenten zum Sektor der **privaten Haushalte** und alle Produzenten zum **Unternehmenssektor**.

INFO
aggregieren
zusammenfassen

Der einfache Wirtschaftskreislauf mit Vermögensbildung (Bankensektor)

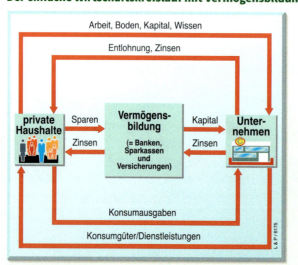

Um eine erste Annäherung an die Realität zu erhalten, erweitert man das einfache Kreislaufmodell um die **Vermögensbildung** (den Bankensektor). Die Haushalte verwenden ihre ihnen zufließenden Einkommen dann nicht mehr ausschließlich für den Konsum, sondern sparen einen Teil ihrer Einkommen. Dadurch kann ein Teil der im Gütersektor produzierten Güter nicht mehr von den Haushalten nachgefragt werden, sodass er dort verbleibt. Entweder dienen diese Güter als Kapitalgüter dann der Erweiterung der Produktionskapazitäten (= Anlageinvestitionen) oder sie werden zur Erweiterung oder Verringerung der Lager genutzt (= Vorratsinvestitionen), um auf kurzfristige Nachfrageänderungen reagieren zu können. Des Weiteren ermöglicht das Sparen der privaten Haushalte es dem Bankensektor, Kapital gegen Zinsen an Unternehmen zu verleihen. Dieses Kapital wiederum ermöglicht es den Unternehmen zu expandieren und kann deshalb ein bedeutender Wachstumsmotor sein, z. B. weil die Unternehmen, wie erwähnt, dadurch ihre Produktionskapazitäten erweitern können.

Erweiterungen des Kreislaufmodells (Staat, Ausland)

Durch den Einbezug der Sektoren **Staat** und **Ausland** in den Wirtschaftskreislauf nähert sich das Modell weiter der Realität an.

Denn der Staat ist an jedem Handel, der in Deutschland stattfindet, beteiligt. So zahlen z. B. die Unternehmen Gewerbesteuer, Erwerbstätige und Konsumenten Einkommens- und Mehrwertsteuer. Der Staat fragt bei den Unternehmen ebenfalls Güter nach oder diese erhalten Subventionen von ihm. Private Haushalte profitieren von Transferleistungen des Staates, z. B. Sozialleistungen. Außerdem finanziert der Staat durch die Steuern z. B. Schulen, Straßen, Parks und

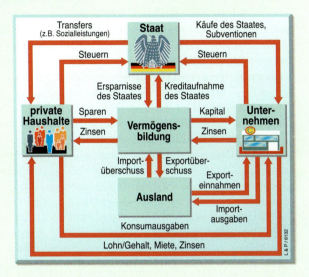

Im erweiterten Wirtschaftskreislauf werden hier der Übersichtlichkeit halber nur die Geldströme abgebildet und die Verknüpfungen mit dem Ausland beispielhaft dargestellt.

Schwimmbäder, also öffentliche Güter, die ansonsten nicht allen Menschen zur Verfügung gestellt werden könnten. Dafür muss auch er bei den Banken Kredite aufnehmen und Zinsen zahlen. Dadurch ist der Staat ein sehr wichtiger Akteur im Wirtschaftsgeschehen.

Letztendlich existiert keine Volkswirtschaft nur für sich allein genommen, sondern jede Volkswirtschaft tritt auch mit ausländischen Volkswirtschaften in vielfältige Tauschbeziehungen, z. B. indem private Haushalte einen Urlaub im Ausland buchen oder Unternehmen Güter ins Ausland exportieren oder aus dem Ausland nach Deutschland importieren.

Durch das Modell des Wirtschaftskreislaufs kann man erkennen, dass z. B. Unternehmen keine isolierten Einheiten im Wirtschaftsprozess sind, in denen die Unternehmensleitung von Gewinninteresse getrieben in aller Unabhängigkeit ihre Entscheidungen trifft und umsetzt. Im Wirtschaftskreislauf werden die wechselseitigen Beziehungen und Abhängigkeiten deutlich, in denen alle Akteure planen, entscheiden und handeln müssen.

1. **Fassen** Sie **zusammen**, was man unter dem Begriff Wirtschaftskreislauf versteht.
2. **Erläutern** Sie die Beziehungen zwischen den unterschiedlichen Akteuren anhand der Grafiken in eigenen Worten unter Verwendung der Fachsprache. Gehen Sie dabei auch auf die besondere Funktion des Staates und des Bankensektors ein.
3. **Erklären** Sie am Beispiel des Wirtschaftskreislaufs den Prozess der Modellbildung (siehe Wirtschaftswissenschaftliche Modellbildung, S. 16).
4. **Beurteilen** Sie die Aussagekraft des Modells für die Erklärung reeller Tauschbeziehungen.
5. **Gestalten** Sie ausgehend von dem im Text auf S. 22 genannten Beispiel einen Wirtschaftskreislauf mit Ihren eigenen Tauschbeziehungen mit den einzelnen Sektoren (z. B. Kauf von Gütern, Kontoeinrichtung, Büchereibesuch etc.) *oder* vervollständigen Sie den erweiterten Wirtschaftskreislauf hinsichtlich der Verknüpfungen mit dem Ausland.

Konsumentensouveränität – ein Leitbild in der Diskussion

MATERIAL 13 — Konsumentensouveränität – Ja oder Nein?

GLOSSAR
Marktwirtschaft
Industrialisierung

Unsere marktwirtschaftliche Wirtschaftsordnung betont den mündigen, freien aber auch selbstverwantwortlichen Bürger. Dieses Individualprinzip fußt u. a. auf der Souveränität der Konsumenten, durch ihre Bedürfnisse die Produktion so zu lenken, dass sie optimal befriedigt werden, denn der Konsum ist schließlich das Ziel jeder wirtschaftlichen Entscheidung und Handlung. Konsumentensouveränität und marktwirtschaftliche Ordnung bedingen somit einander. Ihre Grundlagen sind vor allem Vertragsfreiheit bei Kaufverträgen (= Konsumfreiheit), die Konsumzwang ausschließt, und eine wettbewerbliche Marktordnung mit funktionierendem Preismechanismus. Durch diese Wettbewerbsordnung lösen Konsumentenentscheidungen bei den Produzenten Anreize aus, den Verbraucherwünschen entsprechende Güter zu produzieren. Denn ein funktionsfähiger Wettbewerb schafft Konkurrenz zwischen den Anbietern und damit z. B. die Möglichkeit der Abwanderung für die Konsumenten. Als beste verbraucherschutzpolitische Maßnahme gilt es dementsprechend, dass der Staat durch wettbewerbsfördernde Maßnahmen den Grad der Konsumentensouveränität erhöht.

Autorentext

Allerdings haben die durch die Industrialisierung hervorgebrachte Trennung von Haushalt und Betrieb sowie die sich immer weiter ausdifferenzierende Arbeitsteilung und Spezialisierung dazu geführt, dass die Verbraucher zunehmend in eine zwar nicht passive, aber doch reaktive Verbraucherrolle gedrängt wurden, sodass sie vorwiegend nur noch auf ein bereits vorgegebenes Angebot reagieren können. Dies widerspricht der marktwirtschaftlichen Grundannahme, dass die Verbraucher die Produzenten vor der Produktion über ihre Bedürfnisse informieren und sich danach die Produktion ausrichtet. Sicherlich ist im Handwerk oft noch eine Auftragsproduktion zu finden, und auch das Internet schafft neue Formen der Marktkommunikation, die die Macht der Verbraucher durch schnellere und differenziertere Artikulationsmöglichkeiten (siehe M15) wieder mehr betonen. Aber kann man deshalb noch von Konsumentensouveränität sprechen oder muss man aufgrund der nicht mehr unmittelbaren Mitwirkung der Verbraucher an den Produktionsentscheidungen und der Möglichkeiten des Marketings schlussfolgern, dass Produzentensouveränität herrscht?

MATERIAL 14 — Produktion und Konsumentenwünsche

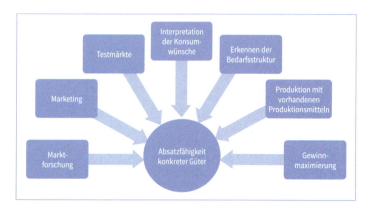

Die Produktion baut auf der unvermeidbar unsicheren Hypothese künftiger Absetzbarkeit der Produkte auf. [...] Bei der Interpretation der Konsumentenwünsche handelt es sich um einen Interaktionsprozess zwischen Produzent und Konsument, mit welchem ein spezifisches Risiko verbunden ist. Auch wenn die Gefahr von Fehlentscheidungen durch Motiv-, Meinungs- und Marktforschung, durch Testmärkte usf. minimiert wird [...]. Die Interpretation der Konsumwünsche ist eine Aufgabe der Produzenten, die letztlich durch das Angebot konkreter Güter erfüllt wird. [...] Der Konsument kann seine Wünsche und Antriebe nur durch Objektbesetzung befriedigen. In diesem Sinne werden die Bedürfnisse notwendigerweise auch durch das Güterangebot produziert.

Aus: Helmut Steiner, Der Kurzschluss der Marktwirtschaft, Duncker und Humblot: Berlin 1999, S. 90 f.

Möglichkeiten der Verbraucher

MATERIAL 15

Durchsetzung von Konsumenteninteressen setzt in einer arbeitsteiligen Wirtschaft voraus, dass Konsumenten die Produzenten über ihre Bedürfnisse informieren können. Dies ist notwendig, reicht aber nicht aus, wenn sich die Ziele von Produzenten (Gewinnerzielung) und Konsumenten (Bedürfnisbefriedigung) unterscheiden und widersprechen können. Dann müssen die Konsumenten nicht nur über ihre Bedürfnisse informieren, sondern auch in Form von Belohnungen und Bestrafungen Anreize zur Befolgung der Informationen setzen können. [...] Zur Wahrnehmung dieser Informations- und Sanktionsfunktion stehen Verbrauchern im Rahmen ihrer [...] Verbraucherrolle zwei Arten von Aktivitäten zur Verfügung: Mobilitäts- (Exit) und Artikulationsaktivitäten (Voice).

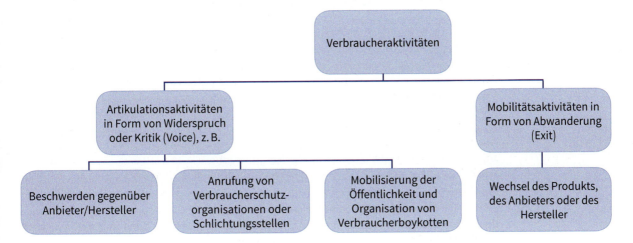

Aus: Gerd-Jan Krol/Jan Karpe/Andreas Zoerner, Die Stellung der privaten Haushalte im Wirtschaftsgeschehen. Ökonomische Bildung kompakt 2, 5. Aufl., Braunschweig 2009, S. 76 ff.

1. **Beschreiben** Sie die wettbewerbspolitischen Leitbilder Konsumentensouveränität und Produzentensouveränität (M 13).
2. Recherchieren Sie Beispiele für einen Carrotmob, z. B. auf der Internetseite von greenpeace.de, foodwatch.de oder reset.org, und **bewerten** Sie seine Durchsetzungsfähigkeit.
3. **Stellen** Sie die Durchsetzungsmöglichkeiten der Interessen von Konsumenten und Produzenten **gegenüber** (M 13-15).
4. **Beurteilen** Sie die Aussagekraft des Leitbilds der Konsumentensouveränität unter Einbezug der Rolle der Verbraucher in modernen Marktsystemen (M 13-15).
5. In unserer marktwirtschaftlichen Ordnung herrscht Konsumentensouveränität. **Erörtern** Sie diese These z. B. in Form einer Pro- und Kontra-Debatte auf der Grundlage der Ergebnisse aus diesem Kapitel.

INFO
Der Carrotmob ist eine Form des sogenannten Buycotts und versucht damit, Unternehmen – im Gegensatz zum traditionellen Boykott – auf positivem Weg zu dem gewünschten Verhalten zu bewegen.

WISSEN KOMPAKT

Knappheit
In unserer hochtechnisierten und modernen Gesellschaft, die durch Arbeitsteilung und Spezialisierung geprägt ist, müssen Menschen untereinander Güter tauschen. Dabei ist die Begrenztheit oder **Knappheit** der Produktionsfaktoren im Gegensatz zur Unbegrenztheit unserer Bedürfnisse das zentrale ökonomische Problem.

Wirtschaftskreislauf
Die **Tauschbeziehungen** werden im Wirtschaftskreislauf deutlich. Hier tauschen private Haushalte, Unternehmen, Staat, Bankensektor und Ausland z. B. Faktorleistungen gegen Konsumgüter. Diese Tauschbeziehungen sind die Grundlage unseres Wirtschaftens.

Homo oeconomicus
Wirtschaften bedeutet, rationale Entscheidungen über den Einsatz knapper Güter und Produktionsfaktoren zu treffen und damit die Diskrepanz zwischen Bedürfnissen und knappen Mitteln zu verringern. Wirtschaftsakteure handeln demnach nach dem **ökonomischen Prinzip**, sie sind nach dem Menschenbild des **Homo oeconomicus** Nutzen- bzw. Gewinnmaximierer. In der Realität gibt es dieses Menschenbild nicht. Es ist ein **Leitbild** zur Verhaltenserklärung und verwesentlicht daher die zu erklärenden Phänomene. Die experimentelle Wirtschafts(verhaltens)forschung steht diesem Menschenbild als Grundlage des Marktmodells deshalb kritisch gegenüber: Wir handeln eben nicht immer rational, sind nicht immer egoistische Nutzenmaximierer.

Marktmodell
In der **Marktwirtschaft** erfolgt die Abstimmung aller wirtschaftlichen Handlungen über den Markt auf der Grundlage eines funktionierenden **Wettbewerbs**. Bei vollständiger Konkurrenz (Grundannahme des Modells) ist der Markt der Treffpunkt von Angebot und Nachfrage. Die Anbieter und Nachfrager reagieren als Mengenanpasser auf Preisveränderungen. Langfristig bildet sich ein **Marktgleichgewicht**, bei dem die Pläne der Anbieter und Nachfrager übereinstimmen.

Manipulation, reflexiver Konsum und Nachhaltigkeit
Konsum ist die Voraussetzung für Tauschbeziehungen zwischen Akteuren einer Marktwirtschaft (**Wirtschaftskreislauf**). Allerdings veränderte sich die Konsumgesellschaft in den letzten Jahrzehnten hin zu einer **Überflussgesellschaft**, in der wir alles mit Geld kaufen können, jedoch auch Dinge, die wir nicht brauchen. Vor allem Jugendliche stehen in diesem **Spannungsfeld zwischen Produktion und Konsum**, weil sie heute durch eigenes Geld und vielfältige Wünsche ein bedeutender Wirtschaftsfaktor sind und durch **Manipulationsmöglichkeiten** der Werbung leichter beeinflussbar sind. Aber nicht nur sie, sondern alle Konsumenten müssen ihre vermeintlich rationalen Konsumentscheidungen kritisch hinterfragen, indem sie **Werbestrategien** (z. B. AIDA-Konzept) und Manipulationsmöglichkeiten der Unternehmen erkennen und so die ungleiche Machtverteilung zugunsten der Anbieter durch **reflexiven Konsum** versuchen auszugleichen. Im Leitbild des **aufgeklärten Wirtschaftsbürgers**, der sein ökonomisches Erfolgs- und Gewinnstreben in sein Bedürfnis nach Anerkennung als verantwortliches Mitglied der bürgerlichen Gesellschaft integriert, wird die Verantwortung jedes einzelnen zu **nachhaltigem, ressourcenschonendem Konsum** deutlich.

Konsumentensouveränität
Das Leitbild der **Konsumentensouveränität**, nach dem der Verbraucher durch sein Nachfrageverhalten die Güterproduktion lenkt und dadurch seine Bedürfnisse optimal befriedigt, ist Grundlage bzw. Richtschnur des Systems der Marktwirtschaft und somit aller Modelle, die das Handeln und die Interessen der Wirtschaftssubjekte in diesem System erklären wollen. Kritiker unterstellen jedoch, dass durch die ungleiche Machtverteilung zugunsten der Anbieter eher **Produzentensouveränität** herrscht. Dass das Leitbild der Konsumentensouveränität immer noch existiert und als schützenswert betrachtet wird, zeigen aber die verbraucherschutzpolitischen Instrumente des Staates und die Organisationen des **Verbraucherschutzes**.

1.2 Der Betrieb als wirtschaftliches und soziales System

Neben der ökonomischen Betrachtungsweise einer ganzen Volkswirtschaft kann sich der Fokus der Betrachtung auch auf kleinere Einheiten beziehen. Hierbei rückt der **Betrieb** als wirtschaftliches und soziales System bzw. das einzelne **Unternehmen** in den Mittelpunkt. In welcher rechtlichen und organisatorischen Form kann ein Unternehmen geführt werden? Welche Bereiche der unternehmerischen Tätigkeit sind für die Wertschöpfung in einem Unternehmen von Belang? Welche Abteilungen sind dabei von besonderer Bedeutung? Welche Konzepte gibt es, mit denen ein Unternehmen gestaltet werden kann?

Neben dem Unternehmen als Wirtschaftseinheit spielt ebenfalls der Mensch in seiner Funktion als Arbeitgeber oder Arbeitnehmer eine Rolle. Dort, wo Menschen miteinander interagieren, ist immer auch die soziale Komponente in der Zusammenarbeit sowie die regulative Ausgestaltung derselben von Bedeutung.

> **INFO**
>
> **Betrieb**
> systemabhängige Wirtschaftseinheit zur Fremdbedarfsdeckung (arbeitstechnischer Ablauf)
>
> **Unternehmen**
> aus einem Betrieb oder mehreren Betrieben bestehende Organisationsstruktur (wirtschaftliche Komponente)

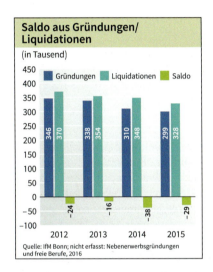

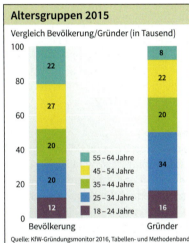

> **Basiswissen**
>
> Im Alltag kommt der Mensch als Konsument in sehr vielen Situationen mit Unternehmen in Berührung. Dabei wird ein Unternehmen in erster Linie als **Produzent** und **Verkäufer** einer Ware wahrgenommen. Eine nähere Betrachtung zeigte jedoch, dass man ein Unternehmen unter vielen Aspekten betrachten kann. Welche **Rohstoffe** werden zur Herstellung des Produkts benötigt? Welche **Fertigungsabläufe** sind in dem Unternehmen angesiedelt? Welche Rolle spielt das Unternehmen als **Arbeitgeber**? Wie ist das Unternehmen **strukturiert** und in der Marktwirtschaft organisiert? Was unterscheidet **Selbstständigkeit** von **abhängiger Beschäftigung**?
>
> Daneben sorgt der **technische Fortschritt** dafür, dass sich Unternehmen und ihr Betätigungsfeld im ständigen Wandel befinden. Somit verändern sich auch ständig das Berufsfeld und der Arbeitsmarkt für die Menschen als Arbeitnehmer und liefern immer neue Herausforderungen.

> **QUERVERWEIS**
>
> technischer Fortschritt
> S. 14, Info

1 **Analysieren** Sie die drei dargestellten Grafiken unter dem Gesichtspunkt der Bedeutung für den Wirtschaftsstandort Deutschland.

2 **Erörtern** Sie, welche Gründe es für die jeweils gezeigte Entwicklung geben könnte.

3 Erstellen Sie eine Liste möglicher Probleme im Kontext einer Unternehmensgründung *oder* bei der Führung eines Unternehmens.

Das Unternehmen – Gründung und Formen

MATERIAL 1 — Unternehmen

QUERVERWEIS
Wirtschaftlichkeitsprinzip (= ökonomisches Prinzip)
S. 15, M 9

Ein Unternehmen ist ein sozioökonomisches System, das als planvoll organisierte Wirtschaftseinheit Güter und Dienstleistungen erstellt und gegenüber Dritten verwertet. Ein System zeichnet sich durch eine geordnete Gesamtheit von Elementen aus, zwischen denen Beziehungen bestehen und die in Beziehung zum Umfeld stehen. Der Begriff „sozio" beschreibt die Tatsache, dass in einem Unternehmen Menschen miteinander interagieren. Die Bezeichnung „ökonomisch" drückt das Wirtschaftlichkeitsprinzip aus, nach dem alle Aktivitäten im Unternehmen auszurichten sind. Ein Unternehmen ist demnach ein System, in dem die Zusammenarbeit von Menschen vor dem Hintergrund des Wirtschaftlichkeitsprinzips erfolgt. Die Zusammenarbeit der Menschen erfolgt nach bestimmten Regeln, die die planvolle Organisation eines Unternehmens auszeichnen.

Aus: Thomas Hutzschenreuter, Allgemeine Betriebswirtschaftslehre, Wiesbaden 2007, S. 6 f.

MATERIAL 2 — Unternehmensgründung

GLOSSAR
Investitionen

Das Gründungskonzept
Ziel einer Existenzgründung ist es im Allgemeinen, eine langfristig tragfähige Vollexistenz für die Gründerperson und ihre Familie zu schaffen. Am Anfang jeder Existenzgründung steht eine Geschäftsidee. Vor einer Neugründung muss geklärt werden, in welcher Branche das Unternehmen tätig sein und welche Produkte es anbieten soll. [...]

Der Businessplan
Im Anschluss an die grobe Skizzierung des Gründungskonzepts wird ein detaillierter Businessplan erarbeitet. In der Marktanalyse gilt es, durch kontinuierliche Informationssammlung herauszufinden, wie groß das Gesamtvolumen des betreffenden Marktes ist und wie sich dieses mittelfristig entwickelt. Ebenso wichtig ist der Aufbau von Kontakten zu potenziellen Kunden, um deren Bedürfnisse besser einschätzen zu können. Im Rahmen der Konkurrenzbeobachtung sind die Marktanteile, Kundenstrukturen, Preise und Serviceangebote der Mitbewerber zu untersuchen [Stärken und Schwächen der Konkurrenz]. Welcher Standort sollte gewählt werden, um den anvisierten Markt optimal bearbeiten zu können? Um dies zu entscheiden, muss die Gründerperson die Infrastruktur alternativer möglicher Standorte und das Angebot an qualifizierten Mitarbeitern in Augenschein nehmen. Die Finanz- und Erfolgsplanung genießt einen besonderen Stellenwert, denn sie muss mit allen Teilbereichen des Unternehmens – Produktion, Absatz, Investition, Beschaffung und Personal – abgestimmt werden. Sie umfasst einen längerfristigen Kapitalbedarfs- und Investitionsplan sowie Umsatz- und Ergebnispläne für die ersten drei Jahre der Existenz des Unternehmens.

Aus: Bundeszentrale für politische Bildung (Hrsg.), Wirtschaft heute, Bonn 2009, S. 56

1. **Beschreiben** Sie, wodurch ein Unternehmen charakterisiert ist. Überlegen Sie, in welche Bereiche ein Unternehmen gegliedert sein könnte, und ordnen Sie diese dem Unternehmensbegriff zu (M 1, M 2).
2. **Fassen** Sie die zentralen Aspekte bei einer Unternehmensgründung **zusammen** (M 2).
3. **Ermitteln** Sie Gemeinsamkeiten und Unterschiede der Unternehmensformen (M 3).
4. **Beurteilen** Sie, welche Unternehmensform Sie mit Ihrem Kurs zum dauerhaften Betrieb eines Pizzastandes wählen sollten.

Unternehmensformen

MATERIAL 3

	Einzelunternehmer	Gesellschaft bürgerlichen Rechts (GbR)/ Offene Handelsgesellschaft (OHG)	Kommanditgesellschaft (KG)	Gesellschaft mit beschränkter Haftung (GmbH)	Aktiengesellschaft (AG)
Rechtsgrundlagen	Bürgerliches Gesetzbuch (BGB), bei Eintragung in das Handelsregister Handelsgesetzbuch (HGB)	§§ 705–740 BGB, OHG: zusätzlich §§ 105–160 HGB	§§ 161–171a HGB und §§ 705–740 BGB	GmbH-Gesetz	Aktiengesetz
Gesellschaftsform	Personengesellschaft	Personengesellschaft	Personengesellschaft	Kapitalgesellschaft	Kapitalgesellschaft
Gründungskapital/ Einlage	–	–	–	25 000 €	50 000 €
Haftung	Unternehmer haftet mit seinem gesamten Privatvermögen.	Gesamthandvermögen: Alle Gesellschafter haften mit ihrem gesamten privaten Vermögen für alle Verbindlichkeiten der Gesellschaft.	Komplementäre haften uneingeschränkt, Kommanditisten nur in Höhe ihrer Einlagen.	Haftung der Gesellschaft ist auf das Stammkapital beschränkt, d. h., die Gesellschafter haften nur in Höhe ihrer Einlagen. Die Gesellschaft haftet mit ihrem gesamten Firmenvermögen.	Haftung der Gesellschaft ist auf das Stammkapital beschränkt, d. h., die Gesellschafter haften nur in Höhe ihrer Einlagen (Aktien).
Leitung	Inhaber	jeder Gesellschafter (Einzelgeschäftsführungsbefugnis), sofern nicht vertraglich anders geregelt	Komplementär(e) (Widerspruch gegen Entscheidungen durch Kommanditisten nicht möglich)	Geschäftsführer (an Weisungen der Gesellschafterversammlung gebunden)	Vorstand (leitet die Gesellschaft in eigener Verantwortung)
Vorteile der Rechtsform	■ Kreditwürdigkeit durch persönliche Haftung ■ geringe Gründungsformalitäten und -kosten ■ Entscheidungsbefugnisse beim Inhaber ■ Verrechnung von Verlusten mit anderen Einkommensquellen möglich	■ Kreditwürdigkeit durch persönliche Haftung ■ Verrechnung von Verlusten mit anderen Einkommensquellen möglich	■ Kreditwürdigkeit durch persönliche Haftung ■ Verrechnung von Verlusten mit anderen Einkommensquellen möglich ■ Reduzierung des unternehmerischen Risikos attraktiv für Anlegergesellschaften (weites Betätigungsfeld)	■ Trennung Privat- und Gesellschaftsvermögen ■ begrenzte Haftung; Sacheinlagen zur Gründung möglich ■ Geschäftsführer muss nicht Gründer sein ■ große Gestaltungsfreiheit im Gesellschaftsvertrag	■ Trennung Privat- und Gesellschaftsvermögen ■ sinnvoll für große Kapitalmengen
Nachteile	■ Haftung des Eigentümers mit Privatvermögen ■ geringe soziale Absicherung	■ Haftung der Gesellschafter für Gesamtverbindlichkeiten mit privatem Vermögen ■ Problem der Kapitalbeschaffung bei Großunternehmen	■ Haftung der Komplementäre für Gesamtverbindlichkeiten mit privatem Vermögen	■ hoher Gründungsaufwand ■ gesetzliche Rechnungslegungs- und Publizitätspflichten ■ Kreditwürdigkeit durch Haftungsbeschränkung begrenzt	■ höherer Gründungsaufwand als GmbH ■ Stammkapital ■ gesetzliche Rechnungslegungs- und Publizitätspflichten ■ kein unmittelbarer Einfluss der Aktionäre

Nach: Wirtschaftsförderungs- und Entwicklungsgesellschaft mbH Bornheim, www.wfg-bornheim.de (Zugriff: 18.9.2013)

Aufbau, Abteilungen und Konzepte von Unternehmen

MATERIAL 4 Produktion als Wertschöpfung

GLOSSAR
Arbeitsteilung
Produktivität

Produktion ist ein Wertschöpfungsprozess. Um Wertschöpfung zu erzielen, werden aus einfachen oder komplexen Inputgütern wertgesteigerte Outputgüter erzeugt. In der modernen Industriegesellschaft sind viele Menschen als Manager, Arbeiter, Zulieferer, Verkäufer usw. am Wertschöpfungsprozess beteiligt. Die Anzahl der arbeitenden Menschen in der Produktion nimmt ständig ab, während gleichzeitig der durch Mechanisierung und Automatisierung erforderliche Kapitaleinsatz zunimmt. Nicht alle Teilprozesse der Wertschöpfung werden an demselben Ort ausgeführt. Vielmehr ist in vielen Bereichen eine internationale Arbeitsteilung zu beobachten, bei der einzelne Glieder der Wertschöpfungskette auf verschiedene Länder und Industriebetriebe verteilt sind. So werden z. B. Getriebe für den Ford Focus in Bordeaux (F), Halewood (GB) und Köln (D) produziert und in Saarlouis (D) und Valencia (E) in die Fahrzeuge montiert. [...] Unbestritten folgen die meisten Unternehmungen einem Ziel, das man pointiert mit „To make money" umschreiben könnte. Das Streben nach Wertschöpfung ist nichts anderes als die pragmatische Interpretation dieses langfristigen Unternehmensziels. Um Wertschöpfung zu erzielen, müssen die folgenden allgemeinen Anforderungen beachtet werden: Produktionszeit, Produktqualität, Wirtschaftlichkeit und Flexibilität des Arbeitsprozesses.

Nach: Hans-Otto Günther/Horst Tempelmeier, Produktion und Logistik, 12. Aufl., Norderstedt 2016, S. 2 ff.

MATERIAL 5 Produktionsmanagement

GLOSSAR
Produktionsfaktoren

Unter dem Begriff Produktionsmanagement wird die Planung, Organisation, Koordination und Kontrolle aller organisatorischen Prozesse und Ressourcen verstanden, welche zur Herstellung von Produkten und Dienstleistungen in einem Unternehmen benötigt werden. In diesem Sinn ist das Produktionsmanagement als Führungsaufgabe zu verstehen, die sich mit der Koordination menschlicher Ressourcen, Maschinen, Technologien und Informationen befasst. Die Aufgabe des Produktionsmanagements besteht darin, unter Beachtung des Formalziels durch Kombination und Transformation von Produktionsfaktoren (Input) bestmöglich einen bestimmten Zweck (Output), das sogenannte Sachziel, zu erreichen. [...] Inputfaktoren charakterisieren den Ressourceneinsatz im Produktionsprozess wie beispielsweise Arbeitsleistung, Betriebsmittel (z. B. Roh-, Hilfs- und Betriebsstoffe, Halbfabrikate, Handelswaren), Energie, Kapital, Technologien und Informationen. Fehlen Inputfaktoren, so kann der Transformationsprozess nicht eingeleitet werden. Für die Produktion von Smartphones handelt es sich beispielsweise hierbei um die Software, das Gehäuse, die Antenne, den Prozessor, das Mikrofon und die Lautsprecher.

Aus: Thomas Straub, Einführung in die allgemeine Betriebswirtschaftslehre, Pearson: München 2012, S. 208 f.

Kernfunktionen eines Unternehmens

MATERIAL 6

[Volkswagen] hat trotz der Dieselkrise im vergangenen Jahr ein Rekordergebnis erzielt und seinen Nettogewinn mehr als verdoppelt. Der Konzern verbuchte 2017 ein Plus von rund 11,4 Milliarden Euro [...]. Im Jahr zuvor hatte der Gewinn 5,1 Milliarden Euro betragen. Der konzernweite Umsatz stieg 2017 gegenüber dem Vorjahr ebenfalls deutlich an – um 6,2 Prozent auf 230,7 Milliarden Euro. Insgesamt lieferte der Konzern [...] im vergangenen Jahr weltweit rund 10,7 Millionen Fahrzeuge aus. [...] Das „hervorragende finanzielle Ergebnis" gebe [...] „eine starke Basis" für die tiefgreifenden Umbrüche, vor denen die gesamte Industrie stehe, erklärte Konzernchef Matthias Müller. Die Umsatz-

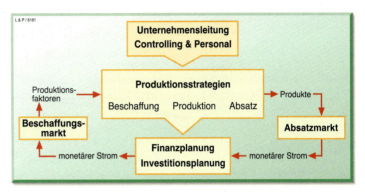

steigerung ist laut Volkswagen vor allem auf die starken Verkaufszahlen sowie eine gute Geschäftsentwicklung im Bereich Finanzdienstleistungen zurückzuführen.

jm/gw © Agency France-Press

Marketing in einem Unternehmen

MATERIAL 7

Sucht man nach marketingspezifischen Neuorientierungen, so muss man unseres Erachtens vor allem den Übergang zu einem **Beziehungsmarketing** (Relationship Marketing) nennen, bei dem der **Einzelkunde** in den Blickpunkt rückt (One-to-one-marketing) [...]. Wir gehen zwar in unserer Zukunftsprognose nicht so weit wie die häufig zitierte Aussage „All marketing will be direct marketing", aber mit dem **Online-Marketing** ist die eigentliche Revolution in **Direktmarketing**, Marketing und Betriebswirtschaft noch längst nicht abgeschlossen. Online-Marketing zielt – bei professioneller Ausschöpfung seines Potenzials – immer auf die Herstellung unmittelbarer Beziehungen zum Kunden und ist insoweit dem Direkt-

marketing zuzurechnen. Und, dass Online-Marketing die bisherigen Regeln, Wertschöpfungsketten und Angebotspositionierungen der Branchen in einer Weise verändern wird, wie es grundlegender nicht vorstellbar ist.

Aus: Jörg Link/Christoph Weiser, Marketing-Controlling, 3. Aufl. München: Vahlen 2014, S. 7 f.

INFO

Marketing
Der Begriff Marketing meinte ursprünglich nur die Vermarktung von Gütern und Dienstleistungen, heute umfasst er alle Vorgänge inner- und außerhalb des Unternehmens, die für seine Stellung am Markt bedeutsam sind.

Direktmarketing
jede Werbemaßnahme, die den Kunden direkt mit der Aufforderung um Antwort anspricht

1. **Erschließen** Sie mithilfe von M 4 und M 5 die Einflussfaktoren auf das Produktionssystem und ein sinnvolles Produktionsmanagement und **erläutern** Sie die Anforderungen an Wertschöpfung durch ein Beispiel.
2. **Ermitteln** Sie, welche Kernfunktionen eines Unternehmens im Fallbeispiel von M 6 angesprochen werden. **Vergleichen** Sie Ihre Erkenntnisse mit einem von Ihnen selbst recherchierten Beispiel.
3. **Prüfen** Sie, inwieweit die Erkenntnisse in M 7 mit Ihren Erfahrungen übereinstimmen.
4. **Beurteilen** Sie die Aussage „All marketing will be direct marketing" (M 7, Zeile 9 f.) anhand von Ihnen selbst entwickelter Kriterien.

MATERIAL 8 — Umsatz und Kosten

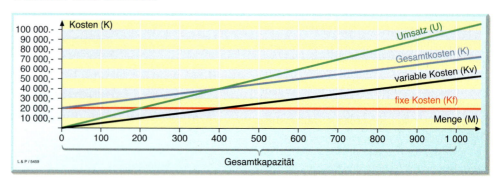

MATERIAL 9 — Jahresabschluss: Bilanz und GuV einer Brauerei*

INFO

Bilanz stellt Vermögen (= Aktivseite) und Kapital (= Passivseite) gegenüber. Das Vermögen entspricht den Gütern, die dem Unternehmen zur Verfügung stehen, das Kapital entspricht der Summe der Ansprüche an das Vermögen. Eine Bilanz enthält ausschließlich Wertangaben, nicht Mengenangaben. Die Summe der Aktiva ist immer gleich der Summe der Passiva.

Gewinn- und Verlustrechnung (GuV) stellt Erträge und Aufwendungen gegenüber und ermittelt so den Jahresüberschuss sowie dessen Zusammensetzung (bzw. die des Jahresfehlbetrags). Die Zusammensetzung bezieht sich auf das Kriterium Regelmäßigkeit und lässt die Unterscheidung zwischen gewöhnlicher Geschäftstätigkeit und außerordentlichem Ergebnis zu.

Bilanz und GuV sind Bestandteil des **Jahresabschlusses** jedes Unternehmens.

Bilanz

Aktiva		Passiva	
Anlagevermögen		**Eigenkapital**	
immat. Vermögensgegenstände	75 000 €	Stammkapital	715 000 €
Grundstücke	2 100 000 €	Kapitalrücklage	40 000 €
Maschinen	1 000 000 €	Gewinnrücklage	85 000 €
Geschäftsausstattung	1 200 000 €	Jahresüberschuss	500 000 €
Finanzanlagen	650 000 €		
Umlaufvermögen		**Fremdkapital**	
Vorräte	750 000 €	Rückstellungen	3 000 000 €
Forderungen an Kunden	3 600 000 €	Verbindlichkeiten	5 300 000 €
Kassenbestand	265 000 €		
∑	9 640 000 €	∑	9 640 000 €

Gewinn- und Verlustrechnung

Soll		Haben	
Personalkosten	1 500 000 €	Umsatz	8 000 000 €
Materialkosten	5 000 000 €	sonstige Erträge	200 000 €
Abschreibungen	750 000 €		
Zinsaufwand	250 000 €		
Fremdleistungen	200 000 €		
∑	7 700 000 €	∑	8 200 000 €
Gesamtergebnis (hier: Gewinn)	**+500 000 €**		

*fiktives, aber realitätsnahes Beispiel

---

1 **Erklären** Sie, wie Umsatz und Kosten sich mit der Menge verändern (M 8).

2 **Arbeiten** Sie aus M 9 **heraus**, wie eine Bilanz aufgebaut ist.

3 **Entwickeln** Sie Hypothesen, warum jeder Betrieb eine Bilanz veröffentlichen muss.

4 **Erläutern** Sie die Begriffe Shareholder- und Stakeholder-Value (M 10). Grenzen Sie diese anschließend von den Ihnen bisher bekannten Unternehmensformen (M 3) ab.

5 **Vergleichen** Sie die verschiedenen Formen von Entrepreneurship und **beurteilen** Sie ihre Bedeutung für die Veränderung der Unternehmenskultur in Deutschland (M 11).

6 Ein Unternehmen liefert folgende wöchentliche Daten: Fixkosten: 2 500 €; Kostenfunktion je 1 000 produzierte Güter: $k(x) = 0{,}1\,x^3 - 1{,}2\,x^2 + 4{,}9\,x$; $0 < x \leq 10$ (Preis in 1 000 €); Verkaufspreis pro Stück: 2,60 €. Erstellen Sie eine Grafik wie in M 9, markieren und berechnen Sie die Stückzahl, ab der sich eine Produktion bei komplettem Verkauf lohnt.

Shareholder- und Stakeholder-Value

MATERIAL 10

[Der **Shareholder**-Value-Ansatz] stellt die Interessen der Shareholder in den Mittelpunkt der Unternehmensführungsstrategie. Die Konzeption unterstellt, dass die finanzielle Nutzenhaftigkeit das einzige Kriterium für die Investition eines Anteilseigners und für die Aufrechterhaltung dieser Investition darstellt und rückt daher einzig die Maximierung des langfristigen Unternehmenswertes in den Vordergrund sämtlicher Entscheidungen. Die Beteiligung an Unternehmen wird als *Investitionsentscheidung* verstanden, welche aufgrund der ursprünglichen Auszahlung in Höhe der in die Unternehmung eingebrachten Mittel zu einem späteren Zeitpunkt Einzahlungen in Form von Ausschüttungen erwarten lässt. Diese Sichtweise verdeutlicht, dass Anteilseigner [...] sich für diejenigen Anteile entscheiden werden, von denen sie sich unter Berücksichtigung der Risiko-Ertrags-Relation die höchsten akkumulierten Rückflüsse erwarten.
[Der **Stakeholder**-Value-Ansatz geht hingegen davon aus, dass] die Unternehmensführung nicht länger nur den Anteilseignern gegenüber verantwortlich ist, sondern vielmehr, dass unterschiedliche unternehmensinterne und -externe Gruppen die Unternehmung und deren Lebens- und Leistungsfähigkeit entscheidend beeinflussen. Der Stakeholderbegriff [kann] so gut wie jede Person, Gruppe und Institutionen beinhalten. Ausgeschlossen sind nur jene ohne Macht – also jene, welche die Unternehmung nicht beeinflussen können – und jene ohne Anspruch bzw. Beziehung zur Unternehmung – also jene, die nicht vom Wirken der Unternehmung beeinflusst werden.

Aus: Hanno Poeschl, Strategische Unternehmensführung zwischen Shareholder-Value und Stakeholder-Value, Wiesbaden: Springer Gabler 2013, S. 79, 128 f.

INFO

Shareholder
engl. = Aktionär, Anteilseigner

Stakeholder
engl. = interessierte Person; jemand, für den etwas auf dem Spiel steht, z. B. die Belegschaft, deren Familien, Zulieferer ...

Entrepreneurship
Unternehmergeist, der nicht nur reines Profitinteresse verfolgt

Entrepreneurship

MATERIAL 11

	Ecopreneurship	Social Entrepreneurship	Institutional E.	Sustainable E.
Kernmotivation	einen Beitrag zur Lösung von Umweltproblemen leisten und wirtschaftlichen Wert schaffen	einen Beitrag zur Lösung gesellschaftlicher Probleme leisten und Wert für die Gesellschaft schaffen	einen Beitrag zur Veränderung von regulativen, gesellschaftlichen oder wirtschaftlichen Einrichtungen leisten	einen Beitrag zur Lösung gesellschaftlicher Probleme und von Umweltproblemen leisten durch die Realisierung eines erfolgreichen Unternehmens
Hauptziel	Geld verdienen durch Lösung von Umweltproblemen	gesellschaftliche Ziele erreichen und die Finanzierung dieses Vorhabens sicherstellen	institutioneller Wandel als direktes Ziel	Schaffung einer nachhaltigen Entwicklung durch vereinigte unternehmerische Handlungen
Rolle der wirtschaftlichen Ziele	Zweck	Mittel	Mittel und Zweck	Mittel und Zweck
Rolle der nicht- wirtschaftlichen Ziele	Umweltangelegenheiten als integriertes Kernelement	gesellschaftliche Ziele als Zweck	institutioneller Wandel als Kernelement	Kernelement eines durchgängigen Zwecks, um einen Beitrag zu einer nachhaltigen Entwicklung zu leisten
Herausforderungen der Organisationsentwicklung	vom Blick auf Umweltangelegenheiten zur Integration wirtschaftlicher Angelegenheiten gelangen	vom Blick auf gesellschaftliche Ziele zur Integration wirtschaftlicher Angelegenheiten gelangen	vom institutionellen Wandel zur Integration der Nachhaltigkeit gelangen	von einem kleinen zu einem großen Beitrag zur nachhaltigen Entwicklung gelangen

Aus: Business Strategy and the Enviroment, 20 (2011) 4, S. 222–237 (eigene Übersetzung)

Betriebliche Mitbestimmung und Tarifverhandlungen

MATERIAL 12 — Mitbestimmung

INTERNET
www.gesetze-im-internet.de/betrvg/
Betriebsverfassungsgesetz (BetrVG)

GLOSSAR
Betriebsrat
Mitbestimmung

Die betriebliche Mitbestimmung ist für die private Wirtschaft im Betriebsverfassungsgesetz geregelt, für den öffentlichen Dienst im Personalvertretungsgesetz. Die Unternehmensmitbestimmung gesteht den Arbeitnehmern die wirtschaftliche Teilhabe an der Leitung des gesamten Unternehmens zu.

Betriebsräte – Vertreter der Arbeitnehmer: Betriebsräte werden alle vier Jahre von der Belegschaft gewählt. Wahlberechtigt sind alle Arbeitnehmer, die mindestens 18 Jahre alt sind und dem Betrieb mindestens seit sechs Monaten angehören; eingeschlossen sind auch Heimarbeitnehmer, nicht jedoch leitende Angestellte, für die ein **Sprecherausschuss** als eigenes Vertretungsorgan vorgesehen ist. In Betrieben ohne Betriebsrat kann dessen Wahl durchgesetzt werden, entweder durch wenigstens drei Wahlberechtigte oder durch die im Betrieb vertretene Gewerkschaft. [...] Betriebsräte genießen besonderen Kündigungsschutz und dürfen wegen ihrer Tätigkeit beruflich nicht benachteiligt werden. Sie sind für die Betriebsratsarbeit sowie für Schulung und Fortbildung unter Fortzahlung ihrer Vergütung freizustellen. In Unternehmen mit mehr als 100 Arbeitnehmern kann ein **Wirtschaftsausschuss** eingerichtet werden, der der Unterrichtung des Betriebsrats über wirtschaftliche Angelegenheiten (z. B. Finanzlage, geplante Investitionen oder Standortverlagerungen) des Unternehmens dient. [...]

Besonders wichtig ist [... das] Einspruchsrecht in Fällen, in denen Neuerungen im Betrieb geplant sind, die zu einer wesentlichen Änderung der Lage der Arbeitnehmer führen können – etwa die Einführung neuer Arbeitsmethoden, die Stilllegung oder die Verlagerung von Betriebsteilen. Um wirtschaftliche Nachteile auszugleichen oder zu mildern, die den Arbeitnehmern durch solche Maßnahmen entstehen, kann ein Betriebsrat auf den Abschluss eines **Sozialplans** drängen.

Aus: Bundeszentrale für politische Bildung (Hrsg.), Wirtschaft heute, Bonn 2009, S. 62

MATERIAL 13 — Aufgaben des Betriebsrats

§ 80 BetrVG: Allgemeine Aufgaben	§ 87 BetrVG: Mitbestimmungsrechte
Überwachung der Einhaltung geltender Gesetze, Unfallverhütungsvorschriften, Tarifverträge und Betriebsvereinbarungen	Förderung des betrieblichen Arbeitsschutzes und des Umweltschutzes
Beantragung von Maßnahmen zugunsten der Belegschaft beim Arbeitgeber	Fragen der Ordnung des Betriebs und des Verhaltens der Arbeitnehmer im Betrieb
Durchsetzung der Gleichstellung von Frauen und Männern	vorübergehende Arbeitszeitverkürzung bzw. Arbeitszeitverlängerung
Förderung der Vereinbarkeit von Erwerbstätigkeit und Familie	Aufstellung allgemeiner Urlaubsgrundsätze und des Urlaubsplans
Förderung der Eingliederung Schwerbehinderter	Zeit, Ort und Art der Entlohnung
Förderung der Integration ausländischer Arbeitnehmer und Bekämpfung von betrieblichem Rassismus	Einführung von technischen Einrichtungen, die dazu bestimmt sind, die Leistungen der Arbeitnehmer zu überwachen
Förderung der Beschäftigung älterer Arbeitnehmer und Sicherung der Beschäftigung	Regelungen über die Verhütung von Arbeitsunfällen
Vorbereitung und Durchführung der Wahl der Jugend- und Auszubildendenvertretung	Festsetzung der Akkord- und Prämiensätze
Förderung des betrieblichen Arbeitsschutzes und des Umweltschutzes	Form, Ausgestaltung und Verwaltung von Sozialeinrichtungen

Positionen zur Mitbestimmung

MATERIAL 14

Aus der Sicht einer freien Marktwirtschaft erscheint das gesetzliche Mitwirkungsrecht der Arbeitnehmer systemfremd. Den Arbeitern wird ihr Einkommen durch den Abschluss eines Arbeitsvertrages zugesichert, sie fügen sich im Gegenzug Weisungen. Die Einkommen der Unternehmer sind jedoch nicht festgeschrieben, sie entstehen erst, wenn alle anderen Ausgaben geleistet sind. Insofern tragen die Unternehmer ein höheres Einkommensrisiko. Damit sie dazu weiterhin bereit sind, müssten ihre Interessen auch entsprechend gesichert werden.

Von den Gewerkschaften wird der Kampf um die Mitbestimmung auf Unternehmensebene mit der Gleichberechtigung von Kapital und Arbeit begründet. Auch die Risikoverteilung wird anders beurteilt, da für die Arbeitnehmer Arbeitsplatzverluste durch Managementfehler weitaus existenzbedrohender sein können als der Einlageverlust für beschränkt haftende Kapitaleigner. Deshalb sollen Arbeitnehmer ebenso wie Unternehmer über wirtschaftliche Entscheidungen mitbestimmen können.

Nach: Birgit Weber, Kooperation und Konflikt – Menschen im Unternehmen, in: Informationen zur politischen Bildung, Heft 293: Unternehmen und Produktion, hrsg. v. d. bpb, 4. Quartal 2006, S. 41

INTERNET
www.bpb.de/izpb/8554/kooperation-und-konflikt-menschen-im-unternehmen?p=1

Onlinefassung von Heft 293 der Informationen zur politischen Bildung, herausgegeben von der Bundeszentrale für politische Bildung (bpb), mit weiteren Informationen zum Thema Mitbestimmung (Zugriff: 22.10.2013)

Gewerkschaften

MATERIAL 15

Gewerkschaften sind die sozialen und wirtschaftlichen Interessenvertretungen der abhängig beschäftigten Arbeitnehmerinnen und Arbeitnehmer. Die modernen demokratischen Gewerkschaften sind unabhängig von Staat, Kirchen und den Parteien. [...] Die [...] wichtigsten gewerkschaftlichen Organisationsformen sind das Berufsverbandsprinzip und das Industrieverbandsprinzip.

Aus: Klaus Schubert/Martina Klein, Politiklexikon, Bonn: Dietz 2018, S. 150 f.

Die Entwicklung von der Industrie- zur Dienstleistungsgesellschaft und die Tertiarisierung des Produktionssektors veränderten die Zusammensetzung der Arbeitnehmerschaft in einer Richtung, die die Rekrutierung der Gewerkschaftsmitglieder eindeutig verschlechterte. So schrumpften einerseits die Mitgliederpotenziale der Gewerkschaften in den alten Industrien, wie z.B. Bergbau, Eisen und Stahl [...], andererseits wuchs im Dienstleistungssektor und aufgrund der Tertiarisierung des Produktionssektors die Gruppe der Angestellten, die für die Gewerkschaften eindeutig schwieriger zu organisieren ist. Dieser Prozess war und ist begleitet von der stetig zunehmenden Internationalisierung der Produktion und der Dienstleistungen, von wachsenden Arbeitslosenzahlen, von einer Zunahme der Zahl der Teilzeitbeschäftigten, der Leih- und Heimarbeiter und der unselbstständigen Selbstständigen usw., mit relativ hohen Anteilen von Frauen, unqualifizierten und ausländischen Arbeitnehmern, die bisher in Gewerkschaften eindeutig unterrepräsentiert sind.

Aus: Uwe Andersen/Wichard Woycke (Hrsg.), Handwörterbuch des politischen Systems der Bundesrepublik Deutschland, Bonn: BpB 2003, S. 230

INFO
Art. 9 GG
(1) Alle Deutschen haben das Recht, Vereine und Gesellschaften zu bilden. (3) Das Recht, zur Wahrung und Förderung der Arbeits- und Wirtschaftsbedingungen Vereinigungen zu bilden, ist für jedermann und alle Berufe gewährleistet. Abreden, die dieses Recht einschränken oder zu behindern suchen, sind nichtig, hierauf gerichtete Maßnahmen sind rechtswidrig. [...]
Die positive Vereinigungsfreiheit nach Art 9 Abs. 1 GG beinhaltet auch ihr Gegenteil (negative Vereinigungsfreiheit): Niemand kann zum Beitritt gezwungen werden.

1. **Erschließen** Sie Möglichkeiten und Grenzen der Mitbestimmung (M 12, M 13).
2. Ordnen Sie folgendem Fall ein Aufgabenfeld des Betriebsrates begründet zu (M 13): Mitarbeiter einer Eisenhütte, denen die Hitze der 1 200 Grad heißen Eisenblöcke zu schaffen macht, fordern eine Verkürzung der Schicht, die Betriebsleitung lehnt ab.
3. **Erörtern** Sie aus der Sicht eines Unternehmers (oder eines Arbeitnehmers) Vor- und Nachteile der Mitbestimmung in Unternehmen auf Grundlage von Ihnen selbst entwickelter Kriterien (M 12 bis M 14, Internetlink neben M 14).
4. **Stellen** Sie die Rolle bzw. die Aufgabe von Gewerkschaften **dar** und **erläutern** Sie, vor welchen Problemen Gewerkschaften aktuell stehen (M 15).

MATERIAL 16 — Tarifverhandlungen

MATERIAL 17 — Was ist ein gerechter Lohn?

INTERNET
www.tarifregister.nrw.de
Tarifregister Nordrhein-Westfalen

GLOSSAR
Arbeitgeberverbände
Gewerkschaften
Tarifvertrag

In der Betriebswirtschaftslehre ist Gerechtigkeit zumeist als Leistungsgerechtigkeit definiert. In der Realität sind die Unterschiede in der Entlohnung allerdings erheblich:
- Handarbeit wird schlechter bezahlt als Kopfarbeit,
- Frauen verdienen für gleiche Arbeiten durchschnittlich weniger als Männer,
- ausführende Mitarbeiter verdienen weniger als Entscheidungsträger.

Die Bestimmung eines gerechten Lohns ist immer auch subjektiv geprägt: Wie können z. B. die Anforderungen einer Stelle mit einer anderen verglichen werden? Während früher vor allem nach der erforderlichen Ausbildung in **ungelernt**, **angelernt** und **ausgebildet** unterschieden wurde, treten bei der betrieblichen Arbeitsbewertung heute auch **körperliche** und **geistige Anforderungen**, **äußere Einflüsse**, **Verantwortung** und **Arbeitsbedingungen** hinzu, die zudem gewichtet werden müssen. Dabei werden auch **gesellschaftliche Maßstäbe** einbezogen. Weitere Gerechtigkeitskriterien sind: Qualifikationsgerechtigkeit (Erwerb neuer Qualifikationen bedeutet zeitweise Verzicht auf Einkommen), soziale Gerechtigkeit (z. B. nach Familienstand), Marktgerechtigkeit (Mitarbeiter in bestimmten Positionen können von der Konkurrenz abgeworben werden).

Autorentext zusammengestellt aus: Birgit Weber, Kooperation und Konflikt (siehe M 14), S. 42 f.

1. **Analysieren** Sie den Ablauf von Tarifverhandlungen (M 16) und **überprüfen** Sie die Machtverteilung zwischen den Tarifparteien an einem selbst gewählten Beispiel.
2. **Erläutern** Sie, welche Prinzipien eine unterschiedliche Entlohnung begründen (M 17). **Beurteilen** Sie anschließend die Aussagekraft dieser Prinzipien.
3. **Vergleichen** Sie Ihre Ergebnisse aus Aufg. 2 mit den Tarifentlohnungen einzelner Branchen (Tarifregister NRW, Randspalte) und **stellen** Sie Ihr Ergebnis übersichtlich **dar**.

Betriebserkundung

LERNWEG

Im Rahmen einer Betriebserkundung sollen Sie sich näher mit einem Unternehmen vertraut machen. Insbesondere im Hinblick auf die spätere Wahl eines Arbeitsplatzes oder vielleicht sogar schon bei der Erkundung eines für Sie infrage kommenden Berufsfeldes ist es wichtig, sich ein Bild des Unternehmens und der dort vorkommenden Berufsfelder zu machen. So können Sie sich Ihre Entscheidung einfacher machen.

Auf eine Betriebserkundung sollten Sie sich gut vorbereiten, um möglichst viele für Sie wichtige und interessante Informationen zu gewinnen. Daher sollten Sie bei der Vorbereitung und Durchführung einer solchen Betriebserkundung einzelne Schritte beachten:

Vorbereitende Recherche und Planung
Bereiten Sie sich sorgfältig vor. Beschaffen Sie sich auf möglichst vielfältigen Wegen (Internet, Bekannte/Freunde, Zeitschriften/Zeitungen …) Informationen zu einem Unternehmen Ihrer Wahl und planen Sie Ihre Erkundung genau. Dabei kann für Sie unter anderem von Interesse sein:
- Wie groß ist der Betrieb?
- Welche Abteilungen gibt es?
- Welche Berufsfelder werden durch das Unternehmen abgedeckt?
- Wie ist das Unternehmen organisiert?
- Wie ist das Unternehmen zu erreichen? Wer ist der Ansprechpartner?
- Wie kann die Erkundung vor Ort gestaltet werden (Räume, Fertigungsanlagen …)?
- Kann eine Dokumentation der Erkundung erfolgen (Bilder, Filme …)?
- Welche Sicherheitsvorschriften sind zu beachten?

Erstellung eines Beobachtungsbogens
Damit Sie möglichst viele Informationen aus der Betriebserkundung für sich erhalten können, sollten Sie vorher einen gemeinsamen Beobachtungsbogen erstellen. Dieser kann sehr vielfältig gestaltet sein und sollte sich immer den Gegebenheiten des von Ihnen gewählten Unternehmens anpassen (vorhergehende Recherche beachten). Daher sind die folgenden Möglichkeiten lediglich eine unvollständige Auswahl an Aspekten:
- Welche Informationen zum Unternehmen konnte ich bisher nicht gewinnen?
- Welche Güter/Dienstleistungen werden hergestellt?
- Wie sieht ein Arbeitsplatz aus (körperliche, geistige und soziale Anforderungen an die Mitarbeiter, äußere Einwirkungen auf den Arbeitsplatz, Gestaltung …)?
- Welche Schutzvorschriften muss man beachten?
- Werden moderne Technologien eingesetzt?
- Wie sieht es mit Nachhaltigkeit/ökologischer Produktion aus?
- Wie können Mitarbeiter mitbestimmen/sich einbringen?
- Wie ist das soziale Klima am Arbeitsplatz?

> **QUERVERWEIS**
> **METHODE Umfragen und Fragetechniken**
> S. 180 f.
>
> **Berufliche Sozialisation**
> Kap. 3.4

Auswertung und Vergleich der Beobachtung
Nach der Rückkehr von Ihrer Betriebserkundung sollten Sie sich unbedingt Zeit nehmen, Ihre Ergebnisse und Erkenntnisse auszutauschen und zu besprechen. In einem solchen Dialog können Sie eventuell aufgetretene und bisher unbeantwortete Fragen klären, Lücken in der Beobachtung schließen, Erfahrungen und Eindrücke austauschen sowie gemeinsam ein Fazit ziehen.

Abschließend können Sie ein gemeinsames Produkt erstellen (Plakat, Artikel für die Schülerzeitung …).

WISSEN KOMPAKT

Unternehmen: Aufbau und Abteilungen

Ein Unternehmen ist ein sozioökonomisches System, bei dem nicht nur der Betrachtung der wirtschaftlichen Aspekte ein großes Gewicht zuteilwird. Vielmehr steht auch das Individuum in seiner Rolle als Arbeitnehmer und Arbeitgeber im Mittelpunkt. Ein Unternehmen am Wirtschaftsstandort Deutschland kann also unter vielen Gesichtspunkten betrachtet werden.

Organisation: Ein Unternehmen kann in den verschiedensten Rechtsformen aufgebaut sein, die unterschiedliche Vor- und Nachteile haben. Die bekanntesten Rechtsformen sind die Aktiengesellschaft (AG), die Gesellschaft bürgerlichen Rechts (GbR), die offene Handelsgesellschaft (OHG), die Kommanditgesellschaft (KG) und die Gesellschaft mit beschränkter Haftung (GmbH) sowie der Einzelunternehmer. Voraussetzung vieler Unternehmensformen ist die Eintragung im Handelsregister, das alle wichtigen Informationen zu einem Unternehmen beinhaltet.

Produktion: Auch der Aspekt der Produktion ist sehr vielschichtig. Es gibt viele Faktoren, die einen Produktionsablauf beeinflussen. Neben den Produktionsfaktoren und natürlichen Ressourcen spielen auch der technologische Fortschritt, das soziale Umfeld und das unternehmerische Umfeld eine große Rolle. Die Produktion in einem Unternehmen ist in vielfältiger Weise organisiert. Im System der Wertschöpfungskette reiht sich die Produktion im engeren Sinne ein in die Kernbereiche Strategie/Organisation, Finanzen/Rechnungswesen, Personalmanagement, Beschaffungsmanagement und Marketingmanagement.

Marketing: Im Bereich des Marketings werben Unternehmen auf unterschiedliche Weisen mit verschiedenen Maßnahmen für ihr Produkt. Dabei gewinnt gerade das Onlinemarketing immer mehr Bedeutung im Rahmen des Direktmarketings.

Rechnungswesen: Jedes Unternehmen legt am Ende des Geschäftsjahres seinen Abschlussbericht bestehend aus Bilanz und Gewinn- und Verlustrechnung vor. Darüber hinaus werden die Möglichkeiten und Ziele des Unternehmens für das kommende Jahr definiert.

Betriebliche Mitbestimmung und Arbeitsrecht

Im Bereich der sozialen Aspekte spielt der **Betriebsrat** eine große Rolle. Er nimmt die Interessen der Mitarbeiterinnen und Mitarbeiter wahr und setzt sich in bestimmten Fragen stellvertretend für die gesamte Belegschaft bei der Unternehmensführung ein.

Daneben sind die **Gewerkschaften** ein fester Bestandteil der Unternehmenskultur. Durch ihre Verankerung in Artikel 9 des Grundgesetzes, der ihre Gründung schützt, aber auch gleichzeitig jedem die Freiheit gibt, einer Gewerkschaft fernzubleiben, genießen sie einen besonderen Schutz. Die bedeutendste Aufgabe der Gewerkschaften ist es, mit den Vertretern der Arbeitgeber einen **Tarifvertrag** für alle Beschäftigten einer Branche auszuhandeln, der neben der Entlohnung auch Regelungen zur Arbeitszeit trifft. Doch gerade der Wandel hin zu einer Dienstleistungsgesellschaft stellt auch die Gewerkschaften vor Probleme, beispielsweise durch sinkende Mitgliederzahlen.

Unternehmenskonzepte: Shareholder- und Stakeholder-Value

Als Sonderformen der betrieblichen Organisation existieren die Konzepte des Shareholder- und des Stakeholder-Value. Dabei stehen bei Ersterem die Interessen der Anteilseigner (Shareholder) im Mittelpunkt, die in erster Linie in der Maximierung des Unternehmenswertes bestehen. Bei Letzterem geht es darum, dass alle Stakeholder weiterhin Teil des Unternehmens bleiben und der Erfolg abhängig ist von der Fähigkeit des Managements, den Reichtum des Unternehmens und der unternehmensinternen und unternehmensexternen Stakeholder-Gruppen zu mehren. Die Stakeholder verlassen das Unternehmen und geben ihre Anteile ab, wenn sie mit der Struktur und dem Erfolg nicht einverstanden sind.

1.3 Soziale Marktwirtschaft – Ordnungselemente und Grundannahmen

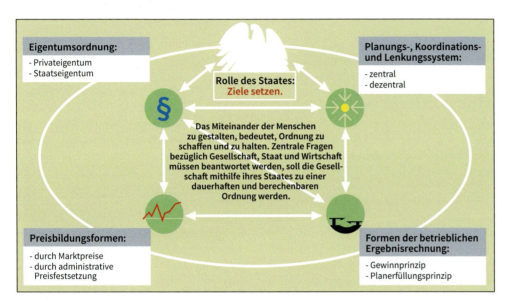

Basiswissen

Märkte, Geld und Unternehmen gehören zu den Grundlagen des Wirtschaftsgeschehens. Der **Markt** ist der Ort von Angebot und Nachfrage. Der Wettbewerb ist wesentliches Kennzeichen allen Marktgeschehens; eine Konzentration des Angebots oder auch der Nachfrage führt zu unvollkommenen Marktprozessen.

Geld stellt das Orientierungs- und Kommunikationsmittel im **Wirtschaftskreislauf** dar. Es gibt folgende **Funktionen des Geldes**: Geld ist als Wertübertragungsmittel entweder Zahlungsmittel oder Tauschmittel; es wird als Wertmesser mit Recheneinheiten verwendet; es speichert Werte und ist damit auch Wertaufbewahrungsmittel.

Unternehmen streben nach Gewinn, ihre Eigentümer bestimmen als Unternehmer die Geschicke ihres Unternehmens selbst.

Das **Unternehmertum** ist eine Institution der Marktwirtschaft in einer freien Gesellschaft. Die Rolle des Unternehmertums ist in der Marktwirtschaft mit besonderen Anforderungen, Leistungserwartungen und Verpflichtungen verbunden.

Der Grundsatz der Eigenverantwortung und das Prinzip des sozialen Ausgleichs bilden wichtige Grundlagen der Wirtschaftsordnung und sind wesentliche Säulen des **Sozialstaats**. Finanzierbarkeit und Generationengerechtigkeit werden heute als größte Probleme des Sozialstaats betrachtet. Ungleichen Chancen und Ressourcen steht in der **Konkurrenz- und Wettbewerbsgesellschaft** der sozialen Marktwirtschaft das Bemühen um sozialen Ausgleich und um soziale Sicherung entgegen.

Die **soziale Marktwirtschaft** in Deutschland wird heute in ihrem Selbstverständnis von vielen Herausforderungen der **Globalisierung** getroffen. Immer mehr Produkte entstehen im ökonomischen, politischen und kulturellen Rahmen von Globalisierungsprozessen.

INFO
Laissez-faire-Liberalismus
Wirtschaftspolitik mit Zurückhaltung bzw. mit Verzicht auf Beeinflussung des Wirtschaftsprozesses seitens des Staates

GLOSSAR
Soziale Marktwirtschaft

---

1. Gehen Sie arbeitsteilig vor: Stellen Sie Ihre Kenntnisse bezüglich der zehn fett gedruckten Begriffe im Basiswissen in Stichwörtern zusammen.
2. Analysieren Sie M3, indem Sie die vier „Regelungserfordernisse" dazu verwenden, „Grundfragen" zu formulieren, die an jede Wirtschaftsordnung gestellt werden müssen.

Wirtschaft braucht Ordnung

MATERIAL 1 Brauchen wir einen Staat?

QUERVERWEIS
Adam Smith
S. 19, Info

GLOSSAR
Staat

INFO
failed states
engl. = gescheiterte Staaten; Staat, der seine grundlegenden Funktionen nicht mehr erfüllen kann

Ein Blick nach Afrika macht klar, wieso wir einen Staat brauchen. In vielen afrikanischen Regionen herrschen Anarchie, Gewalt und Willkür. Es fehlt ein Staat, der die Rechte der Einzelnen vor den Übergriffen anderer schützt. Ohne Staat kann zwar jeder machen, was er will. Ohne Staat ist aber auch jeder ohnmächtig, seine Freiheit gegenüber anderen durchzusetzen. Es herrscht ein Kampf jeder gegen jeden.

Der Rechtsstaat überwindet die Schwäche der „**failed states**". Er beendet die Anarchie und sorgt für Rechtssicherheit. Grundlage ist ein Gegengeschäft: Menschen verzichten darauf, alles selbst bestimmen zu können. Sie treten einen Teil ihrer Freiheitsrechte an den Staat ab. Dafür garantiert ihnen der Staat eine uneingeschränkte Ausübung des verbleibenden Teils der Freiheitsrechte. [...] Nur so lassen sich Eigentums- und Verhaltensrechte und damit die Funktionsfähigkeit offener und freier Märkte sichern. Dazu greift der Staat auf Gerichte, Polizei und Streitkräfte zurück. Sie sorgen für die innere und äußere Sicherheit, die seit Adam Smith als klassische Staatsaufgaben verstanden werden.

In einem weiteren Sinne braucht es den Staat auch, um Rechts-, Vertrags-, Handels- und Verkehrsregeln durchzusetzen. Er muss Grundbücher und Handelsregister führen oder Maße und Gewichte kontrollieren. Er soll Wettbewerb ermöglichen und Marktmacht verhindern.

Hat der Staat seine erste und wichtigste hoheitliche Aufgabe der Rechtsetzung und Rechtsprechung gut gelöst und sind die Menschen gegen Macht und Willkür geschützt, kann alles andere ruhig der freien Entscheidung der Unternehmer, Verbraucher, Arbeitgeber und Arbeitnehmer überlassen bleiben. [...]

Eine zweite Rechtfertigung für staatliches Handeln ist die Tatsache, dass sich nicht alle Güter so einfach wie Nahrungsmittel, Textilien, Möbel oder Autos handeln lassen. Für einige Bedürfnisse gibt es keinen Markt, etwa für die Landesverteidigung oder den Gerichtsvollzug. Für andere Güter und Dienstleistungen versagt der Markt, weil es doch zu mächtigen Monopolen kommt. Das ist vor allem dann der Fall, wenn Leistungen nur mit hohen Fixkosten erbracht werden können, so wie bei Eisenbahn, Post, Strom oder beim Festnetz fürs Telefon. Ebenso stößt ein freier Marktmechanismus an seine Grenzen, wenn das Tun des einen unerwünschte Rückwirkungen beim anderen hervorruft, etwa wenn die Luft verschmutzt wird. [...]

„Leistungsstaat" bedeutet allerdings nicht, dass der Staat die Leistung auch selbst erbringen muss. Meistens genügt es, wenn er durch Regulierungen, Anreize und Sanktionen lediglich dafür sorgt, dass Marktversagen verhindert wird oder fehlende Märkte neu geschaffen werden. So kann der Staat private Wachdienste dafür bezahlen, dass sie für die Sicherheit der Bürger sorgen. Er kann Private beauftragen, Bahn, Post, Flughäfen, Schulen und Theater zu betreiben. [...] Staatsbetriebe haben [...] Ziele zu erfüllen, welche nicht selten dem Prinzip der Gewinnmaximierung zuwiderlaufen. Dazu zählen Versorgungssicherheit, Sicherstellung strategischer Ressourcen, Beschäftigungspolitik und Preiskontrollen.

Wägt man Marktversagen und Staatsversagen gegeneinander ab, wird deutlich, dass der öffentliche Sektor heute wesentlich größer ist, als er aufgrund einer Korrektur des Marktversagens sein müsste.

Schließlich liefert die Gerechtigkeit einen dritten Rechtfertigungsgrund für den Staat. Der Markt sorgt nicht für eine gerechte Einkommensverteilung. Er verteilt Einkommen nach Leistung und nicht nach Bedarf. Aus gesellschaftspolitischen Gründen ist daher eine Umverteilung durch den Staat angezeigt.

Aus: Thomas Straubhaar (Präsident des Hamburgischen Weltwirtschaftsinstituts HWWI), Warum brauchen wir einen Staat?, in: Frankfurter Allgemeine Sonntagszeitung, 14.12.2006, S. 64

„Unsichtbare Hand"

MATERIAL 2

„Zurück zu Smith", forderte [der Vertreter des Neokonservativismus] Irving Kristol [...]. Und damit meinte er: Eine Rückbesinnung auf die Ansicht, dass eine freie Wirtschaft
5 mit ihrem Gesetz vom Wettbewerb oder dem von Angebot und Nachfrage sich dann am besten entfaltet, wenn man sie sich selbst überlässt, wenn also der Staat sie mit direkten Eingriffen – wie der Festsetzung von
10 Höchst- und Niedrigstpreisen – verschont. Dieser sogenannte „Laissez-faire"-Standpunkt („Lasst machen", gewähren), der im Gegensatz zu dem der **Merkantilisten** wie auch dem der **Sozialisten** steht, wurde von Adam
15 Smith zwar nicht erfunden, dafür aber logisch begründet. Der Ökonom sah in einer liberalen Marktwirtschaft vor allem zwei Prinzipien wirken, die sich auf den ersten Blick gegenseitig ausschließen: Freiheit und Notwendigkeit.
20 Die beiden Begriffe kommen jedoch zusammen, sobald man Freiheit als das Fehlen von Behinderung definiert. Danach bewegt Wasser sich frei, solange es nicht durch einen Damm aufgehalten wird. Aber es fließt not-
25 wendig den Berg hinab, weil es dem Gesetz der Schwerkraft folgen muss. Ähnlich funktioniert die von Smith empfohlene Marktwirtschaft. Sie entfaltet sich frei, wenn ihr der Staat keine Beschränkungen auferlegt. Doch
30 bei ihrer freien Entfaltung gehorcht sie notwendig ökonomischen Gesetzen – wie dem vom Wettbewerb, das die Preise reguliert. Als Smith die Szene betrat, hatte sich unter fortschrittlichen Geistern die Auffassung
35 durchgesetzt, dass jeder Mensch ein natürliches Recht auf Glückseligkeit besitzt – wobei „natürlich" so viel bedeutete wie „von Gott gegeben". Und weiter hieß es: Das auf den eigenen Vorteil bedachte Selbstinteresse, mit
40 dem der Schöpfer seine Erdenkinder ausgestattet hat, ist nur im Ausnahmefall böse, sonst aber sinnvoll und gut, weil es dazu beiträgt, den Anspruch auf eine Sicherung und Verbesserung des Daseins zu verwirklichen.
45 Diesen allgemeinen Gedanken schmiedete Smith für die Ökonomie zurecht. Er pries den Eigennutz als den Motor allen wirtschaftlichen Handelns und schrieb: „Nicht vom Wohlwollen des Metzgers, Brauers und Bä-
50 ckers erwarten wir das, was wir zum Essen brauchen, sondern davon, dass sie ihre eigenen Interessen wahrnehmen. Wir wenden uns nicht an ihre Menschen-, sondern an ihre Eigenliebe."
55 Und nachdem er dies erkannt hatte, stellte er einen Lehrsatz auf. Er besagt, dass die unzähligen, auf sich selbst bezogenen Aktivitäten, die das Wirtschaftsgeschehen in Schwung halten, nicht ins Chaos, sondern in
60 die vom Schöpfer gewollte „natürliche" Ordnung führen. Dafür sorgen, so Smith sinngemäß, die logischen Gesetze, die der Vernunft Gottes entspringen und unsere Welt samt deren Marktwirtschaft beherrschen.
65 Wie eine „unsichtbare Hand" haben diese Gesetze das Produzieren, Verkaufen und Kaufen von Waren im Griff. Und wer gegen sie verstößt, wer sich zum Beispiel gegen das Gesetz von Angebot und Nachfrage versündigt und
70 mehr Bier auf den Markt bringt, als tatsächlich verlangt wird, muss mit üblen Folgen rechnen und macht schlimmstenfalls bankrott. Smith: Der Kaufmann ist gezwungen, das anzubieten, was seine Kunden haben wol-
75 len, und das, was er anbietet, muss besser sein als das Produkt seiner Konkurrenten.

Aus: Paul-Heinz Koesters, Ökonomen verändern die Welt – Lehren, die unser Leben bestimmen, 3. Aufl., Hamburg 1983, S. 14 f.

INFO

Merkantilismus
Dieses Konzept sah massive Eingriffe des absolutistischen Staates in die Wirtschaft vor. Ziel war es, die (früh-)industrielle Produktion anzukurbeln, die nationale Wirtschaftskraft zu stärken, durch die Erhebung von Schutzzöllen Ausfuhrüberschüsse zu erzielen und so die Staatseinkünfte zu erhöhen.

Sozialismus
In diesem Konzept kommt dem planenden Staat in Wirtschaft und Gesellschaft eine zentrale Rolle zu (Planwirtschaft).

QUERVERWEIS

Politische Grundströmungen und Ideologien
Liberalismus: S. 98
Sozialismus: S. 100

---

1. **Beschreiben** Sie die hoheitlichen Staatsaufgaben nach M 1 in Form einer Tabelle.
2. **Arbeiten** Sie **heraus**, wodurch der Staat laut Thomas Straubhaar zur Erfüllung dieser Aufgaben legitimiert ist (M 1).
3. **Erschließen** Sie das Analyse- und Theoriegebäude des Moralphilosophen Adam Smith aus M 2, indem Sie seine Überlegungen in Form von Thesen zusammenfassen, und **ordnen** Sie den Egoismus- und den Gemeinwohl-Begriff in seine Argumentation **ein**.
4. **Vergleichen** Sie die Denkansätze von Thomas Straubhaar und von Adam Smith.

Gründung einer neuen Wirtschaftsordnung

MATERIAL 3 Soziale Marktwirtschaft als dritter Weg

QUERVERWEIS
Adam Smith
S. 19, Info

Grundsätzlich lässt sich zwischen zwei Formen der Wirtschaftsordnung unterscheiden: Marktwirtschaft und Plan- bzw. Zentralverwaltungswirtschaft. Ihr substanzieller Unterschied lässt sich an den jeweils gewählten Koordinierungsmechanismen für Angebot und Nachfrage ausmachen. In der Marktwirtschaft erfolgt die Koordination dezentral durch die Aktivitäten auf dem Markt, in der Planwirtschaft koordiniert hingegen eine zentral implementierte Planungsinstitution.

Idealtypische Wirtschaftsordnungen	
freie Marktwirtschaft (reinform)	**Zentralverwaltungswirtschaft (Planwirtschaft)**
Produktionsstätten im Privateigentum	Produktionsstätten im Volks-Staatseigentum
Angebot und Nachfrage bestimmen die Preise und die Löhne	Preise und Löhne werden vom Staat festgesetzt
freier Wettbewerb	Staat plant die Produktion und den Bedarf
Der Staat spielt eine untergeordnete Rolle	Das Individuum ist von untergeordneter Bedeutung
Oberste Zielsetzung ist die Gewinnmaximierung	Alle Bemühungen dienen der Planerfüllung
Beruf und Arbeitsplatz kann frei gewählt/bestimmt werden	Der Staat regelt die Wahl des Arbeitsplatzes und die Berufswahl
Gewerbefreiheit/Vertragsfreiheit	keine Gewerbefreiheit/Vertragsfreiheit

Aus: http://www.technischer-betriebswirt.net/2012/04/05/wirtschaftssysteme/ (26.03.2018)

In der Bundesrepublik Deutschland bildet die Soziale Marktwirtschaft als eine spezielle Form der Marktwirtschaft das Fundament allen wirtschaftlichen Handelns. Mit ihr wird somit ein „dritter Weg" zwischen den zwei klassischen Wirtschaftsordnungen beschritten – der freien Marktwirtschaft auf der einen, der Zentralverwaltungs- oder Planwirtschaft auf der anderen Seite. Nachdem jene als „Laissez-faire-Liberalismus" seit der Weltwirtschaftskrise im Jahr 1929 in der Kritik stand und diese durch kollektivistische Strukturen im Rahmen von Kommunismus und Nationalsozialismus in Verruf geraten war, sollte auf der Grundlage von katholischer Soziallehre und evangelischer Sozialethik eine neue Wirtschaftsordnung geschaffen werden, welche sowohl Freiheit als auch soziale Gerechtigkeit gleichermaßen in sich vereint und entsprechenden sozialen Ausgleich ermöglicht. Die Soziale Marktwirtschaft gründet sich somit auf Freiheit, Wettbewerb sowie der politischen Verantwortung des Staates für seine Bürger.

Autorentext (in Anlehnung an Michael Eilfort)

Plakat zur Ausstellung im Haus der Geschichte der Bundesrepublik Deutschland, Bonn, 1997. Haus der Geschichte, Bonn

MATERIAL 4

1. **Stellen** Sie die Soziale Marktwirtschaft als dritten Weg zwischen freier Marktwirtschaft und Planwirtschaft **dar** (M 3).
2. **Entwickeln** Sie eine dritte Tabellenspalte mit den Charakteristika der Sozialen Marktwirtschaft als idealtypischer Wirtschaftsordnung in Anlehnung an die Gegenüberstellung von freier Marktwirtschaft und Planwirtschaft (M 3).
3. **Charakterisieren** Sie die soziale Komponente der Sozialen Marktwirtschaft, indem Sie den Eingriffen des Staates konkrete Praxisbeispiele zuordnen (M 4).

MATERIAL 5 — Wirtschaftspolitisch relevante Vorgaben des Grundgesetzes

Art. 2, 5, 9, 11, 12, 14 Abs. 1	Art. 14 Abs. 2 u. 3, Art. 15	Art. 20 Abs. 1 u. 3, Art. 20a, Art. 28 Abs. 1, Art. 72 Abs. 2, Art. 75 Abs. 1, Art. 79 Abs. 3	Art. 109 Abs. 1 u. 2, Art. 110 Abs. 1
■ Freiheit des Einzelnen als freie Entfaltung der Persönlichkeit, also als allgemeine Handlungsfreiheit mit besonderer Bedeutung auf wirtschaftlichem Gebiet als Unternehmensfreiheit, Vertragsfreiheit, Gewerbefreiheit, Wettbewerbsfreiheit ■ Informationsfreiheit ■ Vereinigungs- und Koalitionsfreiheit ■ Freizügigkeit ■ kein allgemeines Recht auf Arbeit, wohl aber Berufsfreiheit als freie Wahl von Beruf, Ausbildung und Arbeitsplatz ■ Recht auf Eigentum, Erbrecht	■ soziale Bindung des Eigentums ■ Recht des Staates auf entschädigte Enteignung des Eigentums zugunsten der Allgemeinheit ■ Möglichkeit zur Sozialisierung von Grund und Boden, von Naturschätzen und von Produktionsmitteln zum Zweck der Vergesellschaftung	■ Sozialstaatsgebot mit dem Anspruch auf soziale Sicherung des Einzelnen ■ Rechtsstaatsprinzip ■ Schutz der natürlichen Lebensgrundlagen (als Staatsziel) ■ Homogenitätsgebot für Bund und Länder ■ Sicherung von gleichwertigen Lebensverhältnissen ■ Bundeskompetenz für Rahmenvorschriften für Länder-Gesetzgebung ■ Unzulässigkeit einer Änderung der GG-Artikel 1 und 20	■ selbstständige Haushaltswirtschaft beim Bund und bei den Ländern mittels Haushaltsplänen ■ gesamtwirtschaftliches Gleichgewicht als Zielvorgabe der Haushaltswirtschaft (seit 1967); Konkretisierung durch das Gesetz zur Förderung der Stabilität und des Wachstums der Wirtschaft (StWG) ■ Ausgleichsgebot für Einnahmen und Ausgaben in Haushaltsplänen

MATERIAL 6 — Das Leitbild der Sozialen Marktwirtschaft

INFO

Ludwig Erhard
* 4.2.1897 in Fürth
† 5.5.1977 in Bonn
Erhard gilt als einer der „Väter der sozialen Marktwirtschaft" in Deutschland; er war von 1949 bis 1963 Bundesminister für Wirtschaft und von 1963 bis 1966 Bundeskanzler.

Nach Ende des 2. Weltkriegs war in Deutschland, aber auch in anderen europäischen Ländern umstritten, welches Wirtschaftssystem an die Stelle der staatsgelenkten Kriegswirtschaft treten sollte. Während in Ostdeutschland unter dem Einfluss der sowjetischen Besatzungsmacht schon bald die Weichen in Richtung auf eine zentral gelenkte sozialistische Wirtschaft gestellt wurden, bestand in Westdeutschland unter den maßgeblichen politischen Kräften zwar grundsätzliches Einvernehmen darüber, dass auf marktwirtschaftliche Steuerung der Wirtschaft nicht verzichtet werden sollte. Es gab aber sehr unterschiedliche Vorstellungen darüber, wie diese Marktwirtschaft im Einzelnen ausgestaltet werden müsste. Umstritten war vor allem, in welcher Weise und in welchem Umfang die staatliche Wirtschaftspolitik lenkend in das Marktgeschehen eingreifen sollte. Was sich schließlich durchsetzte, in erster Linie durch die Initiative des Bundeswirtschaftsministers und späteren Bundeskanzlers Ludwig Erhard, war das System, das unter der Bezeichnung „Soziale Marktwirtschaft" bekannt geworden ist. […] Eucken war konsequenter Befürworter einer dezentralen Steuerung der Wirtschaft durch Markt und Wettbewerb. Er wandte sich aber entschieden gegen eine Rückkehr zu der Marktwirtschaft, die vor 1933, dem Jahr der Machtergreifung des Nationalsozialismus, in Deutschland bestanden hatte. Sein Haupteinwand gegen die traditionelle liberale Politik des Laissez-faire war, dass diese uneingeschränkte Vertragsfreiheit einräumte, auch die Freiheit zum Abschluss von Verträgen, durch die die Unternehmen den Wettbewerb zu ihrem eigenen Vorteil und zum Nachteil der Konsumenten einschränken. Dies hatte in der Vergangenheit in Deutschland zur Bildung mächtiger Kartelle geführt, die weite Teile der Wirtschaft beherrschten. […] Gegen die traditionelle liberale Vorstellung von einem Staat, der sich auf die Aufrechterhaltung von Sicherheit und Ordnung zu beschränken, im Übrigen aber die Wirtschaft sich selbst zu überlassen habe, setzte Eucken die Forderung nach einem starken Staat, der die Wirtschaftsordnung zielbewusst gestaltet und vor allem Regeln für den Wettbewerb durchsetzt und damit die Entstehung wirtschaftlicher Machtpositionen verhindert. […] Von größter Bedeutung ist im Gedankengebäude von Eucken die Unterscheidung zwischen Ordnungspolitik und Prozesspolitik. Wirtschaftspolitik soll in erster Linie Ordnungspolitik sein, das heißt in ihrem Mittelpunkt soll die Gestaltung der rechtlichen und institutionellen Rahmenbedingungen für das wirtschaftliche Handeln der Unternehmer und der Konsumenten stehen. Ordnungspolitik orientiert sich nicht am Einzelfall; sie ist vielmehr langfristig angelegt und soll gemäß dem Prinzip der Konstanz der Wirtschaftspolitik verlässliche Bedingungen für wirtschaftliches Handeln herstellen. Prozesspolitik besteht im Gegensatz dazu darin, dass der Staat unmittelbar lenkend in das Wirtschaftsgeschehen eingreift, in aller Regel als Reaktion auf konkrete Einzelprobleme; sie zielt dabei auf kurzfristig erreichbare Ergebnisse. [...] Die von Mueller-Armack befürwortete Wirtschaftsordnung ist nicht dieselbe wie die vom Prinzip des Laissez-faire beherrschte liberale Marktwirtschaft des 19. Jahrhunderts. Für die von ihm entworfene Marktwirtschaft neuer Art hat Mueller-Armack die Bezeichnung „Soziale Marktwirtschaft" geprägt. Abgesehen vom Inhalt hat allein diese Bezeichnung erheblich dazu beigetragen, die vielfältigen Vorbehalte gegenüber der Marktwirtschaft auszuräumen, die in der Nachkriegszeit in Deutschland noch bestanden. Wesentlich ist aber vor allem, was mit „Sozialer Marktwirtschaft" gemeint war: Es ging keineswegs nur darum, die Marktwirtschaft um der sozialen Gerechtigkeit willen um ein System der sozialen Sicherung und um eine der Umverteilung von Einkommen dienende Besteuerung zu ergänzen. Vielmehr steht hinter dieser Bezeichnung der Anspruch, dass die marktwirtschaftliche Steuerung schon von sich aus positive soziale Auswirkungen hat. Dies ist zum einen mit der höheren Wirtschaftsleistung zu begründen, die einen breiten Gestaltungsspielraum für soziale Versorgungsleistungen eröffnet. Ein wesentlicher Gesichtspunkt ist weiter, dass der Wettbewerb die Entstehung wirtschaftlicher Machtpositionen in Grenzen hält und ihrer Nutzung zur Ausbeutung Schwächerer entgegensteht. Der größte soziale Vorzug der Marktwirtschaft liegt jedoch darin, dass sie die Möglichkeit freier Konsumwahl eröffnet und den Wahlentscheidungen der Konsumenten den maßgeblichen Einfluss auf die Steuerung der Produktion einräumt. Mueller-Armack weist dem Staat im Rahmen der Sozialen Marktwirtschaft in erster Linie die Aufgabe zu, der Entstehung sozialer Spannungen entgegenzuwirken und damit den sozialen Frieden zu sichern. Er legt sich aber nicht darauf fest, mit welchen Mitteln dies zu geschehen hat. Er nennt zwar einige Bereiche, in denen er Staatstätigkeit für angebracht hält, darunter neben der Wettbewerbspolitik und der Sozialpolitik auch die Konjunkturpolitik. Aber dieser Katalog möglicher Staatsaufgaben ist auf die aktuelle politische Lage der Nachkriegszeit bezogen und nicht von grundsätzlichen Erwägungen bestimmt.

Walter Eucken
* 17.1.1891 in Jena
† 20.3.1950 in London
Eucken war deutscher Ökonom und Begründer der „Freiburger Schule des Ordoliberalismus", er gilt als Vordenker der Sozialen Marktwirtschaft.

Aus: Herbert Hax: „Wirtschaftspolitik als Ordnungspolitik – Leitbild der Sozialen Marktwirtschaft", 2. Sept. 2004, Beijing: Konrad-Adenauer-Stiftung, URL: http://www.kas.de/proj/home/pub/37/1/year-2004/dokument_id-5265/index.html [26.07.2018]

1 **Ermitteln** Sie die inhaltliche Nähe der Grundgesetzvorgaben in M 5 zu den beiden Wirtschaftsordnungskonzepten der Marktwirtschaft und der Planwirtschaft.
2 **Arbeiten** Sie die Anforderungen an die Ausgestaltung der neuen Wirtschaftsordnung nach Eucken und Müller-Armack **heraus**.
3 **Erläutern** Sie die Unterscheidung zwischen Ordnungs- und Prozesspolitik im Gedankengebäude Euckens. Berücksichtigen Sie dabei auch M 9.

Wie die soziale Marktwirtschaft funktionieren soll

MATERIAL 7 „Sozialpartnerschaft"

Arbeitgeber und Arbeitnehmer Hand in Hand an einem Tisch Zeichnung: Wolfgang Hicks (Künstler), Haus der Geschichte, Bonn

Der Mann im Hintergrund mit Zigarre ist der erste Bundeswirtschaftsminister Ludwig Erhard (siehe S. 44).

MATERIAL 8 Prinzipien von Wirtschaftsordnung und Wirtschaftsprozess

Walter Eucken unterscheidet in seinem Hauptwerk *Grundlagen der Nationalökonomie* (1939) Wirtschaftsordnung und Wirtschaftsprozess (Wirtschaftsablauf). Die Wirtschaftsordnung bildet das rechtliche und das institutionelle Rahmenwerk; der Wirtschaftsprozess umfasst das wirtschaftliche, soziale und politische Handeln der Menschen in einem solchen Rahmen.

Acht **konstituierende Prinzipien** schaffen die Grundlagen für die soziale Marktwirtschaft als Wirtschaftsordnung:
1. funktionsfähiges Preissystem = Preisbildung mittels Angebot und Nachfrage;
2. vollständige Konkurrenz, z. B. freie Zulassung von Marktwettbewerbern;
3. Stabilisierung des Geldwerts durch eine unabhängige Zentralbank (früher national für Deutschland, heute durch die Europäische Zentralbank/EZB);
4. offene Märkte, z. B. Gewerbefreiheit;
5. Privateigentum, abgesichert im GG;
6. Vertragsfreiheit, siehe Grundrechte-Katalog des Grundgesetzes (Art. 1–19 GG);
7. Eigenverantwortung und volle Haftung für das eigene Handeln (Bürgerliches Gesetzbuch/BGB; „Wer den Nutzen hat, muss auch den Schaden tragen");
8. Konstanz der Wirtschaftspolitik.

Vier **regulierende Prinzipien** stellen den Wirtschaftsprozess sicher:
1. Monopolaufsicht durch das Bundes- bzw. das Europäische Kartellamt;
2. Umverteilung, vor allem durch **progressive Einkommensbesteuerung**;
3. Korrektur der Wirtschaftsrechnung, z. B. durch Subventionen;
4. Korrektur anormalen Marktverhaltens, z. B. durch Festlegung von Lohnuntergrenzen bzw. Mindestlöhnen.

Zu diesen Prinzipien kommt noch das („Nadelöhr"-)Kriterium der Marktkonformität hinzu: Das staatliche Eingreifen soll den Marktprozess nicht ersetzen, sondern diesen – im Sinne einer Annäherung an die ideale Ordnung – beeinflussen.

> **INFO**
> **progressive Einkommensbesteuerung**
> Der Anteil der zu zahlenden Steuern steigt mit dem Einkommen.

Nach: Bernd Ziegler, Leitfaden zum Grundstudium der VWL, 2. Aufl., Gernsbach 1997

Ordnungspolitik und Prozesspolitik

MATERIAL 9

Wettbewerbsordnung

MATERIAL 10

1. **Analysieren** Sie M 7 hinsichtlich der Rollen, die der Zeichner Arbeitgebern, Arbeitnehmern und dem Staat zuweist. **Prüfen** Sie, ob die Rolle des Staates eine „neoliberale" ist bzw. wie der Begriff „Sozialpartnerschaft" zu verstehen ist.
2. **Ordnen** Sie den Prinzipien der sozialen Marktwirtschaft aus M 8 vor dem Hintergrund Ihrer Erfahrungen als Konsument (Kap. 1.1) Anwendungsbeispiele aus dem Alltag zu.
3. **Erläutern** Sie die Rolle, die der einzelne Konsument, der einzelne Haushalt, das einzelne Unternehmen und der Staat in Walter Euckens Wirtschaftskonzept einnehmen (M 8). Greifen Sie dabei auf das Modell des Wirtschaftskreislaufs zurück.
4. **Beschreiben** Sie den Unterschied von Ordnungs- und Ablaufpolitik (M 9).
5. **Charakterisieren** Sie die Spannung zwischen Produzenten- und Konsumentensouveränität; **beschreiben** Sie dabei die Rolle des Kartell- und Lauterkeitsrechts auf Grundlage einer Internetrecherche (M 10).

QUERVERWEIS

MODELL Der Wirtschaftskreislauf
S. 22 f.
Konsumentensouveränität
S. 24 f.

INFO

Politikfelder – eine Auswahl:
Agrarpolitik
Angebotspolitik
Arbeitgeberpolitik
Arbeitnehmerpolitik
Arbeitsmarktpolitik
Außenpolitik
Beschäftigungspolitik
Bildungspolitik
Familienpolitik
Fiskalpolitik
Haushaltspolitik
Kommunalpolitik
Konjunkturpolitik
Lohnpolitik
Migrationspolitik
Nachfragepolitik
Schulpolitik
Verteilungspolitik

MATERIAL 11 — Markt und Staat in der sozialen Marktwirtschaft

Alfred Müller-Armack
* 28.6.1901 in Essen
† 16.3.1978 in Köln
Müller-Armack war Nationalökonom und Mitbegründer der sozialen Marktwirtschaft in Deutschland, von 1952 bis 1958 gehörte er dem Wirtschaftsministerium unter Ludwig Erhard an, von 1958 bis 1963 war er Staatssekretär für Europäische Angelegenheiten.

- Die soziale Marktwirtschaft fordert keinen schwachen Staat, sondern sieht in einem starken demokratischen Staat die Voraussetzungen für das Funktionieren dieser Ordnung. Der Staat hat nicht nur der Sicherung der Privatrechtsordnung zu dienen, er [hat] sich für die Erhaltung eines echten Wettbewerbs als einer politischen Funktion [...] einzusetzen. Die vom Staat zu sichernde Wettbewerbsordnung wehrt zugleich Machteinflüsse auf dem Markt ab.
- Garant des sozialen Anspruchs der Marktwirtschaft ist nicht nur der Markt, dessen wirtschaftliche Leistungen sehr oft schon sozialen Fortschritt bedeuten. Der Staat hat vielmehr die unbestrittene Aufgabe, über den Staatshaushalt und die öffentlichen Versicherungen die aus dem Markt resultierenden Einkommensströme umzuleiten und soziale Leistungen, wie Kindergeld, Mietbeihilfen, Renten, Pensionen, Sozialsubventionen und so weiter, zu ermöglichen. Das alles gehört zum Wesen dieser Ordnung [...]. Das bedeutet keineswegs ein Hinüberwechseln aus dem Markt in den staatlichen Bereich, sofern man sich dabei bewusst ist, dass die Mittel, die der Staat transformiert, von der wirtschaftlichen Leistung des Marktes abhängig bleiben und marktkonform sein müssen.
- Der Staat [steht] seit je und heute bewusster als früher vor Aufgaben der Gesellschaftspolitik, um die Lebensumstände für alle zu verbessern [Vermögensbildung, Investitionen im Bereich des Verkehrs und des Gesundheitswesens, Aufwendungen für Bildung und Forschung, Schutz gegen die wachsende Verschlechterung vieler Umweltbedingungen, Städtebauförderung]. [...] Alle Ordnungen der Zukunft, in welchen freien Ländern der Welt sie auch praktiziert werden mögen, werden irgendwie den Linien [...] der sozialen Marktwirtschaft folgen müssen.

Aus: Alfred Müller-Armack, Unser Jahrhundert der Ordnungsexperimente; in: Genealogie der Sozialen Marktwirtschaft, 2. Aufl., Bern/Stuttgart 1981, S. 150 f. (Auszüge)

MATERIAL 12 — Freie und soziale Marktwirtschaft im Vergleich

Freie Marktwirtschaft	Aspekte	Soziale Marktwirtschaft
freie Ausgestaltung	Verträge	Verbot sittenwidriger und unlauterer Rechtsgeschäfte
Konsumfreiheit	Konsum	Einschränkungen bei Medikamenten, Drogen, Waffen
freie Berufswahl	Beruf	freie Wahl, aber auch Beratung, Umschulungen
freie Arbeitsplatzwahl	Arbeitsplatz	freie Wahl, aber auch Vermittlung und Bezuschussung
völlige Gewerbefreiheit	Gewerbe	Einschränkungen durch Vergabe von Konzessionen
völlige Produktionsfreiheit	Produktion	einschränkende Gebote/Verbote, Konzessionen u. Lizenzen möglich
Privateigentum und keine soziale Bindung	Eigentum	Nebeneinander von Privat-, Gemein- und Staatseigentum
viele je für sich planende Unternehmen	Planung	viele und dezentral in einem Rahmen je für sich planende Unternehmen
Marktpreise aus Angebot und Nachfrage	Preise	überwiegend Marktpreise, auch staatliche und politisch gesetzte Preise
keine Staatseingriffe	Staat	aktive Wirtschaftspolitik, Sozialpolitik bei Vorrang des Marktes
Lohnfindung auf dem freien Arbeitsmarkt per Angebot und Nachfrage, keine Arbeitgeberverbände und keine Gewerkschaften	Lohn	Tarifautonomie mit Lohnfindung durch Tarifparteien bzw. Sozialpartner mittels Verhandlungen/Streiks, Festsetzung eines Mindestlohns
Resultat des Marktes, keine Umverteilung	Einkommen	differenzierte Steuergesetze, progressiver Steuertarif, Sparförderung
Zahlungsmittel, Steuerung der Geldmenge per Zinshöhe durch eine unabhängige Nationalbank	Geld	Zahlungsmittel, Steuerung der Geldmenge durch den Staat

Der gesetzliche Rahmen der Sozialen Marktwirtschaft

MATERIAL 13

In freiheitlichen und demokratischen Gesellschaften schreibt der Staat den einzelnen Bürgerinnen und Bürgern keine individuellen Werte vor: Wie ein „richtiges" und „gutes" Leben zu gestalten ist, dürfen sie jeweils für sich selbst entscheiden. Stattdessen beschränkt sich die Politik auf Regeln und Grundwerte, zu denen in der Gesellschaft allgemeine Zustimmung herrscht. Jede Gesellschaft braucht eine derartige Übereinstimmung über Grundwerte, sonst verliert sie ihre Stabilität, und ohne einen solchen „Konsens" kann Politik das gesellschaftliche Zusammenleben nicht gestalten. Für die Wirtschaftspolitik spielen folgende gesellschaftliche Grundwerte eine besondere Rolle: Freiheit, Gerechtigkeit, Sicherheit, Fortschritt. [...]

aus: Hans-Jürgen Schlösser, „Wirtschaftspolitik und gesellschaftliche Grundwerte", 5.7.2007, bpb.de, URL: www.bpb.de/izpb/8449/wirtschaftspolitik-und-gesellschaftliche-grundwerte?p=all

Rechte sind in der Sozialen Marktwirtschaft durch gesetzliche Regelungen dort eingeschränkt, wo die Rechte anderer verletzt werden können. Solche Gesetze sind z. B. Gewerbeordnung, Handwerksordnung, Ladenschlussgesetz, Jugendarbeitsschutzgesetz, Kündigungsschutzgesetz, Schwerbeschädigtengesetz, Bundesurlaubsgesetz, Kartellgesetz, Tarifvertragsgesetz, Berufsbildungsgesetz.

Aus: Soziale Marktwirtschaft. Zeitbild, Jg. 67, Berlin: Zeitbild Verlag 2016, S. 7

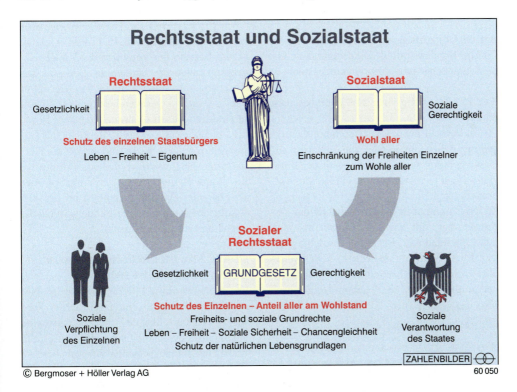

© Bergmoser + Höller Verlag AG

1 **Arbeiten** Sie die Merkmale heraus, die Müller-Armack dem Konzept der Sozialen Marktwirtschaft hinzufügt (M 11).
2 **Erläutern** Sie die Gegenüberstellung von freier und sozialer Marktwirtschaft in M 12.
3 **Charakterisieren** Sie das Spannungsfeld zwischen Sozial- und Rechtsstaat am Beispiel des gesetzlich vorgeschriebenen Mindestlohns.

Die soziale Marktwirtschaft und der Sozialstaat

MATERIAL 14 — Die Bundesrepublik als sozialer Rechtsstaat

Im Bereich sozialer Gewährleistung hält sich das Grundgesetz anders als die Weimarer Reichsverfassung auffallend zurück. Diese hatte den damaligen gesellschaftspolitischen Zielvorstellungen Verfassungsrang verliehen und konkrete Rechte versprochen, die schließlich nicht eingelöst werden konnten. Gerade dieses Auseinanderfallen von verfassungsrechtlichen Versprechungen und tatsächlichen Verhältnissen beeinträchtigte die Autorität der Weimarer Verfassung. Das grundgesetzliche Sozialstaatsprinzip [...] ist bewusst „offen" gehalten und weist dessen Ausgestaltung und Verwirklichung dem Gesetzgeber zu. Dieser hat selbstverständlich unter Berücksichtigung des Sozialstaatsprinzips, aber auch der begrenzten finanziellen Möglichkeiten, Lösungen für die sich in der Zeit ständig verändernden sozialen Probleme zu finden. Vielleicht hat die Zurückhaltung des Grundgesetzes in dieser Frage den Ausbau des Sozialstaates sogar begünstigt.

Aus: Rolf Wernstedt, 50 Jahre Grundgesetz, Auszug aus dem Redetext zum 23. Mai 1989

MATERIAL 15 — Auftrag des Grundgesetzes

Art. 20 GG, gültig seit dem 23.5.1949:
(1) Die Bundesrepublik Deutschland ist ein demokratischer und sozialer Bundesstaat.

Art. 72 GG, gültig vom 24.5.1949 bis zum 15.11.1994:
(1) Im Bereich der konkurrierenden Gesetzgebung haben die Länder die Befugnis zur Gesetzgebung, solange und soweit der Bund von seinem Gesetzgebungsrechte keinen Gebrauch macht.
(2) Der Bund hat in diesem Bereiche das Gesetzgebungsrecht, soweit ein Bedürfnis nach bundesgesetzlicher Regelung besteht, weil [...] 3. die Wahrung der Rechts- oder Wirtschaftseinheit, insbesondere die Wahrung der Einheitlichkeit der Lebensverhältnisse über das Gebiet eines Landes hinaus sie erfordert.

Art. 72 GG, gültig seit 15.11.94:
(1) Im Bereich der konkurrierenden Gesetzgebung haben die Länder die Befugnis zur Gesetzgebung, solange und soweit der Bund von seiner Gesetzgebungszuständigkeit nicht durch Gesetz Gebrauch gemacht hat.
(2) Der Bund hat in diesem Bereiche das Gesetzgebungsrecht, wenn und soweit die Herstellung gleichwertiger Lebensverhältnisse im Bundesgebiet oder die Wahrung der Rechts- oder Wirtschaftseinheit im gesamtstaatlichen Interesse eine bundesgesetzliche Regelung erforderlich macht.

§ 2 Abs. 2 Nr. 1 Raumordnungsgesetz (ROG), gültig seit 1.1.2009:
Im Gesamtraum der Bundesrepublik Deutschland und in seinen Teilräumen sind ausgeglichene soziale, infrastrukturelle, wirtschaftliche, ökologische und kulturelle Verhältnisse anzustreben.

---

1 **Erschließen** Sie das Selbstverständnis der Bundesrepublik Deutschland als Sozialstaat aus M 14, M 15 und M 16.

2 **Arbeiten** Sie aus M 17 wesentliche Merkmale des Sozialstaats **heraus** und **erläutern** Sie die Auswirkungen anhand von Beispielen.

Sozialstaatsquote

MATERIAL 16

Sozialausgaben steigen kontinuierlich
Sozialbudget in Mrd. Euro
Sozialleistungsquote* in Prozent

Jahr	1970	1980	1991	2000	2010	2013	2014	2015	2016
Sozialbudget	73,0	202,7	395,5	608,0	768,7	819,7	849,2	888,2	918,0
Sozialleistungsquote	20,2	25,7	25,0	28,8	29,8	29,1	29,1	29,2	29,3

Werte ab 2010 einschließlich privater Krankenversicherung
Ab 1991 einschließlich neuer Länder
* Sozialleistungen als Anteil des Bruttoinlandsproduktes

Quelle: BMAS

Entscheidung für den Sozialstaat

MATERIAL 17

Die „**Sozialstaatsklausel**" des GG fordert nicht die Einrichtung eines totalen Wohlfahrtsstaates; sie impliziert auch nicht die Forderung nach einer ausschließlich staatlich gelenkten und organisierten Wirtschaftsordnung. Sie erstrebt aber die annähernd gleichmäßige Verteilung der Lasten. Zwischen dem ebenfalls verfassungsrechtlich geforderten Schutz der persönlichen Freiheit des Einzelnen und der Forderung nach einer sozialstaatlichen Ordnung besteht allerdings eine unaufhebbare und grundsätzliche Spannungslage. Der Gesetzgeber hat deshalb bei Entscheidungen zwischen diesen beiden verfassungsrechtlichen Grundsätzen einen gewissen Spielraum; seine Entscheidung zugunsten der Freiheit der persönlichen Entfaltung des Einzelnen ist jedenfalls dann nicht zu beanstanden, wenn eine andere Lösung durch das Sozialstaatsprinzip nicht unbedingt geboten ist.

Die Entscheidung für die **Sozialstaatlichkeit** hat ungeachtet des Spannungsverhältnisses zum Grundrecht der freien Entfaltung der Persönlichkeit in vielen Bereichen erhebliche Auswirkungen:

a) Aus dem Sozialstaatsprinzip ergibt sich in Verbindung mit dem Grundrecht der Würde des Menschen ein Anspruch des Einzelnen gegen den Staat, für ihn im Falle seiner – verschuldeten oder unverschuldeten – Bedürftigkeit so zu sorgen, dass sein Existenzminimum gesichert ist („**Fürsorgeanspruch**"). Der Bundesgesetzgeber hat dementsprechend das **Bundessozialhilfegesetz** erlassen, das die Einzelheiten der Sozialhilfe regelt.

b) Der Staat ist auch verpflichtet, im weiten Bereich der sog. **Daseinsvorsorge** (z.B. Versorgung mit Gas, Wasser, Strom; Bereitstellung öffentlicher Verkehrsmittel; Gesundheitsvorsorge; Schulwesen; Arbeitsvermittlung) Leistungen zugunsten des Einzelnen zu erbringen. Er braucht dies allerdings nicht immer kostenlos zu tun, sondern kann dafür eine zumutbare Gegenleistung in Geld fordern.

c) Das Sozialstaatsprinzip beschränkt auch den Grundsatz der Vertragsfreiheit. Deshalb ist beispielsweise eine gesetzliche Regelung nicht verfassungswidrig, die es ermöglicht, aus gesamtwirtschaftlichen und sozialen Gründen die zum Nutzen des allgemeinen Wohls gebotenen preisrechtlichen Maßnahmen zu treffen.

d) Die Zwangsversicherung bestimmter Gruppen ist ebenfalls Ausfluss des Sozialstaatsprinzips. Die Vorsorge für Krankheit, Alter, Unfall usw. rechtfertigt die zwangsweise Versicherung des Einzelnen [...].

e) Aus dem Sozialstaatsprinzip folgt auch das Gebot einer sozialen Steuerpolitik.

> **INFO**
>
> **Bundessozialhilfegesetz (BSHG)**
> Das BSHG regelte von 1962 bis 2004 Art und Umfang der Sozialhilfe. Im Zuge der Hartz-IV-Gesetzgebung (siehe Glossar: Agenda 2010) wurden die bisherige Arbeitslosen- und Sozialhilfe nach dem BSHG zum 1.1.2005 zum Arbeitslosengeld II. Das bisherige BSHG wurde Teil des Sozialgesetzbuches (SGB XII).

Aus: Dieter Hesselberger, Das Grundgesetz – Kommentar für die politische Bildung, 13., aktualisierte Ausg., Bonn 2003, S. 184 f.

MATERIAL 18 — Der Staat als Leistungsstaat

GLOSSAR: Sozialversicherung, gesetzliche

Der Sektor Staat (St) ist die gedankliche Zusammenfassung der Gebietskörperschaften (Bund, Länder, Gemeinden) und der Sozialversicherungen (mit der gesetzlichen Kranken-, Unfall-, Renten-, Arbeitslosen- und Pflegeversicherung). Das Wesen des Sektors Staat im Rahmen der Gesamtwirtschaft liegt in seiner Umverteilungsfunktion im Unterschied zum Sektor Haushalt (H) mit dem Wesensmerkmal Konsum und dem Sektor Unternehmen (U), dessen Aufgabe die Produktion ist. Der Staat beschafft sich seine Mittel nicht durch die Teilnahme am privatwirtschaftlichen Produktionsprozess, sondern schöpft einen Teil der Kaufkraft ab, die in der Privatwirtschaft entstanden ist. Diese Mittel benötigt er, um seinen Aufgaben, z. B. dem Bau von Straßen, der Verwaltung, der Landesverteidigung usw., gerecht zu werden. Die Umverteilungsfunktion des Staates besteht darin, dass er den privaten Bereichen (U und H) Kaufkraft entzieht, um seine Aufgaben zu erfüllen.

Nach: Günter Schiller, Volkswirtschaftslehre, Darmstadt 1991, S. 86 f.

MATERIAL 19 — Prinzipien der sozialen Absicherung im Überblick

	Versicherungsprinzip	Versorgungsprinzip	Fürsorgeprinzip
Grundgedanke	gesetzliche Sozialversicherung, die allgemeine Lebensrisken abdeckt	soziale Versorgung aus Steuermitteln aufgrund einer Selbstverpflichtung des Staates	Fürsorgeleistung des Staates, wenn in Notlagen andere Teile des Sozialsystems versagen
Beispiele	• Krankenversicherung • Unfallversicherung • Rentenversicherung • Pflegeversicherung • Arbeitslosenversicherung	• Beamtenversorgung • Kindergeld • Kriegsopferversorgung	• Sozialhilfe (gemäß SGB XII) • Jugendhilfe • Wohngeld • Resozialisierung
Empfänger (finanziert durch)	Mitglieder, die Beiträge gezahlt haben (Versicherungsbeiträge und Staatszuschüsse)	Gruppen, die besondere Opfer oder Leistungen für das Gemeinwesen erbracht haben (Steuern)	alle Bürger bei individueller Notlage, grundsätzlich unabhängig von persönlichem Verschulden (Steuern)

MATERIAL 20 — Die fünf Zweige der Sozialversicherung

	Krankenversicherung seit 1883	Unfallversicherung seit 1884	Rentenversicherung* seit 1889	Arbeitslosenversicherung seit 1927	Pflegeversicherung seit 1995
Träger:	gesetzliche Krankenkassen	Berufsgenossenschaften, Unfallkassen	Deutsche Rentenversicherung	Bundesagentur für Arbeit	Pflegekassen der Krankenkassen
Leistungen:	Gesundheitsvorsorge, notwendige medizinische Hilfe, Krankengeld	Unfallverhütung, Hilfen/Entschädigung bei Arbeitsunfällen/Berufskrankheiten	Altersrente, Rente bei Erwerbsminderung, Hinterbliebenenrente, Rehabilitation	Unterstützung bei Integration in den Arbeitsmarkt, Arbeitslosengeld	Pflegegeld, Sachleistungen, Grundpflege und hauswirtschaftliche Versorgung
Beiträge 2018:	14,6 % des Bruttolohns (durchschnittlicher Zusatzbeitrag: 1 %), Arbeitgeber und Arbeitnehmer je 7,3 %	unterschiedlich je nach Träger, werden vom Arbeitgeber allein finanziert	18,6 % des Bruttolohns, Arbeitgeber und Arbeitnehmer je 9,3 %	3,0 % des Bruttolohns, Arbeitgeber und Arbeitnehmer je 1,5 %	2,55 % des Bruttolohns, (Beitragszuschlag für Kinderlose: 0,25 %) Arbeitgeber und Arbeitnehmer je 1,275 %**

* ursprünglich: Invaliditäts- und Altersversicherung ** abweichende Regelung in Sachsen

Quo vadis, Soziale Marktwirtschaft?

MATERIAL 21

Ludwig Erhard beschwor die Freiheit, seine politischen Nachfolger setzten auf den Wohlfühlstaat. [...] Wie frei oder sozial ist unsere Wirtschaftsordnung noch?

[...] Im Juni 1948 führten die Alliierten die D-Mark ein, und zeitgleich gab Ludwig Erhard beinahe alle Preise frei. Damit legte er den Grundstein für die soziale Marktwirtschaft, von der er glaubte, dass sie den Menschen Wohlstand bringen und die Demokratie sichern werde. [...] Das Vertrauen in die soziale Marktwirtschaft verfällt rasant. In den Fünfzigerjahren zog Erhards Versprechen „Wohlstand für alle" noch als Wahlkampfversprechen, im neuen Jahrtausend ist mit Wirtschaftspolitik kein Blumentopf mehr zu gewinnen – geschweige denn eine Wahl. Ihr Heil suchen die Volksparteien am linken Rand, wer sich als Wahlkämpfer seine Chancen nicht vermasseln will, verspricht staatlich garantierte Sicherheiten statt freiheitlicher Chancen. Inzwischen sympathisieren mehr Wähler mit der Linkspartei und ihrem paradoxen Slogan „Freiheit durch Sozialismus" als mit der liberalen FDP. [...] Das Problem ist: Die Bürger misstrauen einem Konzept, das es eigentlich schon lange nicht mehr gibt und das auch die Politik schon lange nicht mehr lebt. „Die Deutschen haben Erhard nicht verstanden", schreibt der US-Historiker Alfred Mierzejewski in seiner Erhard-Biografie. Noch heute hält sich das Missverständnis, soziale Marktwirtschaft bedeute, dass die Marktkräfte gebremst und sozial dressiert werden müssten, dass es bei der sozialen Marktwirtschaft also um ausufernde Sozialsysteme und mächtige Tarifparteien gehe – und darum, so viel umzuverteilen, dass sich alle gleichermaßen wohlstandsdusselig mit ihrem staatlich glattgehobelten Einkommen fühlen. In Wahrheit hatte Erhard gänzlich anderes im Sinn. Er befand, dass der Markt selbst soziale Kräfte entwickele. Nicht nur deshalb, weil ein gesunder Markt alle Güter zu vertretbaren Preisen garantiere. Sondern vor allem deshalb, weil nur er Wachstum und damit die materielle Voraussetzung für Sozialpolitik schaffe. „Je freier die Wirtschaft, umso sozialer ist sie auch", hatte Erhard gesagt. [...] Erhards Idee war es, den Markt mit dem sozialen Ausgleich zu versöhnen. Und dabei stützte er sich auf Arbeiten der ordoliberalen Schule um Alfred Müller-Armack, Walter Eucken und Wilhelm Röpke. Ihnen schien die soziale Marktwirtschaft als „irenische Formel", die die Deutschen nach dem Krieg mit dem Markt versöhnen sollte. Erhard selbst hatte die Freiheit betont. Aus dem freien Willen jedes Einzelnen leitet er eine Verantwortung zur Solidarität mit den Schwachen ab. Wer unverschuldet nicht selbst für sich sorgen könne, dem müsse die Gemeinschaft helfen. [...] Aber nicht nur Links-Populisten gefährden heute das Konzept. [...] Die Banken verzocken mal eben Milliarden und rufen dann nach dem Staat. Und kaum ein Manager traut sich noch in eine Talkshow, um darauf hinzuweisen, dass diese Skandale zwar höchst unappetitlich sind, gerade ihre Aufdeckung aber beweist, dass die Selbstheilungskräfte noch funktionieren. [...]

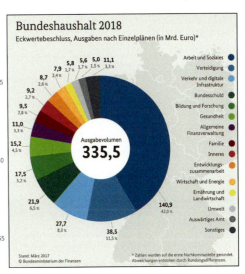

Aus: https://www.wiwo.de/politik/deutschland/neue-serie-soziale-marktwirtschaft-in-der-kritik-wohlstand-nicht-fuer-alle/5433358.html (26.03.2018)

1 Stellen Sie das „Gesamtkonzept" der Sozialen Marktwirtschaft schematisch dar.
2 Bewerten Sie die Zukunftsfähigkeit dieses „Gesamtkonzepts" unter Verwendung von M 21.
3 Nehmen Sie Stellung zu Erhards These „Je freier die Wirtschaft, umso sozialer ist sie" (M 21).

WISSEN KOMPAKT

Wirtschaft braucht Ordnung
Alles Wirtschaften benötigt ein Mindestmaß an Berechenbarkeit und Ordnung; Staaten liefern mit ihrer Organisation die notwendigen Strukturen. Deutschlands heutige Wirtschaftsordnung fußt auf Strukturen, die in der Nachkriegszeit 1945–1949 (unter Anleitung der Westalliierten) geschaffen wurden: das Freiheit sichernde Grundgesetz, der demokratische Staat und die marktwirtschaftliche Wettbewerbswirtschaft mit ihrem Konzept des sozialstaatlichen Ausgleichs.

Grundgesetz und Wirtschaftsordnung
Zwar schreibt das Grundgesetz die Marktwirtschaft nicht vor, aber der wohlfahrtsstaatliche Erfolg der sozialen Marktwirtschaft überzeugte ab 1948/49 zuerst die Westdeutschen und später auch die mit der Wiedervereinigung 1990 hinzugekommenen Ostdeutschen von dieser kapitalistischen Wirtschaftsordnung gegenüber der Planwirtschaft. Ihr Erfolg gründet auf sechs komplexen Größen: allgemeine Freiheitsverbürgungen, Konkurrenz- und Wettbewerbsprinzip, Marktprinzip, Wirtschaftlichkeits- und Rentabilitätsprinzip, aktive Rolle des Staates, dezentrale Planung.

Erfolgreiches Funktionieren der sozialen Marktwirtschaft
Maßgeblichen Anteil an der Durchsetzung und am Erfolg der sozialen Marktwirtschaft hatten Vordenker der sog. **Freiburger Schule**, Professoren und Wirtschaftsfachleute, die schon zur NS-Zeit Konzepte entwickelten, wie Nachkriegsdeutschland wieder aufgebaut werden könne.
Ausschlaggebend für die positive Sicht auf die neue Wirtschaftsordnung war deren Erfolg: Wohlstand entstand, sozialer Aufstieg wurde möglich, Staat und Wirtschaft wurden sozialstaatlich organisiert – die Industriegesellschaft brachte gesamtgesellschaftlichen und massenhaft individuellen Fortschritt. Das Prinzip der **Sozialpartnerschaft** entschärfte den Gegensatz von Kapital und Arbeit nachhaltig. Das anfängliche Zutrauen in die neue Währung erleichterte die Ordnungspolitik des Staates, der um sozialen Ausgleich und um gesellschaftlichen Frieden bemüht war. Es entstand eine Aufbau- und Aufbruchsstimmung, die sich in eine Zustimmung zur Verfassung des Staates und zur Steuerung der Wirtschaft wandelte. So legitimierten Wahlbeteiligung und Wahlergebnisse die soziale Marktwirtschaft.

Sozialpolitik im Sozialstaat
Der demokratische Rechtsstaat Bundesrepublik Deutschland wurde 1949 zugleich als Sozialstaat eingerichtet. Das **Sozialstaatsgebot des Grundgesetzes** wurde seither mittels der Sozialpolitik in ein umfangreiches soziales Netz umgearbeitet. Der Sozial- und Leistungsstaat sucht mit dem **Versicherungs-**, dem **Versorgungs-** und dem **Fürsorgeprinzip** alle Einwohner in dieses soziale Netz einzuspannen; er kommt damit der grundgesetzlichen Verpflichtung nach, in Deutschland flächendeckend gleichwertige Lebensverhältnisse herzustellen.
Der Staat versucht die Balance zwischen volkswirtschaftlicher Globalsteuerung und sozialer Sicherung; er hat dabei die **Ziele des „magischen Vierecks"** bzw. des **Achtecks** im Blick.

1.4 Die Leistungsfähigkeit der sozialen Marktwirtschaft

Nach dem Zweiten Weltkrieg wurde in der Bundesrepublik Deutschland eine soziale Marktwirtschaft begründet. Darunter verstand man einen dritten Weg zwischen dem Kapitalismus der freien Märkte und dem Sozialismus. Die Betriebe blieben im Privatbesitz und konnten frei miteinander konkurrieren, die demokratisch gewählte Regierung stellte sowohl ein System sozialer Absicherung mithilfe der gesetzlichen Gesundheits-, Renten- und Arbeitslosenversicherung bereit als auch ein Umverteilungssystem mithilfe von Steuergesetzen zur Abfederung sozialer Ungleichheiten zur Verfügung. Außerdem schuf sie Gesetze zur Verhinderung von Monopolen und Kartellen. Demzufolge sollte so ein Wachstum der Wirtschaft möglich sein, während gleichzeitig für soziale Absicherung und eine leistungsgerechte Verteilung des Wohlstands gesorgt war. Diese Theorie sorgte in der Praxis in Deutschland ab den 1950er-Jahren für hohes Wirtschaftswachstum, das aus einem zerstörten Land eine der wichtigsten Industrie- und Exportnationen machte. Ähnliche soziale Marktwirtschaften entwickelten sich in vielen europäischen Ländern mit ähnlichem Erfolg. Der Begriff der marktkonformen Demokratie weist auf mögliche Gefährdungen der Demokratie hin.

Basiswissen

Der demokratische Staat hat sich den Prinzipien der Marktwirtschaft und ihrer Wettbewerbsordnung verpflichtet. Die Märkte sollen möglichst offen sein und bleiben. Eine vollständige Konkurrenz aller Marktteilnehmer ist angestrebt, damit die **Marktmacht** sich nicht an einer oder an wenigen Stellen konzentrieren kann. **Angebot** und **Nachfrage** sollen möglichst frei aufeinandertreffen.

Die soziale Marktwirtschaft ist als Ausdruck des **Sozialstaats** darauf ausgerichtet, die soziale Gerechtigkeit zu fördern. Das „soziale Netz" liefert mit den fünf Zweigen der Sozialversicherung die Grundlage der sozialen Sicherung des Einzelnen – mit der Kranken-, der Unfall-, der Arbeitslosen-, der Pflege- und der Rentenversicherung. In den letzten Jahren sind diese fünf Zweige der Sozialversicherung immer wieder reformiert worden. Die Finanzierbarkeit stellte ein Dauerproblem dar.

Vermögen und **Einkommen** sind in Deutschland ungleich verteilt. Der Abstand zwischen „ganz oben" und „ganz unten" in der Gesellschaft vergrößert sich. Viele Forscher führen diese „Spreizung" darauf zurück, dass die Chancen für den individuellen Aufstieg kleiner geworden sind. Kritiker machen wesentlich auch das deutsche Bildungssystem verantwortlich, das sozialen Aufstieg – trotz zahlreicher Verbesserungen in den letzten Jahren – oftmals eher behindere als fördere.

Die Weltwirtschaft ist heute so stark verflochten wie nie zuvor. Es gibt eine weltweite Arbeitsteilung und weltweite Konkurrenz aller Produktionsfaktoren – Arbeit, Kapital, Boden, Wissen. Während Befürworter die damit verbundenen Wohlstandsgewinne und die Verbesserung des Lebensstandards für viele betonen, verweisen Kritiker auf die negativen Folgen der **Globalisierung**: Die soziale Marktwirtschaft steht damit vor neuen Herausforderungen.

1 Versuchen Sie eine Antwort auf die Frage zu finden, wie leistungsfähig die soziale Marktwirtschaft ist.

Bestandsaufnahme

MATERIAL 1 — Wachstum der Wirtschaft

Das Gutachten der fünf führenden Wirtschaftsforschungsinstitute hat im Kern zwei Botschaften. Zum einen läuft bekanntlich der Konjunkturmotor auf Hochtouren. Die Auslastung in den Fabriken ist hoch, die Auftragsbücher voll und die Arbeitslosigkeit ist laut Statistik vergleichsweise gering: Im März fiel die Zahl der Arbeitslosen unter 2,5 Millionen Menschen und damit auf den tiefsten Stand seit der Wiedervereinigung. Das alles hat die Wirtschaftsforscher dazu bewogen, ihre Wachstumsprognose auf 2,2 Prozent hochzusetzen.

Aus: www.heute.de [19.04.2018]

MATERIAL 2 — Angst vor den Folgen der Globalisierung

Mehr als die Hälfte der Menschen in Deutschland fordert einer Studie zufolge einen besseren Schutz der deutschen Wirtschaft vor ausländischen Wettbewerbern. 57 Prozent wünschen sich von der Bundesrepublik mehr Anstrengungen in diesem Bereich, wie eine am Donnerstag veröffentlichte Studie der Bertelsmann-Stiftung zeigt. 52 Prozent glauben zudem nicht, dass die Bundesregierung genug tut, um Bürger vor negativen Folgen der Globalisierung zu schützen. [...] In Deutschland glaubt laut Studie eine deutliche Mehrheit (61 Prozent), dass die Globalisierung eine Chance für Wachstum ist.

© dpa, 19.04.2018

MATERIAL 3 — Programm für 2017/2018

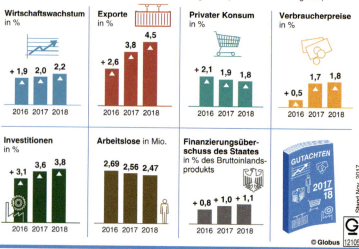

1.4 Die Leistungsfähigkeit der sozialen Marktwirtschaft | 57

Fortschritt und Gerechtigkeit

MATERIAL 4

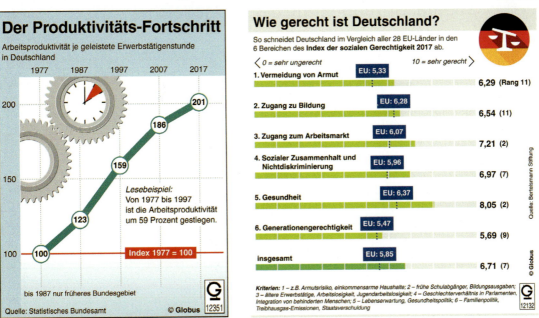

Soziale Gerechtigkeit

MATERIAL 5

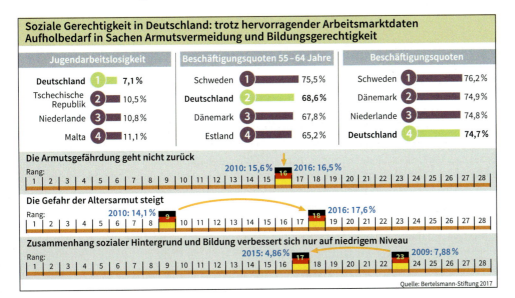

INFO

Bertelsmann Stiftung: Sie hat sich nach eigenem Bekunden zum Ziel gesetzt, gesellschaftliche Herausforderungen aufzugreifen und nachhaltig in die Gesellschaft hineinzuwirken. Sie gibt Handlungsempfehlungen an Entscheidungsträger ab, überwiegend zu ökonomische Themen. Die Stiftung wurde 1977 durch den Unternehmer Reinhard Mohn gegründet, damals Chef des Medienkonzerns Bertelsmann. Sie arbeitet ausschließlich für selbst initiierte Projekte und kooperiert dabei oft mit Partnern aus Politik, Wirtschaft und Gesellschaft. Sie sieht sich dem Allgemeinwohl und der Neutralität verpflichtet, Kritiker werfen ihr vor, Interessen der Wirtschaft zu vertreten.

1. **Stellen** Sie **dar**, in welchem Zustand sich die soziale Marktwirtschaft befindet und vor welchen Herausforderungen sie steht (M 1 und M 2).
2. **Werten** Sie die Schaubilder M 3 und M 4 **aus**.
3. **Analysieren** Sie die Schaubilder M 5 und M 6 hinsichtlich ihrer Aussagen zur sozialen Gerechtigkeit in Deutschland.
4. **Charakterisieren** Sie vor dem Hintergrund der Materialien die deutsche Wirtschaft.

METHODE: Analyse von Statistiken (Tabellen und Diagramme)
Thema: Grundbegriffe der Wirtschaft

Wirtschaftskraft und Arbeitslosigkeit 2011/12

Quelle: Arbeitskreis Volkswirtschaftlicher Gesamtrechnungen der Länder; Stand: Frühjahr 2013; Bundesagentur für Arbeit, 2013

Bundesland	Bruttoinlandsprodukt in jeweiligen Preisen								Arbeitslosenquote (Jahresdurchschnitt)	
	insgesamt in Mrd. €		Veränderung in %		Anteil am Bundes-BIP in %		€ je Erwerbstätigen			
	2011	2012	2010/11	2011/12	2011	2012	2011	2012	2011	2012
Baden-Württemberg	382,8	389,5	5,2	1,7	14,8	14,7	66 752	67 066	4,0	3,9
Bayern	456,3	465,5	5,2	2,0	17,6	17,6	66 759	67 013	3,8	3,7
Berlin	101,1	103,6	2,2	2,4	3,9	3,9	59 010	58 892	13,3	12,3
Brandenburg	56,5	57,8	3,3	2,3	2,2	2,2	52 715	53 805	10,7	10,2
Bremen	27,0	27,7	2,2	2,7	1,0	1,0	65 858	66 881	11,6	11,2
Hamburg	93,4	95,8	1,5	2,5	3,6	3,6	81 731	82 485	7,8	7,5
Hessen	226,2	229,7	3,6	1,6	8,7	8,7	70 819	71 152	5,9	5,7
Mecklenburg-Vorpommern	35,5	36,9	2,3	4,0	1,4	1,4	48 506	50 598	12,5	12,0
Niedersachsen	224,3	230,0	4,1	2,6	8,7	8,7	59 536	60 225	6,9	6,6
Nordrhein-Westfalen	572,3	582,1	3,1	1,7	22,1	22,0	64 862	65 376	8,1	8,1
Rheinland-Pfalz	114,9	117,7	3,8	2,4	4,4	4,5	60 192	61 096	5,3	5,3
Saarland	31,5	31,7	5,8	0,7	1,2	1,2	61 051	61 174	6,8	6,7
Sachsen	95,4	96,6	3,2	1,3	3,7	3,7	48 581	48 946	10,6	9,8
Sachsen-Anhalt	51,5	52,8	1,6	2,6	2,0	2,0	50 858	52 619	11,6	11,5
Schleswig-Holstein	75,4	77,3	3,9	2,5	2,9	2,9	57 827	58 952	7,2	6,9
Thüringen	48,6	49,3	3,9	1,4	1,9	1,9	46 869	47 472	8,8	8,5
Deutschland	**2 592,6**	**2 643,9**	**3,9**	**2,0**	**100,0**	**100,0**	**62 982**	**63 535**	**7,1**	**6,8**

Manche Zusammenhänge werden durch Zählen und Messen ausgedrückt, z. B. die Jahresarbeitszeit von Erwerbstätigen oder der Lohn, den eine Person erhält. Solche statistischen (gesammelten und ausgewerteten) Daten veranschaulicht man oft mithilfe von Tabellen, Diagrammen, Karten.

Um Tabellen, Diagramme oder Karten zu erstellen, sind häufig umfangreiche Vorarbeiten nötig. Zudem werden die Daten in den gewünschten Zusammenhang gestellt und damit auch vorgedeutet. Deshalb besteht die Gefahr einseitiger Darstellung bis hin zur Manipulation. So lassen sich z. B. bei der Präsentation von Zahlen in einem Diagramm schon durch die Wahl des Maßstabs oder der Bezugspunkte Unterschiede besonders betonen oder einebnen. Deshalb ist bei der Interpretation ein kritischer Blick nicht nur auf die Zahlen und auf die grafische Gestaltung, sondern auch auf die verwendeten Begriffe notwendig.

Außerdem ist zu bedenken, dass viele statistische Daten Durchschnittswerte ausdrücken oder aus Teilgrößen zusammengesetzt sind. Beispiel: Wenn die Arbeitnehmer in Deutschland im Durchschnitt einen Jahresverdienst von X Euro erhalten, dann sagt das noch nichts über den Jahreslohn einer bestimmten Person im Jahr Y aus. Diese Person kann als Minijobber wenig Lohn beziehen, exakt den Jahresdurchschnittslohn oder eben weit höhere Jahresbezüge erhalten.

Trotzdem sind Durchschnittswerte aussagekräftig. Man kann z. B. daraus schließen, welches Lohn- und Einkommensniveau in einem Staat bzw. in einer Region im Vergleich zu anderen Staaten bzw. zu anderen Regionen erreicht ist oder, wenn man die Entwicklung über mehrere Jahre vergleicht, ob die Menschen im Durchschnitt mehr oder weniger verdienen. So kann man begründet einschätzen, ob sich das Wohlstandsniveau erhöht oder gesenkt hat.

Wertet man statistisches Material aus, muss man vor allem wissen, was die Zahlen bedeuten. Dazu muss man sie im Zusammenhang mit dem erklärenden Text sehen, sie miteinander vergleichen und ggf. zeitliche Entwicklungen berücksichtigen.

METHODE

Leitfragen für die Analyse von Statistiken (Tabellen, Diagrammen, Karten) können sein:

- Mit welchem **Thema** beschäftigt sich die Statistik? Ist das **Thema umstritten**?
- Wer hat die Statistik erstellt? Stammen die Zahlen aus einer seriösen **Quelle**?
- Welche **grafische Form** wurde für die Präsentation der Zahlen gewählt – eine Tabelle, ein Diagramm oder eine Karte? Welcher Eindruck wird dadurch vermittelt?
- Stimmen **Aussage** des erklärenden Textes und **Bildgestaltung** überein?
- Was bedeuten die **Zahlen im Einzelnen**? Müssen **Begriffe** geklärt werden, um die Statistik und den Text zu verstehen?
- Was fällt beim **Vergleich** der Zahlen auf, was kann man daraus schlussfolgern?
- **Klärt** die Statistik gegebenenfalls **Strittiges** – oder nicht?

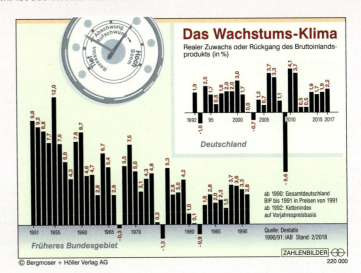

1 Bilden Sie fünf Arbeitsgruppen und **werten** Sie in Ihrer Gruppe jeweils eines der statistischen Materialien auf dieser Doppelseite mithilfe der obigen Leitfragen **aus**.

2 Präsentieren Sie die Ergebnisse Ihrer Gruppe in Ihrem Kurs mithilfe eines Präsentationsprogramms und **diskutieren** Sie sie.

INFO

Volkseinkommen
Gesamtheit der Einkommen, die in einer Volkswirtschaft entstehen

Insolvenz
Zahlungsunfähigkeit

Soziale Ungleichheit

MATERIAL 6

Einkommen in der EU

INFO

verfügbares Äquivalenzeinkommen:
Ein statistischer Begriff, der bedeutet, dass die Einkommen eines Haushaltes bei der Einkommensberechnung gewichtet werden (Äquivalenzeinkommen), damit die unterschiedlichen Haushaltsstrukturen und die Einspareffekte durch das gemeinsame Zusammenleben im Haushalt (z.B. Energieverbrauch, gemeinsam genutzter Wohnraum) berücksichtigt werden.

MATERIAL 7

Ungleichheit

Der französische Ökonom Thomas Piketty hat mit dem „Kapital im 21. Jahrhundert" den Ungleichheitsbestseller der letzten Jahre geschrieben – der sich im Titel an das „Kapital" von Karl Marx anlehnt. [...] Piketty zeigt, dass die Kapitalerträge – also Zinseinnahmen, Aktiendividenden, Unternehmensgewinne, Mieteinkünfte – in der Geschichte überwiegend größer ausfielen als das Wachstum der Wirtschaft insgesamt. Das heißt: Die Vermögenden gewinnen mehr hinzu als der Rest. [...] Die Reichen werden reicher, die Armen ärmer – der Bestseller von Piketty hat diesen Eindruck bestärkt. Der ehemalige Weltbank-Ökonom Branko Milanovic zeigt mit seinen Arbeiten, dass es etwas komplizierter ist. Es stimmt zwar: In zahlreichen Ländern ist die Ungleichheit gestiegen. Aber weltweit gesehen wird die Kluft zwischen Arm und Reich immer kleiner. In ehemaligen Entwicklungsländern, vor allem in China, ist die absolute Armut zurückgegangen, die Zahl der Hungernden gesunken, und Millionen Menschen sind in höhere Einkommensklassen aufgestiegen. In den alten Industrieländern dagegen hat die untere Mittelschicht in den letzten Jahrzehnten Lohneinbußen hinnehmen müssen – auch weil Jobs ins Ausland abwanderten. Milanovic lenkt den Blick auf etwas, was Ökonomen bisher unterschätzt haben: Die Globalisierung, also der freie Handel über Länder und Kontinente hinweg, macht nicht automatisch alle wohlhabender. Sie bringt auch Verlierer hervor. [...] Dass einige Menschen so immense Reichtümer anhäufen können, ist keine unabänderliche Folge der Marktwirtschaft. Es ist vor allem das Ergebnis politischer Entscheidungen, analysiert der Ökonom Joseph Stiglitz. Politiker wie der US-Präsident Ronald Reagan haben die Steuern für Gutverdiener gesenkt – mit der Begründung, dass vom steigenden Wohlstand der oberen Schichten nach und nach auch der Rest profitieren würde. Ökonomen nennen das die Trickle-down-Theorie: Der Reichtum sickere nach unten durch. Stiglitz hält sie für einen Irrtum. Die Reichen würden ihren gewonnenen Wohlstand nämlich nicht nutzen, um neue Jobs zu schaffen, sondern um ihre Privilegien zu verteidigen – etwa indem sie verstärkt in Lobbyaktivitäten investieren.

Aus: BpB (Hrsg.): fluter Nr. 64/Herbst 2017: Reichtum, S. 25

Bedingungsloses Grundeinkommen

MATERIAL 8

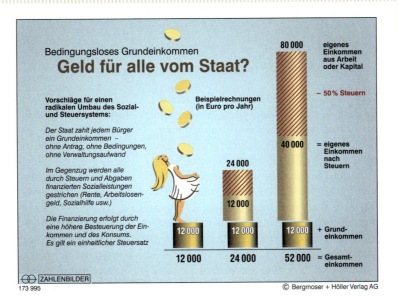

Bedingungsloses Grundeinkommen

MATERIAL 9

Die kanadische Provinz Ontario hat das bedingungslose Grundeinkommen eingeführt. Aktuell wird dort getestet, wie es sich auf die Gesellschaft auswirkt, wenn Ärmere regelmäßig Geld vom Staat bekommen, über das sie frei verfügen können. Die Zahlung können allerdings nur Arbeitslose und Geringverdiener erhalten. Seit dem Frühjahr können deshalb in vier Testgebieten Menschen, die weniger als 34.000 Dollar (22.100 Euro) im Jahr verdienen, das Grundeinkommen beantragen. Werden sie für das Projekt ausgewählt, erhalten sie jährlich bis zu 17.000 Dollar zusätzlich von der Provinz. Teilnehmer, die arbeiten, dürfen 50 Prozent ihres Verdienstes behalten – so sollen die Empfänger ermutigt werden, (weiterhin) einen Beruf auszuüben. Die Testphase wird zunächst drei Jahre dauern, bis zu 4000 Menschen sollen in dieser Zeit das Grundeinkommen erhalten. Mit dem Pilotversuch will die kanadische Regierung vor allem herausfinden, wie sich ein Grundeinkommen auf die Gesundheit und die Ausbildung der Teilnehmer auswirkt. Es wird beispielsweise erhoben, ob die Empfänger sich weiterbilden, ob sich ihre psychische Gesundheit verbessert oder ihre Wohnsituation verändert. [...] Obwohl der Versuch erst seit Kurzem läuft, berichten die ersten Teilnehmer bereits jetzt, dass sich ihr Leben entscheidend verbessert habe. Ein Empfänger sagte der AP, er habe jetzt 60 Prozent mehr Geld zur Verfügung. Er könne sich jetzt gesünderes Essen, Zahnarztbesuche leisten – und zum ersten Mal seit Jahren Weihnachten mit seiner Familie verbringen. Ein anderer Teilnehmer sagt, er könne sich jetzt endlich darauf konzentrieren, seine Ziele zu verfolgen, ohne sich ständig darum zu sorgen, wie er seine Miete oder sein Essen bezahlen kann.

Quelle: Helene Flachsenberg: Kanada testet das Grundeinkommen (...). In: www.bento.de [01.12.2017]

1. **Stellen** Sie die „Spaltung beim Einkommen" innerhalb der Europäischen Union dar (M 7).
2. **Arbeiten** Sie aus M 8 heraus, welche Thesen zur Ungleichheit aufgestellt werden.
3. **Beschreiben** Sie anhand von M 9 das Modell des bedingungslosen Grundeinkommens.
4. **Erörtern** Sie Vor- und Nachteile des bedingungslosen Grundeinkommens.
5. **Recherchieren** Sie ausgehend von M 10, wie sich der Versuch in der kanadischen Provinz Ontario entwickelt (hat), und präsentieren Sie Ihr Ergebnis der Lerngruppe.

E-Mobilität

MATERIAL 10 — Die Bundesregierung

Langfristig soll der Straßenverkehr unabhängig vom Öl werden. Denn Öl ist eine Ressource, die bald erschöpft ist und bei der Verbrennung eine große Menge CO_2 erzeugt. Eine zentrale Herausforderung für die Mobilität ist es deshalb, effizienten und alternativen Antriebsformen und Kraftstoffen zum Durchbruch zu verhelfen. Dann wird in 40 Jahren der städtische Verkehr fast auf fossile Brennstoffe verzichten können. Und durch die Energieeinsparung soll 2050 im Verkehr der Energieverbrauch um rund 40 Prozent geringer sein als im Vergleichsjahr 2005. Für Deutschland als Nation des Automobilbaus ist die technologische Marktführerschaft in diesem Bereich wichtig. Von ihr hängt der zukünftige Erfolg auf dem Weltmarkt ab. Die Zusammenarbeit von Politik, Wissenschaft und Autoherstellern hilft, Know-how und damit auch Arbeitsplätze in Deutschland zu sichern.

Ziel der Bundesregierung ist es, bis 2020 eine Million Elektrofahrzeuge auf die Straße zu bringen. Bis 2030 sechs Millionen. Diese Ziele schreibt das Regierungsprogramm Elektromobilität von 2011 fest. Denn Elektrofahrzeuge verringern nicht nur die Abhängigkeit vom Öl. Lädt man die Batterien mit Strom aus erneuerbaren Energien, fahren Elektrofahrzeuge praktisch ohne Schadstoffausstoß. [...]

Die Bundesregierung fördert den Kauf von Elektrofahrzeugen. Seit 2. Juli 2016 können Anträge für eine Kaufprämie beim Bundesamt für Wirtschaft und Ausfuhrkontrolle (BAFA) online gestellt werden. Käufer von Elektroautos erhalten als Prämie 4.000 Euro für rein elektrische Fahrzeuge und 3.000 Euro für Plugin-Hybride. Bund und Industrie tragen den Zuschuss jeweils zur Hälfte. Das Amt vergibt die Förderung so lange, bis die Bundesmittel von 600 Millionen Euro aufgebraucht sind, und endet spätestens 2019. [...] Auch Arbeitgeber profitieren von dem Gesetzentwurf: Sie können über die Lohnsteuer den Aufbau von Ladestationen auf ihrem Betriebsgelände bezuschussen lassen.

Andere Maßnahmen aus dem Regierungsprogramm Elektromobilität sind u. a.:
- Kfz-Steuerbefreiung für zehn Jahre für Fahrzeuge mit einem CO_2-Ausstoß unter 50 Gramm pro Kilometer,
- Wechselkennzeichen: Fahrer von Elektrozweitfahrzeugen brauchen nur ein Nummernschild und sparen eine Versicherungsprämie,
- Sonderparkflächen sowie Lockerungen von Zufahrtsverboten,
- Mitbenutzungsmöglichkeit von Busspuren. [...]

https://www.bundesregierung.de/Webs/Breg/DE/Themen/Energiewende/Mobilitaet/mobilitaet_zukunft/_node.html

MATERIAL 11 — Der VW-Konzern

Berlin – VW-Chef Matthias Müller geht in der Debatte über den Umweltschutz im Autoverkehr mit der eigenen Branche und ihrem Verband VDA kritisch ins Gericht. „Der VDA kann nur erklären, was von allen Mitgliedern mitgetragen wird. Manchmal braucht es aber eben Klarheit und nicht nur einen Minimalkonsens", sagte Müller der „Welt am Sonntag". „Um es etwas scharf zu formulieren: Wir waren nicht mutig genug, wir hätten früher agieren müssen." Die Verbandswelt werde sich zudem angesichts der öffentlichen Debatten „neu sortieren" müssen. „Die Kluft zwischen Unternehmen und Gesellschaft wächst", sagte Müller. „Wir in der Wirtschaft müssen die Zusammenhänge besser erklären." Der VDA wollte sich auf Anfrage am Sonntag zu Müllers Aussagen nicht äußern.

Beim nötigen „Systemwechsel" zur Elektromobilität mahnte Müller mehr Tempo an – sowie ein vereintes Vorgehen der gesamten Industrie und der Politik. „Allein werden wir den Systemwechsel nicht hinbekommen. Wir brauchen eine Partnerschaft für die Mobilität der Zukunft", verlangte der VW-Chef. „Da stehen auch andere Wirtschaftszweige in der Verantwortung, und natürlich ist auch die Politik in der Pflicht." Heute habe es die Autoindustrie mit vier bis fünf Ministerien zu tun, die oft konträre Auffassungen verträten. „Eine einheitliche Linie ist da eher die Ausnahme", kritisierte Müller. „Wir kommen also in kein konstruktives gemeinsames Gespräch." Erst vor zwei Wochen hatte Müller – ebenfalls in einem Interview – die bestehenden Steuervorteile für Dieselsprit in Zweifel gezogen. Seine Kernbotschaft: „Wenn der Umstieg auf umweltschonende E-Autos gelingen soll, kann der Verbrennungsmotor Diesel nicht auf alle Zeiten weiter wie bisher subventioniert werden." Konkret schlug Müller eine schrittweise Umschichtung der Steuererleichterungen vor. „Das Geld könnte sinnvoller in die Förderung umweltschonender Antriebstechniken investiert werden. „Abstriche bei den Dieselsubventionen, dafür Anreize für Elektroautos, wären das richtige Signal. Das würden wir aushalten, ohne gleich Existenzängste haben zu müssen."

Müller hatte für seinen Vorstoß viel Zuspruch, aber auch heftige Kritik erhalten. FDP-Generalsekretärin Nicola Beer hatte Müller als „Diesel-Judas" attackiert und ihm „ungenierte Selbstbedienung zu Lasten der Dieselfahrer" vorgeworfen. In der „Welt am Sonntag" sprach Müller von einer „trostlosen Diffamierung" und sagte: „Das ist unsachlich und spricht mehr für Polemik als für Sachverstand."

Der VW-Chef machte auch deutlich, dass der Dieselantrieb aller Kritik zum Trotz „eine Top-Technologie" sei und „auch auf mittlere Sicht weiter ein wichtige Rolle" spielen werde. Er wies aber auch auf künftige Emissionsvorgaben der EU zum Klimaschutz hin. „Wir müssen ab 2020 deutlich mehr, sehr viel mehr Elektrofahrzeuge verkaufen, sonst werden wir die CO_2-Ziele verfehlen. Dann drohen gewaltige Strafzahlungen", sagte Müller. „Von den Arbeitsplätzen und der Zukunftsfähigkeit unserer Industrie ganz zu schweigen. Deswegen fordere ich dazu auf, dass jetzt alle ihre Hausaufgaben erledigen."

https://www.stuttgarter-nachrichten.de/inhalt.matthias-mueller-zur-elektromobilitaet-vw-chef-fordert-von-autoindustrie-systemwechsel.d86357b4-a1f7-4ed9-a7e4-a0f7c829b78d.html

Die Wissenschaft

MATERIAL 12

Klimapolitik mithilfe der Förderung einzelner Technologien hat schließlich den großen Nachteil, dass alternative Technologien vernachlässigt werden. Doch gerade im Verkehrssektor gibt es eine Vielzahl an Möglichkeiten und Konzepten, die eine Reduktion des CO_2-Ausstoßes versprechen. Es droht daher die Gefahr, dass einmal geschaffene Förderinstrumente wegen damit verbundener politischer Kosten nicht mehr reformiert oder abgeschafft werden – selbst wenn sich andere Lösungen ökonomisch oder ökologisch als sinnvoller herausstellen.

Soll die Politik also nur die Entwicklungen abwarten? Nein, es gibt genügend Ansatzpunkte. So sind seit 2003 die Steuersätze auf Diesel und Benzin konstant. Angesichts der allgemeinen Preisentwicklung ist die steuerliche Belastung real also gesunken. Diese heimlichen Steuersenkungen haben sicherlich mit dafür gesorgt, dass innovativere Motoren in den vergangenen Jahren kaum dazu beitragen konnten, den CO_2-Ausstoß zu verringern. Stattdessen wurden die Pkw-Flotten immer schwerer und leistungsstärker. Die Steuern auf Benzin und Diesel sollten also steigen. Und die zusätzlichen Einnahmen sollten zurück an die Bürger gegeben werden, zum Beispiel durch eine niedrigere Umsatzsteuer. Wenn Benzin und Diesel teurer werden, dürften viele Menschen automatisch ihr Mobilitätsverhalten an aktuellen technischen Trends ausrichten, um Geld zu sparen. Womöglich kaufen sie dann sogar verstärkt E-Autos – aber können wir das jetzt schon wissen?

Von Prof. Dr. Jens Boysen-Hogrefe, http://www.zeit.de/mobilitaet/2017-11/elektromobilitaet-klima-auswirkungen-pro-contra/seite-2

1 **Arbeiten** Sie **heraus**, welche Positionen zur E-Mobilität deutlich werden und wie dieser Technologie zum Durchbruch verholfen werden soll (M 11 – M 13).

2 **Vergleichen** Sie die von Politik (Bundesregierung), Wirtschaft (VW-Chef) und Wissenschaft unterbreiteten Vorschläge zur Durchsetzung der E-Mobilität miteinander.

3 **Bewerten** Sie anhand des Beispiels der E-Mobilität die Leistungsfähigkeit der sozialen Marktwirtschaft hinsichtlich des Schutzes der Umwelt.

4 **Recherchieren** Sie den gegenwärtigen Stand der E-Mobilität in Deutschland.

Positionen

MATERIAL 13 Bundesvereinigung der Deutschen Arbeitgeberverbände

Die Geschichte der Sozialen Marktwirtschaft ist eine Erfolgsgeschichte. Unsere Gesellschafts- und Wirtschaftsordnung ist Garant für wirtschaftlichen Erfolg, Wohlstand und soziale Stabilität. Sie ist eine tragende Säule unseres Gemeinwesens. Deutschland gehört auch wegen der Sozialen Marktwirtschaft heute zu den reichsten Ländern der Welt. [...] Seit Einführung der Sozialen Marktwirtschaft hat sich die Wirtschaftsleistung je Einwohner mehr als verfünffacht: Das Bruttoinlandsprodukt (BIP) pro Kopf lag im Jahr 1950 in heutigen Preisen bei umgerechnet knapp 5.150 €. Im Jahr 2015 betrug dieser Wert rd. 37.100 €. Die Einkommen sind deutlich schneller gestiegen als die Preise. Während der Bruttostundenlohn von umgerechnet 65 Cent im Jahr 1950 auf 23,63 € bzw. das 36-fache in 2013 kletterte, stiegen die Verbraucherpreise in der Zeit nur auf das 5,2-fache. Wir können uns heute mit weniger Arbeit mehr Produkte leisten. Das Volksvermögen (Verkehrsnetz, Kanalisation, Schulen etc.) hat sich zwischen 1960 und 1991 in Westdeutschland real vervierfacht. Im vereinten Deutschland ist es um rd. 75% gewachsen. Die Lebensqualität in Deutschland hat mit der Sozialen Marktwirtschaft kontinuierlich zugenommen: Die besseren Lebens- und Arbeitsbedingungen und der medizinisch-technische Fortschritt haben seit Anfang der 1960er-Jahre zu einer Erhöhung der Lebenserwartung von über zwölf Jahren beigetragen. Im Bereich der medizinischen Versorgung belegt Deutschland im internationalen Vergleich Spitzenplätze. [...] Seit über 60 Jahren sorgt die Soziale Marktwirtschaft für Wachstum und Wohlstand. Sie hat wesentlich dazu beigetragen, dass Deutschland nach dem Krieg zu einem der reichsten Länder der Welt geworden ist. Ob Sicherheit, Gesundheit, Arbeiten, Mobilität, Wohnen oder Ernährung – in allen Bereichen leben die Menschen in Deutschland auf hohem Niveau. Auch in wirtschaftlich guten Zeiten braucht Deutschland eine nachhaltige und verlässliche Politik, die sich an den Grundsätzen der Sozialen Marktwirtschaft ausrichtet. Die Politik muss jetzt die Weichen für die Zukunftsfähigkeit unseres Landes stellen. Dazu gehört es, Wirtschaft und Arbeit nicht weiter zu belasten, sondern zu entlasten, die soziale Sicherung zukunftsfähig und generationengerecht zu gestalten, alle Chancen für Beschäftigung zu nutzen, die Tarifautonomie zu schützen, die Anstrengungen für Bildung zu verstärken und Freiräume für Leistung zu schaffen. [...]
Soziale Marktwirtschaft setzt darauf, dass jeder Mensch versucht, sein Leben selbst zu gestalten und Eigenverantwortung zu übernehmen. Wer dazu nicht in der Lage ist, wird durch die Sozialversicherung oder die Fürsorgesysteme aufgefangen und durch die Solidargemeinschaft unterstützt. In Deutschland wurden im Jahr 2014 rd. 10.470 € pro Einwohner für Sozialleistungen ausgegeben. 1960 waren es lediglich rd. 510 €. Die Summe aller in Deutschland erbrachten Sozialleistungen erreichte 2015 den Rekordwert von 888,2 Mrd. €. Die Sozialleistungen machten in den vergangenen Jahren konstant rd. ein Drittel (29,4% in 2015) des BIP aus (Sozialbudget 2016). 1960 lag die Sozialleistungsquote lediglich bei 18,3%. Der deutsche Staat sorgt zudem auch über das Steuersystem in erheblichem Maße für eine Umverteilung von den hohen zu den niedrigen Einkommen. Im Jahr 2015 trugen in Deutschland die oberen 5% der Steuerpflichtigen mit rd. 41% zum gesamten Aufkommen der Einkommensteuer bei. Die oberen 50% der Steuerpflichtigen trugen 2015 fast die gesamte Steuerlast (94,5%). Personen mit niedrigem Einkommen zahlen in Deutschland keine direkten Steuern.

Aus: Bundesvereinigung der Deutschen Arbeitgeberverbände (BDA): kompakt – Soziale Marktwirtschaft. November 2017

Deutscher Gewerkschaftsbund

MATERIAL 14

Das Jahr 2017 geht zu Ende. Die Wirtschaft entwickelte sich mit 2,3% Wachstum in diesem Jahr gut, die Beschäftigung nahm weiter zu und die Auftragsbücher der Unternehmen
5 sind prall gefüllt. Also, alles im Lot!? Weit gefehlt! Denn vom Erfolg der deutschen Wirtschaft profitieren immer weniger Menschen. Die Einkommen sind so ungleich verteilt wie im Jahr 1913, also unmittelbar vor dem
10 1. Weltkrieg, zeigt eine neue Studie.
Mehr als 100 WissenschaftlerInnen um den renommierten Verteilungsforscher Piketty haben im „Weltreport über Ungleichheit" herausgefunden, dass die Ungleichheit in
15 Deutschland stetig zunimmt. So beträgt der Anteil der Einkommen der reichsten 10% vor staatlicher Umverteilung mehr als 40% des Gesamteinkommens. Auf der anderen Seite bekommt die einkommensärmere Hälfte ge-
20 rade einmal 17% der Einkommen. Das ist das gleiche Gefälle wie vor mehr als 100 Jahren.
Es gibt natürlich Unterschiede zur Kaiserzeit: Damals gab es keine funktionierenden Sozialversicherungssysteme und fast keine staatli-
25 che Umverteilung, die die Ungleichheit mildern kann. Aber dennoch offenbart der Befund der Wissenschaftler, dass hierzulande einiges im Argen liegt. Das war nicht immer so. Nach dem 2. Weltkrieg glichen sich die
30 oberen und unteren Einkommen an. In den 1960er-Jahren versammelten die einkommensärmeren 50% immerhin ein Drittel der Gesamteinkommen. Doch besonders seit den 1990er-Jahren dreht die Richtung wieder. Die
35 Gründe für die Verteilungsschieflage sind vielfältig. Der wachsende Niedriglohnsektor, der Ausbau prekärer Beschäftigung und zahlreiche Steuersenkungen für Reiche und Vermögende sind nur einige davon. Insbesondere
40 die exzessive Privatisierung staatlicher Unternehmen ist, den Wissenschaftlern zufolge,

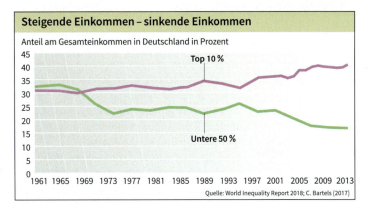

eine Hauptursache für die Ungleichheit. Durch den Rückgang staatlichen Vermögens verringert sich auch die staatliche Handlungsfähigkeit und der Spielraum, der Un- 45 gleichheit entgegenzuwirken. Reiches Land, armer Staat. Die Studie zeigt aber auch, dass Ungleichheit nicht in Stein gemeißelt ist und sich beseitigen lässt – mit einer progressiveren Besteuerung höherer Einkommen, von 50 Vermögen und Erbschaften, mit mehr öffentlichen Investitionen in Bildung, Gesundheit und Infrastruktur. Die Studie bestätigt auch die DGB-Forderung nach einer Stärkung der Mitbestimmung. Denn dort, wo Beschäftigte 55 und Gewerkschaften mitgestalten, geht es gerechter zu. Es bedarf eines politischen Umdenkens im sozialen Wohnungsbau mit mehr bezahlbaren Wohnungen für kleine und mittlere Einkommen. Viele Haushalte geben ei- 60 nen immer größeren Teil ihres Einkommens für die Miete aus. Mit dem Privatisierungswahn muss Schluss sein. Das Dogma „Privat vor Staat" hat sich als falsch herausgestellt. Die künftige Bundesregierung, unabhängig 65 davon, wie sie zusammengesetzt sein wird, muss die wirtschaftspolitische Herkulesaufgabe einer gerechteren Gesellschaft endlich angehen.

Aus: DGB-Bundesvorstand: klartext – Ungleichheit so groß wie vor 100 Jahren. Dezember 2017

1 **Arbeiten** Sie die Position der BDA (M 13) und die des DGB (M 14) zur sozialen Marktwirtschaft **heraus**.
2 **Vergleichen** Sie diese beiden Positionen miteinander.
3 **Nehmen** Sie **Stellung** zu den Positionen der BDA und des DGB.
4 **Bewerten** Sie vor dem Hintergrund Ihrer Arbeitsergebnisse in diesem Kapitel die Leistungsfähigkeit der sozialen Marktwirtschaft.

MATERIAL 15 — Eine Spaltung der Gesellschaft?

Ist Deutschland ein guter, gerechter Ort in Raum und Zeit; verbesserungsfähig vielleicht, aber doch ganz okay? Oder ist es ein Land, in dem die Armen immer ärmer, die Reichen auf deren Kosten immer reicher werden und das dramatisch umgebaut werden muss, um es lebens- und liebenswert zu gestalten? Das ist eine scheinbar simple Frage, und doch spaltet sie die Menschen [...].

Sind die Maßnahmen, mit denen mehr Gerechtigkeit erzeugt werden soll, wirklich hilfreich, oder verschlimmern sie die Lage? Auch gilt: Gut gemeint ist noch nicht gut gemacht. Einige Beispiele:

Allgemeine und flächendeckende Mindestlöhne von 8,50 Euro – eine sympathische Forderung, die man sofort unterschreiben möchte. Aber helfen sie wirklich? [...]

Und wie ist das mit Studiengebühren? Bildung ist ein Menschenrecht. Aber wer eine gute Ausbildung erhält, wird später mehr verdienen können. Soll er dafür nicht einen Beitrag leisten und diejenigen entlasten, die sein teures Studium finanzieren? [...]

Wie ist das mit den Steuern? Klar, sie sollen für Spitzenverdiener erhöht werden, fordern die, die wenig oder keine Steuern zahlen. Aber wo beginnt der Reichtum? [...]

Schwer zu erklären ist, warum Steuerhinterziehung bestraft wird, aber Steuerverschwendung nicht; wo doch in beiden Fällen das Geld des Steuerzahlers weg und die Staatskasse leer ist.

Die Forderung nach mehr Gerechtigkeit und Gleichheit spricht und schreibt und sendet sich schnell – und ist in der Umsetzung doch so schwierig. Darin liegt sogar eine besondere Gefahr für jede Demokratie: Sie teilt die Welt in Gut und Böse, in Fair und Unfair und spaltet damit die Gesellschaft. [...] Politische Auseinandersetzungen um Sachfragen werden so zu Glaubenskriegen. [...]

Dabei geraten auch andere Grundsätze in den Hintergrund, die für das Zusammenleben aber elementar wichtig sind: das urchristliche Prinzip der Eigenverantwortung beispielsweise, wonach jeder Mensch zunächst die Aufgabe hat, für sich und seine Angehörigen selbst zu sorgen. Die Gemeinschaft soll demnach nur einspringen, wenn diese Bemühung nicht Erfolg hat oder der Betreffende etwa wegen Krankheit nicht für sich sorgen kann. Wird das vernachlässigt, wird schnell immer mehr Verantwortung an den Staat delegiert – die Eigenverantwortung erlahmt. [...] Die Väter der sozialen Marktwirtschaft kannten diese Gefahren. Sie setzten auf Eigenverantwortung – und Belohnung der Leistung. Sie setzten auf Eigentum, damit die Bürger nicht von der „Stallfütterung" durch den Staat abhängig werden. Der Staat sollte die Rahmenbedingungen setzen, sich aber bei vielen strittigen Detailfragen heraushalten.

Aus: Roland Tichy, Die Spaltung der Gesellschaft, in: Wirtschaftswoche Global Nr. 2/2013, 24.6.2013

MATERIAL 16 — Dimensionen von Gerechtigkeit

Bedarfsgerechtigkeit: Das Existenzminimum eines jeden soll garantiert gedeckt sein.

Leistungsgerechtigkeit: Jeder Einzelne soll in dem Maße vom gesellschaftlichen Wohlstand profitieren, in dem er dazu beigetragen hat.

Chancengerechtigkeit: Jedes Mitglied der Gesellschaft muss gerechte Chancen auf Arbeit, Bildung und Aufstieg haben.

Einkommensgerechtigkeit: Der Wohlstand soll möglichst gleich verteilt sein.

Regelgerechtigkeit: Die Regeln des gesellschaftlichen Zusammenlebens müssen für jeden gleichermaßen gelten und zudem transparent und nachvollziehbar gestaltet sein.

Generationengerechtigkeit: Künftige Generationen sollen gegenüber der heutigen Generation nicht durch politische Entscheidungen benachteiligt werden.

Aus: © 2013, IW Medien – iwd 39, IW Medien GmbH, 26.9.2013, S. 4

Anforderungen und Perspektiven

MATERIAL 17

Eine soziale Marktwirtschaft, die diesen Namen verdient, braucht politisch gewährleistete Rahmenbedingungen, welche die soziale Verträglichkeit ebenso wie die ökologische Verträglichkeit wirtschaftlichen Handelns sicherstellen. Sie ist aber ebenso auf eine Kultur unternehmerischen Handelns angewiesen, die nicht nur den Unternehmensgewinn, sondern ebenso die Lebenssituation und Motivation der Mitarbeiterinnen und Mitarbeiter des Unternehmens, das Vertrauen der Kunden und die Stabilität gesellschaftlicher Verhältnisse im Blick hat. In einem gnadenlosen weltweiten Wettbewerb um die besten Quartalszahlen und innerhalb eines Systems von Bonuszahlungen für höchste anstatt für nachhaltige Wachstumsraten tritt jedoch jede weiter reichende Verantwortung zurück. Gewiss stellen sich heute gerade für den mittelständischen und damit auch für den handwerklichen Bereich kurzfristige Fragen mit großer Massivität [... z.B. Auftragsrückgänge, Kurzarbeit, Arbeitslosigkeit]. Aber auch in einer solchen Situation muss man über den eigenen Tellerrand hinausschauen und die Frage danach stellen, wie die Rahmenbedingungen langfristig erfolgreichen und damit nachhaltigen Wirtschaftens aussehen sollen. Dabei muss jede Besinnung auf ethische Rahmenbedingungen der Wirtschaft von der Einsicht ausgehen, dass das Marktmodell zur Regelung wirtschaftlicher Abläufe durch kein anderes Modell zu ersetzen ist; mit Bedauern stelle ich gegenwärtig fest, dass die Auswüchse im internationalen Finanzwesen, die funktionierende Märkte geradezu gefährden, immer wieder mit „dem Markt" umstandslos gleichgesetzt werden. Aber festzuhalten ist, dass der Markt kein Wert in sich selbst, sondern ein Steuerungsinstrument ist. Und ebenso ist festzuhalten, dass auch die Wirtschaft als solche kein Wert ist, der über allem zu stehen kommt. Christliche Wirtschaftsethik liefert sich der These von der Eigengesetzlichkeit der Wirtschaft nicht aus. Sie geht vielmehr davon aus, dass die Gesetze der Ökonomie nur innerhalb ihrer eigenen Grenzen anzuwenden sind. Es dient deshalb dem Vertrauen in die Wirtschaft, wenn Klarheit darüber besteht, an welchen Stellen der Ökonomisierung Grenzen zu setzen sind. [...]

Für die Zukunft unserer Gesellschaft brauchen wir ein Klima der Befähigungsgerechtigkeit und der Beteiligungsgerechtigkeit. Bildung und Teilhabe sind Schlüsselressourcen für die Zukunftsfähigkeit der Gesellschaft. Jeder Unternehmer, ob er nun ein großes oder ein kleines Unternehmen führt, kann im eigenen Betrieb dafür Zeichen setzen. In die Aus- und Weiterbildung der Mitarbeiter zu investieren ist nicht nur aus ökonomischen Gründen sinnvoll. Es ist auch ein Beleg dafür, dass die Wirtschaft nicht Selbstzweck ist, sondern den Menschen im Mittelpunkt sieht und seine Möglichkeiten, sich zu entwickeln, nach Kräften unterstützt.

Aus: Wolfgang Huber (EKD-Vorsitzender 2006–2010), „Freiheit und Verantwortung – Perspektiven der sozialen Marktwirtschaft". Festrede beim Symposium und der Verleihung des Preises 2008 der Initiative Freiheit und Verantwortung am 1.12.2008, www.ekd.de (Zugriff: 25.11.2013)

1. **Arbeiten** Sie **heraus**, welchen Zustand und welche Entwicklung Roland Tichy der Gesellschaft bescheinigt und welche Position der Autor selbst hierzu einnimmt (M 15).
2. **Setzen** Sie sich mit Wolfgang Hubers Anforderungen und Perspektiven (M 17) vor dem Hintergrund der sechs IW-Dimensionen des Gerechtigkeitsbegriffs (M 16) **auseinander**.
3. **Vergleichen** Sie die Forderungen von Tichy und Huber (M 15, 17). **Bewerten** Sie sie im Anschluss unter den Kriterien Effizienz, Gerechtigkeit und gesellschaftliche Beteiligung.
4. **Diskutieren** Sie, welche Perspektive der sozialen Marktwirtschaft Sie selbst für erstrebenswert halten. **Entwickeln** Sie Kriterien, die für Ihre Einschätzung relevant sind.

METHODE: Textanalyse in Sozialwissenschaften

Wichtig: Eine Textanalyse in Sozialwissenschaften ist immer eine **kritische** Analyse. Das heißt, Intention und Argumentation müssen genau und distanziert untersucht und überprüft werden – unabhängig davon, ob man persönlich den Aussagen der Autorin bzw. des Autors zustimmt oder ob man sie ablehnt.

Vorbereitung

Der Text wird mehrmals genau gelesen und mit Blick auf die Aufgabenstellung werden wichtige Stellen markiert und Anmerkungen an den Rand geschrieben
(z. B. Hauptthese/Argument/Beleg, Widerspruch zu oben, Bezug zu Autor xy, Begründung/Beleg fehlt, ignoriert Tatsache/gegenteilige Sichtweise xy …).

Vor Beginn des Schreibens werden die zentralen Analyseergebnisse (siehe unten) stichwortartig festgehalten, sodass diese Notizen als Leitfaden und Gliederung für das Schreiben dienen können.

Einleitung

- **Textsorte** (Kommentar, Rede …)
- In Sozialwissenschaften sind bei Analysen fast alle Texte werbende Texte, das heißt, die Autorinnen und Autoren wollen für eine bestimmte Überzeugung werben.
- *Beispiele für nichtwerbende Texte sind sozialverbindliche Texte (z. B. Gesetzestexte, Verträge) oder darstellende Texte (z. B. fachwissenschaftliche Texte).*
- **Verfasser** (Name und Funktion)
- *Die Funktion (Zugehörigkeit zu einer Partei oder Interessensgruppe, Mitarbeiter an einem arbeitgeber- oder arbeitnehmernahen Institut) impliziert häufig schon Hinweise auf die Position des Autors.*
- **Überschrift/Titel**
- **Erscheinungsort**
- **Erscheinungsdatum**
- *Bestimmen Sie, wenn zuzuordnen, dabei auch den Kontext der Erscheinung des Textes: aktueller Fall, schon länger anhaltende Debatte …*
- **Thema, zentrale These**

Hauptteil

Im Hauptteil wird der Text hinsichtlich der folgenden Aspekte kritisch untersucht. Diese müssen nicht nacheinander abgearbeitet werden, sondern können im Text fortlaufend miteinander verbunden werden.

Wichtig: Eine reine Wiedergabe des Inhalts („Textparaphrase") ist **nicht** gefordert und in Sozialwissenschaften keine zu bewertende Leistung. Alles, was erwähnt wird, muss auf seine Funktion hin analysiert werden.

- **Position** des Autors ermitteln
  Wie steht der Autor zu der zugrunde liegenden Problemfrage? Hier werden die Thesen des Autors herausgearbeitet und daraus seine Position bestimmt.

- **Begründungen** analysieren
  Womit wird die Position inhaltlich gestützt? Welche Argumente mit welchen Belegen/Beispielen werden angeführt?
    (Beispiele aus der Vergangenheit/aus anderen Ländern, Verweis auf Wissenschaftler/ Studien, Zitieren von Autoritäten …)
  Unterscheiden Sie explizite Begründungen (im Text genannt) und implizite Begründungen (werden nicht genannt, sondern stillschweigend vorausgesetzt).

METHODE

Kritische Analyse: Sind die Argumente und Belege sachlich zutreffend? Werden Behauptungen angemessen belegt? Beachten sie vollständig die fachlichen Zusammenhänge oder ignorieren sie gegenläufige Tatsachen/Fakten/Sichtweisen? Werden die Folgen der befürworteten Maßnahme beachtet?

- **Argumentationsweise** analysieren
  Wie ist die Argumentation aufgebaut? Werden andere Positionen genannt und zu widerlegen versucht? Oder ist die Argumentation eindimensional und hermetisch, d. h. in sich geschlossen und nicht multiperspektivisch orientiert, sodass mögliche Alternativen unberücksichtigt bleiben?
  Welche Aussagen sind eher **deskriptiv** (= beschreibend, den Ist-Zustand wertfrei darstellend) und welche Aussagen können als **präskriptiv** (= vorschreibend, bestimmte Normen festlegend, was „richtig" und was „falsch" ist, auf einen Soll-Zustand zielend) eingeordnet werden? Steht die Hauptthese zu Beginn oder kommt sie als Ergebnis des Textes erst am Ende?

  Wie wird die Argumentation sprachlich umgesetzt? Welche besonderen sprachlichen Mittel werden verwendet?
  *(Wiederholungen, direkte Ansprachen, Ausrufe, Metaphern aus positiv
  oder negativ besetzten Bildbereichen, rhetorische Fragen, Imperative …)*

- **Intention** erschließen
  Was ist das Ziel/die Absicht des Autors? Warum hat er diesen Text geschrieben/diese Rede gehalten?
  *(Leser/Zuhörer von etwas überzeugen, eine andere Idee diskreditieren,
  eine neue Lösung für ein Problem präsentieren …)*

Abschluss/Fazit
Zum Abschluss der Analyse werden die zentralen Ergebnisse prägnant zusammengefasst.

Hinweise zur sprachlichen Darstellung
Von zentraler Wichtigkeit ist es, zwischen der Wiedergabe von Aussagen des Autors (indirekte Rede = **Konjunktiv**) und eigenen Analyseaussagen (Indikativ) zu unterscheiden.

Wichtige Aussagen des Autors müssen am Text belegt werden (mit Zeilenangabe), entweder als **direktes Zitat** (möglichst in den Satzbau integrieren) oder in eigenen Worten mit Verweis auf die Textstelle.

Die Analyse wird im **Präsens** verfasst. Mithilfe der **Verben des Sagens** wird genau beschrieben, was der Autor macht.

Wichtig: Der Text spricht **nicht**, sondern die Autorin bzw. der Autor. Sie bzw. er „sagt" nicht, sondern behauptet, kritisiert, verweist auf, wendet sich gegen, betont …

1. **Analysieren** Sie arbeitsteilig jeweils einen der Texte aus dem Unterkapitel „Positionen" (M 14, M 15, M 17) mithilfe der Methode „Textanalyse in Sozialwissenschaften" im Hinblick auf die darin enthaltenen Zukunftserwartungen und die vom betreffenden Autor gestellten Forderungen.
2. **Vergleichen** Sie anschließend die Texte daraufhin, wie offen bzw. abwägend oder aber geschlossen bzw. alternativlos sie die jeweiligen Zukunftserwartungen und Forderungen präsentieren.

WISSEN KOMPAKT

Bestandsaufnahme
Deutschlands soziale Marktwirtschaft steht vor großen Herausforderungen. Die wirtschaftlichen Eckdaten deuten darauf hin, dass das Krisenjahr 2009 in Deutschland überwunden ist: Die Wirtschaft wächst, die Exporte steigen, der private Konsum bleibt stabil; die Preise steigen moderat, die Investitionen nehmen zu, die Zahl der Arbeitslosen sinkt und der Staat erwirtschaftet sogar einen leichten Überschuss.

Wirtschaftliches Wachstum
In Deutschland gab es seit 1951 nur in sechs Jahren ein negatives Wirtschaftswachstum, die Erfolgsbilanz der deutschen Wirtschaft ist beeindruckend. Diese Erfolgsgeschichte wird sich aller Wahrscheinlichkeit nach fortsetzen. Kritiker bemängeln, dass die Politik im Grunde nur noch Erfüllungsgehilfe für die Forderungen der Wirtschaft sei. Die Politik solle aber ihre Steuerungsfunktion wahrnehmen und soziale, moralische und ökologische Standards setzen.

Soziale Ungleichheit
Bei der Frage der sozialen Gleichheit und sozialen Gerechtigkeit nimmt Deutschland einen guten Mittelplatz innerhalb der Europäischen Union ein. Allerdings ist auch in Deutschland eine zunehmende Spaltung beim Einkommen festzustellen, beim Vermögen ist sie sogar noch größer. In Deutschland fällt vor allem auf, dass trotz der guten Wirtschaftslage die Armutsgefährdung nicht zurückgeht und die Gefahr von Altersarmut sogar zunimmt. Im politischen Streit um soziale Gerechtigkeit vertreten Arbeitgeber- und Arbeitnehmerverbände unterschiedliche Ansichten: Während erstere auf den hohen Grad der Umverteilung hinweisen, fordern letzte mehr Umverteilung und ein stärkeres Eingreifen des Staates zum Wohle der sozial Schwachen.

E-Mobilität
Am Beispiel der E-Mobilität kann man Chancen und Grenzen der Leistungsfähigkeit der sozialen Marktwirtschaft erkennen. Der Staat kann ökonomische Anreize setzen, damit mehr Menschen auf Elektroautos umsteigen, eine Garantie gibt es aber nicht, dass die Menschen so handeln. Aber auch die Automobilindustrie ist gefordert, den Umstieg zu forcieren.

Positionen
Parteien und Gewerkschaften haben höchst unterschiedliche Erwartungen und Forderungen an die Fort- bzw. Weiterentwicklung der Wirtschaft in Deutschland, weil sie ganz unterschiedliche Interessen und Interessengruppen vertreten, ganz unterschiedliche Übersetzungen für den Begriff „soziale Gerechtigkeit" haben und damit also auch wirtschafts-, sozial- und gesellschaftspolitisch unterschiedliche Ziele verfolgen – und das alles unter dem Dach mit der Aufschrift „soziale Marktwirtschaft".

1.5 Der Staat als Wettbewerbshüter

Der existierende Wettbewerb erfüllt im Einzelnen wichtige Funktionen (siehe Grafik unten). Dennoch sind die Unternehmen bestrebt, den Wettbewerb, so gut es geht, zu vermeiden und Maßnahmen zur Beschränkung des Wettbewerbs zu treffen, um die eigene Position zu sichern und höhere Gewinne zu erzielen. Es gibt also Wettbewerbsbeschränkungen – aber auch Maßnahmen, die von staatlicher Seite dagegen unternommen werden: die staatliche Wettbewerbs- und Ordnungspolitik.

Der Staat greift im Rahmen der Wettbewerbs- und Ordnungspolitik in diejenigen Märkte ein, auf denen zwar noch Wettbewerb herrscht, dieser jedoch durch einzelne Unternehmen beeinträchtigt ist. Dabei verfolgt die Wettbewerbspolitik vier Leitbilder:
- vollständige Konkurrenz,
- funktionsfähigen Wettbewerb,
- Wettbewerbsfreiheit und
- Bestreitbarkeit (= Markteintritt leicht möglich).

QUERVERWEIS
MODELL
Das Marktmodell
S. 18 f.

GLOSSAR
Ordnungspolitik
Globalisierung

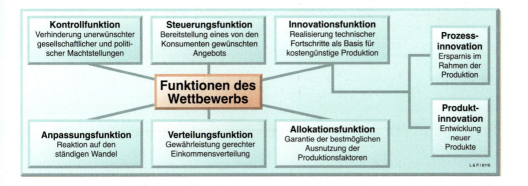

Basiswissen
Firmen und Konzerne werden immer größer und breiten sich immer weiter aus. Sie wollen mit ihrem Produkt einen möglichst großen Gewinn erzielen. Daher soll das Produkt zum einen ständig weiterentwickelt, zum anderen weltweit verkauft werden. Dazu muss ein Unternehmen in der Lage sein, nicht nur in seinem Heimatland, sondern in der ganzen Welt mit anderen Unternehmen in Konkurrenz zu treten. Dieser **Wettbewerb** begegnet uns jeden Tag: Kaufen wir Schuhe von Adidas oder von Nike? Einen Mercedes oder einen Mitsubishi?

Die **Globalisierung** hat dazu geführt, dass Unternehmen versuchen, als Global Player – also als Weltkonzerne – am Markt tätig zu sein. Globalisierung bezeichnet die weltweite Verflechtung in verschiedensten Bereichen (Wirtschaft, Politik, Kultur, Umwelt) auf verschiedenen Ebenen (Individuum, Gesellschaft, Staat).

Um diesem Druck und der ständig wachsenden Konkurrenz durch die fortschreitende Globalisierung standzuhalten, versuchen Unternehmen, sich im Wettbewerb Vorteile im Vergleich zu ihren Konkurrenten zu verschaffen. Damit dennoch die Spielregeln des Marktes und die Grundvoraussetzung des freien Wettbewerbs gewährleistet bleiben, greift der Staat im Rahmen von **Ordnungs- und Wettbewerbspolitik** in das Wirtschaftsgeschehen ein.

1. **Erläutern** Sie, wie sich ein Unternehmen im Rahmen der vier Leitbilder der Wettbewerbstheorie verhalten würde und wie der Staat diesem Verhalten entgegensteuert.
2. **Erörtern** Sie aus der Sicht des Vorsitzenden eines Unternehmens, welche Funktionen des Wettbewerbs für Ihr Unternehmen eher vorteilhaft und welche eher nachteilig sind.

Marktformen und Beschränkungen des Wettbewerbs

MATERIAL 1 Marktformen

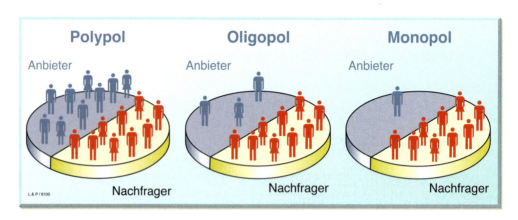

MATERIAL 2 Preisbildung in den verschiedenen Marktformen

Ein Produzent wird nach dem Gewinnmaximierungsprinzip von einem Gut im Allgemeinen diejenige Menge herstellen, für die der Gesamtgewinn möglichst hoch ist. [...]
Bei einem **Angebotsmonopol** wird ein Gut auf dem Markt nur von einem einzigen Produzenten angeboten. Da dieser Monopolist über das gesamte Angebot für das betreffende Gut verfügt, kann er in der Marktstrategie seine eigene Preispolitik betreiben, ohne auf einen Konkurrenten Rücksicht nehmen zu müssen. Für den Monopolisten ist der Preis keine feste Größe, sondern er ist eine Folge seines Verhaltens am Markt.
Bei einem **Angebotspolypol** wird ein Gut dagegen auf dem Markt von sehr vielen Produzenten angeboten. Dabei ist der Anteil des einzelnen Anbieters am Gesamtangebot so gering, dass der Absatz der anderen Produzenten durch sein Angebot praktisch nicht beeinflusst wird. Der Polypolist kann davon ausgehen, dass er zu dem Marktpreis jede beliebige Menge, für einen höheren Preis aber nichts absetzen kann. Das Polypol ist also gewissermaßen die entgegengesetzte Marktform zum Monopol und liegt in der Praxis häufig bei landwirtschaftlichen Gütern vor, z. B. bei Weizen und Kartoffeln.
Bei einem **Angebotsoligopol** wird das Gut auf dem Markt nur von wenigen Produzenten angeboten. Daher steht bei dieser Marktform jeder Anbieter mit wenigen Konkurrenten im Wettbewerb, sodass der Oligopolist nicht nur die Reaktionen der Abnehmer für sein Gut, sondern auch ganz besonders das Verhalten seiner Konkurrenten berücksichtigen muss. Das marktstrategische Verhalten der Oligopolisten kann sehr verschieden sein. Dennoch gilt: Unternehmen werden zwar auf eine Preissenkung der Konkurrenten, nicht jedoch auf eine Preissteigerung bei gleichbleibender Kostenstruktur reagieren. Zuweilen kann es zu harten Preiskämpfen kommen, häufig zeigen jedoch auch die Oligopolisten ein friedliches Verhalten, sodass in diesem Fall eine weitgehende Preisstabilität typisch ist.

Nach: Karl Schick, Mathematik und Wirtschaftswissenschaft. Probleme aus der Produktionstheorie, Frankfurt a. M. 1981, S. 69 f, 73, 77 f.

Beschränkungen des Wettbewerbs

MATERIAL 3

QUERVERWEIS
Adam Smith
S. 19, Info

„Unsichtbare Hand"
S. 41, M 2

Wettbewerb ist lästig: Schon Adam Smith (1723–1790) erkannte, dass jeder Unternehmer bestrebt sein wird, [dem] lästigen Risiko des Wettbewerbs zu entfliehen. Über Maßnahmen zur Beschränkung des Wettbewerbs wird er versuchen, seine Position zu sichern und höhere Gewinne zu erzielen. Die Neigung zu Wettbewerbsbeschränkungen ist umso größer, je stärker der Erfolg eines Anbieters durch den Wettbewerbsdruck bedroht ist. [...] Unternehmen, die zu erfolgreichen Innovationen fähig sind, werden sich [...] weniger bedroht fühlen. Je größer die Zahl der Anbieter auf einem Markt, desto schwieriger ist es, den Wettbewerb zu beschränken.

Verhandlungen und Absprachen: Wettbewerbsbeschränkungen aufgrund von Vereinbarungen sind dadurch gekennzeichnet, dass die zusammenarbeitenden Unternehmen rechtlich selbstständig bleiben. Bei horizontalen Absprachen geben konkurrierende Unternehmen freiwillig ihre wirtschaftliche Handlungsfreiheit auf und verzichten auf den Einsatz bestimmter Wettbewerbsmittel (etwa Preise, Mengen, Qualitäten) durch vertragliche Vereinbarungen (Kartelle), durch formlose Absprachen (abgestimmte Verhaltensweisen, „Frühstückskartelle") oder durch stillschweigende Anpassung an einen Preisführer. Kartellverträge sind in Deutschland durch das Gesetz gegen Wettbewerbsbeschränkungen (GWB) grundsätzlich verboten. Parallelverhalten durch mündliche Absprachen ist den Unternehmen gegenüber aber nur schwer nachweisbar.

Vertikale Absprachen sind vertragliche Vereinbarungen zwischen Unternehmen, die auf verschiedenen Produktionsstufen operieren. So knüpfen Kopplungsverträge den Abschluss eines Geschäfts an den Abschluss eines anderen. Vertriebsbindungen schreiben den Abnehmern von Waren bestimmte Kunden oder Absatzgebiete vor. Ausschließlichkeitsbindungen verpflichten zum exklusiven Geschäftsverkehr [...] [*Beispiel: Vertrag von Brauereien mit Gaststätten*].

Bei der vertikalen Preisbindung verpflichten die Hersteller z. B. Einzelhändler, beim Weiterverkauf festgelegte Preise einzuhalten, und unterbinden dadurch den Preiswettbewerb der Händler. Diese Preisbindung der zweiten Hand ist nur für Verlagserzeugnisse zulässig. Erlaubt sind jedoch unverbindliche Preisempfehlungen.

Behinderungs- und Verdrängungsstrategien: Hierunter fallen alle Verhaltensweisen von marktbeherrschenden Unternehmen, die dazu dienen, Mitbewerber etwa durch Kampfpreise vom Markt zu drängen sowie Lieferanten oder Abnehmer ohne sachlichen Grund unterschiedlich zu behandeln. Zu Letzteren zählen Aufrufe, Geschäftsbeziehungen zu Dritten abzubrechen (Boykott) oder bestimmte Unternehmen von Geschäftsbeziehungen auszuschließen (Lieferverweigerung, Bezugsverweigerung). Denkbar ist auch die Preisdiskriminierung: Marktbeherrschende Anbieter vereinbaren mit bestimmten Kunden niedrigere Abnahmepreise, als sie deren Konkurrenten gewähren; marktbeherrschende Nachfrager erzwingen für sich Bezugspreise, die niedriger sind als die für ihre Konkurrenten geltenden. Solche Strategien fallen unter das Diskriminierungsverbot. Die Abgrenzung dieser Praktiken von erwünschtem Marktverhalten wirft jedoch große Schwierigkeiten auf.

Aus: Bundeszentrale für politische Bildung (Hrsg.), Wirtschaft heute, Bonn 2009, S. 100

1 a) Beschreiben Sie die Preisbildung in den verschiedenen Marktformen in Form einer Tabelle und **erläutern** Sie die jeweilige Preisbildung anhand von Beispielen (M 1, M 2).
b) Vervollständigen Sie die Tabelle, indem Sie die Seite der Nachfrager aus deren Sicht einbeziehen, und **vergleichen** Sie Angebots- und Nachfrageseite.

2 Beurteilen Sie, ob das Polypol die wünschenswerteste Marktform darstellt (M 2).

3 Erklären Sie, wie Unternehmen den Wettbewerb zu beschränken suchen (M 3).

4 Nehmen Sie aus der Sicht eines Unternehmers *oder* eines Verbrauchers *oder* des Staates **Stellung** zu den verschiedenen Praktiken der Wettbewerbsbeschränkung.

Beeinflussung des Wettbewerbs

MATERIAL 4 Marktpolitik des Staates

INFO
monetär
finanziell

QUERVERWEIS
Wettbewerbsordnung
S. 47, M 10

Das Problem der Wettbewerbspolitik liegt [...] auch darin, dass der Staat nur selten als Dompteur und neutraler Schiedsrichter handelt. Denn Marktakteure handeln nicht nur auf Märkten, sondern nehmen auch direkten Einfluss auf Politik und Behörden. Deshalb steht jede Wettbewerbspolitik immer unter dem politischen und ökonomischen Druck der von ihr betroffenen Marktakteure, die ihre Position vor wettbewerbsbedingten Änderungen schützen wollen, z.B. indem der Staat Importe von Textilien, Nahrungsmitteln oder Handwerksleistungen oder neue Vertriebsformen wie Internetapotheken fantasievoll behindert. Ökonomische Interessenverbände wie Arbeitgebervereinigungen, industrielle Branchenverbände oder auch Verbraucherorganisationen nehmen einerseits Einfluss auf die Politik, um ihre jeweiligen Interessen durchzusetzen. Andererseits legen Verbände und verbandsähnliche Organisationen wie Industrie- und Handelskammern auch in Eigenregie Standards fest, die das Marktgeschehen ohne den Staat regulieren, z.B. durch Allgemeine Geschäftsbedingungen, Schiedsgerichte oder Zulassungskontrollen für bestimmte Berufe wie Meisterprüfungen. [...]

Das Leitbild eines [...] gesellschaftlich eingebetteten und politisch gestalteten Wettbewerbs verlangt nach einer Markt- und Wettbewerbspolitik, die sich neben **monetären** Kosten und Nutzen auch an gesellschaftlichen und politischen Werten orientiert. So führt die Frage, wie man Märkte gestalten soll, nicht selten zu kontroversen Diskussionen in Öffentlichkeit und Politik, z.B. wenn man aus Angebotsmonopolen wie bei der Strom-, Gas- und Wasserversorgung, beim Brieftransport oder beim Bahnfernverkehr Wettbewerbsmärkte machen will. Denn dann müssen bestimmte Regeln definiert und umgesetzt werden, nach denen der Wettbewerb funktionieren soll, etwa zu welchen Bedingungen ein Stromanbieter das Stromnetz eines anderen nutzen kann, um seinen Strom zum Endverbraucher zu leiten. Könnte die Eigentümerin des Netzes allein darüber entscheiden, würde sie die Preise für die Durchleitung so hoch setzen, dass das neue Stromangebot so teuer wird, dass es nicht mehr konkurrenzfähig ist. Vor allem aber stellt sich die grundsätzliche Frage, ob sich eine Gesellschaft in allen Bereichen der Versorgung mit Gütern und Dienstleistungen allein auf die Koordination durch den Markt verlassen will oder ob sie in manchen Fällen, z.B. beim Trinkwasser, eine stärkere politische Kontrolle bevorzugt.

Aus: Reinhold Hedtke, Ökonomische Denkweisen. Eine Einführung, Schwalbach 2008, S. 279 ff.

1. **Erschließen** Sie, welche Aspekte für die Marktpolitik des Staates wichtig sind (M 4).
2. **Stellen** Sie die in M 5 beschriebenen Möglichkeiten zum Zusammenschluss von Unternehmen übersichtlich **dar**.
3. **Erklären** Sie die Vorteile und Nachteile von Fusionen als Marktstrategie (M 6). Versuchen Sie anschließend zu gewichten, ob die Vorteile oder Nachteile überwiegen.
4. **Beurteilen** Sie mithilfe von M 5 und M 6, inwieweit Firmen Fusionen anstreben sollten. Beziehen Sie dabei mindestens ein ökonomisches und ein soziales Kriterium in Ihre Beurteilung mit ein.

Fusionen und Kartellrecht

Konzerne und Fusionen

MATERIAL 5

Für die Wettbewerbspolitik ist von Bedeutung, ob durch Konzentrationsprozesse Wettbewerbsbeschränkungen entstehen und eine marktbeherrschende Stellung missbräuchlich ausgenutzt werden kann.
Eine **strategische Allianz** ist eine (gegebenenfalls zeitlich befristete) Kooperation zwischen zwei oder mehreren Unternehmen aus derselben Branche (z. B. Luftverkehrsgesellschaften), deren rechtliche Selbstständigkeit unberührt bleibt. Die kooperierenden Unternehmen sind also direkte oder potenzielle Konkurrenten.
Die in einem **Konzern** zusammengeschlossenen Unternehmen bleiben rechtlich selbstständig, gleichwohl sind sie über finanzielle Beteiligungen miteinander verflochten. Allerdings geben sie ihre wirtschaftliche Selbstständigkeit zugunsten einer einheitlichen Leitung auf. Je nach den wechselseitigen Marktbeziehungen der Beteiligten unterscheidet man **horizontale Konzerne**, **vertikale Konzerne** und **diagonale** oder **Mischkonzerne**. Nach der Art des Abhängigkeitsverhältnisses unterscheidet man **Unterordnungskonzerne** (kapitalbezogene Bindung an Muttergesellschaft) von **Gleichordnungskonzernen** (weder finanzielle noch vertragliche Abhängigkeit). Zusammenschlüsse in einem Mischkonzern werden vor allem gebildet, weil die Beteiligten durch gemeinsame Aktivitäten in verschiedenen Produktgruppen oder Geschäftsfeldern ihr Geschäftsrisiko mindern wollen.
Geben die Unternehmen beim Zusammenschluss ihre rechtliche Selbstständigkeit auf, so spricht man von einer **Fusion** (**Verschmelzung**). Diese kann sich durch Aufnahme (A geht in B auf; nach der Fusion besteht nur noch Unternehmen B) oder Neubildung (A und B verschmelzen zu Unternehmen C) vollziehen. Wie beim Konzern wird zwischen horizontalen, vertikalen und diagonalen Fusionen unterschieden. Die Globalisierung hat zu einem Konzentrationswettlauf mit internationalen Megafusionen und -übernahmen („**Elefantenhochzeiten**") geführt.

Nach: Bundeszentrale für politische Bildung (Hrsg.), Wirtschaft heute, Bonn 2009, S. 102

INFO

horizontal
Unternehmen arbeiten auf dem gleichen Markt (z.B. zwei Unternehmen aus der Automobilbranche).

vertikal
Unternehmen arbeiten auf verschiedenen Produktionsstufen (z.B. ein Unternehmen ist Zulieferer, ein anderes erledigt die Endfertigung).

diagonal
weder gleicher Markt noch Lieferbeziehung

Skaleneffekte
Abhängigkeit der Produktionsmenge vom Einsatz der Produktionsfaktoren

Übernahmeeffekte
Veränderungen durch Unternehmensveräußerung oder -zusammenschluss

Vorteile und Nachteile von Fusionen

MATERIAL 6

Aspekte	Vorteile für Fusionspartner	Nachteile
Zugewinn an Marktmacht	▪ Preiszugeständnisse der Zulieferer ▪ Preissetzungsspielräume ▪ Verbesserung der Lieferkonditionen ▪ Maximierung von Absatz und Gewinn ▪ Vergrößerung des Angebots	▪ Gefahr des Eingreifens des Bundeskartellamts wegen monopolistischer oder oligopolistischer Preissetzung
Skaleneffekte	▪ Produktion steigt, Absatz steigt, Stückkosten sinken, Gewinne und/oder Mittel für Forschung können steigen	▪ Realisierung betrieblich nur schwer möglich ▪ reduzierte Innovationswahrscheinlichkeit
Verbundvorteile	▪ Kooperation verschiedenartiger Produktionsbereiche	▪ häufig Standortverlagerungen nötig
Übernahmeeffekte	▪ Erlangung von Markenrechten ▪ Erhalt von Patenten ▪ Übernahme qualifizierter Beschäftigter	▪ mangelnde Motivation der Beschäftigten ▪ Schädigung des Unternehmensklimas
Wettbewerb und Kosten	▪ Zugewinn an Marktanteilen ▪ erhöhtes „Kampfgewicht" im Wettbewerb (Marktmacht) ▪ internationale Wettbewerbsfähigkeit	▪ Organisationskomplexität steigt ▪ Fluktuationskosten ▪ Integrationskosten

Nach: Helene Meyerhofer, Betriebswirtschaftliche Effekte der Fusion von Großunternehmen, Düsseldorf 1999, S. 24ff.

Erhalt des Wettbewerbs

MATERIAL 7 — Fallbeispiel Preisbindungen

Das Bundeskartellamt hat Geldbußen gegen zwei Unternehmen der Bekleidungsbranche in Höhe von insgesamt rund 10,9 Mio. EUR wegen vertikaler Preisbindungspraktiken verhängt. Bei den betroffenen Unternehmen handelt es sich um den Hersteller Wellensteyn International GmbH & Co. KG (Wellensteyn) und das Handelsunternehmen Peek & Cloppenburg KG, Düsseldorf (P&C Düsseldorf). Eingeleitet wurde das Verfahren mit einer Durchsuchung am 26. März 2013, nachdem das Bundeskartellamt zuvor Beschwerden über diese Verhaltensweisen erhalten hatte. Die Verstöße dauerten von April 2008 bis Februar 2013. Andreas Mundt, Präsident des Bundeskartellamtes: „Wellensteyn hat den Händlern Mindestverkaufspreise vorgegeben sowie Preisreduzierungen und den Internetvertrieb untersagt. Wich ein Händler davon ab, wurden Liefersperren angedroht und in einer Reihe von Fällen auch umgesetzt. P&C Düsseldorf hat sich auf diese Vorgaben eingelassen und darüber hinaus Wellensteyn auch selbst dazu aufgefordert, gegen Preisunterschreitungen durch andere Händler vorzugehen. Es gibt Hinweise darauf, dass solche und ähnliche Preisbindungspraktiken in der Textilbranche über den vorliegenden Fall hinaus Bedeutung haben könnten. Das wären klare Verstöße gegen das Kartellverbot."

Die freie Preissetzung durch Händler kommt dem Wettbewerb und den Verbrauchern zugute. Vereinbarungen zwischen Händlern und Herstellern über bestimmte Verkaufspreise bzw. Verkaufspreisuntergrenzen sind deshalb grundsätzlich verboten; erst recht dürfen die Hersteller die Händler nicht mit Sanktionsandrohungen zur Einhaltung von Fest- oder Mindestpreisvorgaben bewegen. [...] Bestehen Händler kartellrechtskonform auf ihrer Preissetzungshoheit, dürfen sie keine Nachteile durch schlechte oder verzögerte Belieferung von Herstellern erleiden.

Aus: Pressemitteilung des Bundeskartellamtes, unter: http://www.bundeskartellamt.de/SharedDocs/Meldung/DE/Pressemitteilungen/2017/25_07_2017_Bekleidung.html [20.02.2018]

MATERIAL 8 — Die Arbeit des Bundeskartellamts

INTERNET
www.bundeskartellamt.de
Homepage des Bundeskartellamts

INFO
Kartell
Vereinbarung oder Zusammenschluss selbstständig bleibender Unternehmen zur Beschränkung des Wettbewerbs

Das Hauptaugenmerk des Amts bei der **Kartellverfolgung** richtet sich auf die sog. Hardcore-Kartelle [...], zu denen in erster Linie Preis-, Quoten-, Kunden- und Gebietsabsprachen zählen. Sie behindern die wirtschaftliche Betätigungsfreiheit von Unternehmen und wirken sich für die Verbraucher grundsätzlich preistreibend aus [...] Im Rahmen der **Fusionskontrolle** prüfen [die Wettbewerbsbehörden] die Auswirkungen eines Zusammenschlusses auf den Wettbewerb der jeweils betroffenen Märkte. [...] Die Unternehmen müssen ein Zusammenschlussvorhaben beim Bundeskartellamt anmelden, wenn sie mit ihren Umsätzen die im GWB genannten Umsatzschwellen überschreiten. [...] Als Zusammenschluss im Sinne des GWB gelten Verbindungen zwischen Unternehmen, die es einem Unternehmen ermöglichen, einen erheblichen Einfluss auf das Verhalten eines anderen Unternehmens im Wettbewerb auszuüben. [...] Bis zur Freigabe eines angemeldeten Zusammenschlusses durch das Bundeskartellamt dürfen die beteiligten Unternehmen nicht miteinander fusionieren (sog. Vollzugsverbot).

Aus: Bundeskartellamt, Kartellverfolgung/Fusionskontrolle, www.bundeskartellamt.de (Zugriff: 4.10.2013)

Erfolge und Grenzen des Kartellrechts

MATERIAL 9

Um den Wettbewerb auf den Märkten zu sichern und den politischen Druck mächtiger Marktakteure abzuschwächen, haben viele Staaten – darunter auch die Bundesrepublik Deutschland – zum einen mehr oder weniger umfangreiche Wettbewerbsgesetze erlassen. Zum anderen haben sie von politischen Weisungen unabhängige Behörden wie z. B. das Bundeskartellamt eingerichtet. Sie sollen beobachten, wie sich die Machtpositionen auf den einzelnen Märkten entwickeln, und eingreifen, wenn der Wettbewerb erheblich beeinträchtigt wird. Bei Wettbewerbsbeschränkungen, z. B. durch den Zusammenschluss zweier Unternehmen mit hohem Marktanteil, kann die Kartellbehörde Verbote aussprechen oder Auflagen verhängen. Bei Verstößen gegen das Wettbewerbsrecht drohen z. T. hohe Geldstrafen.

In Deutschland kann allerdings das Wirtschaftsministerium ein Verbot des Kartellamts aus politischen Gründen aufheben. [...] Ein klassisches Beispiel dafür ist die Landwirtschaft: Den Lobbyisten dieser Branche gelingt es seit über 150 Jahren, sich vor der Konkurrenz durch Importe politisch zu schützen und sich ihre eigenen Exporte subventionieren zu lassen, damit sie auf den Weltmärkten konkurrenzfähig sind. In diesem Fall bevorzugt die EU-Kommission Lobbyinteressen von Agrar- und Lebensmittelindustrie, statt nachdrücklich intensiveren Wettbewerb durchzusetzen. Der Staat kann also das Interesse der etablierten Unternehmen an einer Stabilisierung ihrer Marktposition politisch höher bewerten als einen funktionierenden Wettbewerb, die unternehmerische Freiheit der Konkurrentinnen oder günstigere Preise für die Kundinnen. [...]

In der Regel entschädigt der Staat diejenigen nicht, die von solchen Stabilisierungspolitiken negativ betroffen sind.

Aus: Reinhold Hedtke, Ökonomische Denkweisen. Eine Einführung, Schwalbach 2008, S. 280 ff.

INFO

§ 42 GWB – Ministererlaubnis

(1) Der Bundesminister für Wirtschaft und Technologie erteilt auf Antrag die Erlaubnis zu einem vom Bundeskartellamt untersagten Zusammenschluss, wenn im Einzelfall die Wettbewerbsbeschränkung von gesamtwirtschaftlichen Vorteilen des Zusammenschlusses aufgewogen wird oder der Zusammenschluss durch ein überragendes Interesse der Allgemeinheit gerechtfertigt ist. [...] Die Erlaubnis darf nur erteilt werden, wenn [...] die marktwirtschaftliche Ordnung nicht gefährdet wird.

Die Ministererlaubnis ist selten: 1972 bis 2013 gab es 21 Anträge, in 8 Fällen wurde die Erlaubnis erteilt.

Abgeschlossene Kartellverfahren 1997–2016

Zeitraum	Anzahl
1997–2000	11
2001–2004	6
2005–2008	15
2009–2012	49
2013–2016	31

Ausgewählte Höchstbußgelder*

Jahr	Kartellverfahren	Summe der verhängten Bußgelder in Euro	Davon höchstes verhängtes Einzelbußgeld gegen ein Unternehmen
2015	Automobilzulieferer	89.700.000	29.500.000
2014	Eier	338.000.000	160.000.000
2014	Wurst	338.500.000	128.050.000
2014	Zucker	281.700.000	195.500.000
2013	Schienen–DB	134.500.000	103.000.000
2010	Brillengläser	115.000.000	28.760.000
2009	Kaffee	159.000.000	83.000.000
2008	Dekorpapier	61.000.000	25.000.000
2008	Tondachziegel	188.081.000	66.280.000
2007	Flüssiggas	249.000.000	67.200.000
2005	Industrieversicherungen	151.400.000	33.850.000
2003	Zement	396.000.000**	175.400.000

* Gerundete Werte. Wegen Rechtsanhängigkeit bei Gericht sind noch nicht alle Geldbußen rechtskräftig.
** Nach Urteil des BGH im Jahr 2013 insgesamt rechtskräftig gewordene Summe

Vom Bundeskartellamt verhängte Bußgelder

Gesamtsumme in Mio. Euro pro Jahr

Jahr	Summe
2007	434,8
08	313,7
09	297,5
10	266,7
11	189,8
12	316,0
13	240,0
14	1117,0
15	208,0
16	124,5

---

1 **Beschreiben** Sie am Beispiel von M 7, wie Unternehmen versuchen, den Wettbewerb zu beeinflussen.

2 **Erklären** Sie mithilfe von M 7 und M 8 die Arbeit des Bundeskartellamtes in dem vorliegenden Fallbeispiel.

3 **Ordnen** Sie die Materialien in M 7 kritisch in das Konzept der Konsumentensouveränität ein.

4 **Recherchieren** Sie einen aktuellen Fall, an dem das Bundeskartellamt zurzeit arbeitet, und visualisieren Sie diesen.

5 **Beurteilen** Sie mithilfe von M 9 einschließlich der Info, wie erfolgreich das Bundeskartellamt arbeitet und welche Entwicklungen sich abzeichnen.

WISSEN KOMPAKT

Marktformen und Wettbewerb

Innerhalb einer Marktwirtschaft herrscht Wettbewerb zwischen den einzelnen Unternehmen. Jedes Unternehmen ist bestrebt, den größtmöglichen Gewinn zu erzielen und sich gegen die Konkurrenten durchzusetzen. Daher kann man bei der Betrachtung eines Marktes verschiedene Konstellationen unterscheiden:

Monopol: Ein einzelner Anbieter (Angebotsmonopol) oder ein einzelner Nachfrager (Nachfragemonopol) bestimmen den Markt. Dieser Einzelne ist in der Lage, den Preis zu kontrollieren und seinen Gewinn bzw. seinen Nutzen zu maximieren.

Oligopol: Wenige Anbieter stehen vielen Nachfragern gegenüber (Angebotsoligopol) bzw. wenige Nachfrager stehen vielen Anbietern gegenüber (Nachfrageoligopol). Bei der Ausgestaltung des Preises spielen neben den Überlegungen hinsichtlich der eigenen Kosten auch die strategischen Überlegungen hinsichtlich des Verhaltens der Konkurrenten eine Rolle. Es kann zu Preiskämpfen kommen, aber nur in Form von „Rabattschlachten". Eine Preiserhöhung wird in der Regel von den konkurrierenden Unternehmen nicht mitgetragen, was den Gewinn desjenigen Unternehmens, das den Preis erhöht, verringert und die Konsumenten von seiner Marke vertreibt. Da jedoch alle Unternehmen gewinnmaximierend denken und keines seine Kunden verlieren möchte, bleibt der Preis weitgehend stabil.

Polypol: Der klassische Gegensatz zu einem Monopol. Vielen Nachfragern stehen viele Anbieter gegenüber, der Preis kann praktisch vom einzelnen Unternehmen bzw. Konsumenten nicht beeinflusst werden.

Maßnahmen zur Erhaltung des Wettbewerbs

Unternehmen kämpfen am Markt um die Vorherrschaft und versuchen daher, den Wettbewerb zu beschränken, indem sie sich zusammenschließen. Um zu verhindern, dass einzelne Unternehmen zu mächtig werden, hat der Staat verschiedene Regelungen erlassen und Institutionen gegründet:

Bundeskartellamt: Das Bundeskartellamt ist eine unabhängige Wettbewerbsbehörde, deren Aufgabe der Schutz des Wettbewerbs in Deutschland ist. Es wurde 1958 gegründet und hat seinen Sitz in Bonn.

Gesetz gegen Wettbewerbsbeschränkungen (GWB): Im Rahmen dieses Gesetzes wird geregelt, dass Zusammenschlüsse von Unternehmen in Form von Kartellen und Fusionen grundsätzlich verboten sind und nur unter bestimmten Voraussetzungen gestattet werden können. So kann zum Beispiel im Rahmen der Ministererlaubnis eine Fusion trotz eines Verbots des Bundeskartellamts nachträglich gestattet werden.

Fusionen, Konzerne und Kartelle

Unternehmen versuchen, am inländischen Markt und auf dem Weltmarkt konkurrenzfähig zu bleiben, indem sie u. a. fusionieren (Unternehmen schließen sich zusammen und geben ihre rechtliche Selbstständigkeit auf), Konzerne bilden (Unternehmen bleiben rechtlich selbstständig und geben ihre wirtschaftliche Selbstständigkeit zugunsten einer gemeinsamen Leitung auf) oder Kartelle gründen (Unternehmen eines gleichen Absatzmarktes treffen Absprachen im Rahmen der gesetzlichen Regelungen).

Solche legalen Kartelle sind z. B. Absprachen zur Schaffung einheitlicher Typen und Normen bzw. zur Bewältigung von Strukturkrisen (kleine Unternehmen werden vor dem Ausscheiden aus dem Markt bewahrt). Diese stellen allerdings die Ausnahme dar. Die Regel sind illegale Kartelle, die verbotene Absprachen treffen, z. B. Preiskartelle (Verpflichtung auf einen Einheitspreis) oder Gebietskartelle (Aufteilung des Absatzgebietes unter den beteiligten Unternehmen).

Der Staat untergräbt mehr und mehr die Prinzipien der Marktwirtschaft

KLAUSUR

Die Soziale Marktwirtschaft hat Deutschland aus den Trümmern des Zweiten Weltkrieges heraus zu dem gemacht, was es heute ist: Eines der wohlhabendsten, sozialsten und gleichzeitig freiesten Länder, die es auf der Welt gibt. Wo sonst genießen die Menschen einen solchen Lebensstandard [...]? Leider gehört es zum menschlichen Wesen, dass das Erreichte nach einer gewissen Zeit als selbstverständlich betrachtet wird. Schnell kommt dann Unzufriedenheit auf [...]. Darum ist es wichtig, die Fundamente der Sozialen Marktwirtschaft immer wieder deutlich zu machen, aber natürlich auch [...] auf den Prüfstand zu stellen.

[...] Die Soziale Marktwirtschaft ist momentan leider in keiner guten Verfassung. Obwohl die Soziale Marktwirtschaft sogar in den Europäischen Verträgen mehrfach ausdrücklich hervorgehoben wird, verstoßen die EU und leider auch die deutschen Regierungen immer stärker gegen ihre Grundregeln. Mit staatlichen Mindestlöhnen und Höchstmieten wird direkt in die Preisbildung eingegriffen [...].

Hinzu kommt eine immer weiter zunehmende Dominanz von Verteilungsdiskussionen gegenüber der Frage, wer eigentlich den Kuchen backen soll und wie man ihn zum Wohle aller vergrößern könnte. Solche Diskussionen werden gerade von denen gezielt geschürt, die unserer Wirtschafts- und Gesellschaftsordnung ohnehin kritisch bis ablehnend gegenüberstehen. Unter dem Vorwand, alles immer noch gerechter und sicherer machen zu wollen, arbeiten diese Kräfte in Wahrheit an der gezielten Schwächung und schließlich Ersetzung der Sozialen Marktwirtschaft durch eine ganz andere Wirtschaftsordnung.

Nachdem der Sozialismus historisch überall versagt hat, wo er jemals praktiziert wurde, ist die schleichende Erosion der Marktwirtschaft die neue Strategie, um sie am Ende vielleicht doch noch zu besiegen. Dem kann man gar nicht konsequent genug entgegentreten, bevor das süße Gift sein unheilvolles Werk vollbracht hat.

Eine der größten Herausforderungen für die Soziale Marktwirtschaft ist die demografische Entwicklung. Keine Wirtschaftsordnung kann auf Dauer bestehen, wenn ihr der Nachwuchs fehlt und die Überalterung zum sozialen Sprengstoff wird. [...] Andererseits leben die Menschen heute viel länger als früher und können deshalb auch länger arbeiten. Sinnvoll wäre deshalb eine Rentenformel, die das möglichst automatisch berücksichtigt und nicht so einfach politisch manipuliert werden kann. [...]

Wünschenswert wäre auch eine Verankerung der Marktwirtschaft im Grundgesetz. Denn die Politik führt den Begriff zwar ständig im Mund, verstößt aber in der Praxis nach Belieben gegen ihre Grundsätze. Beispiele sind Mindestlohn, Mietpreisbremse, Energieeinsparverordnungen und Frauenquoten. In all diesen Fällen wird direkt in die private Handlungs- und Vertragsfreiheit eingegriffen, während diese bei marktwirtschaftlicher Anreizpolitik aufrechterhalten werden könnte. Sowohl die ökonomische Theorie als auch die empirische Erfahrung sagt, dass der marktwirtschaftliche Ansatz nicht nur bei weitem effizienter, sondern vor allem auch freiheitlicher ist.

> **INFO**
> **Ulrich van Suntum** ist geschäftsführender Direktor des Centrums für angewandte Wirtschaftsforschung der Universität Münster
>
> **Erosion**
> Abschürfung, Abtragung

Ulrich van Suntum: Der Staat untergräbt mehr und mehr die Prinzipien der Marktwirtschaft. In: focus online vom 18.11.2016. Auf: http://www.focus.de/finanzen/experten/oekonomenblog/wirtschaftspolitik-der-staat-untergraebt-mehr-und-mehr-die-prinzipien-der-marktwirtschaft_id_6221644.html [Zugriff: 27.11.2016]

1. **Stellen** Sie kurz das Ordnungsmodell der „Planwirtschaft" dar. Gehen Sie dabei auf mindestens drei typische Merkmale ein.
2. **Analysieren** Sie den Ihnen vorliegenden Text „Der Staat untergräbt mehr und mehr die Prinzipien der Marktwirtschaft" hinsichtlich der Position des Autors.
3. **Erörtern** Sie Vor- und Nachteile der „Sozialen Marktwirtschaft".

KLAUSUR

Erwartungshorizont	max. Punkte
Verstehensleistung gesamt	**100**
Aufgabe 1 = AFB II gesamt **Darstellung** des Ordnungsmodells der „Planwirtschaft" Der Prüfling …	**24**

1. stellt das Ordnungsmodell der „Planwirtschaft" dar und geht dabei mindestens auf drei typische Merkmale ein, etwa: | 24
   - Die zentrale Planwirtschaft (Zentralverwaltungswirtschaft) ist eine Wirtschaftsordnung, die im Kontrast zur Marktwirtschaft steht. Ökonomische Prozesse, wie die Verteilung und Produktion von Gütern und Dienstleistungen, werden von einer zentralen Institution bzw. einer Planungsbehörde (meistens staatlich) geplant und gesteuert.
   - In einer zentralen Planwirtschaft besitzt der Staat die Produktionsfaktoren (Arbeit, Boden, Kapital). Dabei bestimmen die von der Planungsbehörde erstellten Produktionspläne, wer welche Güter in einer bestimmten Menge herstellt.
   - Die ideologische Basis der zentralen Planwirtschaft ist der Sozialismus.

| **Aufgabe 2 = AFB I** gesamt
Textanalyse hinsichtlich der Position des Autors
Der Prüfling … | **46** |

2. ordnet den Artikel „Der Staat untergräbt mehr und mehr die Prinzipien der Marktwirtschaft" von Ulrich van Suntum auf focus online vom 18.11.2016 als Kritik an zu viel staatlicher Intervention im Wirtschaftsgeschehen ein. | 5

3. arbeitet die Position des Autors in folgender oder gleichwertiger Weise heraus: | 10
   - Die Soziale Marktwirtschaft sei verantwortlich für die positive Entwicklung des Landes nach dem Zweiten Weltkrieg. Leider sei sie in keiner guten Verfassung, da zunehmende Staatseingriffe gegen die „Grundregeln" verstoßen (Z. 1 – 22) Van Suntum fordert daher eine Verankerung der Sozialen Marktwirtschaft im GG (Z. 60 f.), da „der marktwirtschaftliche Ansatz nicht nur bei weitem effizienter, sondern vor allem auch freiheitlicher" (Z. 72 ff.) sei.

4. analysiert die Begründung zur Position des Autors in folgender oder gleichwertiger Weise: | 12
   - Die Soziale Marktwirtschaft sei verantwortlich für den Wohlstand des Landes. (Z. 1 – 7). Das Bewusstsein dafür schwinde allerdings. (Z. 7 ff.), daher sei es notwendig das Ordnungsmodell „immer wieder deutlich zu machen" und ggf. zu prüfen. (Z. 13 f.)
   - van Suntum sieht Handlungsbedarf (Z. 11 ff.) und stellt fest, dass die Soziale Marktwirtschaft in „keiner guten Verfassung" (Z. 17) sei, da zunehmende staatliche Eingriffe gegen Grundregeln verstoßen (Z. 20 – 25).
   - Die Soziale Marktwirtschaft werde absichtlich durch Debatten über Verteilungsfragen und Gerechtigkeit geschwächt (Z. 26 ff.), um eine andere Wirtschaftsordnung hervorzurufen. (Z. 37 f.)
   - Die größte „Herausforderung" sei die demografische Entwicklung, die eine Rentenreform notwendig mache. (Z. 48 – 59)
   - Er fordert abschließend eine Verankerung der Sozialen Marktwirtschaft im GG, um Regelverstößen entgegenzuwirken. (Z. 60 f.)

5. erläutert die Argumentationsweise des Autors, z. B.: | 12
   - Bereits die Überschrift weist auf die Kritik des Autors an staatlicher Intervention hin
   - Verwendung von wertenden Adjektiven, die die Position des Autors verstärken: Superlative zur Darstellung der Sozialen Marktwirtschaft (Z. 3 ff.) vs. Abwertung oder Übertreibung bzgl. der dargestellten gegenwärtigen Entwicklung, z. B. „gezielte Schwächung" (Z. 37 f.), „das süße Gift" (Z. 47), „unheilvolles Werk" (Z. 47 f.).
   - Er führt zahlreiche Beispiele an, die seine Position unterstützen (Z. 64 ff.)
   - Verwendung von Metaphern zur Veranschaulichung bzw. Abwertung (Z. 46)
   - Statistische Belege bleiben aus; am Ende führt er ökonomische Theorien an (Z. 71 ff.), die jedoch nicht näher benannt werden.
   - Der Text ist durch die Wortwahl grundsätzlich leicht lesbar und setzt kein Vorwissen voraus, so dass die Identifikation des Lesers mit der Position des Autors leichter wird.

6. erschließt die Intention des Autors, z. B.: ■ Der Autor versucht, dem Leser die Diskrepanz zwischen möglichst umfangreichem freien Spiel der Marktkräfte und nur notwendigem staatlichen Handeln aufzuzeigen. Zudem versucht er, den Leser von seiner entsprechenden Kritik an staatlicher Intervention zu überzeugen und ggf. zu politischer Aktivität zu motivieren, durch welche der Markt wieder mehr Freiheiten zurückzugewinnen vermag. Er richtet sich an eine eher gebildete Leserschaft und spricht damit zugleich interessierte Laien an, welche insbesondere ökonomisch interessiert sind.	7
Aufgabe 3 = AFB II **gesamt** **Erörterung** zu der zitierten Aussage Der Prüfling …	**30**
7. nennt und begründet Argumente, die für das Ordnungsmodell der „Sozialen Marktwirtschaft" sprechen, etwa: ■ Staatliche Versorgungs- und Fürsorgeleistungen ■ Wettbewerb bestimmt die Preisbildung – Leistungsfähigkeit durch Konkurrenz ■ Verringerung sozialer Ungleichheit	12
8. nennt und begründet Argumente, die gegen das Ordnungsmodell der „Sozialen Marktwirtschaft" sprechen: ■ Einschränkung der Freiheit ■ Tatsächliche Verringerung der sozialen Ungleichheit?	12
9. nimmt abschließend zusammenfassend Stellung.	6
10. erfüllt ein weiteres aufgabenbezogenes Kriterium.	(max. 4)
Darstellungsleistung **gesamt** Der Prüfling …	**20**
strukturiert ihren/seinen Text schlüssig, stringent sowie gedanklich klar und bezieht sich dabei genau und konsequent auf die Aufgabenstellung	5
bezieht beschreibende, deutende und wertende Aussagen schlüssig aufeinander.	4
belegt ihre/seine Aussagen durch angemessene und korrekte Nachweise (Zitate etc.).	3
formuliert unter Berücksichtigung der Fachsprache präzise und begrifflich differenziert.	4
schreibt sprachlich richtig (Grammatik, Orthografie, Zeichensetzung) sowie syntaktisch und stilistisch sicher.	4

möglicher Notenschlüssel

Note	1+	1	1–	2+	2	2–	3+	3	3–	4+	4	4–	5+	5	5–	6
Notenpunkte	15	14	13	12	11	10	09	08	07	06	05	04	03	02	01	00
erreichte Punktzahl	120 bis 114	113 bis 108	107 bis 102	101 bis 96	95 bis 90	89 bis 84	83 bis 78	77 bis 72	71 bis 66	65 bis 60	59 bis 54	53 bis 47	46 bis 40	39 bis 32	31 bis 24	23 bis 0

2. Politische Strukturen, Prozesse und Partizipationsmöglichkeiten

Plenarsitzung des Deutschen Bundestages

Demonstration zum NSU-Prozess am 13. April 2013 in München

Freiheitliche demokratische Grundordnung	**Politisches Engagement in der Demokratie**
Demokratische Grundkonzepte	**Politische Grundorientierungen der Parteien**
Gefährdungen der Demokratie	**Politischer Prozess in der Demokratie**

Zentrum: **Demokratie**

1 **Entwickeln** Sie aus dem vorliegenden Schaubild eine Mindmap, in die Sie Ihr Vorwissen zu einzelnen Feldern eintragen. Die Bilder können Ihnen dabei eine Hilfestellung sein.

2.1 Möglichkeiten des Engagements in der Demokratie

Wie keine andere Herrschaftsform lebt die Demokratie davon, dass sich möglichst viele Menschen mit ihr identifizieren. Identifizieren heißt zum einen, sich sozial zu engagieren und damit zum Wohl des Ganzen beizutragen. Identifizieren heißt zum anderen, an der politischen Meinungs- und Willensbildung und am politischen Entscheidungsprozess teilzunehmen. Dies nennt man politische Partizipation, die für die Legitimation einer Demokratie unentbehrlich ist.

Basiswissen
Wahlrechtsgrundsätze:
Die Abgeordneten des Deutschen Bundstages werden in allgemeiner, unmittelbarer, freier, gleicher und geheimer Wahl gewählt.
Allgemeine Wahl: Das Wahlrecht steht allen Staatsbürgern gleichermaßen zu. Es ist unzulässig, aus politischen, wirtschaftlichen oder sozialen Gründen bestimmte Bevölkerungsgruppen von der Ausübung des Wahlrechts auszuschließen.
Unmittelbare Wahl: Die Wähler wählen direkt einen Kandidaten. Zwischen sie und die Bestimmung der Abgeordneten darf kein fremder Wille treten (z. B. keine Wahlmänner).
Freie Wahl: Der Wahl muss ein freier, offener Prozess der Meinungsbildung vorangegangen sein. Die Wähler dürfen keinem Zwang und Druck von staatlicher und nichtstaatlicher Seite ausgesetzt sein. Die Wähler müssen zwischen Alternativen auswählen können.
Gleiche Wahl: Jeder Wähler hat gleich viele Stimmen. Jede abgegebene Stimme muss den gleichen Einfluss auf das Wahlergebnis haben.
Geheime Wahl: Keine andere Person darf Kenntnis von einer Wahlentscheidung erhalten.

Wahlsysteme:
Mehrheitswahl: Das Wahlgebiet ist in so viele Wahlkreise eingeteilt, wie Mandate zu verteilen sind. In einem Wahlkreis ist derjenige gewählt, der die Stimmenmehrheit auf sich vereinigt. Die Zahl der Sitze einer Partei bemisst sich nach der Zahl der von ihren Bewerbern gewonnenen Wahlkreise. Bei der **relativen** Mehrheitswahl ist der Kandidat gewählt, der mehr Stimmen als jeder andere Bewerber erhalten hat. Bei der **absoluten** Mehrheitswahl ist gewählt, wer mehr als die Hälfte der abgegebenen Stimmen auf sich vereint. Gelingt das niemandem, findet zwischen den beiden erfolgreichsten Bewerbern eine Stichwahl statt.
Verhältniswahl: Die Abgeordnetensitze werden den Parteien proportional zu den jeweils für sie abgegebenen Stimmenzahlen zugeteilt. Der Wähler gibt seine Stimme nicht einer einzelnen Person, sondern der Kandidatenliste der von ihm favorisierten Partei.
Personalisierte Verhältniswahl: Deutschland praktiziert eine Mischung aus beiden Wahlsystemen. Im Kern handelt es sich um ein Verhältniswahlrecht, das durch das Mehrheitswahlrecht modifiziert wird. Der Wähler hat zwei Stimmen. Mit der Erststimme wählt er einen Wahlkreisabgeordneten nach den Vorgaben der relativen Mehrheitswahl. Mit der Zweitstimme entscheidet er sich für die Landesliste, d. h. die Kandidatenliste einer Partei auf Landesebene. Die Zweitstimmen sind für die Stärke der Parteien im Parlament entscheidend.

GLOSSAR
Partizipation
Wahlen

1 **Beschreiben** Sie, welche Aktivitäten die Bilder auf dieser Seite zeigen.
2 **Diskutieren** Sie, mit welchen Aktivitäten Sie positive bzw. negative Vorstellungen verbinden.

Soziales und ökologisches Engagement auf freiwilliger Basis

Sich freiwillig engagieren – eine Fülle an Möglichkeiten!

MATERIAL 1

Was motiviert die Menschen, sich freiwillig im Rahmen des Bundesfreiwilligendienstes (BFD), des Freiwilligen Sozialen Jahres (FSJ) oder des Freiwilligen Ökologischen Jahres (FÖJ) zu engagieren? [...]

Der Gesellschaft etwas geben: Freiwillige gewinnen an Selbstvertrauen und Souveränität, und sie übernehmen wichtige gesellschaftliche Verantwortung. Gebraucht zu werden, helfen zu können, die eigene Zeit sinnvoll einzusetzen, etwas Gutes zu tun – das alles kann den Blick aufs Leben verändern und ist auf jeden Fall eine bereichernde Erfahrung. [...]

Wertvolle Erfahrungen sammeln: Nach der Schule können junge Menschen im Rahmen der Tätigkeit bei den Freiwilligendiensten ohne Leistungsdruck erste Erfahrungen im Arbeitsalltag der Einsatzstellen sammeln und Arbeitsgebiete kennenlernen. Die gewonnenen Erkenntnisse und fachlichen Qualifikationen helfen später bei der Berufswahl. [...] Durch die Tätigkeit in einem Freiwilligendienst lässt sich soziales und ökologisches Engagement wirkungsvoll belegen – das beeindruckt auch Arbeitgeber bei zukünftigen Bewerbungen. [...]

Soziale Kompetenzen erwerben, vertiefen und einbringen: Soziale Kompetenzen sind Schlüsselkompetenzen für das ganze Leben. Sie entscheiden in der modernen Arbeitswelt mit über den Erfolg. Ganz oben steht die Teamfähigkeit. Sich zu engagieren heißt, mit anderen zusammenzuarbeiten, im Team Verantwortung zu übernehmen, verlässlich zu sein. Die Aufgaben in den Freiwilligendiensten verlangen ein hohes Maß an Kommunikationsfähigkeit, Selbstorganisation und Disziplin. [...]

Anerkennung für seine Leistungen erhalten: Freiwillige im BFD, FSJ und FÖJ erhalten ein Taschengeld als Anerkennung für das geleistete Engagement, welches zwischen Träger bzw. Einsatzstelle und Freiwilligen vereinbart wird. Darüber hinaus können die Freiwilligen unentgeltliche Unterkunft, Verpflegung und Arbeitskleidung bzw. entsprechende Geldersatzleistungen erhalten. [...] Praktische Anerkennung erfahren Freiwillige durch die kleinen Dinge im täglichen Einsatz: zum Beispiel durch die Erfolge, die sie erreicht haben, durch ein Lächeln der betreuten Person oder ein nettes Wort aufrichtigen Dankes.

Einsatzbereiche im Überblick

- **Sozialer Bereich**, z.B. Kinderhort, Jugendfreizeitclub, Altenpflegeeinrichtung, Behinderteneinrichtung, Rettungsdienst, Obdachlosenhilfe, Krankenhaus
- **Ökologischer Bereich**, z.B. Forstamt, Vogelschutzwarte, Nationalpark
- **Kultur**, z.B. Museum, Theaterprojekt, Kulturverein, archäologische Ausgrabung und Denkmalpflege
- **Bildung**, z.B. Hausaufgabenbetreuung, Nachhilfeprojekt, Schule, offene Ganztagsschule
- **Sport**, z.B. Sportverein, Bewegungskindergarten, Freizeitangebot im Sportbereich
- **Integration und Inklusion**, z.B. Inklusion von Menschen mit Behinderungen; Integration von Menschen mit Migrationshintergrund, Flüchtlingshilfe

INTERNET
Wo findet man Einsatzplätze? Wer hilft weiter?

www.bundesfreiwilligendienst.de

www.bmfsfj.de/BMFSFJ/Freiwilliges-Engagement/fsj-foej.html

www.bafza.de/das-bundesamt/organisation/regionalbetreuerinnen

www.foej.de

(Zugriff: 2.12.2013)

Bundesministerium für Familie, Senioren, Frauen und Jugend (Hrsg.), Zeit, das Richtige zu tun. Freiwillig engagiert in Deutschland: Bundesfreiwilligendienst – Freiwilliges Soziales Jahr – Freiwilliges Ökologisches Jahr. Berlin 2016 (3. Auflage), S. 9 ff., 24, 26.

1 **Geben** Sie die Motive **wieder,** die nach M 1 Menschen bewegen, sich in Freiwilligendiensten zu engagieren.

2 **Gestalten** Sie für einen Einsatzbereich aus M 1 Ihrer Wahl einen Flyer, der Jugendliche zu einem Einsatz motivieren könnte. Legen Sie den Flyer evtl. an Ihrer Schule aus.

MATERIAL 2 — Die Bereitschaft Jugendlicher zum sozialen Engagement

Ich bin aktiv für …	oft	gelegentlich	Ich bin aktiv für …	oft	gelegentlich
… die Interessen von Jugendlichen	11	37	… behinderte Menschen	6	16
… eine sinnvolle Freizeitgestaltung von Jugendlichen	13	29	… die Pflege der deutschen Kultur und Tradition	4	18
… hilfsbedürftige ältere Menschen	9	30	… ein besseres Zusammenleben am Wohnort	5	22
… den Umwelt- oder Tierschutz	10	27	… Sicherheit und Ordnung am Wohnort	6	15
… ein besseres Zusammenleben mit Migranten	10	23	… soziale und politische Veränderungen	4	17
… sozial schwache Menschen	7	26	… Sonstiges	6	17
… Menschen in den armen Ländern	5	22			

*Jugendliche im Alter von 12 bis 25 Jahren (Angaben in Prozent)

Shell Deutschland Holding (Hrsg.), Jugend 2015. Eine pragmatische Generation im Aufbruch. Frankfurt am Main 2016, S. 194

MATERIAL 3 — Pluralistische Gesellschaft und Bürgergesellschaft

INFO

weites Politikverständnis
Politik als Regelung der gemeinsamen Angelegenheiten in einem Sozialgebilde (Familie, Schule, Betrieb, Verein); Beispiel: Streit in einem Verein über die Anhebung des Mitgliedsbeitrages

enges Politikverständnis
Politik als Regelung der gemeinsamen Angelegenheiten einer Gesellschaft im Rahmen einer staatlichen Ordnung; Beispiel: Einflussnahme eines Interessenverbandes auf die staatliche Sozialpolitik

GLOSSAR
Politik
Pluralismus
Verbände

Im Folgenden wird […] die gesellschaftliche Infrastruktur der Demokratie skizziert. Diese Infrastruktur besteht im Wesentlichen aus der *pluralistischen Gesellschaft* sowie aus der *Bürgergesellschaft*. […]

Die **pluralistische Gesellschaft** ist gekennzeichnet durch Heterogenität und Autonomie. **Heterogenität** heißt, dass die Gesellschaft sich aus einer Vielzahl von Gruppen zusammensetzt. Diese verfolgen verschiedene Interessen. Heterogenität heißt aber auch Verschiedenheit in religiöser und weltanschaulicher Hinsicht. Die Heterogenität bringt es mit sich, dass zwischen den Gruppen Interessen- und Wertkonflikte entstehen. Das aber bedeutet, dass Konflikte und das Bemühen um *Konfliktregelung* den Alltag einer pluralistischen Gesellschaft bestimmen.

Autonomie bedeutet, dass die Gruppen selbstständig sind. Sie bilden ihre Identität und ihr Wollen *aus sich heraus*. Die *Freiheit* und die *Offenheit* des Meinungsbildungsprozesses in der Demokratie ist ganz wesentlich Ausfluss des Prinzips Autonomie.

[…] Den Kern der pluralistischen Gesellschaft bilden die *Interessenverbände*. […] Was eigentlich tun die Interessenverbände? Die Antwort lautet: In der Binnenkoordination gleichen sie unterschiedliche Wünsche, Ziele und Interessen aus. Nach außen artikulieren sie die so gefundenen Verbandsinteressen und versuchen, möglichst viel davon durchzusetzen. […] Als Angehöriger einer *pluralistischen Gesellschaft* sieht sich der Bürger in seiner Eigenschaft als Verbandsmitglied vor *zwei* Herausforderungen gestellt. […]

Die erste Herausforderung heißt *Mitarbeit im Verband*. […] Mitarbeit heißt, an der Formulierung der Verbandspolitik mitzuwirken. […]

Die zweite Herausforderung heißt *innerverbandliche Demokratie*. Weil viele Menschen in Verbänden organisiert sind, ist eine solche Demokratie wesentlich für einen Lernprozess, der zu demokratischen Staatsbürgern führen soll. […] Mit der *innerverbandlichen Demokratie* ist es in der Realität allerdings *nicht gut* bestellt. In der Regel verläuft der organisationsinterne Kommunikationsfluss nicht von der Basis zur Verbandsspitze. Falls überhaupt eine verbandsinterne Diskussion stattfindet, beruht diese fast ausschließlich auf der Initiative der Führungsgremien. Verbandsfunktionäre beklagen immer wieder das geringe Interesse ihrer Mitglieder an den Verbandsbelangen. Die gegebenen Mitwirkungsmöglichkeiten würden von den Mitgliedern einfach nicht angenommen. [...]

Die **Bürgergesellschaft** hat mit der pluralistischen Gesellschaft gemeinsam die *Vielfalt* autonomer Organisationen. [...] Die Bürgergesellschaft unterscheidet sich von der pluralistischen Gesellschaft aber in zweifacher Hinsicht: Erstens ist das Motiv ihrer Aktivitäten nicht die partikulare Interessenverfolgung. Das Motiv besteht vielmehr in **Gemeinsinn** und **bürgerschaftlichem Engagement**. Zweitens agieren die Organisationen der Bürgergesellschaft nicht auf gesamtgesellschaftlicher, sondern auf *lokaler* Ebene. [...] Sie basieren auf freiwilligem Engagement, das sich aus moralischer Motivation speist. [...]

Die Erscheinungsformen der Bürgergesellschaft sind äußerst vielfältig. *Typisch* sind Nachbarschaftshilfen, Stadtteilinitiativen, Selbsthilfegruppen, karitative Vereinigungen, Ehrenamtsbörsen, Freiwilligenagenturen und Selbsthilfekontaktstellen. [...] Gemeinsam ist allen *diesen* Formen bürgerschaftlichen Engagements ihr relativ *junges* Datum. Darüber darf nicht vergessen werden, dass [zur Bürgergesellschaft] auch Organisationen und Betätigungen gehören, die es schon seit *langer* Zeit gibt. An erster Stelle sind hier die vielen Aktivitäten im *kirchlichen* Bereich zu nennen. Dann sind die *Vereine* zu erwähnen, die im Freizeit-, Sport- und Kulturbereich tätig sind. Auf keinen Fall übersehen darf man schließlich das Bürgerengagement im Bereich des Unfall-, Rettungs- und Bergungsdienstes. [...]

Was immer in den diversen Segmenten der Bürgergesellschaft getan wird: Es handelt sich ausschließlich um ein *freiwilliges* und *unentgeltliches* Engagement. Die Bürgergesellschaft stellt insoweit das *Sozialkapital* eines Gemeinwesens dar. Man kann sie auch als eine *Schule der Demokratie* betrachten, praktiziert sie doch den Gemeinsinn, auf den der demokratische Staat so notwendig angewiesen ist. Die Bürgergesellschaft realisiert ebenfalls die ehrwürdigen Prinzipien der **Subsidiarität** und **Solidarität**.

Aus: Joachim Detjen, Die gesellschaftliche Infrastruktur der Demokratie kennen und sich gesellschaftlich beteiligen – Gesellschaftslernen im Rahmen des Demokratie-Lernens, in: Gotthard Breit/Siegfried Schiele (Hrsg.), Demokratie-Lernen als Aufgabe der politischen Bildung, Schwalbach/Ts. 2002, S. 74–77, 80 f.

GLOSSAR
Solidaritätsprinzip
Subsidiaritätsprinzip

INFO
Subsidiarität
Vorrang nachgeordneter Gemeinschaften in der Erledigung von Aufgaben; eine übergeordnete Gemeinschaft (z. B. der Staat) greift nur unterstützend und ergänzend ein.

Solidarität
wechselseitige Unterstützung von Menschen, die in der Gesellschaft oder in einer Organisation vereinigt sind

Möglichkeiten zur politischen Beteiligung

MATERIAL 4

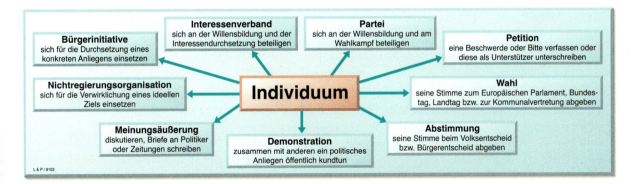

1. **Ermitteln** Sie anhand von M 2, welches Engagement das größte sowie das geringste Interesse bei Jugendlichen findet, und versuchen Sie, Erklärungen zu finden.
2. **Arbeiten** Sie aus M 3 die Gemeinsamkeiten und Unterschiede der pluralistischen und der Bürgergesellschaft **heraus.**
3. **Vergleichen** und **beurteilen** Sie die Beteiligungsmöglichkeiten in M 4 hinsichtlich des Aufwandes an Zeit und Arbeit, der Reichweite sowie der Erfolgsaussichten.
4. **Diskutieren** Sie, welche Folgen es für die Qualität des gesellschaftlichen Zusammenlebens hätte, wenn es die Bürgergesellschaft nicht gäbe.

Mitgliedschaft in Parteien und anderen Organisationen

MATERIAL 5

Das Image von Parteien und Nichtregierungsorganisationen

GLOSSAR
Nichtregierungsorganisation
Partei

Kathrin und Chris, beide 17, Gymnasiasten, sind Mitglieder einer politischen Partei, nehmen ziemlich regelmäßig an den Parteiveranstaltungen teil und sind auch als Wahlhelfer aktiv.
- Welche der unten genannten Einschätzungen könnten Ihrer Meinung nach auf die beiden zutreffen?

Jenny und Tom, beide 17, Gymnasiasten, engagieren sich in einer Umweltorganisation; sie beteiligen sich regelmäßig an der Vorbereitung und Durchführung von Aktionen, z. B. Unterschriftensammlungen.
- Welche der unten genannten Einschätzungen könnten Ihrer Meinung nach auf die beiden zutreffen?

- opfern viel Zeit ▪ sind gut informiert ▪ sind zielstrebig ▪ tun etwas Nützliches
- tun etwas für die Gemeinschaft ▪ sind mutig ▪ haben viel Spaß ▪ sind intelligent
- tun etwas Langweiliges ▪ vergeuden ihre Freizeit ▪ nerven mit ihrem Gequatsche
- setzen sich für etwas Tolles ein ▪ machen sich wichtig ▪ sind karrieregeil
- sind unbeliebt ▪ sind angepasst ▪ sind unter vielen netten jungen Leuten
- können sich gut verkaufen ▪ sind out ▪ bekommen was geboten ▪ sind interessant
- erreichen viel für Jugendliche ▪ sind egoistisch ▪ sind hoch angesehen
- haben viel Einfluss ▪ sind cool

MATERIAL 6

Politische Aktivitäten und Aktionen von Jugendlichen

GLOSSAR
Jugend und Politik
S. 158, M 5

Jugend und Parteien
S. 158, M 6

Politische Teilhabe und Erfahrungen mit politischen Aktionen
Jugendliche im Alter von 12 bis 25 Jahren (Angaben in %)

Aus politischen Gründen Waren nicht mehr gekauft	34
Online Petition unterzeichnet	27
Unterschriftenliste unterzeichnet	26
An Demonstrationen teilgenommen	23
Über Internet, Twitter Aktionsaufrufen gefolgt	14
In einer Bürgerinitiative mitgewirkt	10
Mich in einer politischen Gruppe oder Partei engagiert	4
An einer Besetzung oder Blockade teilgenommen	3

Daten: Shell Jugendstudie 2015

MATERIAL 7

Aus welchen Motiven tritt jemand einer Partei bei?

INFO
Multiplikator
Verstärker

Alle Parteien halten eine solide Mitgliederbasis für unverzichtbar, da die Mitglieder eine Reihe von wichtigen Funktionen erfüllen. Sie sind für Parteien wichtig als Seismografen für die Interessen, Bedürfnisse und Wünsche und Sorgen der Bürgerinnen und Bürger, und sie fungieren als alltägliche Vermittler der Parteipositionen im vorpolitischen Raum. Die Außenwirkungen werden im Wahlkampf noch wichtiger. Die Mitglieder bilden ein Reservoir von freiwilligen, unbezahlten Helfern, die als **Multiplikatoren** in die Gesellschaft hineinwirken und durch ihre Präsenz und Arbeit vor Ort zur Übermittlung der

Botschaften der Partei beitragen. Innerparteilich sind Mitglieder relevant als Ideengeber bei der Formulierung inhaltlicher Positionen und als personelles Rückgrat der Partei bei der Rekrutierung von innerparteilichen Positionen und Bewerbern für öffentliche Ämter. Als Beitragszahler tragen sie zur Mittelbeschaffung für die Erfüllung der Parteiaufgaben bei, sie stellen der Partei unentgeltlich Zeit und Arbeitskraft zur Verfügung und schließlich spielen sie bei der Gewinnung neuer Mitglieder eine zentrale Rolle. […]

Seitens des potenziellen Mitglieds wird ein Parteibeitritt mit einer Reihe positiv bzw. negativ bewerteter Folgen verbunden, die Beitrittsanreize bzw. -hemmnisse bilden. Beitrittsanreize können **affektiv** (Befriedigung affektiver Bedürfnisse), **normativ** (Befolgen von Verhaltenserwartungen der Umwelt), wertbezogen (Verwirklichung von Wertorientierungen), politisch (Durchsetzung von politischen Zielen) und materiell (Erringung materieller Vorteile) sein. Beitrittshemmnisse bestehen in Form von Beitrittskosten (hohes Maß an Eigeninitiative bzw. Hindernisse beim Beitritt) und Verbleibekosten (Mitgliedsbeitrag). Beitrittshemmnisse können auch Partizipationskosten (Probleme einer langfristigen Organisationsanbindung, zeitintensive, thematisch breite und oft inhaltlich wenig interessante Partizipationserfordernisse, Raum-Zeit-Gebundenheit innerparteilicher und politischer Beteiligung und abschreckende lokale Organisationskultur) sein. […] Der tatsächliche Entschluss, einer bestimmten Partei beizutreten, wird daher vom Individuum nur gefasst, wenn die Motivation zum Parteibeitritt größer ist als die mit den verschiedenen Handlungsalternativen verbundenen Motivationen.

Mit diesem Modell kann die Entwicklung der Parteimitgliedschaften über die Zeit hinweg erklärt werden.

Aus: Oskar Niedermayer, Die geschrumpfte Basis, in: Das Parlament, Nr. 15/16 vom 8.4.2013, S. 6

> **INFO**
> **affektiv**
> gefühlsmäßig
>
> **normativ**
> Verhalten vorschreibend bzw. bestimmend

Engagement in einer politischen Partei?

MATERIAL 8

Zeichnungen: Gerhard Mester

1 **Entwerfen** Sie unter Rückgriff auf die in M 5 angeführte Liste von Eigenschaften ein Profil von Kathrin und Chris sowie von Jenny und Tom.
2 **Vergleichen** Sie Ihr Profil mit dem Ihrer Mitschüler und versuchen Sie, Erklärungen für Übereinstimmungen und Abweichungen zu finden.
3 **Beschreiben** Sie mit Ihren Worten die Aussagen von M 6.
4 **Diskutieren** Sie, welche Aktivität aus M 6 für Sie am ehesten bzw. überhaupt nicht infrage käme.
5 **Arbeiten** Sie aus M 7 **heraus,** aus welchen Gründen Parteien an Mitgliedern interessiert sind und aus welchen Gründen Menschen einer Partei beitreten oder dies nicht tun.
6 **Analysieren** Sie die beiden Karikaturen in M 8.

Wählen und Abstimmen

MATERIAL 9 — Wahlen und Abstimmungen im Grundgesetz

GLOSSAR
Demokratie, repräsentative
Demokratie, direkte
Legitimation
Volksbegehren
Volksentscheid

INFO
legitimieren
ins Recht setzen, Anerkennung verschaffen

Referendum
abschließende Abstimmung durch das Volk

konsultativ
nicht verbindlich, lediglich empfehlend

Artikel 20 Absatz 2 GG:
Alle Staatsgewalt geht vom Volke aus. Sie wird vom Volke in Wahlen und Abstimmungen und durch besondere Organe der Gesetzgebung, der vollziehenden Gewalt und der Rechtsprechung ausgeübt.

Kommentar:
Als Möglichkeiten der demokratisch unmittelbaren Ausübung der Staatsgewalt durch das Volk nennt Artikel 20 Absatz 2 Wahlen und Abstimmungen. Dabei meint *Wahlen* Entscheidungen über Personen, also die Auswahl der zur Sachentscheidung befugten Personen, wogegen *Abstimmungen* auf Sachentscheidungen bezogen sind. [...]
Die Wahlen [unterscheiden sich] von den Abstimmungen dadurch, dass allein die Wahl auf die Legitimation eines der besonderen Organe im Sinne von Artikel 20 Absatz 2 Satz 2 zielt, nämlich das Parlament. Dieses wird durch die Wahlen unmittelbar demokratisch legitimiert. [...] Hinter diesem spezifischen Zusammenhang steht eine deutliche und bewusste *Grundentscheidung für eine repräsentative Demokratie*. [...]
Neben den Wahlen kann das Volk die Staatsgewalt auch durch Abstimmungen ausüben. Diese Art der Staatsgewaltausübung gehört zur *direkten Demokratie* und steht aus der Perspektive der Vermittlung demokratischer **Legitimation** grundsätzlich gleichrangig neben den – zur repräsentativen Demokratie gehörenden – Wahlen. Deshalb gelten die Wahlrechtsgrundsätze [...] auch für Abstimmungen des Volkes. Dabei sind grundsätzlich verschiedene Erscheinungsformen direkter Demokratie möglich: Von der Volksgesetzgebung in Form von Volksbegehren und Volksentscheid über die Entscheidung des Volkes über einen bestimmten Gesetzentwurf in Form von Gesetzes- und **Verfassungsreferenden** bis hin zu nur **konsultativen** Volksbefragungen. Wegen der betont repräsentativen Ausgestaltung der grundgesetzlichen Demokratie sind aber im Grundgesetz Abstimmungen die Ausnahme.

Aus: Bernd Grzeszick in: Maunz/Dürig, Kommentar zum Grundgesetz, München 2010, Artikel 20 Absatz 2, Randnummern 108–111

MATERIAL 10 — Welche Funktionen erfüllen Wahlen?

INFO
Dieter Nohlen
*6.11.1939 in Oberhausen
Politikwissenschaftler u. a. mit den Forschungsschwerpunkten Lateinamerika, Wahlen und Parteien sowie Demokratieentwicklung

- Sie erweisen die politische Ordnung als eine Demokratie.
- Sie ermöglichen einen friedlichen Machtwechsel.
- Sie führen eine Entscheidung darüber herbei, wer regieren soll.
- Sie führen eine Entscheidung darüber herbei, wer die Regierung als Opposition kontrollieren soll.
- Sie berechtigen die ins Amt gekommene Regierung, ihr politisches Programm durchzuführen.
- Sie rekrutieren die politische Elite in Parlament und Regierung.
- Sie übertragen Vertrauen an Personen und Parteien.
- Sie repräsentieren die Meinungen und Interessen der Bevölkerung.
- Sie mobilisieren die Wählerschaft für politische Ziele und Programme.
- Sie heben das politische Bewusstsein der Bevölkerung, indem im Wahlkampf politische Probleme und ihre Lösungsalternativen verdeutlicht werden.

Nach: Dieter Nohlen, Wahlrecht und Parteiensystem. Zur Theorie und Empirie der Wahlsysteme, 7. Aufl., Opladen/Toronto 2014, S. 35 f.

Was die Leute über das Wählen denken

MATERIAL 11

Frage: „Auf dieser Liste steht einiges aufgeschrieben, was uns andere über das Wählen gesagt haben. Was davon würden auch Sie sagen?"		
Aussagen	Bevölkerung insgesamt	Personen, die bei Bundestagswahlen nie zur Wahl gehen
Ich finde, Wählengehen ist eine Art Pflicht für den Bürger.	62	6
Ich finde, wer nicht wählt, darf sich hinterher nicht beschweren, wenn er mit der Regierung unzufrieden ist.	61	18
Wählen ist mir wichtig, weil ich die Partei, die mir am besten gefällt, unbedingt unterstützen will.	47	3
Ich frage mich häufig, ob es Sinn macht, wählen zu gehen. Die Parteien und Politiker machen doch sowieso, was sie wollen.	42	60
Wählengehen gehört für mich dazu, auch wenn ich mich eigentlich nicht für Politik interessiere.	35	4
Ich wähle gern. Ich habe dabei das Gefühl, wirklich mitzuentscheiden, wie unsere nächste Regierung aussieht.	29	3
Ich hätte ein schlechtes Gewissen, wenn ich nicht zur Wahl gehen würde.	28	1
Es bringt nichts, wählen zu gehen. Man bewirkt mit einer einzelnen Stimme ohnehin nichts.	13	59
Mir gefällt zurzeit keine Partei, deshalb gehe ich nicht wählen.	11	62

Aus: Renate Köcher (Hrsg.), Allensbacher Jahrbuch der Demoskopie 2003–2009, Band 12, Berlin/New York 2009, S. 198; Befragung im Juli 2009; Angaben in Prozent; Auswahl der Aussagen

Sind Wahlen bedeutsam?

MATERIAL 12

Wahlen kommt [...] insofern besondere Bedeutung zu, als sie für die Masse der Bevölkerung die einzige Form der Teilnahme am politischen Prozess darstellen. [...]
Die große Mehrheit der Bevölkerung ist – von Sondersituationen abgesehen – politisch apathisch. Die Minderheit, die partizipiert, entstammt zudem eher höheren Schichten. Hingegen ist „das Handicap der unteren sozioökonomischen Schichten (bei Wahlen) sehr viel geringer als bei den aufwendigeren Formen aktiver Partizipation" (Scharpf), als da sind Parteimitgliedschaft, Beteiligung an Wahlkämpfen, Mitgliedschaft in Interessenverbänden oder in Bürgerinitiativen etc. [...] Weil sie der Masse der Bevölkerung politische Partizipation einräumen, spricht vieles für die von Scharpf erhobene Forderung, „das Gewicht der Wahlentscheidung im politischen Prozess zu erhöhen".

Aus: Dieter Nohlen, Wahlrecht und Parteiensystem. Zur Theorie und Empire der Wahlsysteme, Opladen/Toronto 2014, S. 29 f.

INFO
Fritz Wilhelm Scharpf
*12.2.1935 in Schwäbisch Hall Rechts- und Politikwissenschaftler u. a. mit den Forschungsschwerpunkten Föderalismus und europäische Integration

---

1 **Arbeiten** Sie aus M 9 die Unterschiede zwischen Wahlen und Abstimmungen **heraus.**

2 **Prüfen** Sie, in welchem Ausmaß Wahlen noch ihre Funktionen nach M 10 erfüllen, wenn an einer Wahl weniger als 50 Prozent der Wahlberechtigten teilnehmen.

3 **Diskutieren** Sie die Aussage von M 11: „Es bringt nichts, wählen zu gehen. Man bewirkt mit einer einzelnen Stimme ohnehin nichts." Berücksichtigen Sie dabei auch M 12.

4 **Gestalten** Sie ein Plakat, das die Leute zum Wählen animiert; hängen Sie es ggf. aus.

5 **Entwickeln** Sie Ideen, wie man das Gewicht der Wahlentscheidung im politischen Prozess erhöhen könnte (M 12, Zeile 19 f.).

QUERVERWEIS
Wahlmüdigkeit
S. 159, M 7

WISSEN KOMPAKT

Partizipationsmöglichkeiten
Partizipation heißt Teilnahme an der Politik. Es gibt viele Möglichkeiten, sich an der Politik zu beteiligen: Man kann seine **Meinung** mündlich oder schriftlich **äußern**, an einer **Demonstration** teilnehmen, in einer **Partei**, einem **Interessenverband**, einer **Bürgerinitiative** oder einer **Nichtregierungsorganisation** mitarbeiten, eine **Petition** verfassen oder unterstützen sowie in **Wahlen und Abstimmungen** seine Stimme abgeben. An Wahlen und Abstimmungen dürfen nur die Bürgerinnen und Bürger, d.h. die volljährigen deutschen Staatsbürger, teilnehmen.

Pluralistische Gesellschaft
Die pluralistische Gesellschaft setzt sich aus einer Vielzahl autonomer, d. h. nicht vom Staat gelenkter Gruppen zusammen. Die Gruppen verfolgen verschiedene **Interessen**. Es gibt aber auch eine Verschiedenheit in religiöser und weltanschaulicher Hinsicht. In der pluralistischen Gesellschaft kommt es folglich häufig zu Interessen- und Wertkonflikten. Diese Konflikte müssen geregelt werden.

Bürgergesellschaft
Auch die Bürgergesellschaft besteht aus einer Vielfalt autonomer Organisationen. Den Organisationen geht es aber nicht um die Verfolgung von Interessen. Ihr Motiv ist vielmehr der **Gemeinsinn** und das bürgerschaftliche Engagement. Die Mitglieder handeln freiwillig und unentgeltlich. Die Bürgergesellschaft verwirklicht die Prinzipien der **Subsidiarität** und **Solidarität**.

Wahlen und Abstimmungen
Eine **Wahl** entscheidet über **Personen**, die sich um ein Parlamentsmandat bewerben. Eine **Abstimmung** entscheidet über eine **Sachfrage**. Das Grundgesetz misst den Wahlen eine viel größere Bedeutung zu als den Abstimmungen. Durch die Wahl wird das Parlament demokratisch legitimiert.

Funktionen von Wahlen
Wahlen erfüllen drei besonders wichtige Funktionen. Erstens: Wahlen entscheiden darüber, welche Parteien die Regierung sowie die Opposition bilden sollen. Zweitens: Wahlen berechtigen die ins Amt gekommene Regierung, ihre politischen Absichten zu verwirklichen. Drittens: Wahlen sind Ausdruck eines Vertrauens, das die Wähler Parteien und Personen entgegenbringen.

2.2 Die politischen Grundorientierungen der Parteien

Die Parteien spielen eine, wenn nicht die zentrale Rolle im politischen Prozess. Das hat im Wesentlichen drei Gründe:

Erstens stellen die Parteien das politische Personal in Parlament und Regierung. Für Abgeordnete und Regierungsangehörige ist die Mitgliedschaft in einer Partei zwar nicht rechtlich vorgeschrieben, aber faktisch lässt sich ohne den finanziellen und organisatorischen Rückhalt in einer Partei keine politische Karriere aufbauen.

Zweitens entwickeln die Parteien politische Zielvorstellungen, die sie in Grundsatz- und Wahlprogrammen zusammenfassen und der Öffentlichkeit präsentieren. Dies tun sie entsprechend ihrer Grundüberzeugung mit unterschiedlicher Ausrichtung. Die Parteien konzeptualisieren also die Politik. Dies ist eine sehr wichtige Leistung. Denn der Politik fehlte die Orientierung, wenn die Parteien programmatisch nicht aktiv wären.

Drittens nehmen die Parteien eine vermittelnde Stellung zwischen Gesellschaft und Staat ein. Sie sind gesellschaftliche Gebilde, die mit dem von ihnen gestellten Personal staatliche Spitzenämter besetzen und mit den von ihnen entwickelten Programmen auf die staatliche Politik einwirken.

Titelseiten der Grundsatzprogramme der im Bundestag vertretenen Parteien

> **Basiswissen**
> **Die Funktionen der Parteien nach dem Parteiengesetz:**
> **Grundsätzlich** wirken die Parteien an der Bildung des politischen Willens des Volkes auf allen Gebieten des öffentlichen Lebens mit. Dies umfasst **im Einzelnen:**
> 1. Sie nehmen auf die Gestaltung der öffentlichen Meinung Einfluss.
> 2. Sie regen die politische Bildung an und vertiefen sie.
> 3. Sie fördern die aktive Teilnahme der Bürger am politischen Leben.
> 4. Sie bilden zur Übernahme öffentlicher Ämter befähigte Bürger heran.
> 5. Sie beteiligen sich durch Aufstellung von Bewerbern an den Wahlen in Bund, Ländern und Gemeinden.
> 6. Sie nehmen Einfluss auf die politische Entwicklung in Parlament und Regierung.
> 7. Sie führen die von ihnen erarbeiteten politischen Ziele in den Prozess der politischen Willensbildung ein.
> 8. Sie sorgen für eine ständige lebendige Verbindung zwischen Volk und Staatsorganen.

1 **Vergleichen** Sie die Titelseiten der verschiedenen Programme daraufhin, was man aus ihnen direkt oder indirekt über das Selbstverständnis der Parteien erfährt.

Was sind Parteien?

MATERIAL 1 — Wahlen und Abstimmungen im Grundgesetz

Heinrich von Treitschke
*15.9.1834 in Dresden
†28.4.1896 in Berlin
Historiker, 1871 bis 1884 Mitglied des Reichstags (bis 1979 Nationalliberale); mit dem Satz „Die Juden sind unser Unglück" in dem Artikel *Unsere Aussichten* (1879) löste er den Berliner Antisemitismusstreit aus.

Parteidefinition 1 (1871): Jede Partei ist einseitig; sie kann, da sie nur einen Teil der Bürger umschließt, auch nur einen Teil der das Volksleben bewegenden Kräfte vollständig würdigen, sie erscheint ihrem Wesen nach beschränkt und engherzig neben der gleich heilenden Gerechtigkeit des Staats, ein rasch vergängliches Geschöpf der Stunde neben der dauernden Ordnung des Gemeinwesens.

Aus: Heinrich von Treitschke, Parteien und Fractionen, in: Preußische Jahrbücher, Band 27, Berlin 1871, S. 188 ff.

Parteidefinition 2 (etwa 1912): Parteien sollen heißen auf (formal) freier Werbung beruhende Vergesellschaftungen mit dem Zweck, ihren Leitern innerhalb eines Verbandes Macht und ihren aktiven Teilnehmern dadurch (ideelle oder materielle) Chancen (der Durchsetzung von sachlichen Zielen oder der Erlangung von persönlichen Vorteilen oder beides) zuzuwenden.

Aus: Max Weber, Wirtschaft und Gesellschaft, hrsg. v. Johannes Winckelmann, Studienausgabe, 5. Aufl., Tübingen 1972, S. 167 (1. Aufl.: 1921; Texterstellung zwischen 1911 und 1913)

Max Weber
*21.4.1864 in Erfurt
†14.6.1920 in München
Mitbegründer der deutschen Soziologie, außerdem Jurist, National- und Sozialökonom

Parteidefinition 3 (1932): Partei ergreifen heißt immer, sich zu einer bestimmten Gruppe bekennen und von einer anderen distanzieren. [...] Neben dieser negativen und äußerlichen Abgrenzung ist Partei positiv und inhaltlich gegeben durch die Teilhaftigkeit, die innere Verbundenheit und Zusammengehörigkeit einer Gruppe. Sie findet sich zusammen in der Übereinstimmung bestimmter Zwecke und Ziele. Partei ergreifen heißt immer, für eine bestimmte Sache eintreten. [...] Ohne Willen zur politischen Aktion, zur Machtergreifung und Herrschaftsbehauptung ist sie ihres eigentlichen Lebensnervs beraubt.

Aus: Sigmund Neumann, Die Parteien der Weimarer Republik, Stuttgart u. a. 1973 (1932), S. 15 ff.

Parteidefinition 4 (2010): Partei, [...] Bezeichnung für organisierte Zusammenschlüsse gleichgesinnter Staatsbürger zur Förderung gemeinsamer politischer Anliegen in Willensbildungs- und Entscheidungsprozessen über öffentliche Angelegenheiten, vor allem durch Meinungsäußerung, Gewinnung von Wählerstimmen, direkte oder indirekte Einflussnahme auf die Regierungspolitik, Ämtererwerb und politische Gestaltung.

Aus: Manfred G. Schmidt, Wörterbuch zur Politik, 3. Aufl., Stuttgart 2010, S. 577

MATERIAL 2 — Was Dichter und Denker über Parteien sagten

INFO — Prokrustes
in altgriechischer Sage ein Räuber, der arglose Wanderer in ein Bett presste, indem er ihnen die überstehenden Glieder abhieb oder die zu kurzen Glieder mit Gewalt streckte

Die Parteien sind das, was die Individuen sind, die sie verkörpern und billigen.
Benedetto Croce (1866–1952)

Der Parteigeist ist ein **Prokrustes**, der die Wahrheit schlecht bettet.
Heinrich Heine (1797–1856)

Eine Partei kann immer nur ein Mittel sein. Und immer gibt es nur einen einzigen Zweck: die Macht.
Jean-Paul Sartre (1905–1980)

Partei ist organisierte Meinung.
Benjamin Disraeli (1804–1881)

Aus: Lothar Schmidt, Aphorismen von A–Z. Das große Handbuch geflügelter Definitionen, 6. Aufl., Wiesbaden 1985, S. 333; Eberhard Puntsch, Zitatenhandbuch, München 2003, S. 855 f.

Parteitypen – Versuch einer Typologie

MATERIAL 3

Parteitypen	
Kriterium: Organisationsstruktur	**Kriterien: angesprochene Adressaten; ideologisches Selbstverständnis**
Honoratiorenpartei ▪ nur wenige Mitglieder (gesellschaftliche Honoratioren) ▪ ehrenamtliche Wahrnehmung von Aufgaben ▪ schwach ausgebildete Organisation ▪ Aktivität nur vor Wahlen	**Patronagepartei** ▪ ideologische Gesinnungslosigkeit ▪ Besetzung von Mandaten und Ämtern als vorrangiges Ziel ▪ Versorgung von Anhängern mit Posten als weiteres Ziel ▪ opportunistisches politisches Verhalten
Kaderpartei ▪ wenige Mitglieder (sich als Elite auffassende Berufsrevolutionäre) ▪ straffe, zentralistische Organisation ▪ viele Aktivitäten zunächst im Geheimen ▪ Selbstverständnis als Vorhut einer Massenbewegung	**Klassenpartei** ▪ Anspruch, die Interessen einer bestimmten Klasse zu vertreten ▪ Mitgliederschaft aus einer bestimmten Klasse ▪ Wählerschaft auf eine bestimmte Klasse begrenzt ▪ ideologisch begründete Betonung von Klassengegensätzen
Massenpartei ▪ zahlreiche Mitglieder ▪ hierarchisch-bürokratische Organisation ▪ Ausbildung von Berufspolitikern ▪ hohe Aktivitätsbereitschaft der Mitglieder	**Weltanschauungspartei** ▪ geschlossenes ideologisches Programm ▪ hohe Bedeutung der Ideologie ▪ kompromissloses Festhalten an der Ideologie ▪ missionarisches Verhalten gegenüber der Welt
Wählerpartei (Kampagnenpartei) ▪ wenige Mitglieder ▪ sehr schwach ausgebildete Organisation ▪ Konzentration auf den Gewinn von Wahlen ▪ professionelle Durchführung von Wahlkämpfen ▪ Finanzierung häufig durch Vermögen des Parteiführers oder Spenden finanzkräftiger Einzelpersonen	**Volkspartei (Allerweltspartei)** ▪ ideologisch relativ diffuses Programm, das keine Gesellschaftsschicht abschreckt ▪ Mitgliederschaft aus allen gesellschaftlichen Schichten ▪ Mobilisierung von Wählern aus allen gesellschaftlichen Schichten ▪ kompromissbereites politisches Verhalten
Weitere Typen: ▪ **Protestpartei:** Bündelung und Bekundung politischer Unzufriedenheit mit der etablierten Politik ▪ **Ein-Themen-Partei:** Beschränkung des Programms auf ein einziges Thema ▪ **Bewegungspartei:** Herkunft aus einer sozialen Bewegung (z. B. Ökologie-, Friedensbewegung)	

Autorentext

Plakate von links nach rechts: Sozialdemokratische Partei Deutschlands (SPD), 1919; Kommunistische Partei Deutschlands (KPD), 1923; Wirtschaftspartei, 1924; CDU, 2017; SPD, 2017

1 Vergleichen Sie die Parteidefinitionen (M 1) hinsichtlich der den Parteien zugeschriebenen Motive und Zwecke.

2 Erörtern Sie, ob sich in den Aussagen von M 1 und M 2 positive oder negative Bewertungen der Parteien verbergen.

3 Ordnen Sie die Plakate der Parteien auf dieser Seite in das Schema der Parteitypen in M 3 **ein**.

4 Bewerten Sie die Parteitypen anhand folgender Kriterien: Kompromissbereitschaft, Stellenwert des Parteiprogramms sowie Attraktivität für Mitgliedschaft und Mitarbeit (M 3).

Die Parteienvielfalt in Deutschland

MATERIAL 4 — Kurzporträts der etablierten Parteien

CDU/CSU (Christlich Demokratische Union Deutschlands; Christlich-Soziale Union in Bayern):
gegründet 1945; zusammen etwa 574.000 Mitglieder

CDU und CSU verstehen sich als bürgerliche Volksparteien mit liberalem, konservativem und christlich-sozialem Fundament. Im Laufe der Jahre wurden die Parteien zunehmend offener für nicht christliche Bevölkerungsschichten. Das christliche Verständnis vom Menschen bildet aber weiterhin den programmatischen Kern der beiden Parteien. Das christlich-soziale Profil der Parteien zeigt sich insbesondere bei der Förderung der Familien. Als zentraler Grundwert gilt die sozialgebundene Freiheit. Die beiden Parteien treten seit jeher für die soziale Marktwirtschaft ein. Sie befürworten eine Sozialpolitik, die auf Eigenvorsorge, Selbst- und Nächstenhilfe der Bürger und dann erst auf staatliches Eingreifen setzt.

SPD (Sozialdemokratische Partei Deutschlands):
gegründet 1863; etwa 433.000 Mitglieder

Die SPD versteht sich als linke Volkspartei. Ursprünglich war sie eine Klassenpartei der Industriearbeiterschaft mit einem marxistischen Grundverständnis und strebte eine sozialistische Gesellschaftsordnung an. Nach 1959 wandte sie sich einem offeneren Sozialismus zu, als dessen Grundwerte sie Freiheit, Gerechtigkeit und Solidarität bezeichnet. Die SPD erkennt die soziale Marktwirtschaft an, will sie allerdings durch staatliche Eingriffe steuern und demokratisieren. Die Partei tritt für eine ausgebaute Sozialpolitik mit wohlfahrtsstaatlicher Tendenz ein. Sie betont die soziale Gerechtigkeit und befürwortet deshalb eine stärkere Belastung der Besserverdienenden mit höheren Steuern.

FDP (Freie Demokratische Partei):
gegründet 1948; etwa 54.000 Mitglieder

Die FDP versteht sich als eine wirtschafts- und kulturliberale Partei. Die individuelle Freiheit gilt der Partei als höchster politischer Wert. Deshalb begreift sie sich als Verteidigerin der Bürgerrechte und steht Begrenzungen von Grundrechten ablehnend gegenüber. Religionsgemeinschaften mit ihren Glaubensgewissheiten und Loyalitätsansprüchen steht sie distanziert gegenüber. Wirtschaftspolitisch bekennt sie sich zu einer eher freien Marktwirtschaft. Für soziale Umverteilungen und entsprechende Belastungen mit Steuern bringt sie wenig Verständnis auf. Sie tritt folglich für einen Staat ein, der nur wenig in Wirtschaft und Gesellschaft eingreift.

Bündnis 90/Die Grünen:
gegründet 1980 bzw. 1993; etwa 61.000 Mitglieder

Bündnis 90/Die Grünen entstammen zum einen der westdeutschen ökologischen Bewegung der 1970er-Jahre, zum anderen den ostdeutschen Bürgerbewegungen. Zum Zusammenschluss kam es 1993. Die Grünen verstanden sich ursprünglich als „grundlegende Alternative" zu allen anderen Parteien. Sie traten anfänglich für die sogenannte Basisdemokratie (anarchistische Tendenz) und unbedingte Gewaltfreiheit (pazifistische Grundhaltung) ein. Im Laufe der Jahre schwächten sich diese Positionen jedoch deutlich ab. Der programmatische Kern der Grünen ist der ökologische, auf Nachhaltigkeit setzende Umbau der Industriegesellschaft. Wenn es den Umweltzielen dient, treten die Grünen für höhere Steuerbelastungen ein. Insofern bejahen sie einen aktiven, regulierenden und auch umverteilenden Staat.

Die Linke:
gegründet 1946 bzw. 2007; etwa 59.000 Mitglieder
Die Linke ist in ihrem Kern die Nachfolgeorganisation der früheren Sozialistischen Einheitspartei Deutschlands (SED) die auf der Basis einer marxistisch-leninistischen Ideologie die DDR diktatorisch beherrschte. 2007 verei-nigte sie sich mit der westdeutschen Wahlalternative Arbeit und soziale Gerechtigkeit. Die Linke strebt anders als die übrigen Parteien einen politischen und wirtschaftlichen Systemwechsel an. Ihr Fernziel ist der Sozialismus, der eine Überwindung des Kapitalismus, d.h. der Marktwirtschaft, sowie der „bürgerlichen", d.h. liberalen Demokratie voraussetzt. Sie hat die Vision einer weitgehend nivellierten Gesellschaft, die durch eine massive Umverteilung privaten Vermögens herbeigeführt werden soll. Sie setzt zu diesem Zweck auf umfassende staatliche Kontrollen wirtschaftlicher, politischer und gesellschaftlicher Vorgänge.

AfD (Alternative für Deutschland):
gegründet 2013; etwa 26.000 Mitglieder
Die AfD wurde als europaskeptische und wirtschaftsliberale Partei mit einer gesellschaftspolitisch wertkonservativen Grundhaltung gegründet. Sozialpolitisch setzt sie auf einen aktiven Staat. Im Laufe der Zeit entwickelte die Partei nationalkonservative, zum Teil völkisch-nationale Züge. In der Folge kam es zu Abspaltungen: Ein liberaler Flügel formierte 2015 eine neue Partei unter dem Namen ALFA (Allianz für Fortschritt und Aufbruch). Ein gemäßigt konservativer Flügel gründete 2017 eine „Blaue Partei". Die AfD steht der Zuwanderung von Muslimen sehr kritisch gegenüber. Ferner gibt es eine Tendenz zum Populismus.

INFO
Populismus
Politische Strategie, einen Gegensatz zwischen dem „einfachen Volk" und der regierenden Elite zu behaupten.

Das Spektrum weiterer Parteien

MATERIAL 5

1 **Erschließen** Sie aus M 4 Nähe und Distanz zwischen den im Bundestag vertretenen Parteien.

2 **Ermitteln** Sie arbeitsteilig die Entwicklung der in M 4 aufgeführten Parteien in den letzten zwanzig Jahren (soweit möglich) anhand folgender Kriterien: Programmerneuerung, Wahlergebnisse, Wählerschaft, Parteiflügel, Zeiten der Regierungsverantwortung und der Opposition.

3 **Recherchieren** Sie arbeitsteilig Entstehungskontext, programmatisches Selbstverständnis, Mitgliederzahl und Wahlergebnisse der in M 5 aufgeführten weiteren Parteien.

4 **Diskutieren** Sie mögliche Gründe für den geringen Erfolg der weiteren Parteien.

5 **Überprüfen** Sie arbeitsteilig das programmatische Selbstverständnis und aktuelle politische Forderungen der weiteren Parteien auf ihre Übereinstimmung mit dem Grundgesetz. Konzentrieren Sie sich dabei auf die Artikel 1 bis 3, 14, 20 und 38.
Oder: Gestalten Sie für eine Partei Ihrer Wahl ein passendes Plakat (siehe M 3).

QUERVERWEIS
METHODE Analyse und Vergleich von Programmaussagen
S. 102

Politische Grundströmungen und Ideologien

MATERIAL 6

Der Liberalismus als politische Grundströmung

John Locke
* 29.8.1632 in Wrington
† 28.10.1704 in Oates
Englischer Rechtsphilosoph; in seinem Hauptwerk *Two Treatises on Government* (1690) entwickelte er Gedanken zur Gewaltenteilung zwischen König und Parlament.

Charles-Louis de Secondat, Baron de La Brède et de Montesquieu
* 18.1.1689 bei Bordeaux
† 10.2.1755 in Paris
Französischer Schriftsteller und Staatstheoretiker, sein Hauptwerk *De l'esprit des loix* (1748) verhalf der Lehre von der Gewaltenteilung zum Durchbruch.

Immanuel Kant
* 22.4.1724 in Königsberg
† 12.2.1804 in Königsberg
Deutscher Philosoph der Aufklärung; sein Werk *Kritik der reinen Vernunft* (1781) gilt als Beginn der modernen Philosophie.

Der **Liberalismus**, als die ursprüngliche Grundströmung, die der gesellschaftlichen und politischen Modernisierung zum Durchbruch verhalf, ging aus der europäischen Aufklärung seit der Mitte des achtzehnten Jahrhunderts hervor. Er verband sich mit den Emanzipationsinteressen des aufstrebenden Wirtschafts- und Bildungsbürgertums gegen den Autoritarismus, die Bevormundung und die durch Geburt fixierte gesellschaftlich-politische Ungleichheit in der Feudalgesellschaft und im Absolutismus seiner Entstehungszeit. [...]
John Locke in England, **Montesquieu** in Frankreich, **Immanuel Kant** in Deutschland und der Schotte **Adam Smith** gelten als herausragende Vertreter des Liberalismus in Europa. [...] Seine grundlegenden Ideen gehören zu den geistigen Grundlagen und politischen Orientierungen der französischen Revolution von 1789 und aller nachfolgenden Verfassungsbewegungen des 19. Jahrhunderts in allen Teilen Europas. [...]
Der politische Liberalismus geht vom absoluten **Vorrang der individuellen Freiheit** für die Regelung aller politischen, wirtschaftlichen und gesellschaftlichen Verhältnisse aus. Die Würde des Einzelnen und die aus ihr folgenden Menschen- und Bürgerrechte sowie der individuelle Anspruch auf freie Entfaltung der Person werden zum Ausgangspunkt einer vernunftorientierten Neubegründung der angestrebten Lebensverhältnisse [...].
Staatsmodell: Die politische Macht muss weitgehenden Kontrollen durch Gewaltenteilung, Recht und parlamentarische Entscheidungsbefugnisse unterworfen werden und hat sich der Eingriffe in Wirtschaft und Gesellschaft weitgehend zu enthalten. [...] Das liberale Ideal war der von der Gesellschaft wirksam kontrollierte, aber in die Gesellschaft nur **minimal** eingreifende Staat. [...]
Gesellschaftsmodell: Die Lebensverhältnisse der Menschen, ihre Lebensentwürfe, ihr Verhältnis zueinander, ihre Lebensweise, wie Kant es ausdrückte, ihre Fasson, selig zu werden, also vor allem auch ihr Verhältnis zu den Traditionen ihrer Gesellschaft, müssen der freien Entscheidung der einzelnen Menschen selbst überlassen bleiben. Die Gesellschaft soll von staatlicher Regulierung, autoritärer Gängelung und weltanschaulicher Bevormundung frei, also ein Schauplatz der autonomen Selbstverantwortung und Betätigung der Bürger sein. Nicht der ererbte Status, sondern Leistung und Verdienst sollen Rang und Platz des Einzelnen in der Gesellschaft regeln. [...]
Wirtschaftsmodell: Nach liberaler Auffassung wird den Grundwerten der Gleichheit und Freiheit nur eine Wirtschaftsverfassung gerecht, die die freie Verfügung des Individuums über sein privates Eigentum an Produktionsmitteln mit einem allein durch Vertragsfreiheit und Wettbewerb regulierten Markt verbindet. Der Markt gilt als die „unsichtbare Hand" (**Adam Smith**), die die rein individualistisch motivierten Wirtschaftsaktionen der vielen Einzelnen letztlich zu einem harmonischen Ganzen verbindet, in dem gleichzeitig die individuelle Handlungsfreiheit garantiert, die gerechte Verteilung der Vorteile ermöglicht und der bestmögliche Fortschritt der Wohlfahrt der ganzen Gesellschaft gewährleistet sei. Der Staat hat lediglich das Eigentum und die Funktionsfähigkeit des Marktes zu garantieren, sich aber jeder Einmischung in das Wirtschaftsgeschehen selbst zu enthalten.

Aus: Thomas Meyer, Was ist Politik?, 3. Aufl., Wiesbaden 2010, S. 160 ff.

1 **Fassen** Sie arbeitsteilig die Überzeugungen der Grundströmungen **zusammen** (M 6–9).

2 Nehmen Sie arbeitsteilig den Standpunkt einer politischen Grundströmung ein. **Entwickeln** Sie von Ihrem Standpunkt aus Urteilskriterien zur Bewertung von Grundströmungen und **bewerten** Sie anhand dieser Kriterien die anderen Grundströmungen.

3 Versuchen Sie, die Parteien aus M 4 hinsichtlich der Grundströmungen **einzuordnen**.

Der Konservatismus als politische Grundströmung

MATERIAL 7

Aufklärungskritik: Im Verlaufe der auf Freiheit, Menschenrechte, Vernunft und öffentliche Tugend abzielenden politischen Umwälzung hatte sich die Politik der Französischen Revolution erheblich radikalisiert und war schon am Beginn der Neunzigerjahre des 18. Jahrhunderts in eine Phase des Tugendterrors übergetreten [...].
Reden und Schriften des englischen Staatsmanns **Edmund Burke**, in denen diese Radikalisierung des französischen Revolutionsprogramms als logische Konsequenz des politischen Programms des Liberalismus gebrandmarkt wurden, gelten als Urkunde des selbstbewussten, argumentativ begründeten Konservatismus. Die Hauptargumente, die während seiner weiteren Entwicklung dann die Grundpositionen des Konservatismus in der modernen Gesellschaft trotz seines erheblichen Wandels im Kern immer prägen sollten, lauten:
Gleichheitskritik: Der Versuch einer auf die Vernunft und den Gedanken der Gleichheit der Menschen gestützten Umwälzung der gesellschaftlichen und wirtschaftlichen Verhältnisse ist als solcher von Grund auf verfehlt und widerspricht dem Wesen der menschlichen Gesellschaft und des Menschen selbst. In den Traditionen, denen sich die jeweils gegenwärtigen Lebensverhältnisse verdanken, stecke mehr Weisheit angehäufter Erfahrung, als es die abstrakte Vernunft der Aufklärung erfassen kann. Das Vertrauen in die Weisheit der Tradition und die in den überkommenen Institutionen angesammelte Erfahrung kann darum Vorrang gegenüber den reinen Vernunftkonstruktionen der Aufklärung und des liberalen Politikentwurfs beanspruchen. [...]
Nur die erfahrenen und klugen **Eliten**, die die gesellschaftlichen Funktionsbedingungen verstehen und durch ihr eigenes Herkommen, ihre Bildung und ihre Verantwortung eine ausreichende Fähigkeit entwickeln, sind zur Führung der Staatsgeschäfte berufen und nicht die Repräsentanten der Massen, die von den politischen Tagesstimmungen nach oben gespült werden.

Anthropologischer Pessimismus: Der Konservatismus misstraut dem anthropologischen Optimismus von Aufklärung und Liberalismus, demzufolge die Menschen alle auf gleiche Weise zur Selbstbestimmung und Verantwortung befähigt seien. Die Masse der Menschen folge viel eher kurzsichtigen und für die Gemeinschaft als Ganze abträglichen Impulsen und Neigungen und müsse darum durch starke Institutionen, intakte Traditionen und die autoritäre Vorrangstellung der Eliten im Zaume gehalten werden. [...]
Hierarchien, langsame gesellschaftliche Entwicklung nach deren eigenen Gesetzen, Achtung vor Tradition und Autorität, Vorrang der Eliten in der Leitung der politischen und gesellschaftlichen Angelegenheiten und der Respekt vor den unterschiedlichen gesellschaftlichen Stellungen der verschiedenartigen Gruppen dienen dem Wohl der ganzen Gesellschaft und sind allein mit ihrer gedeihlichen Entwicklung verträglich. Der Status quo, die bestehenden Verhältnisse, sind durch die bisherige Entwicklung **legitimiert**, Veränderungsabsichten sind ihnen gegenüber uneingeschränkt rechenschaftspflichtig.
Dilemma: Es liegt auf der Hand, dass diese Auffassung insbesondere dem Interesse der alten Eliten entsprach, die sich durch das Programm des politischen Liberalismus herausgefordert, entmachtet und entwertet sahen. Gleichwohl traf diese Vorstellungswelt ein über die Eliten hinausgehendes Interesse an Orientierung, Stabilität und berechenbarer, verantwortlicher Autorität und konnte somit zu einer politischen Grundströmung werden, die in vielen Teilen der Gesellschaft Unterstützung fand. Das „geschichtliche Dilemma" des Konservatismus resultiert aus der inneren Logik dieser Strömung selbst. Immer wieder gerät sie in die Situation, in der Gegenwart einen Status quo als überlegene Wirklichkeit gegen Veränderungsabsichten zu verteidigen, dessen Herausbildung selbst sie in der Vergangenheit gerade bekämpft hatte.

Aus: Thomas Meyer, Was ist Politik?, 3. Aufl., Wiesbaden 2010, S. 163

INFO

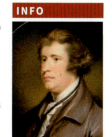

Edmund Burke
*12.1.1729 in Dublin
† 9.7.1797 in Beaconsfield
Irisch-britischer Schriftsteller, Staatsphilosoph und Politiker in der Zeit der Aufklärung; sein Hauptwerk *Reflections on the Revolution in France* (1790) richtete sich gegen die Entwicklungen nach der Französischen Revolution, insbesondere gegen den Jakobinismus.

legitimieren
hier: rechtfertigen, als berechtigt erscheinen lassen

Anthropologie
Wissenschaft vom Menschen und seiner Entwicklung

GLOSSAR
Aufklärung
Ideologie
Liberalismus
Konservativismus
Sozialismus
Anarchismus

MATERIAL 8 — Der Sozialismus als politische Grundströmung

Karl Marx (links)
* 5.5.1818 in Trier
† 14.3.1883 in London
Deutscher Philosoph, Ökonom, Gesellschaftstheoretiker, politischer Journalist, Protagonist der Arbeiterbewegung; in seinem ökonomischen Hauptwerk *Das Kapital* (3 Bde., veröffentlicht 1867, 1885, 1894) setzte er sich mit der Funktionsweise des kapitalistischen Systems auseinander (siehe Glossar: **Kapitalismus**).

Friedrich Engels (rechts)
* 28.11.1820 in Barmen
† 5.8.1895 in London
Deutscher Philosoph, Gesellschaftstheoretiker, Historiker, Journalist und kommunistischer Revolutionär; entwickelte gemeinsam mit Marx die heute als Marxismus bezeichnete Gesellschafts- und Wirtschaftstheorie (siehe Glossar: **Kommunismus**).

Marx und Engels waren die einflussreichsten Theoretiker des Sozialismus und Kommunismus, zusammen verfassten sie u. a. die theoretische Schrift *Die heilige Familie* (1845) und im Auftrag des Bundes der Kommunisten die programmatische Schrift *Manifest der Kommunistischen Partei* (1848).

Der Grundimpuls: Auch die sozialistische Grundströmung entstand als Reaktion auf Folgen der Verwirklichung des liberalen Programms. […] Angefangen von den sogenannten **Frühsozialisten** über die großen theoretischen Entwürfe von **Karl Marx** und **Friedrich Engels** bis hin zum **Revisionismus** hat sich das Antlitz des Sozialismus in den unterschiedlichen Gesellschaften und in verschiedenen Zeitabschnitten der Entwicklung der **kapitalistischen** Wirtschaftsweise erheblich verändert. […]

Der in den Ursprüngen angelegte Identitätskern seiner Vorstellungswelt hat sich gleichwohl durch alle erheblichen Wandlungen hindurch bis in die Gegenwart erhalten. Aufgrund der eindrücklichen Erfahrungen des Massenelends, der Armut, der Ausbeutung und der Rechtlosigkeit der Eigentumslosen in einer allein vom freien Privateigentum an den Produktionsmitteln und dem freien Spiel der Marktkräfte beherrschten Wirtschaftsordnung gelangen die sozialistischen Denker und Politiker der Entstehungsphase in der ersten Hälfte des 19. Jahrhunderts zu ihren charakteristischen Schlussfolgerungen.

Die in der französischen Revolutionsparole zum Ausdruck gebrachten politischen **Prinzipien** des Liberalismus, Freiheit, Gleichheit, Brüderlichkeit, bleiben als Grundwerte für die Neugestaltung von Wirtschaft, Staat und Gesellschaft gültig und wegweisend. Das ursprünglich liberale Programm indessen ist nach Auffassung der Begründer der sozialistischen Idee ungeeignet, sie in der gesellschaftlichen Lebenswirklichkeit auch tatsächlich für alle Menschen, auch die schwachen und mittellosen, zu erfüllen. Zunächst muss die politische Gleichheit als Programm einer uneingeschränkten Demokratie verstanden und verwirklicht werden. Damit erst entsteht die Voraussetzung für die Gestaltung von Wirtschaft und Gesellschaft gemäß deren politischen Grundprinzipien. […]

Eigentumskritik der Sozialisten: Uneingeschränktes Privateigentum an den Produktionsmitteln nur für eine kleine Gruppe führt notwendigerweise zur Verletzung der Freiheitsrechte und auch des Gleichheitsprinzips für viele. Darum müssen die wirtschaftlichen und gesellschaftlichen Entscheidungen, die das Schicksal vieler betreffen, in gesellschaftlicher Verantwortung gefällt werden. […] Das freie Spiel der Kräfte am Markt führt zur Entrechtung und Ausbeutung der Schwächsten, zu erheblichen gesellschaftlichen Ungerechtigkeiten und ebenso zu zyklisch wiederkehrenden Wirtschaftskrisen, in denen jeweils gesellschaftliche Produktivkräfte brachliegen, Massenarbeitslosigkeit erzeugt und die Not der Schwächsten verstärkt wird.

Wegen der Funktionsschwächen des Marktes muss die Koordination der wirtschaftlichen Entscheidungen im Interesse und in der Verantwortung der ganzen Gesellschaft erfolgen. Indem in der sozialistischen Grundströmung die Forderung nach Gleichheit besonders ernst genommen wurde, ergab sich ein Programm der Vollendung der Demokratie, der **Demokratisierung auch der grundlegenden wirtschaftlichen Entscheidungsstrukturen** und einer **gesamtwirtschaftlichen Koordination** in gesellschaftlicher Verantwortung. […]

Wandel im Wirtschaftsprogramm: Während die politischen Prinzipien selbst, also die Grundwerte der Programmatik der demokratischen Sozialisten, ebenso wie die unbedingte Verteidigung der Demokratie ihre ursprüngliche Bedeutung im Wesentlichen behielten, wurden die institutionellen Vorstellungen von Sozialisierung und Planung einem erheblichen Wandel unterzogen. […] Den Märkten wird nunmehr eine wichtige Rolle wirtschaftlicher Koordinierung zugewiesen, aber unter dem Vorbehalt einer politischen Regulation der gesamtwirtschaftlichen Entwicklung.

Aus: Thomas Meyer, Was ist Politik?, 3. Aufl., Wiesbaden 2010, S. 180 ff.

Der Anarchismus als politische Grundströmung

MATERIAL 9

Im sehr heterogenen Spektrum anarchistischer Theorien trifft man auf die Auffassung, dass der Mensch „von Natur aus" solidarisch und kooperativ sei, dass er aber von autoritären, staatlich strukturierten Gesellschaftsformen daran gehindert werde, sich seiner natürlichen („guten") Veranlagung entsprechend zu organisieren. Dieses optimistische Menschenbild, mit dem viele Anarchisten die Staatsablehnung begründeten, soll als Kontrast den anthropologischen Prämissen der Staatsauffassungen im Liberalismus und Staatsozialismus entgegengesetzt werden. [...]

Der erste, der seine politischen Vorstellungen mit dem Begriff „Anarchie" bezeichnete, war **Proudhon** (1809–1865). [...] Nach Auffassung Proudhons ist „Anarchie" nicht nur negativ als staatsloser Zustand zu bestimmen, sondern weist konstruktive Momente auf: Die Zentralisation soll durch kommunale und dezentrale Organisationsformen und durch einen Föderalismus ersetzt werden; die zur Sicherstellung der individuellen Freiheit und gesellschaftlichen Ordnung notwendigen Einrichtungen sollen auf das Notwendigste beschränkt werden. [...]

In den negativen Zielsetzungen besteht zwischen den verschiedenen Strömungen im Anarchismus [...] große Übereinstimmung:
- Beseitigung aller Formen von Herrschaft, vor allem der staatlichen,
- Beseitigung ökonomischer Ausbeutung.

Einig sind sich die Vertreter der verschiedenen Strömungen auch hinsichtlich folgender Prinzipien oder „Grundwerte":
- individuelle Selbstbestimmung und Selbstentfaltung, soweit damit nicht die Selbstbestimmung und Selbstentfaltung anderer Menschen beeinträchtigt wird;
- eine dezentrale „politische" Organisation der Gesellschaft „von unten nach oben" (in diesem Sinne Dezentralisierung)
- ökonomische Selbstverwaltung und Selbstbestimmung. [...]

Anarchie ist demnach als ein Gesellschaftszustand zu verstehen, in dem eine Vielfalt von Lebensweisen, unterschiedlichen Produktions- und (herrschaftsfreien) Eigentumsformen nebeneinander Platz hat, koexistiert und kooperieren kann. [...]
Was heißt „libertär"? Dieses Wort ist noch weniger eindeutig zu bestimmen als der Begriff Anarchismus. [...] Häufig meint „libertär" [...] nur „antiautoritär" und steht für die Einstellung, in besonderem Maße die individuelle Freiheit des Menschen berücksichtigen zu wollen. Auch Anarchisten nannten sich „Libertäre", um Missverständnissen auszuweichen, die mit der Bezeichnung „anarchistisch" verbunden sind. Damit wäre „libertär" dann nichts anderes als ein Synonym für „anarchistisch". [...]
Bemerkenswert ist, dass die postulierten nichthierarchischen Gesellschaftsstrukturen einer Einstellung gegenüber der Natur entsprechen, die sich von der hierarchisch-herrschaftlichen Betrachtungsweise gegenüber der Natur grundlegend unterscheidet. Damit gewinnt der anarchistische Denkansatz, der oft auch deshalb als unzeitgemäß abgelehnt worden war, weil man ihn mit dem gewohnten hierarchischen Ordnungsdenken nicht in Einklang bringen konnte, heute durch die **„politische Ökologie"** und durch gesellschaftspolitische Forderungen, die auf eine nichthierarchische gesellschaftliche Organisationsstruktur abzielen, an Bedeutung und wird zeitgemäß. [...]
Es entwickeln sich heute verschiedenste Formen dezentraler Selbstorganisation und genossenschaftlicher Selbstverwaltung sowie politische Kulturen und Widerstandsformen, die sich kaum mit dem bislang dominierenden „linken" **Etatismus** in Einklang bringen lassen, wohl aber mit den Theoriezusammenhängen aus der Tradition des Anarchismus. [...] Es gibt soziale Selbsthilfe-Gruppen, Alternativprojekte und verschiedene Formen solidarischer Selbstorganisation, die in bedeutenden Ansätzen eine neue Qualität von Leben und Arbeiten darstellen.

Pierre-Joseph Proudhon
* 15.1.1809 in Besançon
† 19.1.1865 in Passy, Paris
Französischer Ökonom und Soziologe; einer der ersten Vertreter des Anarchismus; besonders bekannt ist der Satz „Eigentum ist Diebstahl" (Zitat von Jacques Pierre Brissot) aus seinem Werk *Qu'est ce que la propriété? Ou recherches sur le principe du droit et du gouvernement* (1840). Sein gesellschaftskritischer Ansatz wurde u. a. von Karl Marx als unzureichend kritisiert.

Etatismus
politisches Denken, das dem Staat so viel wie möglich überlassen möchte

Aus: Rolf Cantzen, *Weniger Staat – mehr Gesellschaft. Freiheit – Ökologie – Anarchismus*, Frankfurt a. M. 1987, S. 20, 28, 30, 31, 32 f., 40, 239

METHODE: Analyse und Vergleich von Programmaussagen ...

... der politischen Parteien

Parteiprogramme und Wahlprogramme beschreiben den politischen Standort der Parteien und enthalten in zusammenhängender, ausführlicher Darstellung die Ziele, für die die Parteien in der Öffentlichkeit eintreten.

Parteiprogramme kommen in der Regel erst nach einem längeren Diskussionsprozess zustande und sind notwendigerweise recht allgemein gehalten. Wahlprogramme beschreiben demgegenüber konkreter das politische Programm für die kommende Legislaturperiode.

Eine kriteriengeleitete Analyse der Programmaussagen der wichtigsten Parteien kann Ihnen Aufschluss über deren ideologisches Selbstverständnis und politische Gestaltungsabsicht geben. Nachdem Sie die Aussagen in Stichwortsätzen herausgearbeitet haben, können Sie sie z. B. auf einer Wandzeitung oder auf Folien gegenüberstellen. Dies erlaubt Ihnen einen Vergleich der Profile der Parteien.

Was viele nicht wissen: Gemäß § 6 Absatz 3 des Parteiengesetzes können Sie sich kostenlos alle oder einzelne Programme der Parteien vom Bundeswahlleiter schicken lassen. Im Gesetz heißt es zunächst, dass der Vorstand jeder Partei dem Bundeswahlleiter Satzung und Programm der Partei mitzuteilen hat und Änderungen anzeigen muss. Dann heißt es weiter: „Die Unterlagen können beim Bundeswahlleiter von jedermann eingesehen werden. Abschriften dieser Unterlagen sind auf Anforderung gebührenfrei zu erteilen."

Es bieten sich folgende **Analyse- und Vergleichskriterien** an:
- Menschenbild
- Grundwerte
- Demokratievorstellung
- Aufgaben des Staates
- Wirtschaftsordnung und -politik
- Familienbild
- Steuer- und Sozialpolitik
- Bildungspolitik

Beim Vergleichen sollte darauf geachtet werden, wie ausführlich die Programme die einzelnen Punkte behandeln und welchen Gruppen sich die Parteien jeweils besonders verpflichtet fühlen.

... von Nichtregierungsorganisationen

Nichtregierungsorganisationen sind Akteure, die sich in die Politik einmischen. Im Unterschied zu Interessenverbänden verfolgen sie keine Interessen bestimmter gesellschaftlicher Gruppen, sondern nehmen für sich in Anspruch, Gemeinwohlbelange zu fördern. Im Unterschied zu den Parteien stellen sie keine Kandidatinnen und Kandidaten für Wahlen auf. Nichtregierungsorganisationen handeln häufig grenzüberschreitend.

Bekannte Nichtregierungsorganisationen sind beispielsweise BUND, Greenpeace, Amnesty International, Transparency International und Attac.

Es bieten sich folgende **Analyse- und Vergleichskriterien** an:
- Wann wurde die Organisation gegründet?
- Was war der Entstehungsanlass?
- In welchem Politikfeld ist die Organisation aktiv?
- Was will die Organisation ändern/verhindern?
- Gegen wen richten sich die Aktivitäten der Organisation?
- Was will die Organisation konkret positiv erreichen?
- Wie stellt sich die Organisation die gewünschte Zukunft vor?

Parteien als Spiegel gesellschaftlicher Konfliktlinien

Traditionelle Konfliktlinien

MATERIAL 10

Als die Polarisierung des Parteiensystems bestimmende Konfliktlinie bildeten sich der ökonomische Gegensatz zwischen einer mittelständisch-freiberuflichen Orientierung und einer Arbeitnehmer/Gewerkschaftsorientierung und der kulturelle Konflikt zwischen religiös-kirchlich-konfessioneller Bindung und Säkularisierung heraus.

Aus: Oskar Niedermayer, Die Entwicklung des bundesdeutschen Parteiensystems, in: Frank Decker/Viola Neu (Hrsg.), Handbuch der deutschen Parteien, 3. Aufl., Wiesbaden 2018, S. 105

Neue Konfliktlinien

MATERIAL 11

INFO
links und rechts
Diese Bezeichnungen politischer Richtungen sollen auf die Sitzordnung in der französischen Nationalversammlung von 1789 zurückgehen. Vom Präsidenten aus gesehen saßen dort die konservativen Abgeordneten auf der rechten Seite, die Abgeordneten der auf Veränderung der sozialen Verhältnisse gerichteten Parteien auf der linken Seite.

Traditionell unterschied man **linke und rechte Politik**. Dabei galt linke Politik als fortschrittlich, d.h. auf Veränderungen bedacht. Rechte Politik galt als konservativ, d.h. als auf Bewahrung des Bestehenden bedacht. In der Gegenwart dominieren zwei andere Konfliktlinien, nämlich eine wirtschaftlich-soziale und eine politisch-kulturelle. Der Wettbewerb zwischen den Parteien spiegelt diese Konfliktlinien wider.

In wirtschaftlich-sozialer Hinsicht gibt es den Konflikt zwischen **wirtschaftlicher Freiheit** und **sozialer Gleichheit**. Die Befürworter der wirtschaftlichen Freiheit wollen die Steuerung des Wirtschaftsprozesses und die Verteilung der Einkommen dem Markt im Sinne eines freien Wettbewerbs überlassen. Die Anhänger der sozialen Gleichheit plädieren demgegenüber für einen aktiven Staat, der in die Marktprozesse eingreifen und die Ergebnisse des Wettbewerbs im Sinne einer gleichmäßigen Verteilung der Einkommen korrigieren soll.

In politisch-kultureller Hinsicht gibt es den Konflikt zwischen einem **libertären** und einem **autoritären** Wertesystem. Ein libertäres Wertesystem betont die individuelle Freiheit. Selbstverwirklichung und Selbstorganisation sind wichtige Werte. Auch ungewöhnliche Anschauungen und Lebensweisen werden toleriert. Als verbindlich wird nur anerkannt, was man selbst beschlossen hat oder dem man seine Zustimmung erteilt hat. Ein autoritäres Wertesystem betont hingegen Pflichten des Einzelnen gegenüber dem Ganzen und die Notwendigkeit von Unterordnung und Gehorsam gegenüber staatlichen Anordnungen. Der Staat muss durchsetzungsfähig und stark sein. Andere Anschauungen und Lebensweisen werden toleriert, wenn sie die herkömmliche Ordnung nicht infrage stellen.

Nach: Oskar Niedermayer, Die Entwicklung des bundesdeutschen Parteiensystems. 2003. URL: www.polwiss.fn-berlin.de/people/niedermayer/doc/Aufsatz-Niedermayer 2003.pdf

---

1 **Entwerfen** Sie ein Koordinatensystem, das die traditionellen Konfliktlinien wiedergibt (M 10), und **ordnen** Sie die Positionen der CDU, SPD und FDP (M 4) in die Grafik **ein**.

2 **Fassen** Sie die Aussagen von M 11 mit Ihren Worten **zusammen** und **vergleichen** Sie die traditionellen und neuen Konfliktlinien.

3 **Ordnen** Sie die etablierten Parteien (M 4) in das Koordinatensystem von M 11 **ein**.

WISSEN KOMPAKT

Parteitypen
Die Parteien unterscheiden sich in ihren Merkmalen. Hinsichtlich der **Organisationsstruktur** lassen sich Honoratiorenparteien, Kaderparteien, Massenparteien und Wählerparteien feststellen. Hinsichtlich der angesprochenen **Adressaten** und der **ideologischen Ausprägung** gibt es im Wesentlichen Patronageparteien, Klassenparteien, Weltanschauungsparteien und Volksparteien. **Weitere Parteitypen** sind Protestparteien, Ein-Themen-Parteien und Bewegungsparteien.

Liberalismus
Der Liberalismus ging aus der europäischen Aufklärung hervor. Er betont den Vorrang der individuellen Freiheit, die allen Menschen in gleicher Weise zusteht. Der Staat soll deshalb Bedingungen schaffen für die freie Entfaltung von Individuen und Unternehmen. Er soll sich möglichst wenig in Gesellschaft und Wirtschaft einmischen. Durch den freien Wettbewerb in der Wirtschaft, in der Kultur und in der Politik sieht der Liberalismus das Gemeinwohl am ehesten gefördert.

Konservatismus
Der Konservatismus war ursprünglich eine Gegenbewegung gegen Aufklärung und Liberalismus. Er teilte nicht den Optimismus des Liberalismus. So ist er skeptisch gegenüber der Vernunft der Menschen und gegenüber zu viel Gleichheit unter den Menschen. Er möchte die Politik erfahrenen und klugen Eliten anvertrauen, die Traditionen zu schätzen wissen. Der Konservatismus hält die bestehenden Verhältnisse für richtig. Veränderungen steht er im Grundsatz ablehnend gegenüber.

Sozialismus
Der Sozialismus war in seinem Ursprung eine Gegenbewegung zum Liberalismus. Diesem warf er vor, dass das Privateigentum an den Produktionsmitteln und der freie Wettbewerb zur Ausbeutung und Entrechtung der Schwachen geführt hätten. Der Sozialismus will Solidarität und soziale Gleichheit fördern. Der Staat soll lenkend in die Wirtschaftsprozesse eingreifen dürfen.

Anarchismus
Der Anarchismus lehnt den Staat ab. Er will an die Stelle staatlicher Herrschaft verschiedene Formen genossenschaftlicher Selbstverwaltung und dezentraler Selbstorganisation setzen. Dem Anarchismus geht es darum, dem Einzelnen Selbstbestimmung und Selbstentfaltung zu ermöglichen. Aus diesem Grunde weist er auch jede Form ökonomischer Ausbeutung zurück.

Gesellschaftliche Konfliktlinien
Die politischen Einstellungen der Menschen in Deutschland unterscheiden sich in **wirtschaftlich-sozialer Hinsicht** danach, ob sie der wirtschaftlichen Freiheit und dem marktförmigen Wettbewerb oder der staatliche Eingriffe in die Wirtschaft erforderlich machenden sozialen Gleichheit den Vorrang geben. Ebenso unterscheiden sie sich in **politisch-kultureller Hinsicht** danach, ob sie einem libertären oder einem autoritären Wertesystem folgen. Ersteres betont die individuelle Selbstentfaltung, Letzteres die Notwendigkeit des Staates und die Pflichten des Einzelnen gegenüber dem Ganzen. Die Konfliktlinien spiegeln sich im programmatischen Selbstverständnis der Parteien wider.

2.3 Der politische Prozess im parlamentarischen Regierungssystem

Deutschland hat ein parlamentarisches Regierungssystem. In einem solchen System hängt der Bestand der Regierung davon ab, dass sie das Vertrauen des Parlaments besitzt, konkret: dass die Mehrheit des Parlaments auf ihrer Seite steht und ihre politischen Vorhaben unterstützt. Deutschland ist darüber hinaus föderal aufgebaut. Das bewirkt, dass die Gliedstaaten (Länder) ein Verfassungsorgan auf der gesamtstaatlichen Ebene besitzen: den Bundesrat. Dieses Organ kompliziert den politischen Entscheidungsprozess ganz erheblich. Weiterhin gibt es in Deutschland ein Verfassungsgericht. Allein schon dessen Existenz beeinflusst den politischen Prozess. Schließlich ist das Staatsoberhaupt, in Deutschland der Bundespräsident, ein Verfassungsorgan, über dessen Notwendigkeit und Legitimation nachzudenken eine interessante Aufgabe ist.

Basiswissen

Bundestag: Der Bundestag ist das einzige direkt vom Volk gewählte Verfassungsorgan. Daher hat er in demokratischer Hinsicht einen herausgehobenen Rang. So besitzt er das Recht, alle grundlegenden Entscheidungen zu treffen oder ihnen wenigstens zuzustimmen. In diesem Sinne beschließt er sämtliche **Gesetze** und muss allen Verträgen mit auswärtigen Staaten zustimmen. Besonders wichtig ist der Bundestag als **Wahlorgan**: Er wählt den Bundeskanzler. Er allein kann den Kanzler auch abwählen und durch eine andere Person ersetzen. Weiterhin **kontrolliert** der Bundestag die Bundesregierung. Hierfür verfügt er über zahlreiche Instrumente. Der Bundestag setzt sich aus gewählten Abgeordneten zusammen. Abgeordnete derselben Partei bilden eine **Fraktion**. Die konkrete Gesetzgebungsarbeit findet in diversen **Ausschüssen** statt.

Bundesregierung: Die Bundesregierung ist das Verfassungsorgan, dem die **politische Führung** des Landes sowie die Pflege der **auswärtigen Beziehungen** obliegt. Sie besteht aus dem Bundeskanzler und den Bundesministern. Die Zahl der Minister ist nicht vorgeschrieben. In der Regel gibt es fünfzehn bis zwanzig Minister. Der **Bundeskanzler** nimmt eine herausragende Stellung ein. Denn er bestimmt die Richtlinien der Politik. Die **Bundesminister** leiten ihren jeweiligen Geschäftsbereich selbstständig. Die Bundesregierung als Ganze, nicht etwa der Bundeskanzler oder ein Minister, hat das Recht der Gesetzesinitiative.

Bundespräsident: Der Bundespräsident ist das Staatsoberhaupt Deutschlands. Er wird nicht vom Volk, sondern von der eigens zu diesem Zweck einberufenen **Bundesversammlung** gewählt. Die Funktionen des Bundespräsidenten beschränken sich im Wesentlichen darauf, **Repräsentant** des Staates im Inneren und nach außen zu sein.

Bundesrat: Der Bundesrat besteht aus Mitgliedern der Landesregierungen. Er setzt sich derzeit aus 69 Mitgliedern zusammen. Er wirkt bei der **Gesetzgebung** und an der **Verwaltung** des Bundes mit. Bestimmte Gesetze bedürfen seiner **Zustimmung**. Bei anderen Gesetzen kann er zumindest **Einspruch** einlegen. Dieser kann allerdings vom Bundestag überstimmt werden.

Bundesverfassungsgericht: Das Bundesverfassungsgericht wacht über die Einhaltung des Grundgesetzes. Das Gericht besteht aus sechzehn Richtern. Es überprüft die **Verfassungsmäßigkeit** von Gesetzen. Es entscheidet über **Verfassungsbeschwerden** von Bürgern sowie über **Streitigkeiten** zwischen den Verfassungsorganen, zwischen Bund und Ländern und zwischen den Ländern. Das Bundesverfassungsgericht wird nur auf Antrag tätig.

GLOSSAR
Bundeskanzler

Bundespräsident; Bundesversammlung

Bundesrat; Föderalismus

Bundesregierung

Bundestag

Bundesverfassungsgericht

1 **Entwerfen** Sie ein Schaubild über das Zusammenwirken der fünf im Basiswissen erwähnten Verfassungsorgane.

Das Zusammenwirken der Verfassungsorgane

MATERIAL 1 Besetzung und Aufgaben der Verfassungsorgane

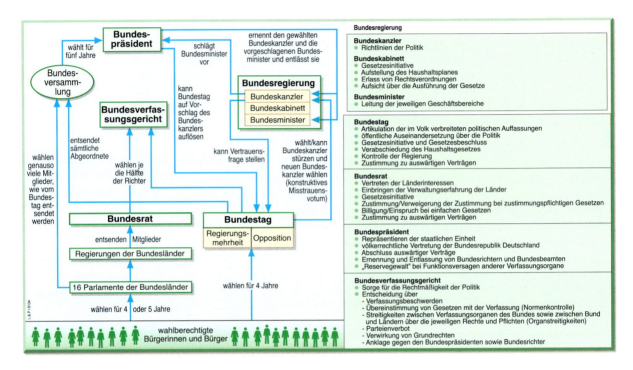

MATERIAL 2 Regieren – eine schwierige Aufgabe

Parlamentarische Regierungen haben [...] erstens eine **Steuerungsfunktion**: Regierung soll die politischen Vorstellungen einer parlamentarischen Mehrheit in die Form konkreter Gesetzesvorschläge bringen und diesen zur Gesetzeskraft verhelfen. Da ein Mehrheitswille vielfach nur als allgemeine Orientierung existiert, wird sie diesen ihrerseits auch mitgestalten. Regierungsaufgabe ist es dabei, über Einzelentscheidungen hinaus eine **konsistente** Politik zu betreiben, welche sich im Rahmen der finanziellen Möglichkeiten bewegt und in sich einigermaßen widerspruchsfrei ist [...].
Zweitens eine **Durchführungsfunktion**: Regierung soll darüber hinaus durch ergänzende Rechtssetzung (Verordnungen) sowie durch organisatorische, personelle und sachliche Maßnahmen die Durchführung jener Gesetze sichern (Gesetzesvollzug). [...]
In der Bundesrepublik Deutschland erscheint politische Steuerung als besonders schwierige Aufgabe. [...] Zunächst: Das Verhältniswahlrecht führt fast stets zu Koalitionsregierungen. [...] Darüber hinaus wirken institutionelle **Vetospieler** wie der Bundesrat und das Bundesverfassungsgericht mit, spielen Interessenorganisationen bei Entscheidungen (u. a. im Gesundheitswesen) eine Rolle bzw. entscheiden im Rahmen der Tarifautonomie selbst. [...] Von vielen Seiten drohen daher jeder Regierungspolitik Blockaden, Behinderungen und Einschränkungen.

INFO
konsistent zusammenhängend
Vetospieler hier: Verfassungsorgane, die die Politik der Regierung durchkreuzen können

Aus: Wolfgang Rudzio, Das politische System der Bundesrepublik Deutschland, 9. Aufl., Wiesbaden 2015, S. 253, 254

Der Weg eines Gesetzes

MATERIAL 3

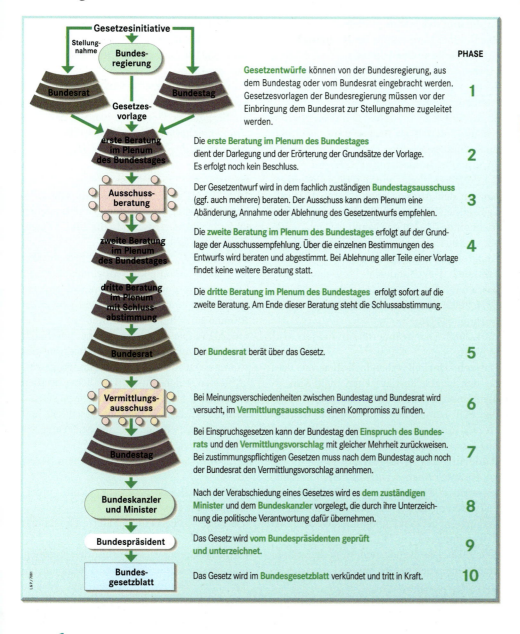

GLOSSAR
Plenum

1. **Beschreiben** Sie, wie die personelle Besetzung der Verfassungsorgane erfolgt (M 1).
2. **Erörtern** Sie die These, dass einige Verfassungsorgane besser als andere Organe demokratisch legitimiert seien.
3. **Erklären** Sie, warum die Regierung mehr ist als eine gesetzesvollziehende Gewalt (M 2).
4. **Erklären** Sie unter Rückgriff auf M 1 und M 2, warum die politische Steuerung in Deutschland eine besonders schwierige Aufgabe ist.
5. **Geben** Sie **wieder**, welche Stationen der Gesetzgebungsprozess durchläuft (M 3).
6. **Diskutieren** Sie, ob sich der Gesetzgebungsprozess vereinfachen ließe. **Prüfen** Sie, welche Folgen eine solche Vereinfachung für die Gesetzesqualität ggf. haben könnte.

MATERIAL 4 Die Atompolitik im mehrfachen Gesetzgebungsprozess

Änderung des Atomgesetzes I
April 1986: Katastrophe im Atomkraftwerk (AKW) Tschernobyl, Ukraine.
Herbst 1998: SPD und Grüne kündigen an, nach einem Wahlsieg die Versorgung mit Atomenergie zu beenden.
13. 1. 1999: Die rot-grüne Bundesregierung will die Nutzung der Atomenergie „geordnet und sicher" beenden.
14. 6. 2000: Bundeskanzler Gerhard Schröder (SPD) einigt sich mit den Energiekonzernen auf den Atomausstieg („Atomkonsens": Laufzeitbefristung auf 32 Jahre seit Inbetriebnahme, Verbot des Neubaus von AKW).
13. 12. 2001: Der Bundestag beschließt die Änderung des Atomgesetzes.
1. 2. 2002: Der Bundesrat lässt das Gesetz passieren.
22. 4. 2002: Bundespräsident Rau unterzeichnet das Gesetz.
27. 4. 2002: Das geänderte Atomgesetz tritt in Kraft.
Danach: Umweltverbände kritisieren, dass bei den langen Restlaufzeiten nicht von einem Ausstieg die Rede sein könne. CDU/CSU und FDP lehnen den Ausstieg u. a. deshalb ab, weil erneuerbare Energien noch nicht genug Strom erzeugen könnten.

Änderung des Atomgesetzes II
26. 10. 2009: Nach der gewonnenen Bundestagswahl 2009 vereinbaren CDU/CSU und FDP, die Laufzeiten der Atomkraftwerke zu verlängern: bei den 7 älteren AKW um 8, bei den 10 jüngeren um 14 Jahre.
5. 9. 2010: Die Bundesregierung beschließt einen entsprechenden Entwurf zur Änderung des Atomgesetzes.
28. 10. 2010: Der Bundestag beschließt die Änderung des Gesetzes als nicht zustimmungspflichtiges Gesetz.
26. 11. 2010: Der Bundesrat lässt das Gesetz passieren.
8. 12. 2010: Bundespräsident Wulff unterzeichnet das Gesetz.
14. 12. 2010: Das erneut geänderte Gesetz tritt in Kraft.
Danach: Die Laufzeitverlängerung stößt auf Kritik der Opposition, einer Reihe von Bundesländern, Umweltverbänden, der Ökostromerzeuger und vieler Stadtwerke.

Änderung des Atomgesetzes III
11. 3. 2011: Atomunfall im japanischen Fukushima.
14. 3. 2011: Das Kabinett beschließt, alle AKW einer Sicherheitsüberprüfung zu unterziehen und die ältesten Anlagen für drei Monate stillzulegen („Moratorium").
22. 3. 2011: Die Bundesregierung beauftragt eine Ethikkommission, Möglichkeiten der Energieversorgung ohne Kernkraft zu prüfen. Im Mai empfiehlt die Kommission einen Atomausstieg binnen 10 Jahren.
6. 6. 2011: Die Bundesregierung beschließt einen Entwurf zur erneuten Änderung des Atomgesetzes: Die 8 ältesten Atomkraftwerke bleiben stillgelegt, die 9 restlichen werden stufenweise bis 2022 abgeschaltet.
30. 6. 2011: Der Bundestag beschließt mit breiter Mehrheit die erneute Änderung des Atomgesetzes.
8. 7. 2011: Der Bundesrat stimmt dem Gesetz zu.
1. 8. 2011: Bundespräsident Wulff unterzeichnet das Gesetz.
6. 8. 2011: Das erneut geänderte Gesetz tritt in Kraft.
Danach: Greenpeace begrüßt den Ausstieg, hält ihn aber schon für binnen 4 Jahren machbar. Energiekonzerne drohen mit Klagen. Bürgerinitiativen wenden sich gegen die Stromtrassen, die zukünftig die Windenergie von den Küsten nach Süddeutschland leiten sollen. Die konkrete Umsetzung der sog. „Energiewende" ist auch unter den Parteien im Bundestag weiterhin umstritten.

Autorentext

1 **Vergleichen** Sie die zeitliche Dauer der drei Gesetzgebungsprozesse in M 4 und **entwickeln** Sie Hypothesen, warum sie so unterschiedlich viel Zeit benötigten.

Der Politikzyklus

MODELL

Die Politik folgt einem bestimmten Ablauf, den man **Politikzyklus** nennt. Wenn es ihr gelingt, ein Problem dauerhaft oder wenigstens für lange Zeit zu lösen, beschränkt sich der Zyklus auf einen Umlauf. Oft stellt sich jedoch nach einiger Zeit heraus, dass die gefundene Lösung Mängel aufweist oder von den Menschen nicht akzeptiert wird. Dann setzt die Politik erneut ein und bemüht sich um eine Änderung der bisherigen Lösung. Dieser Ablauf kann sich mehrfach wiederholen. Etwas überspitzt kann man in der Politik eine prinzipiell endlose Kette von Versuchen sehen, Probleme der Allgemeinheit zu lösen. Der Politikzyklus ist eine vereinfachte Modellvorstellung, die die politische Analyse erleichtern soll. Die Wirklichkeit kann unübersichtlicher sein.

Dimensionen der Politik

Die Politik lässt sich auch mithilfe der **drei Dimensionen der Politik** analysieren. Die Dimensionen decken die verschiedenen Seiten der Politik ab. Zu jeder Dimension gehören bestimmte Kategorien, die die Politik konkret erschließen.

Dimension	Kategorien
Polity (die formale Seite der Politik; Ordnungsrahmen für politisches Handeln)	■ Recht (Verfassung, Gesetze) ■ Verfahrensvorschriften ■ Kompetenzen staatlicher Institutionen
Policy (die inhaltliche Seite der Politik; politische Ziele und Inhalte)	■ Problem ■ Zielvorstellungen (gegebenenfalls Programme) ■ Wertüberzeugungen (gegebenenfalls Ideologien) ■ Lösungsvorschläge ■ Entscheidungsinhalte
Politics (die prozesshafte Seite der Politik; politische Handlungen)	■ Interessenartikulation ■ Machteinsatz ■ Konfliktstrategien ■ Verhandlungen ■ Bemühungen um Zustimmung

3 **Analysieren** Sie die in M 4 dargestellten Geschehnisse mithilfe des Politikzyklus. Beachten Sie dabei auch die Rolle der einzelnen Akteure.

4 Verfolgen Sie über einen längeren Zeitraum den politischen Diskussions- und Entscheidungsprozess zu einem aktuellen Problem. **Prüfen** Sie, ob sich die Ereignisse den Stationen des Politikzyklus zuordnen lassen.

MODELL Politische Urteilskompetenz

Aufgabe der Politik ist es, das Zusammenleben der Menschen im Sinne des Gemeinwohls zu regeln. Fast immer gibt es jedoch unterschiedliche Vorstellungen darüber, was das Gemeinwohl im konkreten Fall bedeutet. Ebenso gibt es fast immer unterschiedliche Antworten oder Lösungsvorschläge auf politische Probleme und Herausforderungen. Angesichts dieser Lage kommen die Politiker nicht daran vorbei, sich auf der Basis politischer Urteile zu entscheiden. Aber nicht nur Politiker fällen Urteile. Auch die Bürger urteilen, wenn sie sich politisch äußern. Damit sie dies vernünftig tun, benötigen sie politische Urteilskompetenz.

Politische Urteile gibt es als 1. Werturteile, 2. Entscheidungsurteile oder 3. Gestaltungsurteile. Alle drei Formen umfassen außerdem stets 4. Sachurteile.

1. **Werturteile** bezeichnen einen Sachverhalt als gut oder schlecht, als erstrebens- oder ablehnenswert. Werturteile enthalten einen Wertmaßstab, in dem häufig ein moralischer Kern steckt. Es gibt zwei Arten von Werturteilen: Entweder bestehen sie lediglich in subjektiven Meinungsäußerungen. Oder sie bewerten einen Sachverhalt ausdrücklich nach Maßgabe von Kriterien.

   Beispiele für subjektive Meinungsäußerungen:
   Ich halte die Abschaffung der Wehrpflicht für schlecht.
   Ich finde die Einführung des Rauchverbots in Gaststätten ganz hervorragend.

   Beispiele für das Bewerten/Beurteilen/Stellungnehmen:
   Die Aufnahme der Türkei in die EU liegt (oder liegt nicht) im Interesse Deutschlands.
   Die Staatsverschuldung schädigt Deutschlands Zukunftsfähigkeit.

2. Politische Urteile können auch die Form eines **Entscheidungsurteils** annehmen. In diesem Fall entscheidet sich der Urteilende für oder gegen eine politische Handlung.

   Beispiele für das Entscheiden:
   Auf Autobahnen soll eine Pkw-Maut eingeführt werden.
   Deutschland soll sich nicht am Krieg beteiligen.

3. Schließlich können politische Urteile auch die Form eines **Gestaltungsurteils** annehmen. In diesem Fall macht der Urteilende Angaben darüber, wie eine Materie konkret geregelt werden soll.

   Beispiele für das Gestalten:
   Die Mehrwertsteuer soll um einen Prozentpunkt erhöht werden.
   Innerhalb von zwei Jahren soll die Bundeswehr um 2 000 Soldaten verkleinert werden.

4. Politische Urteile enthalten immer auch **Sachurteile** in dem Sinne, dass Feststellungen getroffen werden. In Sachurteilen werden folglich Gegebenheiten beschrieben, klassifiziert und verglichen sowie aus Zusammenhängen Schlussfolgerungen gezogen. Sachurteile bilden die grundlegende Voraussetzung für die eigentlichen politischen Urteile.

In einem politischen Urteil finden Gefühle durchaus Platz. Das Urteil muss im Kern jedoch vernunftbestimmt bzw. rational sein. Denn es muss begründet werden. Dies geschieht mithilfe sachlicher Argumente. Die Sachlichkeit eines Urteils zeigt sich daran, ob in ihm die Gesichtspunkte der Effizienz und der Legitimität (Anerkennungswürdigkeit) enthalten sind.

MODELL

Das Kriterium der **Effizienz** zu berücksichtigen heißt, eine politische Lösung dann positiv zu bewerten, wenn diese sachangemessen, wirksam, ergiebig und kostengünstig ist. Das Kriterium der **Legitimität** ist berücksichtigt, wenn der Urteilende prüft, ob die betreffende Lösung wichtige Grundwerte des demokratischen Gemeinwesens wie Menschenwürde, Freiheit, Gleichheit, Gerechtigkeit und politische Beteiligung respektiert.

Abhängig vom Standort oder der Sichtweise des Urteilenden werden politische Sachverhalte, Probleme und Lösungsvorschläge unterschiedlich beurteilt. So gibt es die Sichtweise der Politiker, also der politischen Akteure, und die Sichtweise der Bürger, also der von der Politik Betroffenen. Die Politiker unterscheiden sich wiederum danach, welcher Partei sie zugehören und ob sie die Regierung unterstützen oder der Opposition zugehören. Auch die Bürger urteilen nicht einheitlich, denn ihre gesellschaftliche Lage ist sehr unterschiedlich. Nicht selten werden die einen von einer politischen Maßnahme begünstigt und die anderen belastet. Schließlich gibt es noch den Standpunkt des „idealen Staatsbürgers", der nicht nach Vor- und Nachteilen für die eigene Position fragt, sondern das Gedeihen des Gemeinwesens im Auge hat.

Kriterienraster für politische Urteile

Beurteilungskriterium	Sichtweise der Politiker	Sichtweise der Betroffenen	Sichtweise des idealen Staatsbürgers
Effizienz	▪ Durchsetzung der eigenen politischen Position auch gegen Widerstände ▪ Erhöhung der Wahlchancen für die eigene Partei ▪ sparsamer Umgang mit den Steuergeldern ▪ Schaffung wirksamer Regelungen und Einrichtungen	▪ Erhöhung des individuellen Nutzens durch die getroffenen politischen Maßnahmen ▪ funktionierende öffentliche Einrichtungen ▪ sparsamer Umgang mit den Steuergeldern	▪ Berücksichtigung von Nachhaltigkeit und Zukunftsfähigkeit des Gemeinwesens ▪ Erhaltung der finanziellen und institutionellen Stabilität des Gemeinwesens ▪ dauerhafte Bewahrung des gesellschaftlichen Friedens
Legitimität	▪ Übereinstimmung mit der eigenen politischen Überzeugung ▪ Zustimmung in der Bevölkerung ▪ Respektierung der Grundwerte des Gemeinwesens ▪ Wahrung der Interessen Deutschlands im internationalen Umfeld	▪ angemessene Beteiligung am gesellschaftlichen Wohlstand ▪ Chancen auf Beeinflussung der politischen Gestaltung ▪ Wahrung der Interessen Deutschlands im internationalen Umfeld	▪ sozial gerechte Verteilung von Wohltaten und Lasten ▪ Verbesserung der allgemeinen Lebensumstände ▪ wirksame politische Beteiligungsmöglichkeiten für die Bürger ▪ Politik im Geiste der Grundwerte des Gemeinwesens ▪ Erhaltung des internationalen Friedens unter Berücksichtigung der Interessen Deutschlands

Anmerkung: Nicht bei jedem politischen Problem bzw. jeder politischen Entscheidung lassen sich alle Kriterien sinnvoll anwenden. So gibt es Situationen, in denen parteipolitische Überlegungen für Politiker keine oder nur eine geringe Rolle spielen. In anderen Situationen können für Politiker wie für Betroffene weitere Kriterien, etwa moralische Gesichtspunkte, hinzukommen und das Urteil maßgeblich prägen.

1 Verfolgen Sie einen aktuellen politischen Entscheidungsprozess, etwa zur Sozial-, Steuer- oder Energiepolitik. **Beurteilen** Sie die getroffene Entscheidung unter den Kriterien der Effizienz und Legitimität.

2 Differenzieren Sie bei Ihrem Urteil die verschiedenen Perspektiven (Tabelle) und **begründen** Sie die Unterschiede.

METHODE

Training der Urteilskompetenz: Wie soll mit der Kohleenergie nach dem Atomausstieg umgegangen werden?

1. Sachurteil

Ein Sachurteil ist das Ergebnis der analytischen Durchdringung eines Gegenstandes. Es enthält sich jeglicher Bewertung.

Was sind Kohlekraftwerke?

Ein Kohlekraftwerk verbrennt den fossilen Energieträger Kohle zur Stromerzeugung. Als Brennstoff kann sowohl Braunkohle als auch Steinkohle dienen, dementsprechend gibt es Braunkohle- und Steinkohlekraftwerke. Die Energiedichte von Braunkohle gegenüber Steinkohle ist etwa dreifach geringer (3 Kilowattstunden pro Kilogramm gegenüber 9 kWh/kg), daher muss in Braunkohlekraftwerken gegenüber Steinkohlekraftwerken die dreifache Masse pro Energieeinheit verfeuert werden.

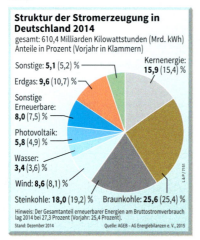

Ein Kohlekraftwerk ist in Blöcke unterteilt. Jeder Block funktioniert als in sich abgeschlossenes Kraftwerk mit Kohleofen, Dampfkessel, Dampfturbine, Generator, Kühlturm und Schornstein. Großkraftwerke sind aus mehreren Blöcken zusammengesetzt und können dabei Leistungen von über 2 000 Megawatt (MW) erreichen. Der Verbrennungsprozess in Kohlekraftwerken muss kontinuierlich aufrechterhalten werden. Kurzzeitig stillgelegte Kraftwerke brauchen Anfahrtszeiten, wenn sie wieder in Betrieb genommen werden sollen.

Der Anteil des von Kohlekraftwerken generierten Stroms an der gesamten Stromerzeugung in Deutschland beträgt 43,6 % (Stand: 2014). 25,6 % entfallen auf Braunkohle, 18,0 % auf Steinkohle. Damit ist Kohle der wichtigste Primärenergieträger im deutschen Strommix.

Wie funktioniert ein Kohlekraftwerk?

Der Strom wird im Kohlekraftwerk mittels Dampfturbinentechnik erzeugt: Die Kohle wird zu Kohlestaub gemahlen und in einen Brennraum eingeblasen, in dem sie verfeuert wird. Dadurch wird ein Wasserkessel erhitzt und Wasser zum Kochen gebracht. Es entsteht Wasserdampf, der eine Dampfturbine antreibt. An diese ist ein Generator angeschlossen, der die Bewegungsenergie in Strom umwandelt.

Durch den Verbrennungsprozess werden Emissionen freigesetzt, darunter Schwefeldioxid (SO_2), Stickoxid (NOx), Staub sowie das den Treibhauseffekt befördernde CO_2. Schwefel- und Stickoxide werden bereits seit Langem innerhalb des normalen Kraftwerksbetriebs abgeschieden, die Emissionen dadurch stark reduziert. Für die Emission von CO_2 ist *CCS – Carbon Capture and Storage* bzw. Abscheidung und Lagerung von CO_2 – gegenwärtig in intensiver Erforschung. An heute in den Industrienationen gebaute Kohlekraftwerke wird generell der Anspruch gestellt, „*CCS-ready*", also bereit für die nachträgliche Installation eines CO_2-Abscheiders zu sein.

Bei den bestehenden Kohlekraftwerken in Deutschland beträgt der CO_2-Ausstoß durchschnittlich ca. 1 000 g/kWh. Nach neuestem technischen Stand gebaute Steinkohlekraftwerke liegen nur noch bei ca. 750–850 g/kWh. Bei Braunkohle ist der Wert etwas höher als bei Steinkohle.

Aus: www.wir-ernten-was-wir-saeen.de/kohlekraftwerk (Zugriff: 20.4.2016)

METHODE

Beschäftigtenzahlen in der Braunkohleindustrie

Reviere	Beschäftigte (Stand jew. 31.12.)		
	2013	2014	Veränderung in %
Rheinland	10 730	10 146	– 5,4
Lausitz	8 369	8 245	– 1,5
Mitteldeutschland	2 512	2 536	+ 1,0
Helmstedt	471	479	+ 1,7
Summe	22 082	21 406	– 3,1

Legt man den in [einer] Studie ermittelten Beschäftigungsfaktor zugrunde, kann […] von deutlich über 70 000 direkt, indirekt oder induziert von der Braunkohle abhängigen Arbeitsplätzen ausgegangen werden.

Aus: www.braunkohle.de/126-0-Beschaeftigtenzahlen.html (Zugriff: 20.4.2016)

1 Stellen Sie sich vor, Sie wären Mitarbeiter eines Bundestagsabgeordneten. Dieser hat Sie gebeten, ihm eine Expertise (Expertengutachten) über die Energieversorgung mit Kohle zu schreiben. Die Politiker überlegen nämlich, ob es hinsichtlich dieser Energie einen Regelungsbedarf gibt. Der Abgeordnete erwartet insbesondere klare Aussagen über folgende Aspekte:
- a) Wie läuft die Energieversorgung mit Kohle ab?
- b) Welche Rolle spielen Braun- und Steinkohle?
- c) Welche Auswirkungen auf die Umwelt hat die Energieversorgung mit Kohle?
- d) Wie viele Arbeitsplätze gibt es in der Kohleindustrie?

2. Werturteil

Werturteile bewerten eine Sache oder beziehen Stellung zu der Sache. Mit der Kohleenergie sind mehrere werthaltige Aussagen verbunden.
- Der Braunkohleabbau im Tagebau ist kostengünstig. Der Abbau der deutschen Steinkohle wurde aus Kostengründen dagegen weitgehend eingestellt, da Steinkohle auf dem Weltmarkt günstiger zu beziehen war. Durch die steigenden Energiepreise der letzten Jahre wurde der Abbau der Steinkohle im internationalen Vergleich jedoch wieder wirtschaftlicher. Insgesamt zählt Kohlestrom zu den billigsten Stromarten.
- Braunkohle wird im Tagebau abgebaut. Dazu werden riesige Natur-, Landwirtschafts- und Siedlungsflächen zunächst zerstört und erst lange Zeit später nach Abbauende wiederhergestellt.
- Kohleverstromung hat mit Abstand die höchsten CO_2-Emissionen von allen Formen der Stromerzeugung und gilt daher als besonders klimaschädlich.
- Kohlestrom ist grundlastfähig. Er kann also konstant elektrische Energie bereitstellen. Das ist bei den erneuerbaren Energien (Wind, Photovoltaik, Wasser) nicht der Fall.
- Auf dem Weltmarkt kann ein großer Teil der Steinkohle aus politisch stabilen Regionen bezogen werden. Im Unterschied zur Erdgasenergie ist eine politisch verursachte Versorgungskrise daher unwahrscheinlich.
- Auch die sonstigen Emissionen von Kohlekraftwerken (Schwefeldioxid, Stickoxide, Staub) können zur Umweltbelastung der Kraftwerksumgebung beitragen.

In Anlehnung an: www.wir-ernten-was-wir-saeen.de/kohlekraftwerk (Zugriff: 17.8.2016)

METHODE

2 Ordnen Sie die Aussagen danach, ob sie die Energieversorgung mit Kohle positiv oder negativ einschätzen.

3 Arbeiten Sie **heraus**, welcher Wert (welches Prinzip oder Gut) hinter jeder Aussage steckt.

4 Entwickeln Sie in Partnerarbeit ein eigenes Werturteil zur Energieversorgung mit Kohle. Verleihen Sie Ihrem Werturteil die Form: „Die Energieversorgung mit Kohle ist gut/erstrebenswert bzw. schlecht/ablehnenswert, weil …"

3. Entscheidungsurteil

Entscheidungsurteile befinden darüber, ob eine bestimmte Handlung ausgeführt wird oder nicht. Sie stehen im Zentrum der Politik.

In der Energiepolitik nach dem Atomausstieg stehen die Politiker vor einer prinzipiellen Entscheidung: Sie können die auf Kohle basierende Energieversorgung weiterlaufen lassen wie bisher. In diesem Fall brauchen sie keine Entscheidung zu fällen. Sie können aber angesichts der mit der Kohleenergie verbundenen Probleme auch eingreifen und sie etwa durch Auflagen erschweren oder verteuern.

Was immer die Politiker tun, sie müssen die Auswirkungen auf Betroffene bedenken. In der Energiepolitik sind dies: die Energieunternehmen, die Verbraucher (Stromkunden), die in der Kohleindustrie Beschäftigen und – letztlich – die vom Treibhauseffekt betroffene Menschheit.

5 Charakterisieren Sie mögliche Auswirkungen auf die Energiekonzerne, die Stromkunden, die in der Kohleindustrie Beschäftigten und die Umwelt, wenn
a) die Politiker keine Änderungen bezüglich der Energieversorgung mit Kohle beschließen,
b) die Politiker die Energieversorgung mit Kohle erschweren/verteuern.

6 Entwickeln Sie ein Entscheidungsurteil zur Energieversorgung mit Kohle. Verleihen Sie Ihrem Entscheidungsurteil die Form: „Die Energieversorgung mit Kohle muss neu geregelt werden/bedarf keiner Neuregelung, weil …"

4. Gestaltungsurteil

Ein Entscheidungsurteil ist in der Regel nur die Vorstufe eines Gestaltungsurteils. Haben sich nämlich die Politiker dazu durchgerungen, dass die Regelung einer bestimmten Materie sinnvoll oder notwendig ist, beginnt die Arbeit an der inhaltlichen Gestaltung der Regelung. Ein Gestaltungsurteil fasst die Eckpunkte einer solchen Regelung zusammen.

Bei der Festlegung eines Gestaltungsurteils sehen sich die Politiker in der Regel diversen Einflussnahmen ausgesetzt. Denn bei fast jeder Regelung gibt es Gewinner und Verlierer.

INFO

Sigmar Gabriel
(* 1959)
seit 2009 Vizekanzler und 2009 – 2017 SPD-Parteivorsitzender sowie 2013 – 2017 Bundesminister für Wirtschaft und Energie; von 2017 bis März 2018 Bundesaußenminister

Klimaschutz: Gabriel will neue Abgabe für alte Kohlemeiler einführen

Bundeswirtschaftsminister Sigmar Gabriel (SPD) will mit einer neuen nationalen Klimaschutzabgabe den CO_2-Ausstoß alter Kohlekraftwerke drosseln. Um die gefährdeten deutschen Klimaziele noch zu schaffen, sollen die Kohlendioxidemissionen der rund 500 fossilen Kraftwerke bis 2020 um insgesamt 22 Millionen Tonnen Kohlendioxid zurückgefahren werden.

Fällig werden soll die neue Abgabe für Betreiber von Kraftwerken, die älter als 20 Jahre sind. Ein Freibetrag sei aber so hoch angesetzt, „dass im Ergebnis 90 Prozent der fossilen Stromerzeugung den Klimabeitrag nicht leisten müssen", heißt es in einem Eckpunktepapier aus dem Bundeswirtschaftsministerium, das *Spiegel online* vorliegt.

Der Wirtschaftsflügel der Union kündigte bereits Widerstand an: „Das ist unterirdisch. Das werden wir so nicht mittragen", sagte der wirtschaftspolitische Sprecher der CDU/CSU-Fraktion, Joachim Pfeiffer. Der Vorschlag widerspreche allen bisherigen Verabredungen. „Da soll ein nationales Kohle-Abschaltprogramm installiert werden." Aus Verärgerung über Gabriels Vorpreschen sagte die

Union ein für Samstag geplantes Treffen der Energie-Experten mit der SPD ab. Es soll nun am kommenden Donnerstag stattfinden.

Die Umweltstiftung WWF sprach von einem Schritt in die richtige Richtung. Vor allem die ältesten und schmutzigsten deutschen Kraftwerke würden ins Visier genommen. Die Umweltschutzorganisation Greenpeace kritisierte Gabriels Plan hingegen als „perfide Mogelpackung". Die Strafe sei zu niedrig bemessen.

Aus: Gabriel will neue Abgabe für alte Kohlemeiler einführen (mia/dpa), in: www.spiegel.de/wirtschaft/service/gabriel-neue-klimaschutzabgabe-fuer-kohle-kraftwerke-geplant-a-1024554.html, 20.3.2015 (Zugriff: 1.2.2016)

Gabriel bessert Klimaschutz-Abgabe nach

Die Höhe der Abgabe, die den Ausstoß von Kohlendioxid drosseln wird, soll nun an die tatsächliche Entwicklung der Großhandelsstrompreise gekoppelt werden, was eine gewisse Entlastung der Betreiber mit sich bringen könnte. Der SPD-Chef reagiert damit auf Sorgen der Gewerkschaften, die um die Zukunft der Reviere in Mitteldeutschland, der Lausitz und im Rheinland mit Zehntausenden Arbeitsplätzen fürchten. Auch der Koalitionspartner CDU/CSU fordert Korrekturen. Für Samstag sind große Demonstrationen für und gegen die Kohle angekündigt.

In einem Brief an die Gewerkschaftsvorsitzenden Michael Vassiliades (IG BCE) und Frank Bsirske (Verdi) bekräftigte Gabriel seine Kompromissbereitschaft: „Arbeitsplätze und Klimaschutz dürfen nicht gegeneinander ausgespielt werden." Nun lässt Gabriel prüfen, wie heftig die Abgabe ins Kontor der Kohlekonzerne schlagen würde: „Wir brauchen Klarheit über die Zahlen und Folgen. Vorher wird nichts entschieden." Beim Klimaschutzziel will Gabriel aber nicht mit sich reden lassen.

Im Dezember hatte das schwarz-rote Kabinett beschlossen, bis 2020 im Kraftwerksbereich zusätzlich zu den bisherigen Maßnahmen 22 Millionen Tonnen klimaschädliches Kohlendioxid einzusparen. Sonst würde Deutschland sein Klimaschutzziel – 40 Prozent weniger CO_2 gegenüber 1990 – verfehlen. Das wäre mit Blick auf den Weltklimagipfel Ende des Jahres in Paris eine Blamage für Europas Ökostrom-Vorreiter.

Wie der *Spiegel* berichtet, habe Kanzlerin Angela Merkel (CDU) sich nun gewünscht, dass Gabriel die Belastungen für die Konzerne noch einmal durchrechnet. Um die Kohle wird es am Sonntagabend auch beim Koalitionsgipfel im Kanzleramt gehen. Die SPD will von der Union ein klares Bekenntnis zum Klimaschutz hören: „Ich erwarte von der Union am Sonntag konkrete Vorschläge. Nein-Sagen alleine löst kein Problem", sagte Fraktionschef Thomas Oppermann.

Die Grünen forderten Gabriel auf, standhaft zu bleiben. Zweifel seien angebracht: Der SPD-Chef glaube offensichtlich „dem Untergangsgeschrei der Ewiggestrigen wie RWE und Vattenfall mit ihren Uralt-Kohleblöcken aus Adenauers Zeiten", kritisierte Grünen-Fraktionsvize Oliver Krischer. Auch Greenpeace weist darauf hin, dass die Kohleabgabe nicht besonders ehrgeizig sei, sondern das absolute Minimum, um das 40-Prozent-Ziel zu schaffen. [...]

Gabriels grüner Staatssekretär Rainer Baake erläuterte, es werde nun an einer Tabelle gearbeitet, damit die Höhe der Abgabe für über 20 Jahre alte Kraftwerke sich nach einem „Wenn-Dann-Prinzip" an der Entwicklung des Börsenstrompreises bis 2020 orientiert. „Wenn der Strompreis hoch ist, ist auch die Klimaabgabe hoch. Sinkt der Strompreis, sinkt auch die Abgabe", sagte Baake. Bisher war geplant, dass oberhalb eines Freibetrags 18 bis 20 Euro pro zusätzlich ausgestoßener Tonne CO_2 fällig werden. Von den Plänen sind 90 Prozent der Kraftwerke laut Ministerium nicht betroffen.

Aus: Eva Quadbeck, Gabriel bessert Klimaschutz-Abgabe nach, in: www.rp-online.de/politik/gabriel-bessert-klimaschutz-abgabe-nach-aid-1.5040543, 24.4.2015 (Zugriff: 1.2.2016)

7 Entwickeln Sie unter Berücksichtigung der von verschiedenen Seiten artikulierten Bedenken und Forderungen ein Gestaltungsurteil zum zukünftigen Umgang mit der Kohleenergie. Verleihen Sie Ihrem Gestaltungsurteil die Form: „Die Energieversorgung mit Kohle unterliegt ab dem Jahr ... folgenden Bedingungen: ..."

Die Bedeutung freier Medien in der Demokratie

MATERIAL 5 — Aus dem nordrhein-westfälischen Pressegesetz

GLOSSAR: Massenmedien

§ 1 Freiheit der Presse
(1) Die Presse ist frei. Sie ist der freiheitlichen demokratischen Grundordnung verpflichtet.
(2) Die Freiheit der Presse unterliegt nur den Beschränkungen, die durch das Grundgesetz unmittelbar und in seinem Rahmen durch dieses Gesetz zugelassen sind. [...]

§ 3 Öffentliche Aufgabe der Presse
Die Presse erfüllt eine öffentliche Aufgabe insbesondere dadurch, dass sie Nachrichten beschafft und verbreitet, Stellung nimmt, Kritik übt oder auf andere Weise an der Meinungsbildung mitwirkt.

§ 4 Informationsrecht der Presse
(1) Die Behörden sind verpflichtet, den Vertretern der Presse die der Erfüllung ihrer öffentlichen Aufgabe dienenden Auskünfte zu erteilen.
(2) Ein Anspruch auf Auskunft besteht nicht, soweit
1. durch sie die sachgemäße Durchführung eines schwebenden Verfahrens vereitelt, erschwert, verzögert oder gefährdet werden könnte oder
2. Vorschriften über die Geheimhaltung entgegenstehen oder
3. ein überwiegendes öffentliches oder ein schutzwürdiges privates Interesse verletzt würde oder
4. deren Umfang das zumutbare Maß überschreitet.
(3) Allgemeine Anordnungen, die einer Behörde Auskünfte an die Presse überhaupt, an diejenige einer bestimmten Richtung oder an ein bestimmtes periodisches Druckwerk verbieten, sind unzulässig. [...]

MATERIAL 6 — Der Programmauftrag des Westdeutschen Rundfunks (WDR)

§ 5 Programmgrundsätze
(1) Für die Angebote des WDR gilt die verfassungsmäßige Ordnung. Die Vorschriften der allgemeinen Gesetze und die gesetzlichen Bestimmungen zum Schutz der Jugend und des Rechts der persönlichen Ehre sind einzuhalten.
[...]
(5) Der WDR stellt sicher, dass
1. die Vielfalt der bestehenden Meinungen und der religiösen, weltanschaulichen, politischen, wissenschaftlichen und künstlerischen Richtungen im Gesamtprogramm der Anstalt in möglichster Breite und Vollständigkeit Ausdruck findet,
2. die bedeutsamen gesellschaftlichen Kräfte im Sendegebiet im Gesamtprogramm der Anstalt zu Wort kommen,
3. das Gesamtprogramm nicht einseitig einer Partei oder Gruppe, einer Interessengemeinschaft, einem Bekenntnis oder einer Weltanschauung dient.
Der WDR soll in seiner Berichterstattung angemessene Zeit für die Behandlung kontroverser Themen von allgemeiner Bedeutung vorsehen. Wertende und analysierende Einzelbeiträge haben dem Gebot journalistischer Fairness zu entsprechen. Ziel der Berichterstattung ist es, umfassend zu informieren.
(6) Die Nachrichtengebung muss allgemein, unabhängig und sachlich sein. Nachrichten sind vor ihrer Verbreitung mit der nach den Umständen gebotenen Sorgfalt auf Inhalt, Herkunft und Wahrheit zu prüfen. Kommentare sind deutlich von Nachrichten zu trennen und unter Nennung der Verfasserin oder des Verfassers als solche zu kennzeichnen.

Aus: Gesetz über den „Westdeutschen Rundfunk Köln" (WDR-Gesetz), Fassung vom 26.02.2019

Medienkonzentration und Pressefreiheit

MATERIAL 7

Neulich rief ich bei einem bekannten Wirtschaftsmagazin eines noch weit bekannteren Verlagshauses an. Ich war verwundert, als mich statt eines Redakteurs eine Telefonhotline begrüßte. Freundlich wurde mir mitgeteilt, dass ich – obwohl ich eine Frankfurter Nummer gewählt hatte – mit meinem Anruf in Hamburg gelandet sei, mein Ansprechpartner jedoch auch in Berlin sitzen könne oder in Frankfurt, da die Redaktionen aller hauseigenen Wirtschaftsmagazine gerade zusammengelegt würden. [...]
Das Gespräch brachte mich zum Nachdenken. Wie kann es eigentlich sein, dass drei verschiedene Magazine in einer Redaktion produziert werden? Und wie soll man sich das in der Praxis vorstellen? Ein Redakteur, der das Finanzressort von drei Zeitschriften betreut? Von Meinungsvielfalt kann hier doch keine Rede mehr sein. [...]
Die Medienlandschaft ist im Schrumpfen begriffen. Inzwischen bringen drei Prozent der Zeitungsverlage über die Hälfte der gesamten Zeitungsauflage heraus. Springer, Bauer, Gruner+Jahr und Burda kamen 2004 zusammen sogar auf einen Marktanteil von über 60 Prozent. [...]

Daniela Beer: „Haha, deine Zeitung stirbt...", https://www.mehr-demokratie.de/news/news-archiv/medienkonzentration-und-pressefreiheit/?L=0 (Zugriff am 08.03.2018)

Das Meinungsbildungsgewicht der Medien

MATERIAL 8

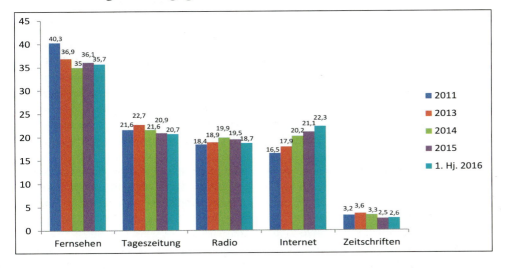

TNS Infratest, Medienkonvergenzmonitor der DLM, 1. Halbjahr 2016

1. **Prüfen** Sie eine Ausgabe Ihrer Regional- oder Lokalzeitung daraufhin, ob die Zeitung ihren Auftrag gemäß § 3 des Pressegesetzes (M 5) erfüllt hat.
2. **Diskutieren** Sie, ob die Regelungen in § 4 des Pressegesetzes das Informationsrecht der Presse angemessen oder übermäßig einschränken (M 5).
3. **Arbeiten** Sie aus M 6 die Kriterien **heraus**, auf die das Gesetz die Tätigkeit des WDR verpflichtet. Prüfen Sie dann das Rundfunkprogramm des Senders einen Tag lang daraufhin, ob er seinen Pflichten nachgekommen ist.
4. **Beschreiben** Sie die M 7 dargestellte Entwicklung der Medienlandschaft.
5. **Entwickeln** Sie Hypothesen über die Ursachen für Medienkonzentration. Greifen Sie dabei auch auf M 8 zurück.
6. **Analysieren** Sie die Entwicklung des Meinungsbildungsgewichts der verschiedenen Medien (M 8).

Der Einfluss der Medien auf unser Denken und Meinen

MATERIAL 9 Operations-, Medien- und Perzeptionswirklichkeit

Zeichnung: Ulrich Kieser

QUERVERWEIS
Die Medien (als Sozialisationsinstanz) S. 202 f.

Massenmedien sind ein überaus wichtiges Element eines politischen Systems. Allerdings wird ihre Bedeutung mitunter übersehen. [...] Doch tatsächlich sind Medien nicht nur ein Spiegel, sondern auch ein *Konstrukteur* von Wirklichkeit; stets weist Medienwirklichkeit besondere, eine bloße „Abbildung" der Operationswirklichkeit schlechterdings übersteigende Konstruktionsmerkmale auf; und immer wirkt bereits die bloße Existenz freier Massenmedien verändernd auf politische Prozesse ein. [...]

Operationswirklichkeit: Sie ist jene Wirklichkeit, in der Menschen handeln, in der sie mehr oder minder erfolgreich „operieren". Natürlich ist die eigene Alltagswirklichkeit ein sehr gut bekannter Teil der Operationswirklichkeit. Doch der größte Teil der Operationswirklichkeit liegt *außerhalb* der eigenen Lebenswelt. [...]

Medienwirklichkeit: Unter diesem Begriff ist jene Wirklichkeit zu verstehen, die in den Massenmedien als so und nicht anders bestehend aufgewiesen wird. Wie jede Wirklichkeitsbeschreibung ist auch die der Medienwirklichkeit perspektivisch und selektiv. Sie gibt, je nach den Konstruktionsmerkmalen des jeweiligen Mediums, Operationswirklichkeit anders oder gar nicht wieder. [...] Folgenreich ist Medienwirklichkeit deshalb, weil für *jeden* die *meisten* Bereiche der Operationswirklichkeit *nur* über Medienwirklichkeit zugänglich sind, darunter insbesondere die „Welt der Politik", und weil in solchen Fällen die Medienwirklichkeit gerade **nicht** mit Wissen aus der eigenen Lebenswelt abgeglichen werden kann.

Perzeptionswirklichkeit/Wahrnehmungswirklichkeit: Damit ist jene „Abbildung" der Operationswirklichkeit im menschlichen Bewusstsein gemeint, die – gesteuert vom eigenen Interesse und Vorverständnis – zu mehr oder minder selektiven, **stets** perspektivischen Wahrnehmungen der Operationswirklichkeit führt. [...] Gerade jene Bürger, die sich *besonders intensiv* aus *einzelnen* Arten von Massenmedien über Politik informieren [...], werden darum ein Politikbild besitzen, das in erster Linie von den Eigentümlichkeiten der von ihnen genutzten Medienwirklichkeit, nur *mittelbar* aber von der Beschaffenheit der politischen Operationswirklichkeit selbst geprägt ist.

Aus: Werner J. Patzelt, Einführung in die Politikwissenschaft. Grundriss des Faches und studiumbegleitende Orientierung, 7. Aufl., Passau 2013, S. 423 f.

1 Beschreiben Sie möglichst genau die Operations-, die Medien- und die Perzeptionswirklichkeit (M 9).

2 Erläutern Sie, warum der Autor von M 9 intensive Mediennutzung für problematisch hält (Z. 45 ff.).

3 Geben Sie die Gründe **wieder**, die die Abweichungen der Medienwirklichkeit von der Operationswirklichkeit verursachen (M 10).

4 Diskutieren Sie, ob der Einzelne Möglichkeiten hat, die Wirklichkeitskonstruktionen der Medien zu überwinden, *oder* **gestalten** Sie eine eigene Karikatur zum Thema Medien.

Besonderheiten der von den Medien gezeichneten Wirklichkeit

MATERIAL 10

Medienwirklichkeit kennzeichnet sich, politisch folgenreich, durch einige besondere Konstruktionsmerkmale und medienspezifische Darstellungszwänge, welche die Medienwirklichkeit **grundsätzlich** um jeden Charakter einer bloßen – und somit politisch „neutralen" – „Widerspiegelung" der Operationswirklichkeit bringen. […]

(1) Nicht alles, was geschieht und im Prinzip berichtenswert wäre, hat die gleiche Chance, in den Massenmedien tatsächlich mitgeteilt zu werden. […] [So gibt es] das Phänomen des „Rudeljournalismus", insofern nämlich im Grunde alle Journalisten sich den gleichen Inhalten widmen, und zur selben Zeit vieles andere Wichtige aber weitgehend unbeachtet bleibt. […]

(2) Besonderen Informations- und Nachrichtenwert hat – neben dem offensichtlich Wichtigen und vermutlich Folgenreichen – stets das Unübliche, das aus dem Rahmen Fallende, und somit auch das Neue und Schlechte. *Vernünftigerweise* von solchen Auswahlgrundsätzen geprägt, kann Medienwirklichkeit gar nicht anders, als ein entsprechend *verschobenes* Bild der Operationswirklichkeit zu zeichnen. […] Unter der Geltung der praktisch bewährten Journalistenregel *„Hund beißt Mann ist keine Meldung, Mann beißt Hund ist eine Meldung!"* sind die Medien sozusagen voller Berichte über Hunde beißende Männer. […]

(3) Ein Sonderproblem dieser durchaus rationalen Auswahlpraxis massenmedialer Berichterstattung ist ihr „Negativismus". Systematische Medieninhaltsanalysen zeigen seit Jahren, dass bei der Berichterstattung über Politiker, über politische Parteien, über politische Institutionen und über konkrete Politikprozesse die meisten Meldungen und Kommentare in den Massenmedien zwar neutral sind, dass die Anzahl der Meldungen über Schlechtes und negativer Kommentare bei der Politikberichterstattung aber die Anzahl der Meldungen über Gelingendes und positiver Kommentare fast immer deutlich übersteigt. […]

(4) Massenmedien können zwar nur sehr eingeschränkt beeinflussen, *wie* über etwas gesprochen und geurteilt wird, sehr wohl aber, *worüber* gesprochen und geurteilt wird („agenda setting"). Solche Themen stehen dann auf der Agenda einesteils öffentlicher politischer Diskurse, andernteils politischer Handlungsaufgaben. […]

(5) Journalistisch ist alles das besonders *gut* darstellbar, was sich an *Personen* aufzeigen, in Form betroffen machender *Geschichten* erzählen oder als Unterschied zwischen Norm und Wirklichkeit, d.h. als *Skandal*, aufbereiten lässt. Viel *schlechter* lassen sich hingegen *langfristige Entwicklungen* darstellen […], *strukturelle Zusammenhänge* (z. B. die zwischen den Standardbiografien in einer Gesellschaft und der Reproduktion der Bevölkerungszahl) und generell all jene Dinge, deren systematische Gestalt sich viel weniger am konkreten Gegenstand als vielmehr anhand *abstrakt-verdichtender* Begriffe beschreiben lässt (beispielsweise die Folgen von **Inkompatibilität** zwischen Parteiamt und Parlamentsmandat für die Sicherung politischer Verantwortlichkeit). […]. Politische Probleme, welche die Tagesaktualität überdauern und genau darum besonders wichtig sind, werden nun aber sehr häufig von langfristigen Entwicklungen, von strukturellen Zusammenhängen und von im Grunde nur abstrakt-verdichtend erklärbaren Dingen erzeugt.

INFO
Inkompatibilität
Unvereinbarkeit

Zeichnung: Burkhard Mohr

Aus: Werner J. Patzelt, Einführung in die Politikwissenschaft. Grundriss des Faches und studiumbegleitende Orientierung, 7. Aufl., Passau 2013, S. 427–431

Chancen und Probleme der Kommunikation in den sozialen Medien

MATERIAL 11 Politische Kommunikation im Web 2.0

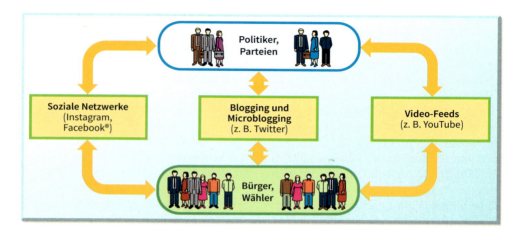

MATERIAL 12 Echokammern und Filterblasen

INFO

goutieren
genießen, gutheißen

Pegida Abkürzung für „Patriotische Europäer gegen die Islamisierung des Abendlandes", eine islamfeindliche und als rechts-populistisch eingestufte Organisation

Früher war nicht alles besser, aber doch bedeutend einfacher. Politische und gesellschaftliche Extrempositionen wurden durch einen Effekt abgepuffert, den die deutsche
5 Kommunikationswissenschaftlerin Elisabeth Noelle-Neumann als Schweigespirale charakterisierte. Demnach hängt die Bereitschaft, öffentlich politische und gesellschaftliche Positionen zu äußern, von der
10 persönlichen Einschätzung ab, ob diese Positionen der Mehrheitsmeinung entsprechen. Da der Mensch Furcht davor empfindet, sozial isoliert zu sein, hat er demnach auch Hemmungen, Positionen offen kundzutun, die
15 von der Gemeinschaft nicht akzeptiert werden. Eine besondere Rolle fällt bei dieser Theorie natürlich den Massenmedien zu, da sie die Mehrheitsmeinung definieren und in bestimmten Fällen sogar in der Lage sind, Po-
20 sitionen einer interessierten Minderheit als Mehrheitsmeinung darzustellen.
Bis zum Siegeszug des Internet und der sozialen Netzwerke hat diese Strategie auch auf erstaunliche Art und Weise funktioniert. Die
25 Massenmedien definierten den gesellschaftlichen Konsens, und Positionen, die mal mehr, mal weniger von diesem Konsens abwichen, wurden allenfalls in kleinen dezentralen Zirkeln **goutiert**, in denen man mit Gleichgesinnten unter sich war. Am Stamm-
30 tisch wurde die Schweigespirale gebrochen, jedoch gab sich kein Stammtischbruder der Illusion hin, dass sein „Stammtisch-Konsens" mehr als eine Minderheitsmeinung sei.
Der moderne Stammtisch sind die sozialen
35 Netzwerke. **Pegida** ist beispielsweise nicht nur eine wöchentlich in Dresden stattfindende rechte Demonstration, sondern auch eine Facebook-Seite mit fast 200.000 Unterstützern. Und diese Unterstützer haben ihrerseits
40 ihre eigenen Facebook-Freundeskreise, in denen mediale Inhalte geteilt und diskutiert werden. Wobei man jedoch mit dem Begriff „Diskutieren" vorsichtig sein sollte. Es ist natürlich nicht so, dass abweichende Positio-
45 nen oder Fakten, die dem eigenen Weltbild zuwiderlaufen, dort im Rahmen eines kritischen Diskurses ergebnisoffen debattiert werden. Ganz im Gegenteil. Der weltanschauliche Konsens ist vielmehr das verei-
50 nende Element dieser Gruppen. Man filtert Inhalte, die diesem Konsens widersprechen, bereits vorher aus und ist sich vor allem darin einig, dass man sich einig ist.

Kommunikationswissenschaftler bezeichnen diesen Effekt als Echokammer. Mit Echokammer wird dabei das Phänomen beschrieben, dass viele Menschen in den sozialen Netzwerken dazu neigen, sich mit Gleichgesinnten zu umgeben und sich dabei gegenseitig in der eigenen Position zu verstärken. In den Netzwerken selbst bildet sich dadurch eine fatale Dynamik. Befeuert durch die Echokammer verbreiten sich nicht nur konsensfähige Inhalte, sondern auch Kommentare innerhalb der Netzwerke wie ein Lauffeuer. Wer den Konsens der Gruppe am Besten trifft, wird „geteilt" und „gelikt" und kriegt aus anderen, harmonierenden Kreisen Freundschaftsanfragen. Die Echokammer wächst und damit auch der Eindruck, man sei selbst keine Minderheit, sondern eine gesellschaftlich relevante Mehrheit. Facebook und Co. unterstützen und verstärken diesen Effekt dadurch, dass die Algorithmen dafür sorgen, dass man **prioritär** Inhalte angezeigt bekommt, die von Gleichgesinnten stammen oder von ihnen „gelikt" wurden. Informatiker bezeichnen diesen Effekt als Filterblase. Das Netz sorgt dafür, dass man vor allem Dinge zu sehen bekommt, die das eigene Weltbild stützen, während unbequeme, dem Weltbild zuwiderlaufende Informationen herausgefiltert werden. Der moderne Nutzer sozialer Netzwerke befindet sich also in einem bequemen Informationskokon.

Die sozialen Netzwerke sind somit der Gegenentwurf zur Schweigespirale. Es spielt keine Rolle mehr, ob die Mehrheit bestimmte politische und gesellschaftliche Positionen teilt oder akzeptiert. In der Echokammer ist man selbst in der Mehrheit und dreht den Spieß einfach um – nun wird innerhalb der abgesteckten Kreise der sozialen Netzwerke derjenige isoliert, der Positionen vertritt, die in der jeweiligen Echokammer kein mehrheitsfähiger Konsens sind.

Jens Berger: Willkommen in der Echokammer – Politische Debatten in Zeiten des Internet (05. November 2015), http://www.nachdenkseiten.de/?p=28235 (Zugriff am 09.03.2018)

INFO
prioritär vorrangig

Hassreden im Netz und ihre Konsequenzen

MATERIAL 13

Der Facebook-Auftritt der Stiftung Warentest hat über 600.000 Follower. Ein Post im Jahr 2016 war besonders erfolgreich: Eine Meldung über Strafen für Hassreden fand fast 2 Millionen Leser. Fast 50.000 mal wurde reagiert, geteilt oder „geliked". Das Thema bewegt. Die sozialen Netzwerke müssen aktiver werden: Seit Anfang 2018 gilt das Netzwerkdurchsetzungsgesetz. Betroffene Nutzer können aber auch online bei der Polizei Anzeige erstatten. [Diese Beispiele für Hassrede im Netz und ihre Konsequenzen hat die Stiftung Warentest zusammengestellt]:

Dieses Pack gehört gesteinigt und an die Wand gestellt. Allen voran diese erbärmliche Drecksau von OB Jung, dieser Voll-Assi. **Konsequenz: 1.380 Euro Strafe**	Ich bin dafür, dass wir die Gaskammern wieder öffnen und die ganze Brut da reinstecken. **Konsequenz: 4.800 Euro Strafe**
Sogesehen haben die Juden am Holocaust des 2. Weltkrieges auch selber schuld. Vor allem die im Warschauer Ghetto. **Konsequenz: 5.000 Euro Strafe**	

Stiftung Warentest, Meldung vom 4.5.2018 auf test.de, URL: https://www.test.de/Hasskommentare-auf-facebook-Co-Neues-Gesetz-soll-Abhilfe-schaffen-5020226-0/

1. **Beurteilen** Sie M 11 daraufhin, welche der aufgeführten Möglichkeiten die Kommunikation zwischen Bürgern und Politikern am meisten beflügeln dürfte.
2. **Arbeiten** Sie die Funktionsweise der Schweigespirale sowie der Echokammer und der Filterblase **heraus** (M 12).
3. **Charakterisieren** Sie die Qualität einer von der Schweigespirale bzw. von Echokammern und Filterblasen bestimmten politischen Kommunikation.
4. **Diskutieren** Sie die Berechtigung der These, dass Äußerungen wie in M 13 ohne Internet nicht vorstellbar wären.

Die Funktionsweise des parlamentarischen Regierungssystems

MATERIAL 14

Grundmerkmale des parlamentarischen Regierungssystems

GLOSSAR
Abgeordnete
Bundesregierung
Opposition

Das Grundgesetz hat ein parlamentarisches Regierungssystem geschaffen. Das bedeutet, die Regierung kommt nicht von außen oder oben, etwa von einem Monarchen oder einem Präsidenten. Vielmehr wird sie erst vom Parlament installiert. Kanzler oder Kanzlerin müssen von einer Mehrheit der Mitglieder des Bundestages gewählt werden. Mit einer gleichen Mehrheit kann der Bundestag jederzeit jemand anderen zum Kanzler wählen (konstruktives Misstrauensvotum) und damit eine andere Regierung einsetzen.

Das ist die erste und wichtigste Kontrollaufgabe des Bundestages: Wer wird Regierungschef, und wen beruft er oder sie als Minister? Die Mitglieder der Regierung sind überwiegend gewählte Abgeordnete des Bundestages und bleiben es. Die Regierung ist „Fleisch vom Fleische des Parlaments", so hatte es Gustav Radbruch gefordert, der große Staatslehrer der Weimarer Republik.

Dadurch werden die Abgeordneten in ihrer Mehrheit verantwortlich dafür, wie das Land regiert wird. [...]. Es genügt nicht, die Regierung nur in dem Sinne zu kontrollieren, dass man sie angreift, ihre Versäumnisse kritisiert und ihr die Zustimmung verweigert, wenn ihre Gesetzgebungs- oder Haushaltsvorhaben jeweilige Interessen nicht berücksichtigen. Indem die Bundestagsmehrheit die Regierung in Gang setzt, verbindet sie sich mit deren Erfolg und Misserfolg. Ihre Abgeordneten und Parteien sind es, die spätestens bei der nächsten Wahl die Rechnung präsentiert bekommen. Sie sind es, die Zustimmung und Mandate verlieren, behalten oder gewinnen. Also muss die Regierungsmehrheit des Bundestages ein starkes Interesse daran haben, dass ihre Regierung ein Erfolg wird. Folglich werden ihre Abgeordneten für sie stimmen, wo es geht und solange es geht. Andernfalls vermutet die Öffentlichkeit, man wolle diese Regierung nicht mehr. Und ebenso regelmäßig werden die Fraktionen der Opposition regelmäßig gegen die Regierung stimmen, die sie nicht gewollt und nicht gewählt haben.

Das ist die grundlegende Spielregel des parlamentarischen Regierungssystems. Das Parlament steht politisch nicht als einheitliches „Staatsorgan" der Regierung gegenüber. Im Gegenteil: In seiner Mehrheit steht das Parlament aufseiten der Regierung. Gegenüber stehen die oppositionellen Fraktionen. Der Bundestag ist mit seiner Kanzlerwahl in seinen politischen Funktionen gespalten und bleibt es für die Wahlperiode – falls nichts dazwischenkommt.

Was bedeutet das für die parlamentarische Kontrolle? Sie ist ebenfalls gespalten zwischen regierender Mehrheit und opponierender Minderheit. Dass nichts „dazwischenkommt" wollen die Koalitionsfraktionen nach Möglichkeit sicherstellen. Also kontrollieren sie „ihre" Regierung im Sinne von Beaufsichtigung, Mitsteuerung, Fehlervermeidung. Sie versuchen das meist nichtöffentlich zu tun, was nicht heißt, dass dieser Teil der parlamentarischen Kontrolle weniger wichtig wäre. [...]

Die Kontrolle der Opposition ist anderer Art. Sie ist kontrovers, kritisch, will Alternativen aufzeigen und sucht insbesondere die Öffentlichkeit. [...] Bürger und Wähler müssen von Mindermeinungen und abweichenden politischen Konzepten erfahren.

Aus: Wolfgang Zeh, Im Zentrum des Systems, in: Das Parlament, Nr. 44 vom 26.10.2009, S. 1

1 Charakterisieren Sie die Eigenarten des parlamentarischen Regierungssystems (M 14). Gehen Sie dabei insbesondere auf das Verhältnis der Abgeordneten der Mehrheit und der Minderheit zur Regierung ein.

Die Funktionen der Opposition

MATERIAL 15

QUERVERWEIS
Mehrparteiensystem und Oppositionsfreiheit
S. 132 f.

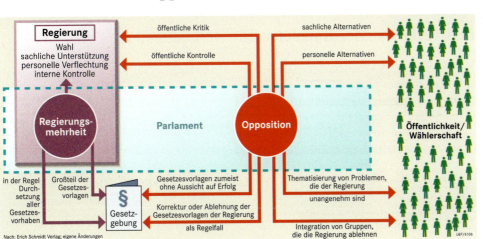

Varianten parlamentarischer Kontrolle

MATERIAL 16

Parlamentarische Kontrolle erfolgt in drei Richtungen:
- als **politische Richtungskontrolle**, bei der Mehrheit und Opposition politisch urteilen;
- als **Effizienzkontrolle** unter der Frage, ob die Regierung zielentsprechende und wirksame Mittel ökonomisch einsetzt;
- als **Rechtskontrolle**, bei der geprüft wird, ob sich das Regierungshandeln im Rahmen des Rechts bewegt. [...]

Die **„Große Anfrage"**, die von mindestens 5% der Abgeordneten schriftlich einzubringen ist und auf welche die Bundesregierung zu antworten und sich einer Diskussion zu stellen hat, wird ganz überwiegend von der Opposition genutzt. Oppositionelle Große Anfragen dienen der politischen Richtungskontrolle. [...]

Ein grundsätzlich beachtliches Kontrollinstrument stellt schließlich der **parlamentarische Untersuchungsausschuss** dar. Er ist auf Verlangen bereits eines Viertels der Mitglieder des Bundestages einzusetzen. Im Unterschied zu Anfragen zieht mit ihm das Parlament die Informationsbeschaffung an sich, da ein Untersuchungsausschuss wie ein Gericht Zeugenaussagen erzwingen und Auskünfte von Behörden verlangen kann. Gegenstand parlamentarischer Untersuchungsausschüsse sind meist Skandale [...]. Auch Untersuchungsausschüsse werden ganz überwiegend von Oppositionsfraktionen beantragt. Deren Problem besteht freilich darin, dass sie zwar die Einsetzung eines Untersuchungsausschusses erreichen können, die Mehrheit dort jedoch bei Gefolgsleuten der Regierung liegt.

Aus: Wolfgang Rudzio, Das politische System der Bundesrepublik Deutschland, 9. Aufl., Wiesbaden 2015, S. 235 f. (Text leicht ergänzt)

2 Legen Sie die wichtigsten Instrumente oppositioneller Kontrolle und deren Wirkung **dar** (M 16).

3 Nehmen Sie ausgehend von M 14, 15 und 16 **Stellung** zu der weit verbreiteten Ansicht, dass die Opposition die Regierung um des Gemeinwohls willen zu unterstützen habe.

4 Verfolgen Sie über einen längeren Zeitraum die Kontrollaktivitäten der Bundestagsopposition und ordnen Sie sie den drei Richtungen parlamentarischer Kontrolle zu (M 16).

Kanzlerwahl, Regierungssturz und die Herbeiführung von Neuwahlen

MATERIAL 17 — Das Verfahren der Kanzlerwahl

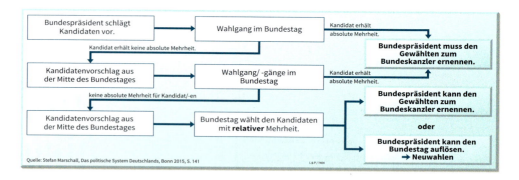

Quelle: Stefan Marschall, Das politische System Deutschlands, Bonn 2015, S. 141

MATERIAL 18 — Kanzlerwahl bei schwierigen Mehrheitsverhältnissen

Vor der nächsten Bundestagswahl spielen Journalisten das folgende Szenario durch:
- Die Wahl ergibt die folgende Verteilung der 598 Sitze im Bundestag: CDU/CSU: 200, SPD: 155, Bündnis 90/Die Grünen: 83, Die Linke: 64, FDP: 62, AfD: 34.
- Zwei Parteien waren mit einem jeweils eigenen „Kanzlerkandidaten" angetreten, nämlich die CDU/CSU und die SPD.

Im Wahlkampf äußerten sich die Parteien zu möglichen Koalitionen wie folgt:
- CDU und CSU favorisieren eine Koalition mit der FDP. Eine Große Koalition mit der SPD lehnen sie aufgrund erheblicher politischer Gegensätze ab. Eine solche Koalition komme nur in „Notzeiten" infrage. Zu den Grünen besteht große Distanz, obwohl es mit diesen seit einigen Jahren auf Landes- und kommunaler Ebene Koalitionen gibt. Ein Zusammengehen mit der Linken lehnen CDU und CSU aufgrund weltanschaulicher Differenzen ab.
- Die SPD möchte mit den Grünen koalieren. Zur FDP besteht große Distanz, wenn auch kein unüberwindlicher Graben. Eine Regierungsbeteiligung der Linken wird nicht angestrebt, aber auch nicht kategorisch ausgeschlossen. Immerhin koaliert die SPD auf Länderebene mit dieser Partei. In der SPD gibt es zudem einige Stimmen, die eine politische Nähe zur Linken sehen. Eine Große Koalition mit CDU/CSU akzeptiert die SPD als allerletzten Notbehelf.
- Die Grünen wollen mit der SPD eine Koalition bilden. Sie sind aber zerspalten darüber, ob dies auch gilt, wenn die Linke an der Regierung beteiligt wird. Eine Koalition mit der CDU/CSU ist unpopulär, wird aber nicht ausgeschlossen. Zur FDP besteht große Distanz.
- Die Linke erklärt ihre Bereitschaft, sich an einer von der SPD geführten Regierung zu beteiligen. Sie ist bereit, einen Kanzlerkandidaten der SPD auch dann zu wählen, wenn sie nicht Koalitionspartner werden sollte. Sie will ebenso eine von der SPD geführte „Minderheitsregierung" tolerieren, wenn diese die „richtige" Politik betreibt.
- Die FDP hält sich mit Koalitionsaussagen zurück und betont ihre Eigenständigkeit. Ihre politischen Aussagen weisen aber eine Nähe zur CDU/CSU und Distanz zur SPD auf. Sie sieht die Grünen als schärfsten politischen Gegner. Auf Landesebene ist sie aber an Koalitionen mit SPD und Grünen beteiligt. Eine Zusammenarbeit mit der Linken ist ausgeschlossen.
- Die AfD erklärt, sich an keiner Koalitionsregierung beteiligen zu wollen.

Autorentext

Die Mehrheit bröckelt – die Mehrheit wechselt: Was nun?

MATERIAL 19

Artikel 68 GG (Vertrauensfrage)
(1) Findet ein Antrag des Bundeskanzlers, ihm das Vertrauen auszusprechen, nicht die Zustimmung der Mehrheit der Mitglieder des Bundestages, so kann der Bundespräsident auf Vorschlag des Bundeskanzlers binnen einundzwanzig Tagen den Bundestag auflösen. Das Recht zur Auflösung erlischt, sobald der Bundestag mit der Mehrheit seiner Mitglieder einen anderen Bundeskanzler wählt.
(2) Zwischen dem Antrage und der Abstimmung müssen achtundvierzig Stunden liegen.

Artikel 67 GG (Misstrauensvotum)
(1) Der Bundestag kann dem Bundeskanzler das Misstrauen nur dadurch aussprechen, dass er mit der Mehrheit seiner Mitglieder einen Nachfolger wählt und den Bundespräsidenten ersucht, den Bundeskanzler zu entlassen. Der Bundespräsident muss dem Ersuchen entsprechen und den Gewählten ernennen.
(2) Zwischen dem Antrage und der Wahl müssen achtundvierzig Stunden liegen.

INFO

„echte" und „unechte" Vertrauensfrage
Die *Vertrauensfrage* ist ein Instrument in den Händen des Bundeskanzlers. Mit ihr kann er prüfen, ob er noch genügend Rückhalt im Bundestag, konkret in den Regierungsfraktionen, besitzt. Der Kanzler wird diese Frage stellen, wenn er sich seiner Mehrheit nicht mehr sicher ist. Seine Absicht ist es, die Regierungsmehrheit zu disziplinieren und damit seine Position zu stabilisieren („echte Vertrauensfrage").

Der Bundeskanzler kann die Vertrauensfrage aber auch nutzen, um eine Neuwahl des Bundestages herbeizuführen. In diesem Falle enthalten sich die Mehrheitsfraktionen (oder Teile davon) ihrer Stimme, obwohl sie den Kanzler eigentlich unterstützen. Da die Oppositionsfraktionen dem Kanzler in aller Regel nicht das Vertrauen aussprechen, geht auf diese Weise die Vertrauensabstimmung verloren, und der Kanzler kann den Bundespräsidenten bitten, den Bundestag aufzulösen. Kritiker sprechen von einer *„unechten Vertrauensfrage"*.

1 **Beschreiben** Sie die Varianten der Kanzlerwahl (M 17).
2 **Ermitteln** Sie Gründe, warum ein mit absoluter Mehrheit gewählter Bundeskanzler den Bundespräsidenten vor eine andere Situation stellt als ein mit relativer Mehrheit gewählter (M 17).
3 **Entwickeln** Sie angesichts der in M 18 geschilderten Situation eine Lösung für den Bundespräsidenten, aus welcher Partei und Koalitionsabsprache er einen Kandidaten zur Wahl des Bundeskanzlers vorschlagen soll.
4 **Erläutern** Sie anhand von M 19 die Artikel 67 und 68 GG.
5 **Erschließen** Sie aus Ihrem Wissen über das parlamentarische Regierungssystem, was im Vorfeld eines Misstrauensvotums im Bundestag geschehen sein muss.
6 **Arbeiten** Sie auf der Basis einer genauen Lektüre von Artikel 68 (M 21) **heraus**, was nach einer verlorenen Vertrauensabstimmung geschehen kann.
7 **Entwickeln** Sie politische Szenarien, die einen Bundeskanzler veranlassen könnten, die echte sowie die unechte Vertrauensfrage zu stellen (Info).

Drei Verfassungsorgane auf dem Prüfstand

MATERIAL 20 Unterminiert der Bundesrat die demokratische Gesetzgebung?

INFO
unterminieren
allmählich aushöhlen, abbauen, zerstören

Nicht wenige hielten die Verknüpfung des Demokratiegebotes mit dem Bundesstaatsprinzip lange Zeit für eine glückliche, ebenso die Freiheit sichernde wie die staatliche Handlungsfähigkeit verbessernde Konstellation. Doch seit Mitte der 1970er-Jahre hat sich in der Politikwissenschaft die Auffassung durchgesetzt, dass bundesstaatlicher Konsenszwang hohe demokratische Kosten erzeugt und effektives Regieren erheblich einschränkt, ja vielfach sogar ausschließt. In der Gesetzgebung haben sich diese Probleme besonders bemerkbar gemacht. Gesetzgebung ist nicht nur „das wichtigste, dem Rechtsstaat angemessene Mittel politischer Steuerung", sondern auch Manifestation des souveränen Volkswillens. In Gesetzen sollte sich daher, so die verbreitete Auffassung, der in Wahlen ermittelte Mehrheitswille widerspiegeln; zudem sollte das Verfahren ausreichend transparent sein, und die Wählerinnen und Wähler sollten erkennen können, wer wofür verantwortlich ist. Schließlich sollte die politische Ordnung sachgerechte und gemeinwohlförderliche Lösungen privilegieren.

Die Gesetzgebung im kooperativen Föderalismus scheint keine dieser Anforderungen zu erfüllen. […] [Es] würde – unterschiedliche Mehrheitsverhältnisse in Bundesrat und Bundestag vorausgesetzt – die Länderkammer regelmäßig von den Parteien, die sich im Bundestag in der Opposition befinden, als politisches „Widerlager" und Blockadeinstrument missbraucht. Damit werde nicht nur der politische Mehrheitswille, wie er in Bundestagswahlen zum Ausdruck komme, unterlaufen, sondern die Länderexekutiven, die im Bundesrat vertreten sind, gewännen einen Einfluss, der ihnen aus demokratischer Perspektive nicht zustehe. […]

Zusammenfassend lassen diese Befunde nur eine Schlussfolgerung zu: Die Funktionsprinzipien des kooperativen Föderalismus unterminieren zentrale demokratische Anforderungen an die Gesetzgebung.

Aus: Werner Reutter, Regieren nach der Föderalismusreform, in: Aus Politik und Zeitgeschichte, B 50/2006, S. 12 f.

MATERIAL 21 Regiert das Bundesverfassungsgericht (BVerfG) mit?

Konrad Adenauer
* 5.1.1876 in Köln
† 19.4.1967 in Rhöndorf
1949–1963 erster Bundeskanzler; 1951–1955 zugleich erster Bundesminister des Auswärtigen

[Das Bundesverfassungsgericht] war noch gar nicht richtig etabliert, da wurde es in den 1950er-Jahren in die Kontroverse um die Wiederbewaffnung der Bundesrepublik Deutschland hineingezogen und drohte, zwischen Regierung und Opposition zerrieben zu werden. Und so ging es weiter: Anfang der 1960er-Jahre scheiterte Konrad Adenauers Projekt eines regierungsnahen Fernsehsenders an der Rechtsprechung in Karlsruhe. […] Konrad Adenauer erklärte daraufhin, das Kabinett habe einstimmig beschlossen, dass das Urteil des BVerfG „falsch" sei. […]

Das setzte sich in der „Verfassungskrise" der 1970er-Jahre fort, als das BVerfG mehrere Reformprojekte der sozialliberalen Mehrheit des deutschen Bundestages stoppte. Die Wehrdienstnovelle, die Reform des Abtreibungsparagrafen des Strafgesetzbuches, die Hochschulmitbestimmung oder auch der Grundlagenvertrag – diese und andere Entscheidungen setzten das BVerfG den Vorwürfen des „Obergesetzgebers", der „Konterkapitäne von Karlsruhe", der „Usurpation [widerrechtliche Inbesitznahme] von evidenten Aufgaben des Gesetzgebers" und der „Entmächtigung des Parlaments" aus. […]

Das Verfassungsgericht war in diesen immer wiederkehrenden Auseinandersetzungen nicht allein passives Objekt politischer und öffentlicher Kritik. Es suchte seinen institutionellen Rang zu behaupten und bestand in solchen Fällen auf seiner Rolle eines „Hüters der Verfassung". In diesem Sinne sah es sich befugt, Regierung und Gesetzgebung in ihre verfassungsmäßigen Schranken zu verweisen. [...]

Es kann heute keinen Zweifel geben, dass das BVerfG ein wichtiger politischer Faktor im Regierungssystem der Bundesrepublik geworden ist. [...] Seine Existenz lässt die Politik anders agieren, weil immer die Möglichkeit des „Gangs nach Karlsruhe" droht, also Gesetze und exekutives Handeln vor den Richterinnen und Richtern in Karlsruhe verhandelt und auch für verfassungswidrig erklärt werden können. [...]

In seiner institutionellen Aufgabenbeschreibung war von Anfang an angelegt, dass das BVerfG mehr als nur ein Schiedsrichter ist, welcher die Einhaltung des politischen Spielregelwerkes überwacht. Die umfassenden Kompetenzen – nicht zuletzt die abstrakte Normenkontrolle – machten es auch zum Streitentscheider, zuweilen zum Streitschlichter, bei Konflikten zwischen Opposition und Regierung, zwischen dem Bund und den Ländern sowie zwischen den Ländern.

Aus: Hans Vorländer, Regiert Karlsruhe mit? Das Bundesverfassungsgericht zwischen Recht und Politik, in: Aus Politik und Zeitgeschichte, B 35–36/2011, S. 15 ff.

Wozu brauchen wir eigentlich einen Bundespräsidenten?

MATERIAL 22

Was [...] spricht dagegen, [...] die Bedeutung des Bundespräsidentenamtes kritisch zu hinterfragen?

Der Bundespräsident ernennt und entlässt die Mitglieder des Bundeskabinetts [...]. Nur hat er hierbei keinen eigenen politischen Gestaltungswillen, dies passiert nur auf Vorschlag des Bundeskanzleramtes. Diese Ernennungen und Entlassungen könnte auch der Präsident des Bundesrates [...] durchführen.

Bundesgesetze treten erst dann in Kraft, wenn sie [...] vom Bundespräsidenten unterschrieben und im Bundesgesetzblatt veröffentlicht wurden. Was spricht dagegen, wenn der Präsident des Deutschen Bundestages die Gesetze unterschreiben würde? Dies würde sogar die Bedeutung des höchsten deutschen Parlamentes steigern, dessen Gesetzgebungskompetenzen in der Vergangenheit im Zuge der Verlagerung politischer Entscheidungsprozesse nach Brüssel in EU-Gremien immer mehr abgenommen haben. [...]

Der Bundespräsident vertritt die Bundesrepublik gegenüber dem Ausland. Das stimmt, jedoch vertritt er sie nur repräsentativ. Völkerrechtlich verbindliche Verträge abzuschließen ist ihm untersagt, die dazu notwendigen exekutiven Befugnisse bleiben den Bundesministern und der Kanzlerin/dem Kanzler vorbehalten. [...]

Was also spricht gegen eine Abschaffung dieses hoch dotierten, jedoch politisch bedeutungslosen Amtes? Die politischen Entscheidungsprozesse könnten sogar gestrafft werden, ein politisches Vakuum würde nicht entstehen.

Rolf Netzmann, Wozu brauchen wir eigentlich einen Bundespräsidenten? In: Der Freitag. Das Meinungsmedium vom 04.01.2012. In: https://www.freitag.de/autoren/betrachter/wozu-brauchen-wir-eigentlich-einen-bundespraesidenten (Zugriff am 27.12.2017)

1 **Setzen** Sie sich mit der These von M 20 **auseinander**, dass der Bundesrat die Anforderungen des Demokratiegebotes an die Gesetzgebung unterminiert.

2 **Erörtern** Sie unter Bezug auf M 21, in welcher Weise sich die politischen Machtverhältnisse ändern würden, wenn das Bundesverfassungsgericht abgeschafft würde.

3 **Diskutieren** Sie ausgehend von M 22, ob man auf das Amt des Bundespräsidenten verzichten könnte. Beziehen Sie dabei M 17, M 18 sowie M 19 in Ihre Überlegungen ein.

4 **Überprüfen** Sie M 20 bis M 22 daraufhin, welche Aussagen darin deskriptiv und welche präskriptiv sind.

5 **Bewerten** Sie die drei Institutionen Bundesrat, Bundesverfassungsgericht und Bundespräsident nach den Kriterien der Effizienz und Legitimität (M 20 bis M 22). **Entwickeln** Sie weitere Kriterien, nach denen man die Institutionen sinnvoll bewerten kann.

QUERVERWEIS
Unterscheidung deskriptiver und präskriptiver Aussagen
S. 69

WISSEN KOMPAKT

Gesetzgebung
Die Gesetzgebung obliegt nicht allein dem Parlament (Bundestag). Vielmehr sind fünf Verfassungsorgane daran beteiligt, nämlich neben dem **Bundestag** noch der **Bundesrat**, die **Bundesregierung** und der **Bundespräsident**. Zwar beschließt der Bundestag die Gesetze. Er muss sie danach aber dem Bundesrat zuleiten. Abhängig vom Gesetzesinhalt kann der Bundesrat seine Zustimmung erteilen bzw. verweigern oder einen Einspruch erheben bzw. darauf verzichten. Um eine Einigung zwischen Bundestag und Bundesrat zu ermöglichen, können Bundesregierung, Bundestag oder Bundesrat die Einberufung des **Vermittlungsausschusses** verlangen. Die Bundesregierung hat neben Bundestag und Bundesrat das Recht, Gesetzesvorlagen in den Bundestag einzubringen. Endgültig beschlossene Gesetze werden vom Bundespräsidenten ausgefertigt, d.h. unterzeichnet. Auch der Bundeskanzler und der sachlich zuständige Bundesminister unterzeichnen. Sie übernehmen damit die politische Verantwortung für die Unterschrift des Bundespräsidenten.

Medienwirklichkeit
Medien konstruieren eine Wirklichkeit, die sich von der sogenannten **Operationswirklichkeit** unterscheidet, d. h. der Wirklichkeit, in der die Menschen sich bewegen. Die **Medienwirklichkeit** übt einen starken Einfluss auf die Wahrnehmungen der Menschen aus. Der Einfluss der Medien zeigt sich vor allem darin, dass sie die Themen der öffentlichen Diskussion bestimmen (**agenda-setting**). Typisch für die Medien sind der Negativismus, die Tendenz zur Skandalisierung und die Verkürzung der Wirklichkeit auf das Anschauliche.

Parlamentarisches Regierungssystem
Typisch für das parlamentarische Regierungssystem ist die Abhängigkeit der Regierung von der Unterstützung durch die Parlamentsmehrheit. Der Regierung und der sie stützenden **Regierungsmehrheit** im Parlament steht die **Opposition** gegenüber. Während die Parlamentarier der Regierungsmehrheit die Regierung allenfalls intern, hinter verschlossenen Türen, kritisieren, tut dies die Opposition öffentlich. Sie vor allem setzt auch das Instrumentarium der **Kontrollmöglichkeiten** ein. Dazu gehören insbesondere die Großen Anfragen und die Einsetzung parlamentarischer Untersuchungsausschüsse.

Bundeskanzlerwahl
Der Bundeskanzler bedarf zu seiner Wahl der **absoluten Mehrheit** der Mitglieder des Bundestages, also nicht nur der an der Wahl teilnehmenden Abgeordneten. Nur wenn dies nach mehreren Versuchen nicht klappt, ist gewählt, wer die meisten Stimmen erhält. Da eine solche Mehrheit aber ein Zeichen dafür ist, dass der Gewählte sich auf weniger als die Hälfte des Parlaments stützen kann und damit keine Gewähr für die Durchsetzung seines politischen Programms besteht, hat der Bundespräsident die Alternative, den Gewählten entweder zu ernennen oder den Bundestag in der Hoffnung aufzulösen, dass eine **Neuwahl** klare Mehrheitsverhältnisse bringen wird.

Vertrauensfrage
Der Bundeskanzler hat die Möglichkeit, die **Vertrauensfrage** zu stellen, wenn er sich nicht mehr sicher ist, ob die Mehrheit des Parlaments noch hinter ihm steht und sein politisches Programm unterstützt. Verliert er die Vertrauensfrage, kann er den Bundespräsidenten bitten, den Bundestag aufzulösen und damit Neuwahlen zu veranlassen. Er muss dies aber nicht tun. Er kann auch einfach weiterregieren. Schließlich bleibt ihm auch die Möglichkeit, vom Amt zurückzutreten.

Konstruktives Misstrauensvotum
Der Bundestag kann während einer Legislaturperiode einen neuen Kanzler wählen. Sofern der bisherige Kanzler nicht zuvor zurücktritt, bedeutet die Wahl (Vertrauensvotum) des neuen Kanzlers zugleich die Abwahl (Misstrauensvotum) des alten Kanzlers. Ein Misstrauensvotum wäre destruktiv, wenn es nur in der Abwahl des Kanzlers bestünde. Es ist aber konstruktiv, da die **Abwahl mit einer Neuwahl verknüpft** ist. Es kommt mithin zu keiner kanzlerlosen Zeit.

2.4 Die freiheitliche demokratische Grundordnung

Nach dem Zweiten Weltkrieg und damit nach der nationalsozialistischen Schreckensherrschaft entwarfen die Politiker in Deutschland eine politische Ordnung, die eine Alternative zu jeder Form von Diktatur darstellt. Mit dem Grundgesetz (GG) schufen sie eine Verfassung, in deren Zentrum die freiheitliche demokratische Grundordnung (FDGO) steht. Gleich zu Beginn erklärt das Grundgesetz die Menschenrechte zum bindenden Fundament der Politik. Aus den Menschenrechten leitet es **Grundrechte** in Gestalt von Freiheits- und Gleichheitsrechten ab.

Merkmale der vom Grundgesetz begründeten **Demokratie** sind freie Wahlen, die Konkurrenz zwischen Parteien, das bei Abstimmungen geltende Mehrheitsprinzip, das Recht auf Opposition und der Gedanke, dass die Regierung sich vor dem Volk verantworten muss.

Neben dem Demokratieprinzip zählt auch das **Rechtsstaatsprinzip** zur politischen Ordnung. „Rechtsstaat" bedeutet, dass das Recht der Politik Grenzen setzt. In einem Rechtsstaat können Politiker also nicht einfach machen, was sie wollen. Prominentester Ausdruck des Rechtsstaatsprinzips sind die Grundrechte. Besonders wichtig ist ebenfalls die Gewaltenteilung, die die Staatsgewalt dadurch mäßigt, dass sie auf mehrere Organe verteilt wird. Für den Einzelnen gewährleistet das Rechtsstaatsprinzip Rechtssicherheit und einen persönlichen Freiheitsraum.

> **Basiswissen**
>
> **Demokratie:** Demokratie bedeutet wörtlich „Herrschaft des Volkes". Sie grenzt sich prinzipiell ab von zwei anderen Herrschaftsformen, in denen entweder nur einer (Monarchie) oder eine kleine, sich als elitär begreifende Gruppe (Aristokratie) regiert. Eine berühmte, aus Amerika stammende Definition bezeichnet die Demokratie als „government of the people, by the people and for the people". Das heißt, dass die Herrschaft aus dem Volk hervorgeht, mithin Ausdruck seines Willens ist, dass sie durch das Volk oder seine Vertreter ausgeübt wird und dass ihr Zweck die Förderung des Wohles des Volkes ist.
>
> **Streitbare Demokratie:** Die streitbare Demokratie ist das Ergebnis der Erfahrungen in der Weimarer Republik, als die Feinde der Demokratie sich ungehindert politisch entfalten konnten. Die streitbare Demokratie liefert sich hingegen ihren Feinden nicht schutzlos aus. Sie räumt ihnen nicht die Freiheit ein, sie zu zerstören. Das Grundgesetz listet eine Reihe von Handhaben zum Schutze der freiheitlichen demokratischen Grundordnung auf. So kann ein Einzelner seine Grundrechte verwirken. Vereinigungen können verboten werden. Schließlich kann das Verfassungsgericht auch Parteien verbieten. Hiervon ist bislang zweimal Gebrauch gemacht worden: 1952 wurde die rechtsextremistische Sozialistische Reichspartei (SRP), 1956 die linksextremistische Kommunistische Partei Deutschlands (KPD) verboten.
>
> **Totalitäre Diktatur:** In einer Diktatur hat eine Person oder eine Gruppe die staatliche Macht monopolisiert und übt sie unbeschränkt aus. Es gibt keine Gewaltenteilung. Eine Opposition ist strikt verboten. Das Recht gilt nicht unverbrüchlich. Das Volk hat keine friedlichen Möglichkeiten, die Herrschenden abzusetzen. Eine Diktatur ist totalitär, wenn zusätzlich das gesamte politische, gesellschaftliche und kulturelle Leben zentralisiert, von einer bestimmten Ideologie reglementiert und von den Herrschenden kontrolliert wird.

GLOSSAR
Diktatur
Grundgesetz
Rechtsstaat

1 **Begründen** Sie, inwiefern die im Einleitungstext genannten Prinzipien von Demokratie und Rechtsstaat für Sie persönlich von Bedeutung sind.

Merkmale einer freiheitlichen Demokratie

MATERIAL 1 — Forderungen an die künftige Verfassung (Carlo Schmid, SPD)

Carlo Schmid
*3.12.1896 in Perpignan, Languedoc-Roussillon, Frankreich
†11.12.1979 in Bad Honnef
Staatsrechtler, Politikwissenschaftler sowie bekannter SPD-Politiker der Nachkriegszeit; 1948/49 Mitglied des Parlamentarischen Rates, der das Grundgesetz erarbeitete; 1949 bis 1972 Bundestagsabgeordneter

GLOSSAR
Parlamentarischer Rat

Meine Damen und Herren! Es ist uns aufgegeben, ein Grundgesetz zu machen, das demokratisch ist und ein Gemeinwesen föderalistischen Typs errichtet. Welche allgemeinen
5 Inhalte muss danach das Grundgesetz haben, wenn diesen Auflagen Gerechtigkeit erwiesen werden soll? [...]
Das Erste ist, dass das Gemeinwesen auf die allgemeine Gleichheit und Freiheit der Bürger
10 gestellt und gegründet sein muss, was in zwei Dingen zum Ausdruck kommt. Einmal im rechtsstaatlichen Postulat, dass jedes Gebot und jedes Verbot eines Gesetzes bedarf und dass dieses Gesetz für alle gleich sein
15 muss; und zweitens durch das volksstaatliche Postulat, dass jeder Bürger in gleicher Weise an dem Zustandekommen des Gesetzes teilhaben muss. [...] Das Zweite, was verwirklicht sein muss, [...] ist das Prinzip der Teilung der Gewalten. [...] Es bedeutet, dass die 20 drei Staatsfunktionen – Gesetzgebung, ausführende Gewalt und Rechtsprechung – in den Händen gleichgeordneter, in sich verschiedener Organe liegen, [...] damit sie sich gegenseitig kontrollieren und die Waage halten 25 können. [...] Als drittes Erfordernis für das Bestehen einer demokratischen Verfassung gilt im Allgemeinen die Garantie der Grundrechte. [...] Der Staat soll nicht alles tun, was ihm gerade bequem ist, wenn er nur 30 einen willfährigen Gesetzgeber findet, sondern der Mensch soll Rechte haben, über die auch der Staat nicht soll verfügen können. Die Grundrechte müssen das Grundgesetz regieren; sie dürfen nicht nur ein Anhängsel 35 des Grundgesetzes sein, wie der Grundrechtskatalog von Weimar ein Anhängsel der Verfassung gewesen ist.

Aus: Rede Carlo Schmids im Parlamentarischen Rat, Plenum, 2. Sitzung vom 8.9.1948, S. 13 f.

MATERIAL 2 — Im Zentrum des Grundgesetzes: Artikel 1 und 20

Artikel 1 GG
(1) Die Würde des Menschen ist unantastbar. Sie zu achten und zu schützen ist Verpflichtung aller staatlichen Gewalt.
5 **(2)** Das Deutsche Volk bekennt sich darum zu unverletzlichen und unveräußerlichen Menschenrechten als Grundlage jeder menschlichen Gemeinschaft, des Friedens und der Gerechtigkeit in der Welt.
10 **(3)** Die nachfolgenden Grundrechte binden Gesetzgebung, vollziehende Gewalt und Rechtsprechung als unmittelbar geltendes Recht.

Kommentar
15 Artikel 1 gehört zu den „tragenden Konstitutionsprinzipien", die alle Bestimmungen des Grundgesetzes beherrschen [...], und gibt Staatsziele vor. Er enthält den Schutzauftrag an den Staat, den Einzelnen gegen Angriffe 20 durch Dritte in seiner Würde zu schützen.

Drei Aussagen sind von elementarer Bedeutung: erstens die Unantastbarkeit der Würde des Menschen als höchster Rechtswert [...], der den Mittelpunkt des Wertsystems des Grundgesetzes bildet [...], zweitens 25 das Bekenntnis zu den Menschenrechten als Grundlage jeder menschlichen Gemeinschaft und drittens die Bindung von Gesetzgebung, vollziehender Gewalt und Rechtsprechung an die Grundrechte als unmittelbar geltendes 30 Recht. [...]
In der Wertordnung des Grundgesetzes ist die Menschenwürde der oberste Wert [...]. Damit entscheidet sich das Grundgesetz zugleich gegen die Vorstellung vom unbedingten 35 **Primat** des Staates (Absage an den Totalitarismus).

INFO
Primat
Vorrang

Artikel 20 GG
(1) Die Bundesrepublik Deutschland ist ein demokratischer und sozialer Bundesstaat.
(2) Alle Staatsgewalt geht vom Volke aus. Sie wird vom Volke in Wahlen und Abstimmungen und durch besondere Organe der Gesetzgebung, der vollziehenden Gewalt und der Rechtsprechung ausgeübt.
(3) Die Gesetzgebung ist an die verfassungsmäßige Ordnung, die vollziehende Gewalt und die Rechtsprechung sind an Gesetz und Recht gebunden.
(4) [...]

Kommentar
(1) Mit den Worten „**Bundesrepublik Deutschland**" wird der Name des deutschen Staatswesens bestimmt und [...] zugleich auch die republikanische Staatsform verankert. [...] Das Wort „demokratisch" legt die Art der Republik [...] fest und bedeutet, dass die Staatsgewalt der Bundesrepublik Deutschland nicht in der Hand eines Einzelnen, einer Gruppe, einer oder mehrerer Parteien oder sonstiger Verbände, eines Standes, Berufs, einer Klasse, Religionsgemeinschaft, Nationalität oder Rasse, sondern beim Gesamtvolk liegen soll. [...]
(2) [Absatz 2] Satz 1 formuliert das Grundprinzip der demokratischen Staatsform, die sogenannte Volkssouveränität, das **Letztbestimmungsrecht des Volkes über den Staatswillen**. [...] Der Grundsatz der Volkssouveränität fordert, dass das Volk einen effektiven Einfluss auf die Ausübung der Staatsgewalt durch die Organe der Gesetzgebung, der vollziehenden Gewalt und der Rechtsprechung hat [...].
(3) Absatz 3 bindet die gesetzgebende Gewalt an die verfassungsmäßige Ordnung, die vollziehende Gewalt und die Rechtsprechung an Gesetz und Recht. Die damit verfügte Unterwerfung der gesamten Staatsgewalt unter das Recht ist Kern des Rechtsstaatsprinzips.

Beide Kommentare aus: Michael Antoni, in: Dieter Hömig/Heinrich Amadeus Wolff, Grundgesetz für die Bundesrepublik Deutschland, Handkommentar, 11. Aufl., Baden-Baden 2016, S. 54, 281, 286 f.

Die FDGO in der Definition des Bundesverfassungsgerichts

MATERIAL 3

So lässt sich die freiheitliche demokratische Grundordnung [FDGO] als eine Ordnung bestimmen, die unter Ausschluss jeglicher Gewalt- und Willkürherrschaft eine rechtsstaatliche Herrschaftsordnung auf der Grundlage der Selbstbestimmung des Volkes nach dem Willen der jeweiligen Mehrheit und der Freiheit und Gleichheit darstellt. Zu den grundlegenden Prinzipien dieser Ordnung sind mindestens zu rechnen:
- die Achtung vor den im Grundgesetz konkretisierten Menschenrechten, vor allem vor dem Recht der Persönlichkeit auf Leben und freie Entfaltung
- die Volkssouveränität
- die Gewaltenteilung
- die Verantwortlichkeit der Regierung
- die Gesetzmäßigkeit der Verwaltung
- die Unabhängigkeit der Gerichte
- das Mehrparteienprinzip und
- die Chancengleichheit für alle politischen Parteien mit dem Recht auf verfassungsmäßige Bildung und Ausübung einer Opposition.

Aus: Bundesverfassungsgericht – Entscheidungen (BVerfGE), Bd. 2, S. 14 f. (SRP-Urteil von 1952)

1 **Stellen** Sie die Forderungen Schmids an die zukünftige Verfassung **dar** (M 1).
2 **Erläutern** Sie Schmids Forderungen vor ihrem historischen Hintergrund (S. 129).
3 **Entwickeln** Sie Vorschläge, wie Schmids Ideen umgesetzt werden könnten (M 1).
4 **Prüfen** Sie, inwieweit Artikel 1 und 20 GG (M 2) den Vorschlägen Schmids entsprechen.
5 **Entwerfen** Sie die Umrisse einer politischen Ordnung, die das Gegenteil der freiheitlichen demokratischen Grundordnung (M 3) verkörpert. **Beurteilen** Sie, wie das persönliche und politische Leben der Menschen in einer solchen Ordnung beschaffen ist.

Mehrparteiensystem und Oppositionsfreiheit

MATERIAL 4

Die Verankerung des Mehrparteiensystems im Grundgesetz

GLOSSAR
Pluralismus
Opposition

Artikel 21 GG
(1) Die Parteien wirken bei der politischen Willensbildung mit. Ihre Gründung ist frei. Ihre innere Ordnung muss demokratischen Grundsätzen entsprechen. [...]

Kommentar
Die grundgesetzliche Demokratie ist eine Mehrparteiendemokratie. Die Parteien (Mehrzahl!) wirken nach Art. 21 Abs. 1 Satz 1 an der politischen Willensbildung des Volkes mit. Erst durch den freien Wettbewerb der Parteien wird Demokratie möglich. In erster Linie durch die Gründungsfreiheit (Art. 21 Abs. 1 Satz 2) garantiert das Grundgesetz das Mehrparteienprinzip. Die Verfassung setzt auf die Unterschiedlichkeit der individuellen und gesellschaftlichen Meinungen, Interessen und Bedürfnisse und gewährleistet ihnen die Freiheit der Organisation in miteinander konkurrierenden politischen Vereinigungen. Staatliche Maßnahmen zur Unterbindung oder Beschränkung der Freiheit und Chancengleichheit des Parteienwettbewerbs sind [...] grundsätzlich unzulässig. Das gilt zum Beispiel für Gesetze, die die Zahl der Parteien begrenzen oder dazu ermächtigen, nur wenigen Parteien die Teilnahme an Wahlen zu erlauben. Die staatliche Zusammenfassung einer formal geduldeten Mehrzahl von Parteien zu einem Block – mit wie in der ehemaligen DDR vorgegebenem Wahlergebnis – wäre verfassungswidrig.

Aus: Hans Hugo Klein in: Maunz/Dürig, Kommentar zum Grundgesetz, München 2014, Art. 21, Rn. 174 f.

MATERIAL 5

Oppositionsfreiheit als Ausdruck politischer Freiheit

QUERVERWEIS
Die Funktionsweise des parlamentarischen Regierungssystems
S. 122 f.

In einem politischen System ist die Realisierbarkeit politischer Freiheit weitgehend bedingt durch die Entfaltungsmöglichkeit und Realisierbarkeit politischer Opposition. Die Geschichte politischer Freiheit ist zugleich die Geschichte der Organisations- und Wirkungsmöglichkeiten politischer Opposition, das heißt der als legitim erachteten Möglichkeit, öffentlich Gegenposition zu beziehen und für deren Beachtung und Unterstützung werben zu können. Opponieren („in Opposition stehen" bzw. „Opposition betreiben") heißt sich entgegenstellen, Gegenpositionen beziehen. [...] Die Legitimierung und Legalisierung der Möglichkeit einer politischen Minderheit, sich als Opposition zu formieren und unter Wahrung der Verfassungsgrundsätze einen Regierungswechsel herbeizuführen, gehören zu den bedeutsamsten Leistungen der modernen Verfassungsgeschichte.

Aus: Winfried Steffani, Opposition, in: Hans-Helmut Röhring/Kurt Sontheimer, Handbuch des deutschen Parlamentarismus, München 1970, S. 314 f., 319

1. **Stellen** Sie anhand von M 4 **dar**, warum nach Überzeugung des Grundgesetzes Demokratie erst durch das Mehrparteienprinzip möglich wird.
2. **Fassen** Sie die Aussagen von M 5 und M 6 thesenartig **zusammen.**
3. **Entwerfen** Sie unter Rückgriff auf M 5 und M 6 eine Argumentation, die den Zusammenhang von Freiheit, Demokratie und Opposition verdeutlicht.
4. **Arbeiten** Sie aus M 7 das dort gezeichnete Bild von Opposition und politischem Prozess **heraus** und **vergleichen** Sie es mit dem von M 5 und M 6.

Das der Opposition zugrunde liegende Demokratieverständnis

MATERIAL 6

In der parlamentarischen Demokratie [...] ist die Opposition nicht ein mehr oder minder zufälliger Zusammenschluss von Unzufriedenen, die der Regierung eins auswischen wollen oder die mit dem Mittel des Bürgerkrieges oder eines Staatsstreiches durch Beseitigung der heutigen Machthaber selbst an die Macht kommen wollen. Dort ist sie ein Faktor – und zwar ein dauernder institutioneller Faktor –, der bei der Bildung des Staatswillens ebenso beteiligt ist wie die Regierung und die Parteien, die sie tragen. Ebenso, das heißt nicht: in gleicher Weise, sondern es heißt: mit gleichen Chancen und mit gleichen Rechten. In der parlamentarischen Demokratie will die Opposition die Regierung und ihre Parteien zwar von der Macht bringen, aber sie lässt ihnen die Chance, morgen wieder an die Macht zu kommen. Opposition und Regierung bedingen sich gegenseitig, sie müssen einander gegenseitig wollen. Wenn es sie nicht gäbe, müssten sie sich erfinden. [...]

Das Grundprinzip des Parlamentarismus ist, jeder Gruppe die Chance zu geben, an die Macht zu kommen; während es Demokratien **jakobinischen** Charakters darauf ankommt, eine bestimmte Meinung als „wahr" zu definieren und darum jeder anderen Meinungsgruppe die Chance zu nehmen, zum Zuge zu kommen. Die Meinung, dass für das Funktionieren einer parlamentarischen Demokratie eine fest zusammenhängende Opposition nötig sei, ist im Grunde nichts anderes als der Ausfluss der Überzeugung, dass der politische Prozess notwendig **dialektisch** ist. Das politisch „Richtige" geht im Gegensatz zum wissenschaftlich Wahren nicht aus logischen Schlussfolgerungen – etwa eines Rates der Weisen – hervor, sondern bildet sich als Resultante einander entgegengesetzter Kraftströme, also etwa in der Art der Diagonale im Parallelogramm der Kräfte.

> **INFO**
>
> **Jakobinismus**
> Einstellung der Mitglieder des radikalsten politischen Clubs der Französischen Revolution: absolute Gewissheit von der Richtigkeit der eigenen Position; Unduldsamkeit gegenüber anderen Auffassungen
>
> **dialektisch**
> hier: aus der Austragung von Gegensätzen bestehend

Aus: Carlo Schmid, Die Opposition als Staatseinrichtung, in: Hans-Gerd Schumann (Hrsg.), Die Rolle der Opposition in der Bundesrepublik Deutschland, Darmstadt 1976, S. 53 f., 60 f.

Die Systemwidrigkeit von Opposition in der ehemaligen DDR

MATERIAL 7

Nach parteioffizieller Auffassung besitzt in der DDR die Opposition keine Basis: „In sozialistischen Staaten existiert für eine Opposition keine objektive politische oder soziale Grundlage." (Kleines Politisches Wörterbuch, Berlin [Ost], S. 652) Da der Staat der Sozialistischen Einheitspartei (SED) die Herrschaft des Volkes zu verkörpern und seinen politischen Willen zu verwirklichen vorgibt, richtet sich nach dieser Logik jede Opposition prinzipiell gegen das Volk selbst, d. h., sie ist in der DDR „systemwidrig". [...]
Unter den gegebenen politisch-ideologischen Voraussetzungen ist der Volkskammer und den örtlichen Volksvertretungen in der DDR, obwohl sie sich aus Abgeordneten verschiedener Fraktionen (SED, **Blockparteien**, wichtigste Massenorganisationen) zusammensetzen, eine parlamentarische Opposition fremd. Bereits bei der Gründung der DDR hieß es: „Es darf keine verantwortungslose Opposition im Parlament der neuen deutschen Demokratie geben, die ihre ganze Funktion nur darin sieht, Obstruktion zu treiben. Es darf sich keine Partei oder Organisation, wenn sie ihre Listen zur Parlamentswahl einreicht, vor der Mitarbeit und Mitverantwortung in der Regierung drücken."

> **INFO**
>
> **Blockparteien**
> Ost-CDU, LDPD (Liberal-Demokratische Partei Deutschlands), NDPD (National-Demokratische Partei Deutschlands), DBD (Demokratische Bauernpartei Deutschlands); diese Parteien wurden 1949-1952 ideologisch entmündigt und politisch gleichgeschaltet.

Aus: Opposition und Widerstand, in: Bundesministerium für innerdeutsche Beziehungen (Hrsg.), DDR-Handbuch, Band 2, 3. Aufl., Köln 1985, S. 954 f.

Gewaltenteilung

MATERIAL 8

Herrschaftsmäßigung – der Sinn der Gewaltenteilung

GLOSSAR
Gewaltenteilung
Macht

INFO
Tyrannis
Gewaltherrschaft

QUERVERWEIS
Ernst Fraenkel
S. 146 f., M 7 u. Info

Die Gewaltenteilung gilt seit jeher als ein Mittel zur Bändigung hoheitlicher Macht. Diese Bändigung wird als notwendig angesehen, weil jede Macht die Tendenz hat, sich
5 auszudehnen, wenn sie nicht in Schranken gehalten wird. [...]
Im Kern bedeutet Gewaltenteilung, dass die Fülle der staatlichen Macht weder bei einer einzigen Person noch auch nur bei einem
10 einzigen Staatsorgan liegen, sondern auf mehrere Staatsorgane und damit auf mehrere Personen oder Personengruppen verteilt sein soll. [...]
Folge der Gewaltenteilung ist ein **kompli-
15 ziertes Regierungssystem**. Die Willensbildung und die Entscheidungsfindung sind im Geflecht der Organe mit ihren gegenseitigen Einflussnahmen, Einspruchsmöglichkeiten und Kontrollinstrumenten mühselig und
20 zeitaufwendig. Aber dies ist keine Schwäche, sondern Absicht. Auf diese Weise werden die Folgen jeder Entscheidung mehrfach und aus verschiedenen Blickwinkeln geprüft. Langatmige, in der Regel kompromissorien-
25 tierte Entscheidungsprozesse kommen damit der Sicherung der individuellen Freiheit zugute.
Hinter der Gewaltenteilungsidee steht letztlich die „Erkenntnis, dass es das kennzeich-
30 nende Merkmal einer jeden **Tyrannis** ist, ein möglichst simples Regierungssystem zu errichten, und dass es das kennzeichnende Merkmal eines jeden freiheitlichen Rechtsstaates ist, dass er [...] ein bewusst kompli-
35 ziertes Regierungssystem errichtet" (Ernst Fraenkel).

Aus: Joachim Detjen, Die Werteordnung des Grundgesetzes, Wiesbaden 2009, S. 251 f.

MATERIAL 9

Machtbalancierung mittels geteilter und kontrollierter politischer Macht

Im Kern geht es bei der Gewaltenverschränkung [...] darum, dass die Organe auf verschiedene Weise zusammengebracht werden. So entsteht ein System der Macht-
5 hemmnisse und der Machtbalancierung. Dem Missbrauch von Macht wird vorgebeugt, indem Kooperationszwänge und Kontrollmechanismen den Aktionsradius der Organe bremsen.
10 Das Grundgesetz kennt zwei Formen einer solchen Gewaltenverschränkung, nämlich die geteilte politische Macht sowie die kontrollierte politische Macht.
Geteilte politische Macht meint, dass die
15 Erfüllung einer Staatsfunktion mehreren Organen zugewiesen ist. Das zwingt zur Zusammenarbeit. Denn die Erfüllung der betreffenden Funktion hängt davon ab, dass jedes beteiligte Organ seinen Teil beiträgt
20 oder seine Zustimmung erteilt. Dies hat den Vorteil, dass kein Organ einfach seinen Willen verwirklichen kann. Es muss auf die anderen Organe Rücksicht nehmen. Geteilte politische Macht bedeutet folglich, dass die
25 Vorstellungen der beteiligten Organe Berücksichtigung bei der Gestaltung der Politik finden. Weil dabei aber kein Organ einem anderen Organ seinen Willen aufzwingen kann, besteht das Ergebnis in einer **kompromiss-
30 orientierten**, d. h. gemäßigten Politik. [...]
Kontrollierte politische Macht bedeutet, dass ein Organ durch ein anderes Organ zur politischen Rechenschaft, gegebenenfalls sogar zur rechtlichen Verantwortung gezogen
35 werden kann. Hierfür gibt es vielfältige Instrumentarien. [...] So liegt kontrollierte politische Macht bereits vor, wenn ein Organ von einem anderen Organ dazu gezwungen wird, in einer Angelegenheit tätig zu werden. Kon-
40 trollierte politische Macht kann aber auch ein ganz anderes Gewicht haben. Das ist der Fall, wenn durch die Ausübung dieser Kon-

trolle ein Organ an der Verfolgung seiner Politik gehindert oder gar in seinem Bestand aufgelöst wird.

Ob kontrollierte politische Macht aktiviert wird, hängt vom Ermessen des kontrollierenden Organs oder von Anträgen Dritter ab. Der Einsatz dieses Instrumentes ist insofern Ausdruck der politischen Eigenständigkeit der Organe. Die gewollte Wirkung der kontrollierten politischen Macht besteht in **Kooperationswilligkeit und gemäßigtem Machtgebaren der Organe**. Weil Kontrollinstrumente unangenehm sein oder zu negativer Medienresonanz führen können, versuchen die Organe, ihre Anwendung auf sich zu vermeiden.

Nach: Joachim Detjen, Die Werteordnung des Grundgesetzes, Wiesbaden 2009, S. 263 f.

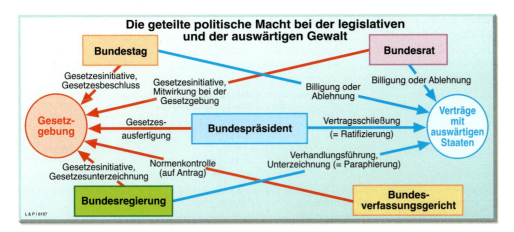

Gewaltenverschränkung im Grundgesetz

MATERIAL 10

Artikel 43 GG
(1) Der Bundestag und seine Ausschüsse können die Anwesenheit jedes Mitgliedes der Bundesregierung verlangen. [...]
Artikel 58 GG
Anordnungen und Verfügungen des Bundespräsidenten bedürfen zu ihrer Gültigkeit der Gegenzeichnung [= Unterschrift als Zeichen des Einverständnisses] durch den Bundeskanzler oder durch den zuständigen Bundesminister. [...]
Artikel 61 GG
(1) Der Bundestag oder der Bundesrat können den Bundespräsidenten wegen vorsätzlicher Verletzung des Grundgesetzes oder eines anderen Bundesgesetzes vor dem Bundesverfassungsgericht anklagen. [...]
Artikel 81 GG
(1) Wird im Falle des Artikels 68 [= gescheiterte Vertrauensfrage des Bundeskanzlers] der Bundestag nicht aufgelöst, so kann der Bundespräsident auf Antrag der Bundesregierung mit Zustimmung des Bundesrates für eine Gesetzesvorlage den Gesetzgebungsnotstand erklären, wenn der Bundestag sie ablehnt, obwohl die Bundesregierung sie als dringlich bezeichnet hat. [...]

1. **Fassen** Sie die Aussagen von M 8 **zusammen**.
2. **Entwerfen** Sie die Grundzüge eines „simplen Regierungssystems", das gemäß M 8 (Zeile 30 f.) eine Tyrannis kennzeichnet.
3. **Arbeiten** Sie aus M 9 die Funktionsweisen der geteilten und der kontrollierten politischen Macht **heraus**.
4. **Prüfen** Sie, ob in den in M 10 aufgeführten Grundgesetzbestimmungen geteilte oder kontrollierte politische Macht vorliegt.

Grundrechte

MATERIAL 11

Systematik der Grundrechte

GLOSSAR
Grundrechte
Menschenrechte

Die Grundrechte sind entweder Freiheits- oder Gleichheitsrechte.

Die Freiheitsrechte kann man in drei Gruppen unterteilen. Die persönlichen Freiheitsrechte gewährleisten dem Einzelnen einen Schutzraum, in dem er sich entfalten kann. Der Staat hat diesen Raum zu respektieren und zu schützen. Die politischen Mitwirkungsrechte gewährleisten dem Einzelnen eine Beteiligung an der politischen Meinungs- und Willensbildung. Die wirtschaftlichen Freiheitsrechte sorgen dafür, dass wirtschaftliches Handeln in Freiheit stattfinden kann.

Autorentext

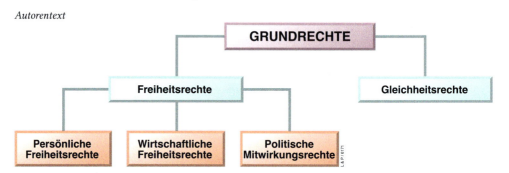

MATERIAL 12

Welche Grundrechte sollten eingeführt werden?

„Dass jeder Mensch alles tun kann, was er will, ohne dafür benachteiligt zu werden."
Marc (15)

„Dass jeder das Recht auf eine Lehrstelle hat, unabhängig von den Zeugnisnoten."
Marcel (13)

„Das Recht, dass Kinder bei einer Scheidung schon ab acht Jahren bestimmen können, zu welchem Elternteil sie möchten."
Heide (17)

„Das Grundrecht, dass niemand zur Arbeit gezwungen werden sollte, sollte teilweise aufgehoben werden. Meiner Meinung nach würde die Arbeitslosigkeit somit sinken."
Bettina (16)

Aus: PZ Nr. 96 (Dezember 1998), hrsg. von der Bundeszentrale für politische Bildung, S. 6f.

GLOSSAR
www.gesetze-im-internet.de/gg/
Grundgesetz im Internet

1. **Analysieren** Sie die Artikel 1 bis 14, 16 bis 17 sowie 33 und 38 GG auf die in ihnen enthaltenen Grundrechte. **Ordnen** Sie die Grundrechte dann in die Systematik vom M 11 **ein**. Beachten Sie, dass einige Artikel mehr als nur ein Grundrecht enthalten.
2. **Diskutieren** Sie, ob die Grundrechtsvorschläge von M 12 sinnvoll sind.
3. **Vergleichen** Sie die „leicht veränderten" Grundrechte in M 13 mit den Bestimmungen im Grundgesetz. **Erörtern** Sie im Anschluss, welche Auswirkungen die Änderungen in der Praxis hätten und ob das Original oder die Änderung vorzuziehen wäre.
4. **Arbeiten** Sie aus den Artikeln 2, 8, 10, 11, 12 und 16 GG die Grundrechtsschranken **heraus** (siehe auch M 14). **Entwickeln** Sie Hypothesen, was den Verfassunggeber zur Wahl der jeweiligen Schranke veranlasst haben könnte.

Grundrechte – leicht verändert

MATERIAL 13

Artikel 1:
Die Würde aller Deutschen ist unantastbar.
Artikel 2:
Jeder hat das Recht auf freie Entfaltung seiner Persönlichkeit, sofern er niemanden beleidigt.
Artikel 3:
(1) Alle Menschen sind vor dem Grundgesetz gleich.
(2) Männer und Frauen sind gleichberechtigt. Bei der Arbeitsplatzwahl ist Frauen der Vorrang einzuräumen, vorausgesetzt, sie können die gleiche Qualifikation vorweisen wie ein Mann.

Artikel 4:
Die Freiheit des christlichen Glaubens ist unverletzlich.
Artikel 6:
Ehe und Familie stehen unter der besonderen Aufsicht der staatlichen Ordnung.
Artikel 10:
Das Briefgeheimnis sowie das Post- und Fernmeldegeheimnis sind unverletzlich. Das gilt nicht im Falle von Kindern, die noch bei ihren Eltern wohnen.

Autorentext

Grundrechtsschranken

MATERIAL 14

Die Grundrechte gelten nicht unbegrenzt. Das ergibt sich schon aus der Überlegung, dass der Freiheitsraum jedes Einzelnen dort endet, wo der Freiheitsraum eines anderen beginnt. Ebenso würde die Verabsolutierung eines Grundrechts zur Wirkungslosigkeit anderer mit ihm in sachlicher Spannung stehender Grundrechte führen und somit die Einheit der Verfassung zerstören. Deshalb stehen die Grundrechte unter bestimmten Vorbehalten, den sogenannten Grundrechtsschranken.

Schranke	Bedeutung/Erkennungsmerkmal	Beispiel
allgemeiner Gemeinschaftsvorbehalt	Die Grundrechte des Einzelnen werden durch die Grundrechte der anderen begrenzt.	Dieser Vorbehalt gilt für alle Grundrechte.
grundrechtsimmanente Schranke	1. Jedes Grundrecht findet seine Schranke dort, wo seine sachliche Reichweite endet. 2. Sachlich kollidierende Grundrechte müssen so zum Ausgleich gebracht werden, dass sie jeweils zur Geltung kommen („praktische Konkordanz")	1. Bei der Freiheit der Kunst ist nur die Kunst geschützt, nicht etwas, das sich dafür ausgibt (Art. 5). 2. Die Meinungsäußerungsfreiheit muss das Recht der persönlichen Ehre respektieren (Art. 5).
einfacher Gesetzesvorbehalt	Der Gesetzgeber wird berechtigt, im Schutzbereich des Grundrechts tätig zu werden. 1. Bei der Formulierung „durch Gesetz" ist der Gesetzgeber gehalten, im Gesetz die Beschränkung so detailliert vorzunehmen, dass es keiner weiteren Regelung bedarf. 2. Bei der Formulierung „aufgrund eines Gesetzes" darf sich der Gesetzgeber in dem beschränkenden Gesetz auf das Grundsätzliche beschränken und die vollziehende Gewalt ermächtigen, die Einzelregelungen selbst vorzunehmen.	Versammlungen unter freiem Himmel können durch Gesetz oder aufgrund eines Gesetzes beschränkt werden (Art. 8).
qualifizierter Gesetzesvorbehalt	Dem Gesetzgeber werden der Zweck oder Detailregelungen des einschränkenden Gesetzes vorgeschrieben.	Das die Enteignung begründende Gesetz muss Art und Ausmaß der Entschädigung regeln (Art. 14).
direkt formulierte Eingriffsermächtigung für die vollziehende oder die rechtsprechende Gewalt	Das Grundrecht führt die Instanz auf, die in das Grundrecht eingreifen darf. In der Regel handelt es sich um Richter oder um die Polizei.	Durchsuchungen der Wohnung dürfen durch den Richter angeordnet werden (Art. 13).

Autorentext

Rechtsstaatliche Ordnung

MATERIAL 15 — Die Unabhängigkeit der Richter

GLOSSAR
Bundesverfassungsgericht
Rechtsstaat

Artikel 97 GG
(1) Die Richter sind unabhängig und nur dem Gesetze unterworfen.
(2) Die hauptamtlich und planmäßig endgültig angestellten Richter können wider ihren Willen nur kraft richterlicher Entscheidung und nur aus Gründen und unter den Formen, welche die Gesetze bestimmen, vor Ablauf ihrer Amtszeit entlassen oder dauernd oder zeitweise ihres Amtes enthoben oder an eine andere Stelle oder in den Ruhestand versetzt werden. [...]

Kommentar
(1) [...] Mit Unabhängigkeit meint Absatz 1 [...] die **sachliche** Unabhängigkeit des Richters [...]. Sie dient [...] dem Schutz der **richterlichen Tätigkeit**. [...] Sachliche Unabhängigkeit bedeutet in erster Linie **Weisungsfreiheit**. [...] Ausgeschlossen ist [...] prinzipiell auch jede andere – vermeidbare – Form der Einflussnahme auf die Rechtsstellung des Richters. Dazu gehören Anregungen oder Empfehlungen und vor allem jede Art von Druck auf die richterliche Tätigkeit, z. B. durch fallbezogene Vorhaltungen oder Maßregelungen. [...] Eine Verantwortlichkeit des Richters gegenüber anderen Staatsorganen kommt grundsätzlich nicht in Betracht. [...]
(2) Absatz 2 garantiert in Satz 1 den [...] Richtern zur institutionellen Sicherung ihrer sachlichen Unabhängigkeit auch das verfassungskräftige Minimum der **persönlichen** Unabhängigkeit. Diese schützt den Richter vor persönlichen Sanktionen für missliebige Entscheidungen [...]. Satz 1 schützt [...] gegen die unfreiwillige Entlassung, Amtsenthebung, Versetzung, Abordnung und Zurruhesetzung [...].

Aus: Dieter Hömig, in: ders./Heinrich Amadeus Wolff, Grundgesetz für die Bundesrepublik Deutschland. Handkommentar, 11. Aufl., Baden-Baden 2016, S. 714 ff., 719 f.

MATERIAL 16 — Justizielle Grundrechte

Artikel 101 GG
(1) Ausnahmegerichte sind unzulässig. Niemand darf seinem gesetzlichen Richter entzogen werden. [...]
Artikel 102 GG
Die Todesstrafe ist abgeschafft.
Artikel 103 GG
(1) Vor Gericht hat jedermann Anspruch auf rechtliches Gehör.
(2) Eine Tat kann nur bestraft werden, wenn die Strafbarkeit gesetzlich bestimmt war, bevor die Tat begangen wurde.
(3) Niemand darf wegen derselben Tat auf Grund der allgemeinen Strafgesetze mehrmals bestraft werden.
Artikel 104 GG
(1) [...] Festgehaltene Personen dürfen weder seelisch noch körperlich misshandelt werden.
(2) Über die Zulässigkeit und Fortdauer einer Freiheitsentziehung hat nur der Richter zu entscheiden. [...] Die Polizei darf aus eigener Machtvollkommenheit niemanden länger als bis zum Ende des Tages nach dem Ergreifen in eigenem Gewahrsam halten. [...]
(3) Jeder wegen des Verdachtes einer strafbaren Handlung vorläufig Festgenommene ist spätestens am Tage nach der Festnahme dem Richter vorzuführen, der ihm die Gründe der Festnahme mitzuteilen, ihn zu vernehmen und ihm Gelegenheit zu Einwendungen zu geben hat. Der Richter hat unverzüglich entweder einen mit Gründen versehenen schriftlichen Haftbefehl zu erlassen oder die Freilassung anzuordnen.
(4) Von jeder richterlichen Entscheidung über die Anordnung oder Fortdauer einer Freiheitsentziehung ist unverzüglich ein Angehöriger des Festgehaltenen oder eine Person seines Vertrauens zu benachrichtigen.

Erlaubt oder unerlaubt? – Aus der Welt der Justiz

MATERIAL 17

1. Landgerichtspräsident A. gibt dem jungen Amtsrichter B. den „väterlichen Rat", den Angeklagten C. „hart anzufassen". Er habe C. vor einem Jahr mangels Beweisen laufen lassen müssen, obwohl er von dessen Schuld überzeugt gewesen sei. Jetzt verdiene C. die gerechte Strafe.

2. Der Justizminister erwägt, den Richter D. an ein anderes Gericht zu versetzen, wo er nicht mehr mit Strafsachen betraut wird. Richter D. habe „zu harte Urteile" gefällt und sei deswegen in der Presse angegriffen worden.

3. Im Strafprozess gegen den Angeklagten F. regt sich Richter G. stark auf und schneidet dem Angeklagten ständig das Wort ab. Nur mit Mühe kommt dieser zu Wort.

4. Auf einer gewalttätigen Demonstration wird der 18-Jährige H. von der Polizei festgenommen. Man steckt ihn mit zehn anderen Personen in einen neun Quadratmeter großen Raum, gibt ihm vier Stunden lang nichts zu trinken und entlässt ihn dann wieder, ohne sich zu entschuldigen.

5. Vor zwei Jahren wurde Herr J. wegen Diebstahls verurteilt. Nun steht er erneut wegen Diebstahls vor Gericht. Er behauptet, dass das Grundgesetz eine zweimalige Bestrafung verbietet.

6. Herr K. wurde bei einem nächtlichen Einbruch am 1. Oktober um 01.10 Uhr von der Polizei erwischt und festgenommen. Erst am 2. Oktober um 16.00 Uhr wird er einem Richter vorgeführt. Herr K. will sich wegen gesetzeswidriger Freiheitsberaubung beschweren.

Autorentext

Verfassungsgerichtsbarkeit – Krönung des Rechtsstaates

MATERIAL 18

Die [...] außerordentliche Autorität, mit der das Bundesverfassungsgericht als „Vollendung des Rechtsstaates" ausgestattet wurde, ist nur verständlich auf dem Hintergrund der bitteren Erfahrungen mit dem nationalsozialistischen Unrechtsstaat. In der Bundesrepublik sollte die politische Macht im Staate rechtlich gebändigt sein, Beschlüsse des Gesetzgebers sollten nicht als unbedingt verbindlich gelten ohne Rücksicht darauf, ob sie dem Grundgesetz widerstreiten oder nicht. [...] In der Kontrolle des souveränen Gesetzgebers durch das Bundesverfassungsgericht, die ein wirksames Korrektiv gegen absolute Mehrheitsherrschaft darstellt, erblicken viele die Krönung des Rechtsstaates.

Aus: Horst Säcker, Das Bundesverfassungsgericht, 6. Aufl., München 2003, S.19 f.

QUERVERWEIS
Regiert das Bundesverfassungsgericht (BVerfG) mit?
S. 126 f., M 21

---

1 **Legen** Sie die beiden Aspekte der richterlichen Unabhängigkeit **dar** (M 15).

2 **Interpretieren** Sie die Bedeutung der Justitia (S. 138). Beachten Sie dabei Waage, Augenbinde und Schwert.

3 **Setzen** Sie sich mit der Frage **auseinander**, ob Artikel 97 GG verhindern kann, dass es „strenge" und „milde" Urteile gibt (M 15).

4 **Beschreiben** Sie – arbeitsteilig – die wesentlichen Garantien der justiziellen Grundrechte (M 16).

5 **Charakterisieren** Sie die – fiktive – Situation eines Beschuldigten, der nicht den Schutz der justiziellen Grundrechte genießt.

6 **Prüfen** Sie mithilfe von M 15 und M 16, ob die in M 17 geschilderten Fälle mit dem Grundgesetz übereinstimmen.

7 **Diskutieren** Sie, ob die Kontrolle des Gesetzgebers durch das Verfassungsgericht weniger die „Krönung des Rechtsstaates" (M 18) als vielmehr die Abdankung des gewählten Parlaments ist.

WISSEN KOMPAKT

Freiheitliche demokratische Grundordnung
Das Bundesverfassungsgericht hat in einem Urteil die Merkmale der freiheitlichen demokratischen Grundordnung definiert. Diese ist eine demokratische und rechtsstaatliche Herrschaftsordnung. Sie verwirklicht die folgenden grundlegenden Prinzipien:
1. Achtung von Grundrechten,
2. Volkssouveränität,
3. Gewaltenteilung,
4. Verantwortlichkeit der Regierung,
5. Gesetzmäßigkeit der Verwaltung,
6. Unabhängigkeit der Gerichte,
7. Mehrparteienprinzip,
8. Bildung und Ausübung einer Opposition.

Funktionen/Gewalten des Staates
Der Staat erfüllt im Wesentlichen vier Funktionen.
1. Er produziert das Recht, also generelle Regeln des Zusammenlebens. Dies ist die Funktion der **Gesetzgebung**.
2. Er sorgt dafür, dass die Regeln angewendet und notfalls durchgesetzt werden. Dies ist die Funktion der **Exekution** oder Verwaltung.
3. Er gestaltet die Politik im Inneren wie auch das Verhältnis zu anderen Ländern. Dies ist die Funktion des **Regierens**.
4. Er entscheidet Rechtsstreitigkeiten. Dies ist die Funktion der **Rechtsprechung**. Diese Funktionen nennt man auch Gewalten.

Gewaltenverschränkung
Gewaltenverschränkung heißt, dass die Verfassungsorgane miteinander verflochten werden oder aufeinander einwirken. Kooperationszwänge und Kontrollmechanismen bremsen den Aktionsradius der jeweiligen Organe. Auf diese Weise kommt es zu Machthemmnissen und zur Machtbalancierung. Es gibt zwei Formen der Gewaltenverschränkung, nämlich die geteilte politische Macht sowie die kontrollierte politische Macht.

Geteilte politische Macht meint, dass die Erfüllung einer Staatsfunktion mehreren Organen zugewiesen ist. So müssen bei der Gesetzgebung Bundesregierung, Bundestag, Bundesrat und Bundespräsident zusammenwirken. **Kontrollierte politische Macht** bedeutet, dass ein Organ durch ein anderes Organ zur politischen Rechenschaft, gegebenenfalls sogar zur rechtlichen Verantwortung gezogen werden kann. So kann der Bundestag einen Untersuchungsausschuss einsetzen, der Vorgängen in der Bundesregierung nachspürt.

Grundrechte
Die Grundrechte sind entweder **Freiheits- oder Gleichheitsrechte**. Die Freiheitsrechte unterteilen sich in persönliche Freiheitsrechte, politische Freiheits- bzw. Mitwirkungsrechte und wirtschaftliche Freiheitsrechte.

Richterliche Unabhängigkeit
Die Richter sind sachlich und persönlich unabhängig. **Sachliche** Unabhängigkeit bedeutet vor allem, dass der Richter frei ist von Weisungen. **Persönliche** Unabhängigkeit heißt, dass der Richter nicht gegen seinen Willen versetzt oder entlassen werden kann.

2.5 Demokratietheoretische Grundkonzepte

Historisch versteht es sich keinesfalls von selbst, in der Demokratie die beste und den Menschen am meisten angemessene politische Ordnung zu sehen. Die Demokratie hatte vielmehr lange Zeit einen ziemlich schlechten Ruf. Erst die Aufklärung führte hier eine Änderung herbei. Sie akzeptierte nicht mehr die herkömmliche Rechtfertigung der monarchischen Herrschaft als von Gott gegeben, sondern dachte von den Menschen her, die sie sich als gleich und frei vorstellte. Sie konstruierte die Staatsgründung als einen Akt solcher freien und gleichen Menschen und schrieb vor, dass die einzurichtende Herrschaft auf den Willen des Volkes zurückgehen müsse. Wo staatliche Herrschaft aus dem souveränen, d. h. freien Willen des Volkes hervorgeht, spricht man von **Volkssouveränität**. Sie bildet das Fundament jeder Form von Demokratie.

Über die Demokratie gibt es kontroverse Auffassungen. Im Grunde lassen sich zwei extrem unterschiedliche Richtungen der Demokratietheorie unterscheiden. Für die eine Richtung steht eindeutig der Schweizer Jean-Jacques Rousseau (1712–1778). Die andere Richtung geht auf verschiedene Denker, so etwa John Locke (1632-1704) und die Autoren der amerikanischen Federalist Papers (1787 und 1788), zurück.

In der von Rousseau stammenden **Identitätstheorie** der Demokratie – man nennt sie auch **klassische Demokratietheorie** – nehmen alle Bürger an der Gesetzgebung teil. Zwar sind sie auch Gesetzesunterworfene, da sie aber am Gesetz mitgewirkt haben, gehorchen sie – so der Anspruch – keinem fremden, sondern nur ihrem eigenen Willen. Diese Demokratie behauptet folglich, dass in ihr Fremdherrschaft aufgehoben ist. Die **Konkurrenztheorie** der Demokratie anerkennt demgegenüber, dass die Demokratie eine Herrschaftsordnung ist und dass es in ihr eine politische Führung geben muss. Die politische Führung muss aber aus einer freien Wahl unter der Bedingung offener Konkurrenz hervorgehen. Eine Weiterentwicklung der Konkurrenztheorie stellt die **Theorie der pluralistischen Demokratie** dar.

Eine wichtige Frage ist, wer in einer Demokratie die Entscheidungen treffen soll, die für alle rechtlich verbindlich sind. Es gibt hierauf zwei Antworten, deren eine wiederum von Rousseau stammt. Seine Antwort lautet, dass in der Demokratie das Volk seine Angelegenheiten selbst regeln muss, am besten in Gestalt der Volksversammlung. Ersatzweise kommen Volksentscheide in Betracht. Diese Demokratie nennt man **plebiszitäre** oder **direkte Demokratie**. Die andere Antwort führt zur **repräsentativen Demokratie**. Hier werden die Entscheidungen gewählten Personen anvertraut, die in einem Parlament zusammentreffen. Für diese Lösung trat bereits Locke ein.

Ballhausschwur am 20. Juni 1789: Nachdem sich die Abgeordneten des Dritten Standes der französischen Generalstände am 17. Juni zur Nationalversammlung erklärt hatten, sperrte der König ihren Sitzungssaal.
Daraufhin begaben sich die Abgeordneten in den Saal Jeu de Paume des Schlosses von Versailles und schworen, „sich niemals zu trennen, bis die Verfassung verabschiedet ist [...], und nur der Gewalt der Bajonette zu weichen."

GLOSSAR
Aufklärung
Souveränität
Macht

LERNWEG

Assoziationen zum Begriff „Demokratie"

1. Jede Schülerin/jeder Schüler schreibt spontan zehn Stichworte auf, die sie/er mit dem Begriff „Demokratie" verbindet.
2. Es bilden sich Viererguppen. Jede Gruppe einigt sich aus den Stichworten, die ihr vorliegen, auf die für sie zehn wichtigsten und bringt sie je nach Bedeutsamkeit in eine Rangfolge.
3. Die Gruppen stellen ihre Ergebnisse vor und begründen ihre Auswahl und Rangfolge.
4. Der gesamte Kurs nimmt eine eigene Rangfolge der Demokratiemerkmale vor.

Demokratietheoretische Grundfragen

MATERIAL 1 — Was macht eine Demokratie aus?

Frage: „Was ist Ihrer Meinung nach das Wichtigste an der Demokratie, was von dieser Liste hier gehört unbedingt dazu, dass man von einem Land sagen kann: Das ist eine Demokratie?"	
Aussagen	**Stimme zu**
Dass regelmäßig freie und geheime Wahlen stattfinden.	
Unabhängige Gerichte, die nur nach den Gesetzen urteilen.	
Dass die Einkommensunterschiede nicht sehr groß sind.	
Presse- und Meinungsfreiheit, dass jeder seine politischen Ansichten frei äußern kann.	
Dass man zwischen mehreren Parteien wählen kann.	
Dass die Bürger an vielen Entscheidungen des Staates mitwirken können.	
Eine starke Opposition, die die Regierung kontrolliert.	
Dass ein geordneter Machtwechsel möglich ist, dass also eine andere Regierung ohne Gewalt an die Macht kommen kann.	
Dass man überall im Land frei herumreisen kann.	
Dass jeder seine Religion frei ausüben kann.	
Das Recht, für Lohnerhöhungen und für Arbeitsplätze zu streiken.	
Dass jeder den Beruf wählen kann, den er möchte.	
Dass die Bürger über wichtige Fragen in Volksabstimmungen selbst entscheiden können.	
Dass Firmen auch in Privatbesitz sein können.	
Dass die gewählten Politiker ihre Politik weitgehend nach den Wünschen der Bürger richten.	
Dass die Arbeitnehmer in den Betrieben mitbestimmen können.	
Dass niemand Not leiden muss.	
Dass keiner benachteiligt wird, weil er Mitglied einer extremen Partei ist.	

Fragen entnommen aus: Renate Köcher (Hrsg.), Allensbacher Jahrbuch der Demoskopie 2003–2009, Bd. 12, Berlin/New York 2009, S. 119

1. **Ordnen** Sie die in M 1 aufgeführten Demokratiemerkmale in die Bereiche politische Mitwirkung/politischer Prozess, individuelle Freiheit/Rechtsstaat, wirtschaftliche Ordnung und soziale Standards **ein**.
2. **Erörtern** Sie, welche Merkmale in M 1 auf jeden Fall gegeben sein müssen, wenn man von einer Demokratie sprechen will, und welche Merkmale in einer eher lockeren Beziehung zur Demokratie stehen.
3. Führen Sie eine solche Umfrage wie in M 1 in Ihrer Schule durch, **werten** Sie diese **aus** und präsentieren Sie die Ergebnisse z. B. in der Schülerzeitung oder am „schwarzen Brett" Ihrer Schule.
4. **Prüfen** Sie beide Entwürfe für einen Gesellschaftsvertrag in M 2 auf ihre Chancen und Risiken für das persönliche Wohlergehen der Gesellschaftsmitglieder sowie auf ihren Demokratiegehalt.
5. Entscheiden Sie sich für einen Vertrag aus M 2 und **begründen** Sie Ihr Votum.

QUERVERWEIS
METHODE Umfragen und Fragetechniken
S. 180 f.

GLOSSAR
Gesellschaftsvertrag

MATERIAL 2

Zwei Entwürfe für einen Gesellschaftsvertrag zur Gründung eines demokratischen Gemeinwesens

GESELLSCHAFTSVERTRAG I

§ 1
Ich gründe zusammen mit anderen ein staatliches Gemeinwesen, indem wir einstimmig beschließen, eine gesetzgebende Körperschaft und eine Exekutive, also eine Regierung, zu errichten.

§ 2
Ich habe gewisse natürliche Rechte. Es sind dies das Recht auf Leben, auf Freiheit und auf Eigentum. Diese Rechte gebe ich nicht an das Gemeinwesen ab, sondern behalte sie als unveräußerlich.

§ 3
Zweck des zu gründenden Gemeinwesens ist der Schutz der natürlichen und unveräußerlichen Rechte der Gesellschaftsmitglieder.

§ 4
Die gesetzgebende Körperschaft, also das Parlament, besteht aus gewählten Repräsentanten. Diese haben den Auftrag, das Gemeinwohl zu verwirklichen, welches in der Gewährleistung der natürlichen Rechte sowie in der Sorge für die allgemeine Wohlfahrt und die öffentliche Sicherheit besteht.

§ 5
Die gesetzgebende Körperschaft entscheidet nach dem Mehrheitsprinzip. Denn Einstimmigkeit ist aufgrund unterschiedlicher Interessen der Gesellschaftsmitglieder in der Regel nicht zu erwarten.

§ 6
Dem Gemeinwesen steht nicht das Recht zu, den Gesellschaftsmitgliedern in Glaubensangelegenheiten Vorschriften zu machen. Auch die Erziehung der Kinder obliegt vorrangig den Eltern.

§ 7
Ich habe das Recht auf Widerstand gegen die gesetzgebende Körperschaft und die Exekutive, wenn diese gegen ihren Auftrag gemäß § 3 verstoßen.

GESELLSCHAFTSVERTRAG II

§ 1
Ich gründe zusammen mit anderen ein staatliches Gemeinwesen, indem ich mich unter der Bedingung, dass es alle anderen auch tun, der Leitung des „allgemeinen Willens" unterstelle.

§ 2
Ich trete alle meine natürlichen Rechte, darunter das Recht auf Eigentum, an das Gemeinwesen ab. Ich erwarte, dass das Gemeinwesen mir die Rechte nach Maßgabe des Gleichheitsprinzips zurückverleiht.

§ 3
Zweck des Gemeinwesens ist die Bewahrung der Freiheit jedes Gesellschaftsmitgliedes.

§ 4
Es gibt keine gewählten Repräsentanten. Vielmehr wirken alle Gesellschaftsmitglieder in der Volksversammlung an der Formulierung des allgemeinen Willens mit. Das Recht, an der Bildung des allgemeinen Willens mitzuwirken, darf nicht auf andere, etwa auf frei entscheidende Parlamentarier, übertragen werden. Denn dann wäre der Wille nicht mehr allgemein.

§ 5
Da gemäß § 3 alle Gesellschaftsmitglieder frei bleiben sollen, darf niemand der Fremdbestimmung durch andere unterliegen. Deshalb müssen die Beschlüsse der Volksversammlung immer einstimmig ausfallen. Nur so wird verhindert, dass es Minderheiten gibt, die von der Mehrheit fremdbestimmt, also beherrscht werden.

§ 6
Ich akzeptiere, dass das Gemeinwesen Vorkehrungen treffen darf, um dem allgemeinen Willen Geltung zu verschaffen, wie beispielsweise das Verbot von Parteien und Interessengruppen. Auch darf das Gemeinwesen die Gesellschaftsmitglieder so erziehen, dass sie immer nur das Allgemeine und nicht ihre individuellen Vorteile anstreben.

§ 7
Ich verzichte auf ein Widerstandsrecht, da dieses aufgrund der mir nach § 5 gewährleisteten Freiheit überflüssig ist.

Autorentext

Identitätstheorie und Konkurrenztheorie der Demokratie

MATERIAL 3 Was heißt Identitätsdemokratie?

[Es] gibt einen alternativen Begriff der Demokratie: Demokratie bedeute „Identität von Herrschenden und Beherrschten" [...]. In einer solchen Demokratie sei das Volk souverän, präsent und handlungsfähig und beherrsche sich selbst. [...]
Den Kern dieser Theorie bildet die Annahme, dass Identität von Herrschern und Beherrschten und Freiheit dasselbe seien. Daraus folgt die Hypothese: **Je mehr Identität, desto mehr Freiheit.** Trifft das zu? Die Begründung für diese Annahme ist einfach: Identität von Herrschenden und Beherrschten sei schließlich nur eine andere Formel für Fehlen von Fremdherrschaft. Das Ideal sei Selbstbestimmung und Abwehr von Fremdbestimmung. [...]
Demokratie als Identität von Herrschenden und Beherrschten bedeutet im strengen Sinne **Selbstbeherrschung** des Volkes. Das ist nicht dasselbe wie [...] Herrschaftslosigkeit. Selbstbeherrschung bedeutet weder Gesetzlosigkeit noch Verzicht auf Gesetzesdurchsetzung. Zur Selbstbeherrschung gehören Gesetze, die man sich selbst auferlegt.

Aus: Martin Kriele, Einführung in die Staatslehre. Die geschichtlichen Legitimitätsgrundlagen des demokratischen Verfassungsstaates, 6. Aufl., Stuttgart, Berlin, Köln 2003, S. 242, 243 f., 259

MATERIAL 4 Jean-Jacques Rousseau – Identitätstheorie der Demokratie

INFO

Jean-Jacques Rousseau
* 28.6.1712 in Genf
† 2. Juli 1778 in Ermenonville bei Paris
Französischsprachiger Philosoph, Schriftsteller und Pädagoge der Aufklärung; *Du contrat social ou principes du droit politique (Vom Gesellschaftsvertrag oder Prinzipien des Staatsrechtes, 1762)* zählt zu seinen bekanntesten Werken.

1. Finde eine Form des Zusammenschlusses, die mit ihrer ganzen gemeinsamen Kraft die Person und das Vermögen jedes einzelnen Mitglieds verteidigt und schützt und durch die doch jeder, indem er sich mit allen vereinigt, nur sich selber gehorcht und genauso frei bleibt wie zuvor. Das ist das grundlegende Problem, dessen Lösung der Gesellschaftsvertrag darstellt. Die Bestimmungen dieses Vertrages sind durch die Natur des Aktes so vorgegeben, dass die geringste Abänderung sie null und nichtig machen würde; sodass sie, wiewohl sie vielleicht niemals förmlich ausgesprochen wurden, allenthalben die gleichen sind, allenthalben stillschweigend in Kraft und anerkannt [...].
2. Diese Bestimmungen lassen sich bei richtigem Verständnis sämtlich auf eine einzige zurückführen, nämlich die völlige Entäußerung jedes Mitglieds mit allen seinen Rechten an das Gemeinwesen als Ganzes. Denn erstens ist die Ausgangslage, da jeder sich voll und ganz gibt, für alle die Gleiche [...]. Darüber hinaus ist die Vereinigung [...] so vollkommen, wie sie nur sein kann und kein Mitglied hat mehr etwas zu fordern: Denn wenn den Einzelnen einige Rechte blieben, würde jeder – da es keine allen übergeordnete Instanz gäbe, die zwischen ihm und der Öffentlichkeit entscheiden könnte – bald den Anspruch erheben, weil er in manchen Punkten sein eigener Richter ist, es auch in allen zu sein; [...], und der Zusammenschluss wäre dann notwendig tyrannisch oder inhaltslos. [...]
3. Wenn man also beim Gesellschaftsvertrag von allem absieht, was nicht zu seinem Wesen gehört, wird man finden, dass er sich auf Folgendes beschränkt: Gemeinsam stellen wir alle, jeder von uns seine Person und seine ganze Kraft unter die oberste Richtschnur des Gemeinwillens; und wir nehmen, als Körper, jedes Glied als untrennbaren Teil des Ganzen auf. [...]
4. Es gibt oft einen beträchtlichen Unterschied zwischen dem Gesamtwillen (**volonté de tous**) und dem Gemeinwillen (**volonté générale**); dieser sieht nur auf das Gemeininteresse, jener auf das Privatinteresse und ist nichts anderes als die Summe von Sonderwillen: aber nimm von ebendiesen das Mehr und das Weniger weg, das sich gegenseitig

aufhebt, so bleibt als Summe der Unterschiede der Gemeinwille.

5. Wenn die Bürger keinerlei Verbindung untereinander hätten, würde, wenn das Volk wohl unterrichtet entscheidet, aus der großen Zahl der kleinen Unterschiede immer der Gemeinwille hervorgehen und die Entscheidung wäre immer gut. Aber wenn Parteiungen entstehen, Teilvereinigungen auf Kosten der großen, wird der Wille jeder dieser Vereinigungen ein allgemeiner hinsichtlich seiner Glieder und ein besonderer hinsichtlich des Staates. [...] Um wirklich die Aussage des Gemeinwillens zu bekommen, ist es deshalb wichtig, dass es im Staat keine Teilgesellschaften gibt und dass jeder Bürger nur seine eigene Meinung vertritt. [...]

6. Je mehr Übereinstimmung bei den Versammlungen herrscht, d. h., je näher die Meinungen der Einstimmigkeit kommen, umso mehr herrscht auch der Gemeinwille vor; lange Debatten jedoch, Meinungsverschiedenheiten, Unruhe zeigen das Emporkommen der Sonderinteressen und den Niedergang des Staates an. [...]

7. [Die] Stimme der Mehrzahl [verpflichtet] immer alle anderen. [...] Man fragt sich aber, wie ein Mann frei sein kann und gezwungen, sich Willen zu unterwerfen, die nicht die seinen sind. Wie können Andersdenkende zugleich frei und Gesetzen unterworfen sein, denen sie nicht zugestimmt haben? Ich antworte, dass die Frage so nicht richtig gestellt ist. Der Bürger stimmt allen Gesetzen zu, selbst jenen, die man gegen seinen Willen verabschiedet, und sogar solchen, die ihn bestrafen, wenn er es wagt, eines davon zu verletzen. Der beständige Wille aller Glieder des Staates ist der Gemeinwille; durch ihn sind sie Bürger und frei. Wenn man in der Volksversammlung ein Gesetz einbringt, fragt man genau genommen nicht danach, ob die Bürger die Vorlage annehmen oder nicht, sondern danach, ob diese ihrem Gemeinwillen entspricht oder nicht; jeder gibt mit seiner Stimme seine Meinung darüber ab, und aus der Auszählung der Stimmen geht die Kundgebung des Gemeinwillens hervor. Wenn also die meiner Meinung entgegengesetzte siegt, beweist dies nichts anderes, als dass ich mich getäuscht habe und dass das, was ich für den Gemeinwillen hielt, es nicht war.

Aus: Jean-Jacques Rousseau, Vom Gesellschaftsvertrag, Stuttgart 1977 (1762), Erstes Buch, 6. Kap., Zweites Buch, 3. Kap., Viertes Buch, 2. Kap. (S. 17 f., 31, 114 f.); Nummerierung hinzugefügt

Verhindert die Identitätsdemokratie Fremdbestimmung?

MATERIAL 5

Es ist eine landläufige Vorstellung, dass reine Identitätsdemokratie in **kleinen politischen Einheiten** – z. B. in der griechischen Polis, im germanischen Thing, im Schweizer Kanton – möglich wäre. Indessen ist selbst hier ein Minimum an Fremdbestimmung unentbehrlich. Zunächst einmal: Wenn „alle" Bürger der kleinen Demokratie mitberaten und entscheiden, so sind es doch so gut wie niemals wirklich „alle": Kinder, Greise, Kranke, auf Reisen Abwesende, Strafgefangene usw. **fehlen** und werden durch die Entscheidungen „repräsentiert". [...]

Ferner muss die zur Abstimmung stehende Frage **formuliert** und zu diesem Zweck oft in ihrer Komplexität auf eine einfache, mit „Ja oder Nein" zu beantwortende Alternative reduziert sein, die ihre Problematik nicht ausschöpft. Wenn ein Vorsitzender ermächtigt ist, über die Formulierung der Frage zu entscheiden, übt er eine gewisse Herrschaft aus, in der er das Ganze repräsentiert, ohne es zu sein. [...]

Ferner: Die Anwesenden auf der Volksversammlung werden schwerlich immer in allen zur Entscheidung anstehenden Fragen Konsens erzielen; es bedarf also der Mehrheitsentscheidung. Die Mehrheit repräsentiert dann das Ganze einschließlich der Minderheit. Identität besteht dann nur noch mittelbar, nämlich durch die Anerkennung der Verfassungsregel **„Mehrheit entscheidet"**, und nur dann, wenn über diese Regel Einstimmigkeit erzielt ist.

Aus: Martin Kriele, Einführung in die Staatslehre. Die geschichtlichen Legitimationsgrundlagen des demokratischen Verfassungsstaates, 6. Aufl., Stuttgart, Berlin, Köln 2003, S. 260 f.

MATERIAL 6

Joseph A. Schumpeter – Konkurrenztheorie der Demokratie

Joseph Alois Schumpeter
* 8.2.1883 in Triesch, Mähren, Österreich-Ungarn
† 8.1.1950 in Taconic, Connecticut, USA
Österreichisch-amerikanischer Ökonom, der auch die deutsche Staatsbürgerschaft besaß; Theoretiker des Kapitalismus, bekannte Werke:
*Theorie der wirtschaftlichen Entwicklung (1911),
Kapitalismus, Sozialismus und Demokratie* (englischsprachige Erstausg. 1942).

INFO
latent
vorhanden, aber noch nicht hervorgetreten

Die demokratische Methode ist diejenige Ordnung der Institutionen zur Erreichung politischer Entscheidungen, bei welcher Einzelne die Entscheidungsbefugnis vermittels eines Konkurrenzkampfes um die Stimmen des Volkes erwerben. [Diese Definition der Demokratie enthält eine Reihe von Implikationen, die ein angemessenes Verständnis der Demokratie erlauben.]
Erstens gelangen wir in den Besitz eines leidlich brauchbaren Kriteriums, mit welchem demokratische Regierungen von anderen unterschieden werden können. [...]
Zweitens lässt uns die in dieser Definition verkörperte Theorie allen wünschbaren Raum für eine angemessene Anerkennung der lebenswichtigen Tatsache der Führung. [...]
Drittens jedoch, soweit es überhaupt echte Willensäußerungen von Gruppen gibt – zum Beispiel der Arbeitslosen, Arbeitslosenunterstützung zu bekommen, oder den Willen anderer Gruppen, zu helfen –, werden auch diese von unserer Theorie nicht vernachlässigt. Im Gegenteil vermögen wir ihnen nun gerade die Rolle zuzuweisen, die sie tatsächlich spielen. Solche Willensäußerungen setzen sich in der Regel nicht unmittelbar durch. Selbst wenn sie kräftig und bestimmt sind, bleiben sie oft während Jahrzehnten **latent**, bis sie von irgendeinem politischen Führer, der sie in politische Faktoren verwandelt, zum Leben erweckt werden. Dies tut er – oder sonst tun es seine Agenten für ihn –, indem er diese Willensäußerungen organisiert, indem er sie aufstachelt und indem er zuletzt geeignete Punkte in seine Werbeschriften aufnimmt. [...]
Viertens: [Eigentlich ist der Konkurrenzbegriff sehr komplex.] Zur Vereinfachung haben wir jene Art von Konkurrenz um die Führung, die die Demokratie definieren soll, auf freie Konkurrenz um freie Stimmen beschränkt. [...]
Fünftens scheint unsere Theorie die Beziehung zu klären, die zwischen der Demokratie und der individuellen Freiheit besteht. [...] Wenn, wenigstens im Prinzip, jedermann die Freiheit hat, sich dadurch um die politische Führung zu bewerben, dass er sich der Wählerschaft vorstellt, dann wird dies in den meisten [...] Fällen ein beträchtliches Quantum Diskussionsfreiheit für alle bedeuten. Namentlich wird es normalerweise ein beträchtliches Quantum Pressefreiheit bedeuten. [...]
Sechstens sollte beachtet werden, dass, indem ich es zur Hauptfunktion der Wählerschaft machte, (direkt oder durch eine dazwischengeschobene Körperschaft) eine Regierung hervorzubringen, ich in diese Formulierung auch die Funktion ihrer Absetzung einschließen wollte.

Aus: Joseph A. Schumpeter, Kapitalismus, Sozialismus und Demokratie, München 1972 (1950), S. 428–432

MATERIAL 7

Ernst Fraenkel – Theorie der pluralistischen Demokratie

GLOSSAR
Pluralismus

INFO
manifestieren
hier: sich zeigen

a) Der Kampf um Macht und Interessendurchsetzung in der pluralistischen Demokratie

[Es] ergibt sich aber, dass in dem demokratischen Verfassungsstaat der Gegenwart [...] Politik den Konkurrenzkampf autonomer gesellschaftlicher Gruppen um die Gestaltung des Staatswillens darstellt. Dieser Kampf um die Macht findet nicht nur alle vier Jahre aus Anlass von parlamentarischen Wahlen statt; er **manifestiert** sich im Parlament in den Auseinandersetzungen zwischen Mehrheit und Opposition, außerhalb des Parlaments in dem Kampf, der sich ohne Unterlass um die Beeinflussung der öffentlichen Meinung abspielt und sich nicht nur auf politische Fragen im engeren Sinne, sondern auf das gesamte Wirtschafts-, Sozial- und Kulturleben erstreckt.
[...] Den autonomen Gruppen – den Parteien, den Gewerkschaften, den Interessenverbänden, Kulturbünden, Frauen- und Jugendver-

einigungen und wie sie alle heißen mögen – liegt es ob, gesellschaftlich gebildetes Denken und Wollen in staatliches Handeln zu **transponieren** und gleichzeitig staatliches Handeln im gesellschaftlichen Bewusstsein lebendig zu machen und zu erhalten. [...] Politische Machtkämpfe sind im demokratisch-pluralistischen Verfassungsstaat nicht mit dem Odium einer Verschwörung belastet. In ihnen manifestiert sich vielmehr die Legitimitätsgrundlage demokratischer Regierungsgewalt. Eine parlamentarisch-demokratische Regierung leitet den Ursprung ihrer Macht [...] aus einer ständig sich erneuernden Auseinandersetzung mit der parlamentarischen Opposition ab.

Aus: Ernst Fraenkel, Akademische Erziehung und politische Berufe (1955), in: Ders., Gesammelte Schriften, Bd. 6: Internationale Politik und Völkerrecht, Politikwissenschaft und Hochschulpolitik, hrsg. v. Hubertus Buchstein/Klaus-Gert Lutterbeck, Baden-Baden 2011, S. 344, 345 u. 346 (Überschrift ergänzt)

b) Das Verhältnis der Pluralismustheorie zur Identitätstheorie der Demokratie
Für den Bereich der Politikwissenschaft möchte ich Pluralismus provisorisch als eine Demokratietheorie definieren, die in der Koexistenz und freien Entfaltung einer unbestimmten großen Zahl von Gruppen die geeignete Methode erblickt, mittels einer nicht abreißenden Kette von Kompromissen zu regieren. [...]
Vom Blickpunkt der **klassischen Demokratietheorie** aus gesehen ist der Pluralismus eine Ketzerei. Umgekehrt ist Abkehr von der klassischen Demokratietheorie die Voraussetzung für das Verständnis des Pluralismus. [...] Die klassische Demokratietheorie beruht auf Rousseaus Theorem von der **volonté générale** [...]. Im Sinne Rousseaus schließt die Herrschaft der volonté générale die Mitwirkung und die Berücksichtigung der Partikularwillen bei der Bildung des Gemeinwillens aus. Sie erkennt im öffentlichen Bereich die Individualwillen nur insoweit an, als sie in Übereinstimmung mit dem Gemeinwillen stehen. Die Bildung von Gruppen, die nur sinnvoll ist, wenn sie in der Absicht erfolgt, den Partikularwillen eine verstärkte Wirkung zu verschaffen, wird daher von Rousseau prinzipiell abgelehnt.

Aus: Ernst Fraenkel, Pluralismus als Demokratietheorie des Reformismus (ca. 1972), in: Ders., Gesammelte Schriften, Bd. 5: Demokratie und Pluralismus, hrsg. v. Alexander von Brünneck, Baden-Baden 2007, S. 348 f. (Überschrift ergänzt)

INFO

Ernst Fraenkel
* 26.12.1898 in Köln
† 28.03.1975 in Berlin
Deutsch-amerikanischer Jurist und Politikwissenschaftler; der Band *Deutschland und die westlichen Demokratien* (1964) enthält seine wichtigsten demokratietheoretischen Schriften. Bekannt ist auch seine Analyse des NS-Staates *Der Doppelstaat* (1941; dt. Ausg.: 1974)

INFO

transponieren
übertragen

volonté générale
Gemeinwille

klassische Demokratietheorie
Identitätstheorie der Demokratie (Rousseau)

1 **Arbeiten** Sie aus M 3 **heraus**, was eine Identitätsdemokratie ist und welchen Anspruch sie verfolgt.
2 **Erschließen** Sie aus M 3, wie die politische Willensbildung und die politische Entscheidungsfällung in einer Identitätsdemokratie beschaffen sein müssten.
3 **Arbeiten** Sie Absatz für Absatz Rousseaus Demokratievorstellung (M 4) **heraus**. **Analysieren** Sie dabei so genau wie möglich Rousseaus Argumentation, die er der Freiheitsbewahrung (Zeile 6 ff.) und dem Gemeinwillen (Zeile 42 ff.) widmet.
4 **Erläutern** Sie, warum nach M 5 die Identitätsdemokratie nicht funktioniert.
5 **Fassen** Sie M 6 so **zusammen**, dass Sie die verschiedenen Implikationen der Demokratietheorie Schumpeters mit jeweils einem Schlagwort benennen.
6 **Charakterisieren** Sie in Anlehnung an M 6 Regierungen, die nach Schumpeter nicht demokratisch wären.
7 **Bewerten** Sie aus der Position der Identitätstheorie (M 3 und M 4) die Konkurrenztheorie der Demokratie (M 6).
8 **Fassen** Sie das Selbstverständnis der Theorie der pluralistischen Demokratie (M 7) mit Ihren Worten **zusammen**.
9 **Arbeiten** Sie die Gemeinsamkeiten und Unterschiede der Theorie der pluralistischen Demokratie und der Konkurrenztheorie der Demokratie **heraus** (M 6 und M 7).

METHODE: Karikaturenanalyse

VOR DER WAHL ...

1. Was sind Karikaturen?
Karikaturen sind satirische Darstellungen von Menschen, gesellschaftlichen Zuständen oder politischen Problemen. Sie streben eine inhaltlich verdichtete, auf das Wesentliche konzentrierte Aussage an. Sie überzeichnen, übertreiben und deformieren die Wirklichkeit. Durch die so bewirkte Veränderung des gewohnten Wirklichkeitsbildes schaffen sie Distanz und eröffnen neue Sichtweisen. Karikaturen wollen schockieren und provozieren. Sie verstehen sich als ein kritisches Medium, das die Unvollkommenheiten der Welt aufdeckt, ohne jedoch Lösungen anzubieten.

2. Karikaturenanalyse
Karikaturen sind subjektive politische Kommentare. Sie sind folglich parteilich. Sie fordern deshalb zu einer Stellungnahme des Betrachters heraus. Eine solche Stellungnahme verlangt indes, dass der Betrachter die Karikatur zuvor genau analysiert hat, um ihre Aussage zu verstehen. Die Analyse ist nicht immer einfach, weil Karikaturen kontextgebunden sind. Der Betrachter muss ein Vorwissen über den dargestellten Sachverhalt besitzen, wenn er die Botschaft der Karikatur verstehen will.

Die Analyse folgt einem Dreischritt: beschreiben – interpretieren – bewerten.

3. Analysekriterien
(a) Beschreiben
- Name des Karikaturisten; Entstehungskontext, gegebenenfalls Veröffentlichungsdatum
- Akteure (Politiker, Prominente, typisierte Personen, gegebenenfalls Tiere)
- Körpersprache (Haltung, Aussehen, Gestik, Mimik der Personen/Tiere)
- räumliche Umgebung
- zeichnerische Stilmittel (Übertreibung, Verzerrung, Symbolisierung konkreter und abstrakter Gegebenheiten)
- Text (Sprechblasen, Unterschrift)

(b) Interpretieren
- Deutung der Stilmittel
- Einschätzung des Übertreibungs- und Verzerrungsgrades der Wirklichkeit
- Formulieren der zentralen Botschaft der Karikatur
- vermutete Wirkungsabsicht beim Betrachter

(c) Bewerten
- Qualität der Karikatur (Verständlichkeit, angemessenes Verhältnis zwischen der Wirklichkeit und der von der Karikatur gezeichneten Wirklichkeit)
- Zustimmung zur/Ablehnung der von der Karikatur vermittelten Botschaft
- Formulieren einer eigenen Meinung zur dargestellten Problematik

... NACH DER WAHL

1 Analysieren Sie die Karikatur auf dieser Seite vor dem Hintergrund der Identitätstheorie und der Konkurrenztheorie (M 3 bis M 7).

2.5 Demokratietheoretische Grundkonzepte

Direkte Demokratie und repräsentative Demokratie

MATERIAL 8

Wer soll entscheiden?

- Wir befinden uns in **Deutschland**. Der Bundestag hat sich versammelt, um über einen Gesetzesvorschlag der Bundesregierung abzustimmen. Der Vorschlag lautet, die Mineralölsteuer zu erhöhen, weil die Staatsverschuldung abgebaut werden soll. Umfragen haben ergeben, dass die Mehrheit der Bevölkerung die Steuererhöhung ablehnt. Die Regierungsfraktionen sind dennoch dafür, weil sie die Regierung unterstützen wollen und an die Finanzlage des Staates denken. Die Abgeordneten der Opposition enthalten sich oder stimmen dagegen. Ergebnis: Die Steuer wird erhöht.

- Wir sind in der **Schweiz**. Auch hier will die Regierung (Bundesrat) die Mineralölsteuer erhöhen und damit die Staatsverschuldung abbauen. Das Parlament (Bundesversammlung) stimmt dem Gesetz mit großer Mehrheit zu. Doch im Volk regt sich Widerstand gegen die zusätzliche Steuerbelastung. Eine Gruppe von Gegnern sammelt mehr als 50 000 Unterschriften für eine abschließende Entscheidung durch das Volk (Volksinitiative). Damit ist die Voraussetzung für eine Volksabstimmung erfüllt. Ergebnis: Das Gesetz wird abgelehnt.

- Wir befinden uns in der **Computerdemokratie des Jahres 2030**. Wenn ein neues Gesetz gemacht wird, gibt jeder Bürger seine Stimme an seinem Computer ab. Heute soll für den Abbau der Staatsverschuldung die Mineralölsteuer erhöht werden. In der via Livestream ausgestrahlten „Stunde des Bürgers" erklärt der Moderator: „Sie werden nochmals eine Stellungnahme dafür und eine dagegen hören. Klicken Sie dann auf das grüne Feld, falls Sie zustimmen, auf Rot, falls Sie ablehnen, und auf Gelb, wenn Sie sich enthalten wollen." Zur selben Zeit läuft im Privatfernsehen ein spannender Krimi. Hinzu kommt, dass bereits gestern und vorgestern die Bürger zu mehreren Stimmabgaben aufgefordert wurden. Ergebnis: Die Beteiligung an der Abstimmung ist gering (30 Prozent der Abstimmungsberechtigten). Diese Minderheit lehnt die Steuererhöhung mehrheitlich ab.

Autorentext

---

1 Vergleichen Sie die drei Formen demokratischer Entscheidungsfindung (M 8) hinsichtlich der Rolle der Bürger und des Entscheidungsergebnisses.

2 Diskutieren Sie,
  a) ob man eine der drei Formen als die „demokratischste" bezeichnen kann.
  b) welche Entscheidungsform die besten Chancen bietet, das Gemeinwohl zu fördern.

3 Prüfen Sie arbeitsteilig den Ausgang der Abstimmungen in der Schweiz (Stimmzettel).
Diskutieren Sie Ihre Ergebnisse vor dem Hintergrund Ihrer Antworten zu Aufg. 1 und 2.

MATERIAL 9 — Direkte oder repräsentative Demokratie?

Frage: „Hier unterhalten sich zwei über verschiedene Formen der Demokratie. Wer von beiden sagt eher das, was auch Sie denken?"	
Feststellung	**Bevölkerung insgesamt**
„Ich bin für eine repräsentative Demokratie, also dass das Volk das Parlament wählt und dann das Parlament die politischen Entscheidungen trifft und dafür auch die Verantwortung übernimmt. Die Abgeordneten sind doch meist besser informiert."	32
„Ich bin für eine direkte Demokratie, also dass möglichst viele politische Entscheidungen in Volksabstimmungen getroffen werden. Dann geschieht wirklich das, was das Volk will."	51
unentschieden	17

Allensbacher Archiv, IfD-Umfragen, zuletzt 10062; Befragung im Oktober 2000; Angaben in Prozent

MATERIAL 10 — Darf das Volk sich über Entscheidungen seiner Repräsentanten hinwegsetzen?

Frage:	„Ich möchte Ihnen jetzt einen Fall erzählen: In einem kleinen Ort soll eine Fabrik gebaut werden. Der Gemeinderat hat den Bau der Fabrik genehmigt, die Bevölkerung ist aber dagegen. Ein Prozess vor Gericht hat ergeben, dass die Bevölkerung nichts dagegen unternehmen kann und die Fabrik gebaut werden muss. In einer öffentlichen Versammlung treten nun zwei Redner auf, die Folgendes sagen.
Redner 1:	‚Der Gemeinderat und das Gericht haben beschlossen, dass die Fabrik gebaut wird. Wir haben den Gemeinderat gewählt, also müssen wir jetzt diese demokratische Entscheidung mittragen und dürfen uns nicht länger gegen den Bau wehren.'
Redner 2:	‚Das sehe ich anders. Wir, die Bürger, sind gegen die Fabrik. Der Gemeinderat sieht das zwar nicht, aber die Bevölkerung kann das besser beurteilen. Wir müssen auf jeden Fall den Bau der Fabrik verhindern, auch wenn wir vielleicht Gewalt anwenden müssen.'
Wem würden Sie eher zustimmen?"	

Antwort	Bevölkerung insgesamt
die Entscheidung der gewählten Repräsentanten mittragen (Redner 1)	49
sich über die Entscheidung der gewählten Repräsentanten hinwegsetzen (Redner 2)	28
unentschieden	23

Allensbacher Archiv, IfD-Umfrage 11022; Befragung im März 2014; Angaben in Prozent

MATERIAL 11 — Rousseau – kompromissloser Anwalt der direkten Demokratie

Es genügt nicht, dass das versammelte Volk die Verfassung des Staates einmal dadurch festgelegt hat, dass es ein Gesetzeswerk in Kraft setzte; es genügt nicht, dass es eine [...] ⁵Regierung eingesetzt oder ein für alle Mal Vorsorge für die Wahl der Beamten getroffen hat. Neben außerordentlichen Volksversammlungen, die durch unvorsehbare Fälle nötig werden können, bedarf es fester und regelmäßig wiederkehrender Versammlun-¹⁰gen, die durch nichts aufgehoben oder verschoben werden können, dergestalt, dass das Volk am festgesetzten Tag durch das Gesetz rechtmäßig einberufen wird, ohne dass es hierfür einer anderen formellen Einberufung ¹⁵bedürfte. [...]

Die Souveränität kann aus dem gleichen Grund, aus dem sie nicht veräußert werden kann, auch nicht vertreten werden; sie besteht wesentlich im Gemeinwillen, und der Wille kann nicht vertreten werden: Er ist derselbe oder ein anderer; ein Mittelding gibt es nicht. Die Abgeordneten des Volkes sind also nicht seine Vertreter, noch können sie es sein, sie sind nur seine Beauftragten; sie können nicht endgültig beschließen. Jedes Gesetz, das das Volk nicht selbst beschlossen hat, ist nichtig; es ist überhaupt kein Gesetz. Das englische Volk glaubt, frei zu sein, es täuscht sich gewaltig, es ist nur frei während der Wahl der Parlamentsmitglieder; sobald diese gewählt sind, ist es Sklave, ist es nichts. Bei dem Gebrauch, den es in den kurzen Augenblicken seiner Freiheit von ihr macht, geschieht es ihm recht, dass es sie verliert.

Aus: Jean-Jacques Rousseau, Vom Gesellschaftsvertrag, Stuttgart 1977 (1762), Drittes Buch, 13. Kap., 14. Kap. (S. 99, 103)

Instrumentarien der modernen direkten Demokratie

MATERIAL 12

(1) Die **Volksbefragung** [...] hat konsultativen Charakter: Mit ihr wird die öffentliche Meinung zu einer bestimmten Angelegenheit erkundet, ohne dass aus dem Befragungsergebnis rechtliche Verbindlichkeiten erwachsen.

(2) Die **Volksinitiative** bezeichnet ein Verfahren, das den Bürgern die Möglichkeit eröffnet, das Parlament mit einer bestimmten Sachfrage zu befassen. Wenn die Volksinitiative ein bestimmtes Quorum erreicht, muss das Parlament in dieser Sache beraten, ist aber zu keiner Entscheidung verpflichtet.

(3) Das **Volksbegehren** bezeichnet [...] die Forderung der Bürgerinnen und Bürger [...], dass über eine von den Initiatoren vorgelegte Frage/ein vorgelegtes Gesetz ein Volksentscheid abzuhalten sei [...]. Ein Volksbegehren muss von einem festgesetzten Teil der stimmberechtigten Bürger unterstützt werden (Unterschriftenquorum), um erfolgreich zu sein. [...] Ein erfolgreiches Volksbegehren zieht einen Volksentscheid nach sich, wenn nicht das Parlament schon vorher im Sinne des Volksbegehrens das vorgelegte Gesetz beschließt.

(4) **Volksentscheid:** Abstimmung aller wahlberechtigten Bürgerinnen und Bürger über ein Gesetz [...]. In der Regel folgt die Volksentscheidung einem erfolgreichen Volksbegehren. [...]

(5) **Referendum:** Eine Volksabstimmung, die vom Parlament oder von der Regierung angestoßen wird, um Änderungen der Verfassung (Verfassungsreferendum) oder den Beschluss eines Gesetzes der Entscheidung aller stimmberechtigten Bürgerinnen und Bürger zu unterwerfen.

Aus: Manfred G. Schmidt, Wörterbuch zur Politik, 3. Aufl., Stuttgart 2010, S. 598 (Text leicht ergänzt) (1); Andreas Kost (Hrsg.), Direkte Demokratie in den deutschen Ländern. Eine Einführung, Wiesbaden 2005, S. 376 ff. (2–5)

1. Hinter jeder der beiden Feststellungen in M 9 steht eine Aussage über die Abgeordneten sowie über das Volk. **Arbeiten** Sie diese Annahmen **heraus** und **erörtern** Sie ihre Berechtigung.
2. **Diskutieren** Sie, ob die zweite Feststellung in M 10 die Demokratie zerstört oder – im Gegenteil – erst erfüllt.
3. **Prüfen** Sie die Befragungsergebnisse von M 9 und M 10 unter dem Gesichtspunkt, ob sie widersprüchlich sind.
4. **Arbeiten** Sie aus M 11 **heraus**, mit welchen Argumenten Rousseau die Unverzichtbarkeit der Volksversammlung begründet.
5. **Beurteilen** Sie die Instrumentarien direkter Demokratie in M 12 hinsichtlich ihrer Wirkungskraft und ihrer Nähe oder Distanz zur repräsentativen Demokratie *oder* recherchieren Sie beispielhaft die Praxis direkter Demokratie in Nordrhein-Westfalen.

MATERIAL 13 — James Madison – Plädoyer für die repräsentative Demokratie

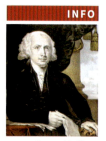

James Madison
* 16.3.1751 in Port Conway, King George County, Virginia
† 28.6.1836 in Montpelier, Virginia
einer der Gründerväter und von 1809 bis 1817 vierter Präsident der Vereinigten Staaten; hauptverantwortlich für das System der „checks and balances" und für die *Bill of Rights*

[Es ist davon auszugehen,] dass in einer reinen Demokratie, womit ich eine zahlenmäßige kleine Gemeinschaft meine, deren Mitglieder sich versammeln und selbst die Regierung ausüben, kein Heilmittel für das Übel der selbstsüchtigen Interessengruppen gefunden werden kann. [...] Politische Theoretiker, die diese Art der Regierung befürworteten, waren der irrigen Meinung, dass die Menschen, wenn man ihnen gleiche politische Rechte gibt, auch in Bezug auf ihre Eigentumsverhältnisse, ihre Meinungen und ihre Leidenschaften völlig gleich gemacht werden könnten.

Eine Republik, worunter ich eine Regierung verstehe, in der die Idee der Vertretung des Volkes verwirklicht ist, eröffnet bessere Aussichten; von ihr lässt sich das Heilmittel erhoffen, das wir suchen. [...]

Die beiden großen Unterschiede zwischen einer Demokratie und einer Republik sind folgende: Erstens ist in der Republik die Regierung einer kleinen Zahl von Bürgern anvertraut, die von den übrigen Bürgern gewählt werden. Zweitens kann die Staatsform der Republik auf eine größere Anzahl von Bürgern und auf ein größeres Territorium ausgedehnt werden.

Die Auswirkung des ersten Unterschiedes besteht einerseits darin, dass die öffentliche Meinung geläutert und erweitert wird, indem sie den Filter einer ausgewählten Gruppe von Staatsbürgern passiert, deren Einsicht die Gewähr bietet, dass sie die wahren Interessen ihres Landes erkennen und dass sie diese wahren Interessen nicht augenblicklichen Vorteilen und parteilichen Erwägungen opfern werden. Auf diese Weise kann es geschehen, dass die Stimme des Volkes dort, wo sie aus dem Munde der Volksvertreter spricht, eher dem Wohl der Allgemeinheit dient als dort, wo das Volk selbst zusammentritt, um seinen Willen kundzutun.

Aus: James Madison, Artikel Nr. 10, in: Alexander Hamilton/James Madison/John Jay, Der Föderalist, herausgegeben von Felix Ermacora, Wien 1958, S. 76 f.

MATERIAL 14 — Unter welchen Bedingungen funktioniert die repräsentative Demokratie?

INFO
responsiv
auf Anregungen von anderen reagierend

latent
vorhanden, aber noch nicht hervorgetreten

manifest
hier: offenkundig

Die Repräsentanten handeln im Interesse der Repräsentierten und dabei responsiv. Angelpunkt von Repräsentation sind also die Interessen der Repräsentierten. Die zentrale Dienstleistung der Repräsentanten besteht darin, um diese Interessen immer wieder genau zu wissen und sie bestmöglich zu verwirklichen. Dabei gehört es zur wesentlichen Leistung der Repräsentanten, in **eigener** Verantwortung auch **latente** Interessen der Repräsentierten hinter deren **manifesten** Interessen aufzuspüren, subjektive Interessen von objektiven, Partikularinteressen von Allgemeininteressen zu unterscheiden und einen klugen Kurs zwischen der Verwirklichung kurzfristiger, mittelfristiger und langfristiger Interessen zu steuern. [...]

Aus: Werner J. Patzelt, Einführung in die Politikwissenschaft. Grundriss des Faches und studiumbegleitende Orientierung, 7. Aufl., Passau 2013, S. 381 f.

---

1. **Arbeiten** Sie aus M 13 **heraus**, welche Argumente Madison für die Überlegenheit der repräsentativen Demokratie und gegen die Identitätsdemokratie (Rousseau) anführt.
2. **Erschließen** Sie aus M 14, von welchen Voraussetzungen die Funktionsfähigkeit der repräsentativen Demokratie abhängig ist.
3. **Diskutieren** Sie unter Rückgriff auf M 15 und M 16 über die Frage, ob Volksentscheide auf Bundesebene in die repräsentative Demokratie eingefügt werden sollten.

Mehr direkte Demokratie? Stimmen zu einem kontroversen Thema

MATERIAL 15

Wer gegen Volksabstimmungen ist, misstraut den Bürgern oder unterschätzt ihre Vernunft.

Dürfte ich abstimmen, würde ich mich mehr für Politik interessieren.

Würde man Volksabstimmungen zulassen, müsste man das Volk auch über die Einführung der Todesstrafe entscheiden lassen. Ich ahne, wie das Ergebnis aussehen wird.

Minderheiten, die es ohnehin schon schwer haben, ihrer Sichtweise Gehör zu verschaffen, könnten von der Mehrheit in einer Volksabstimmung noch leichter überspielt werden.

Je höher die Entscheidungsebene, desto komplizierter sind die Probleme und desto weniger können die Bürger sie durchschauen.

Im Internet kann sich heute jeder leicht informieren und so politisch auf dem Laufenden bleiben. Jeder kann also im Vorfeld die Argumente aller Seiten erfahren und so informiert abstimmen.

Gerade in wichtigen Fragen muss man sich um einen Kompromiss bemühen. Abstimmungen lassen aber nur ein Ja oder ein Nein zu.

Die Leute können nicht jeden Tag abstimmen, weil sie mit Arbeit ihren Unterhalt verdienen müssen. Volksabstimmungen können also nur zu ganz wenigen wichtigen Themen stattfinden. Für jeden ist aber etwas anderes wichtig.

Volksabstimmungen laden zu Propaganda, Meinungsmanipulation und Demagogie geradezu ein. Die Sachlichkeit bleibt auf der Strecke.

Direkte Demokratie – unterschiedliche Vorstellungen

MATERIAL 16

„Sind wir uns ja einig, bin auch für den bundesweiten Volksentscheid!"
Zeichnung: Horst Haitzinger

WISSEN KOMPAKT

Identitätstheorie der Demokratie
Diese Theorie beansprucht, dass es in ihr keine Herrschaft der einen (der Regierenden, der Herrschenden) über die anderen (die Regierten, die Beherrschten) gibt. Vielmehr seien alle zugleich Herrschende und Beherrschte. Bedingung dieser Identität sei, dass alle die Gesetze mitbeschließen. Denn dies bewirke, dass jeder nur dem eigenen Gesetz und damit sich selbst gehorche.
Von einer Identitätsdemokratie kann aber nur dann die Rede sein, wenn die Gesetze einstimmig beschlossen sind. Denn nur dann gehorcht man keinem fremden Willen. Werden die Gesetze hingegen nur mit Mehrheit beschlossen, ist die Minderheit fremdbestimmt und wird folglich beherrscht.

Konkurrenztheorie der Demokratie
Diese Theorie erkennt an, dass es Regierende und Regierte gibt. Ihr kommt es darauf an, dass die Regierenden aus einer freien Wahl unter der Bedingung offener Konkurrenz hervorgehen. Sie sieht in der Existenz konkurrierender politischer Eliten keinen Widerspruch zur Demokratie.
Die Konkurrenztheorie lässt sich ohne Schwierigkeiten mit der Vorstellung verbinden, dass die Menschen ihre Interessen verbandsmäßig organisieren und dass die so entstandenen Interessenverbände Einfluss auf die Regierung nehmen. Diese Weiterentwicklung der Konkurrenztheorie nennt man **pluralistische Demokratie**.

Plebiszitäre oder direkte Demokratie
In dieser Demokratie entscheidet das Volk selbst seine gemeinsamen Angelegenheiten. Ideal geeignet ist dafür die Volksversammlung. Wo dies nicht möglich ist, müssen andere Wege, etwa **Volksentscheide**, gefunden werden. Volksentscheide setzen **Volksbegehren** voraus. Weitere Instrumente der direkten Demokratie sind die **Volksinitiative** und das **Referendum**. Ein eher schwaches Instrument der direkten Demokratie ist die **Volksbefragung**.

Repräsentative oder indirekte Demokratie
In dieser Demokratie werden die Entscheidungen **gewählten Personen** anvertraut. Von diesen Personen, die sich nicht nebenbei, sondern hauptamtlich um die Politik kümmern, erhofft man sich gut durchdachte und deshalb gemeinwohlgerechte Entscheidungen. Die repräsentative Demokratie ist nicht, wie häufig angenommen wird, nur ein Ersatz für die in großräumigen Staaten nicht zu verwirklichende Volksversammlung. Sie ist vielmehr eine eigenständige Form der Demokratie, in der die Verantwortung der Repräsentanten gegenüber den Repräsentierten eine entscheidende Rolle spielt. Diese Verantwortung findet ihren Ausdruck unter anderem in der **Responsivität** der Repräsentanten, d.h. in deren Bereitschaft, auf Anregungen der Repräsentierten zu reagieren.

2.6 Ist unsere Demokratie in Gefahr?

Immer wieder Thema in öffentlichen Debatten ist die Frage, ob unsere Demokratie in Gefahr sei. Doch was ist damit eigentlich gemeint? Sicherlich gelten alle verfassungsfeindlichen Organisationen als Gefahr für unsere Demokratie. Darunter fallen beispielsweise rechtsextrem oder linksextrem orientierte Gruppen oder auch aus religiösen Motiven handelnde Vereinigungen. Diesen Gruppierungen gelingt es allerdings nicht, unsere demokratische Grundordnung ernsthaft zu gefährden. Vielmehr befürchten Experten seit vielen Jahren eine zunehmende „Politikverdrossenheit".

These
Ich glaube nicht, dass Politiker meine Meinung interessiert!
Politiker wollen nur gewählt werden und machen deshalb vorher Versprechen, die sie später nicht einhalten.
Ich interessiere mich für Politik.
In der Politik sind zu wenig junge Leute aktiv.
Die Politiker machen gute Arbeit.
Ich könnte mir vorstellen, mich politisch zu engagieren.
Ich verstehe meistens nicht, worum es in politischen Diskussionen geht.

Tabelle: eigene Darstellung; ähnliche Fragen wie diese werden z. B. in den Shell Jugendstudien gestellt.

Basiswissen

Extremismus: Der Begriff bezeichnet oftmals die politischen Ränder, also den Links- bzw. Rechtsextremismus. Den verschiedenen Ausprägungen des Extremismus ist gemein, dass sie die Demokratie als politische Ordnungsform ablehnen. Der **Linksextremismus** strebt eine sozialistische, kommunistische oder anarchistische Gesellschaftsordnung an. Der **Rechtsextremismus** bezeichnet „die Gesamtheit von Einstellungen, Verhaltensweisen und Aktionen" (H. G. Jaschke), die antidemokratische Ziele verfolgen, die Menschen nach ihrer ethnischen Zugehörigkeit auf- bzw. abwerten und eine ethnische Gleichheit herstellen wollen. Menschenrechte werden abgelehnt. Weiterhin ist zwischen gewaltbereiten **(Terroristen)** und nicht gewaltbereiten Extremisten zu differenzieren.

Fundamentalismus: Man versteht darunter eine politische oder religiöse Ideologie, auf der konsequent, expansiv und oftmals wörtlich beharrt wird (z. B. Bibel, Koran). Auch hier muss zwischen gewaltbereiten und nicht gewaltbereiten Formen unterschieden werden.

GLOSSAR
Extremismus

Fundamentalismus

Die Positionslinie — LERNWEG

Stellen Sie sich vor, in der Mitte des Raumes sei eine Linie gezogen, oder kleben Sie diese mit einem Klebestreifen ab. Die Linie markiert den Standpunkt „unentschlossen". Die beiden Enden der Linie stellen die Positionen „stimme zu" bzw. „stimme nicht zu" dar. Begründen Sie Ihre Haltung zu den jeweiligen Fragen. Es ist möglich, nach der Diskussion den Standpunkt zu wechseln.

1. **Analysieren** Sie die Karikatur hinsichtlich der Position des Autors.
2. **Stellen** Sie Ihre Position **dar**, indem Sie die Thesen aus der Tabelle bearbeiten.
   Diskutieren Sie im Anschluss mithilfe der Positionslinie die einzelnen Thesen und Standpunkte in Ihrem Kurs. Formulieren Sie anschließend ein Fazit.
3. **Wiederholen** Sie die Diskussion der Thesen nach Behandlung des Kapitels und vergleichen Sie die Ergebnisse.

Nimmt das Interesse an Politik ab?

MATERIAL 1 Entwicklung der Wahlbeteiligung in Deutschland

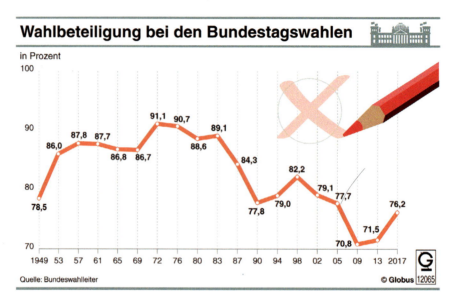

MATERIAL 2 Entwicklung der Wahlbeteiligung in Nordrhein-Westfalen

QUERVERWEIS
Methode Analyse von Statistiken
S. 58 f.

1 **Interpretieren** Sie arbeitsteilig die dargestellten Grafiken M 1 bis M 4. Nutzen Sie dafür die Hinweise zur Methode Analyse von Statistiken als Hilfestellung.

2 **Vergleichen** Sie Ihre Ergebnisse und formulieren Sie ein abschließendes Fazit.

Entwicklung des politischen Interesses in der Bundesrepublik

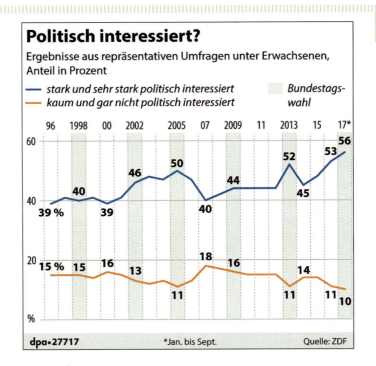

MATERIAL 3

Politisches Interesse im europäischen Vergleich

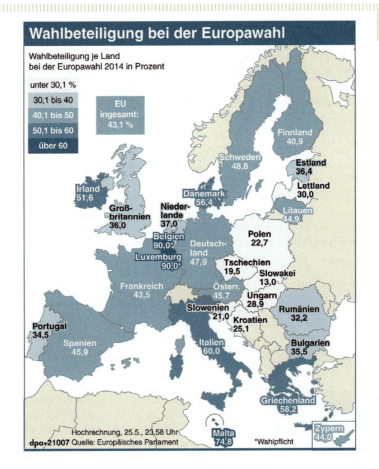

MATERIAL 4

Befinden wir uns in einer Beteiligungskrise?

MATERIAL 5 **Jugend und Politik**

QUERVERWEIS
Politische Aktivitäten und Aktionen von Jugendlichen
S. 88, M 6

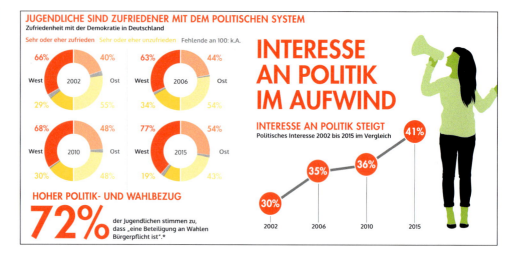

Shell Jugendstudie 2015, www.shell.de/jugendstudie

MATERIAL 6 **Jugend und Parteien**

[Die Hintergründe] sind undurchsichtig genug und lassen sich sicherlich nicht nur auf ein paar wenige gerichtete Wirkfaktoren zurückführen. Möglich ist ja immerhin, dass
5 sich die Ursachen bei den Parteien selbst oder bei den Jugendlichen und ihrem gesellschaftlichen Umfeld auffinden lassen. Auch handelt es sich bei dem Verfall jugendlicher Parteimitgliedschaft um einen langwierigen
10 Prozess, der sich nicht losgelöst von zeitgeschichtlichen und gesellschaftlichen Wandlungshintergründen ausloten lässt. [...]

- Es [ist] immer nur eine kleine Teilgruppe unter den Jugendlichen (und Erwachse-
15 nen), für die [...] überhaupt eine Mitgliedschaft denkbar ist, ohne sie dann tatsächlich auch
20 vollziehen zu müssen. Parteiarbeit zieht wie jede organisationsgebundene politische Beteiligung seit eh und je
25 nur eine kleine, überschaubare Zahl höher gebildeter, **kognitiv** ressourcenstarker Mittelschichtangehöriger an, die auch noch einen deutlichen Männerüberschuss aufweisen.
30
- [Die Jugend wird] in den kommenden Jahren aus **demografischen** Gründen ein rares Gut, sodass sich auch aus diesem Grund die Parteien auf eine noch stärker verschlechterte Nachwuchslage einzustel- 35 len haben.
- Nachvollziehbar ist es [...], dass Jugendliche Parteien deshalb meiden, weil ihnen diese in Versammlungsroutinen erstarrten Großorganisationen nicht jene Mit- 40 arbeitsanreize bieten, die ihren Beteiligungsbedürfnissen und -ansprüchen entsprechen würden. Dahinter steht die Überlegung, dass sich Beitritt und Mitmachen lohnen müssen. 45
- Parteien bekommen [...] ein Glaubwürdigkeitsproblem, wenn sich politisches Programm, Reden und Handeln ihrer Wortführer und Spitzenvertreter offenkundig nicht decken und Skandale anzeigen, dass 50 Politiker schnöde Selbstsucht antreibt. Dies erzeugt nicht nur Vertrauens- und

Der Jugend Politikverdrossenheit vorwerfen ist falsch. Jungwähler interessieren sich für Politik, stellen bloß die Fragen anders.

Integritätsverlust, sondern untergräbt auch das ideologische Bindungsmotiv, das gerade jüngere Menschen zum Parteieintritt bewegen könnte.

- [Es wird deutlich], dass Jugendliche sich nur noch sehr selektiv auf Beteiligungsmöglichkeiten einlassen. Solche Formen wie „Unterschriften leisten" und an „einer Demonstration teilnehmen", die persönlich anspruchslos sind und sich mit einem Minimum an Aufwand und Zeit erledigen lassen, werden vergleichsweise häufiger genutzt. [...] Ein wesentlicher Grund hierfür liegt darin, dass dauerhafte Mit-Arbeit nicht mit Freizeit assoziiert, sondern als verpflichtend, lästig und einengend empfunden wird.
- [Es sind] auch gesellschaftlich und zwischenmenschlich begünstigende Faktoren [...] einzubeziehen [...]. Anzunehmen ist, dass Jugendliche sich eher den Dingen in ihrer Alltags- und Freizeitwelt zuwenden bzw. anderen nacheifern werden, wenn das, worum es geht, Prestige verleiht und das Ansehen unter Altersgleichen steigert. Ließe sich dies auf Mitarbeit in Parteien übertragen, könnten sie ohne ihr besonderes Zutun mit vermehrtem Zuspruch unter Jugendlichen rechnen. Umgekehrt hält das Jugendliche aber von einer Bindung fern, wenn sie bei einem Eintritt mit Geltungs- oder Umgangsschwierigkeiten [...] rechnen müssten.

INFO
Integrität
Makellosigkeit

Aus: Elmar Wiesendahl, Keine Lust mehr auf Parteien, in: Aus Politik und Zeitgeschichte, B 10/2001

Wahlmüdigkeit

MATERIAL 7

1. **Geben** Sie die Ergebnisse der Shell Jugendstudie (M 5) und die Thesen Elmar Wiesendahls (M 6) mit eigenen Worten **wieder**.
2. **Vergleichen** Sie die Ergebnisse aus Aufgabe 1 mit denen Ihrer Auswertung der Grafiken (M 1 bis M 4).
3. **Erschließen** Sie die Aussage der Karikatur (M 6).
4. **Prüfen** Sie die Thesen aus M 6 vor dem Hintergrund Ihrer eigenen Lebenswirklichkeit.
5. Stellen Sie sich vor, Sie seien als Berater für eine Partei tätig. **Entwerfen** Sie ein Konzept, das Ihrer Partei helfen könnte, Politik für Jugendliche interessanter zu machen.
6. **Erschließen** Sie die Aussagen der Grafik (M 7). **Diskutieren** Sie, inwieweit die hohe Anzahl der Nichtwähler eine Gefahr für unsere Demokratie darstellt.
7. **Nehmen** Sie ausgehend von M 7 **Stellung** zu der Frage, inwieweit gewählte Regierungen den Mehrheitswillen der Bürger repräsentieren. Berücksichtigen Sie dabei Ihre bisherigen Kenntnisse über das Wählen und Abstimmen.

GLOSSAR
Wahlen
QUERVERWEIS
Wählen und Abstimmen
S. 90 f.

Linksextremismus

MATERIAL 8

Geschichte des Linksextremismus in Deutschland

INFO

KPD
Kommunistische Partei Deutschlands

Komintern
Kommunistische Internationale; 1919 von Lenin gegründete Vereinigung aller kommunistischer Parteien

Außerparlamentarische Opposition (APO)
sozialistische Studentenbewegung

Rote Armee Fraktion (RAF)
Ende der 1960er-/Anfang der 19070er-Jahre gegründete, linksextremistische terroristische Vereinigung um Andreas Baader, Gudrun Ensslin und die bekannte Journalistin Ulrike Meinhof

FILMTIPP

Der Baader-Meinhof-Komplex
(Deutschland 2008) Spielfilm über die RAF nach dem gleichnamigen Sachbuch des Journalisten und ehemaligen Spiegel-Chefredakteurs Stefan Aust von 1985

Linksextremismus in der Bundesrepublik lässt sich in mehrere zeitliche Phasen mit sehr verschiedenen Ausprägungen unterteilen. Bis zum KPD-Verbot 1956 sind die Optionen von
5 Linksaußen der Sturz des kapitalistischen, von den Westalliierten beherrschten Systems der Bundesrepublik im Bündnis mit der Sowjetunion und der DDR. Damit knüpft die KPD an die Komintern-Tradition der Weimarer Re-
10 publik ebenso an wie an die marxistisch-leninistische Organisationstheorie. Dieser Strang lebt fort in der Gründung der Deutschen Kommunistischen Partei (DKP) im Jahr 1968, deren einst 40 000 Mitglieder nach dem Fall
15 der Mauer auf 4 000 zurückgegangen sind. [...]
Die Gründung der DKP erfolgt nicht zufällig 1968. Das „rote Jahrzehnt" 1967 bis 1977 ist die Blütezeit einer Vielzahl linker, linksradikaler und linksextremer Gruppierungen im Umfeld
20 der Außerparlamentarischen Opposition und der Studentenbewegung. Zu den vielfältigen Anlässen für das Aufbrechen gehört der Protest gegen den Vietnamkrieg, gegen den „Muff" der Adenauerzeit, gegen überholte ge-
25 sellschaftliche Konventionen. Die Protestbewegung war, auch in anderen europäischen Ländern und den USA, überwiegend getragen von Jugendlichen und Studenten [...]. Es spalteten sich bald marxistisch-leninistische,
30 trotzkistische, maoistische, stalinistische und andere kleinere Gruppen ab, die unter Bezeichnungen wie KPD/Aufbauorganisation, Revolutionärer Kampf, Kommunistische Hochschulgruppe, Marxistisch-Leninistische
35 Partei Deutschlands oder auch Marxistische Gruppe auftauchten. [...]
[...] Gruppen wie die Rote Armee Fraktion und die Bewegung 2. Juni propagierten in Anlehnung an südamerikanische Revolutions-
40 konzepte den „bewaffneten Kampf", um die angeblich faschistische Qualität des westdeutschen Staates zu „entlarven". Anfang und Mitte der Siebzigerjahre gelang es diesen Gruppen, die westdeutsche Linke nachhaltig zu spalten. Terroristische Anschläge und Revolu-
45 tionsrhetorik zwangen die linken Aktivisten der Studentenbewegung zu heimlicher oder offener Sympathie auf der einen Seite, zu entschiedener Absage und „Verratsvorwürfen"
50 auf der anderen Seite. Die Morde an Generalbundesanwalt Buback, Dresdner-Bank-Chef Ponto und Arbeitgeber-Präsident Schleyer 1977 bildeten den Höhepunkt des deutschen Terrorismus. Linksextremismus hatte eine
55 neue, eine terroristische Qualität gewonnen. Die nicht terroristischen Teile der Protestbewegung gingen in den folgenden Jahren zurück in private Orientierungen, in die etablierten Parteien, aber ein großer Teil in die
60 entstehenden Neuen Sozialen Bewegungen, aus denen heraus dann die Partei Die Grünen entstand.
Linksextremismus im engeren Sinne [...] hat nach 1977 an Bedeutung eingebüßt, das Scheitern des Sowjetkommunismus in Osteuropa
65 und der DDR um 1990 tat ein Übriges, um diese Politikansätze nachhaltig unattraktiv zu machen. [...] In einer komplexen, modernen Gesellschaft, deren soziale Schichtung sich stark ausdifferenziert, in der sich Interessen-
70 gruppen stark diversifizieren, in der Entscheidungsprozeduren vielfältig gebrochen sind, können gesellschaftliche Großkonflikte nicht mehr mit simplen Klassenkampfparolen begriffen werden. [...] Die sogenannten „Auto-
75 nomen", militante linksextremistisch beeinflusste Jugendliche, die vor allem bei gewaltbereiten Aufmärschen und Demonstrationen von sich reden machen, sorgen für intensive polizeiliche Aufmerksamkeit, aber sie
80 liefern kein wirklich politisches Programm. Hier lassen sich allenfalls Bruchstücke aus der Ideengeschichte des Anarchismus wiederfinden wie etwa die Ablehnung des Staates und der Glaube an eine Gesellschaft ohne Macht
85 und Herrschaft. [...]
[I]nsgesamt spielt die extreme Linke in Deutschland heute kaum eine politische Rolle.

Aus: Hans-Gerd Jaschke, Linksextremismus, 1.8.2008, in: Dossier: Linksextremismus, www.bpb.de/politik/extremismus/33591/definitionen-und-probleme [4.4.2016]

Linksextremismus – nicht so gefährlich?

MATERIAL 9

Für [...] Gregor Gysi ist Linksextremismus nicht so gefährlich wie Rechtsextremismus. Gysi sagte im Interview mit der *Huffington Post*: „Der Rechtsextremismus wendet sich
5 immer gegen Schwache, der Linksextremismus gegen Starke. Ich verurteile Gewalt. Aber ich mache da einen Unterschied. Es ist eine ganz andere Herausforderung, Starke anzugehen." Linksextremismus bekomme auch zu
10 viel Aufmerksamkeit [...], das zeige sich am Nationalsozialistischen Untergrund (NSU). „Zehn Morde, ohne es zu merken. Das funktioniert nur beim Rechtsextremismus. Linke Gruppen werden viel genauer überwacht."
15 Gysi kritisierte zudem die Einschätzung des Verfassungsschutzes, wonach innerhalb der Linkspartei offen linksextremistische Strömungen existierten. „[...] Das sind zum Teil die harmlosesten Leute, die ich kenne. Das
20 hat mit der Realität wenig zu tun."

INFO
Huffington Post
US-amerikanische Online-Zeitung

Aus: Gregor Gysi, Linksextremismus nicht so gefährlich wie Rechtsextremismus, in: www.focus.de/politik/deutschland/interview-mit-linken-politiker-gregor-gysi-linksextremismus-nicht-so-gefaehrlich-wie-rechtsextremismus_id_4528057.html, 7.3.2015 (Zugriff: 4.4.2016)

Wird Linksextremismus verharmlost?

MATERIAL 10

Wäre der Linksextremismus eine Aktie, man sollte sie unbedingt im Depot haben. [...] Die Zahl linksextremistisch motivierter Gewalttaten in Deutschland steigt nämlich kontinuier-
5 lich an. [...] Der Vergleich mit der Börse klingt zynisch? Vielleicht. Zynisch ist es aber auch, die Taten der Kriminellen von links eher mit einem Achselzucken zur Kenntnis zu nehmen, während die ebenso abstoßenden Taten der
10 Kriminellen von rechts umfangreichste Nachsorge- und Vorbeugungsmaßnahmen auslösen, Appelle und Betroffenheitsadressen sonder Zahl – glücklicherweise. [...]
[I]n der öffentlichen Wahrnehmung gelten
15 besondere Maßstäbe, wenn, wie nun in Berlin, „Sprengstoffdelikte, Landfriedensbruch, gefährliche Eingriffe in den Bahn- oder Straßenverkehr und Widerstandsdelikte" auf das Konto sogenannter Internationalisten oder
20 Antifaschisten gehen. Die Aufgabenteilung funktioniert nach dem Motto: „Rechte Gewalt" fordert den Rechtsstaat heraus, „linke Gewalt" nur die jeweilige Kommune. Im Gegensatz zu den nicht minder tumben Rechts-
25 extremen können sie [die Linksextremen] ihre Lust an der Gewalt, ihren Überdruss an einem Staat, der sie oft genug gewähren lässt, ins große Buch der Revolutionsgeschichte eintragen. [...] Dass mehr und mehr „linke Gewalt"
30 sich aber gegen Polizisten richtet, Frauen wie Männer, dass Autos abgefackelt und Geschäfte verwüstet werden, all das zeigt: Momentan ist es der Linksextremismus, der am deutlichsten die bestehende Ordnung angreift. [...]
35 Jeder Neo-Nationalsozialist, jede „Glatze", jeder „Springerstiefel", jeder Ausländerhasser, jeder Antisemit und jeder Stadionprügler ist genau einer zu viel. Auch jeder autonome Block aber und jeder Linksfaschist ist genau
40 einer zu viel. Wer hier mit zweierlei Maß misst, [...] der vergisst die harte Lektion aus schlimmen Zeiten: Demokratien gehen nicht an ihren Feinden zugrunde, sondern an lauwarmen Demokraten.

Aus: Alexander Kissler, Die falsche Sympathie für Linksextremisten, in: www.cicero.de/berliner-republik/politisch-motivierte-straftaten-auf-dem-linken-auge-blind/58568, 2.12.2014 (Zugriff: 4.4.2016)

1. **Erstellen** Sie Referate, die die Geschichte des Linksextremismus vertiefen (z. B. RAF), und gestalten Sie eine Wandzeitung.
2. **Arbeiten** Sie die in M 8 bis M 10 genannten Thesen zur Einschätzung der Bedrohung durch Linksextremismus **heraus** und **vergleichen** Sie diese miteinander.
3. **Recherchieren** Sie im Internet nach aktuellen linksextremistischen Übergriffen und **diskutieren** Sie die zuvor herausgearbeiteten Thesen (M 8 bis M 10).

Rechtsextremismus

MATERIAL 11 „Erlebniswelt Rechtsextremismus"

Mit Musik wollen rechte Gruppen vor allem Jugendliche ansprechen.

88 ist einer von verschiedenen Zahlencodes der rechtsextremen Szene. Er steht für Heil Hitler – HH (H = 8. Buchstabe des Alphabets).

Bestimmte Marken wie Thor Steinar (ursprünglich fast nur bei einschlägigen Läden und Versänden zu erhalten), Consdaple (wegen der Buchstaben NSDAP in der Mitte, ähnlich die englische Marke Lonsdale) oder die eindeutig benannte Marke Masterrace Europe etc. sind bei Rechtsextremen beliebt.

GLOSSAR
Rassismus

Ein neuer Rechtsextremismus ist auf den Plan getreten, der sich mit einer zeitgemäßen und ästhetisch ansprechenden Propaganda an Kinder, Jugendliche und junge Erwachsene wendet. In den Medien ist das Bild des martialisch auftretenden Skinheads mit Glatze, Bomberjacke, aufgekrempelten Jeans und Springerstiefeln zum Inbegriff des Rechtsextremismus geworden. Dieses Klischee verstellt den Blick auf eine vitale rechtsextreme Bewegung, die über einen erheblichen Vernetzungs- und Mobilisierungsgrad verfügt.

Waren die Rechten zunächst noch eine klar abgrenzbare Szene, so vollzog sich seit Mitte der 1980er-Jahre eine Runderneuerung, bei der ab etwa 1996 die Radikalisierung der Nationaldemokratischen Partei Deutschlands (NPD) und der Jungen Nationaldemokraten (JN) vonstattenging. Auch junge Frauen machen inzwischen schätzungsweise zwanzig bis dreißig Prozent der Anhängerschaft aus. Frauen gelten häufig als Mitläuferinnen, wegen ihres Geschlechts als friedfertig und weniger gewalttätig als rechtsextreme Männer. Dadurch können sie oft unerkannt agieren und werden von Polizei und Verfassungsschutz nur selten wahrgenommen.

Die taktische und zugleich perfide Verbindung von Freizeit und Unterhaltungswert mit politischen Botschaften, die Kombination von *Action*, *Event* und rechtem Lebensgefühl ist kennzeichnend für das neue Erscheinungsbild dieser rechtsextrem orientierten Jugendkultur. Mit Musik, mit einer auf den ersten Blick nicht eindeutig erkennbaren Nazi-Symbolik, mit Internetauftritten im zeitgemäßen Gewand bietet die „Erlebniswelt Rechtsextremismus" vielfältige verlockende Angebote für Jugendliche. [...] Outfit, Symbolik und Zahlencodes markieren Zugehörigkeit, symbolisieren das Bekenntnis zum „rechten ,way of life'" und grenzen Angehörige des extrem rechten Lagers gegenüber anderen Subkulturen ab. [...]

Die Eskalation rechtsextremer und rassistischer Gewalt nach der Wiedervereinigung Deutschlands, die Wahlerfolge rechtsradikaler Parteien und die Entwicklung rechtsextremer Jugendsubkulturen haben die Problematik ins Zentrum der öffentlichen Aufmerksamkeit gerückt. Die Anschläge in Hoyerswerda (1991), Rostock (1992), Mölln (1992) sowie Solingen (1993), die eine bis dahin unbekannte Eskalationsstufe rassistischer Gewalt markierten, waren der Auftakt zu einer bis heute andauernden Serie rechtsextremer Gewalt gegen Asylsuchende, Migranten, soziale Minderheiten, politisch Andersdenkende und Jugendliche anderer Subkulturen. Vorläufiger Höhepunkt dieser Entwicklung, der eine neue Dimension rechtsextremer Gewalt offenbarte, waren die rassistisch motivierten Verbrechen des Nationalsozialistischen Untergrunds (NSU) mit zehn Morden und mehreren Bombenanschlägen.

Bei der großen Mehrheit der Fälle handelt es sich um sogenannte Propagandadelikte als Straftaten nach §§ 86, 86a Strafgesetzbuch (StGB) – zum Beispiel die Zurschaustellung von Hakenkreuzen – und nach § 130 StGB (Volksverhetzung beziehungsweise Diffamierung von Teilen der Bevölkerung, Leugnung des Holocaust, Verherrlichung der nationalsozialistischen Gewalt- und Willkürherrschaft). Gewalttaten umfassen unter anderem Tötungsdelikte, versuchte Tötungsdelikte, Brandstiftungen, Landfriedensbruch sowie Körperverletzungen.

Aus: Siegfried Frech/Clara Walther, Rechtsextremismus heute, in: www.planet-schule.de/wissenspool/entscheide-dich/inhalt/hintergrund/rechtsextremismus-heute.html (Zugriff: 4.4.2016)

1 **Stellen** Sie **dar**, wie sich der Rechtsextremismus gewandelt hat (M 11).

2 **Erläutern** Sie die Erklärungen, warum Menschen rechtsextrem werden (M 12).

3 **Diskutieren** Sie diese Theorien. Beziehen Sie auch aktuelle Beispiele mit ein.

4 **Fassen** Sie Ihre Arbeitsergebnisse zu diesem Kapitel mithilfe eines Schaubildes komprimiert **zusammen**.

5 **Erörtern** Sie abschließend die Ausgangsfrage „Ist unsere Demokratie in Gefahr?" in Form einer Pro- und Kontra-Debatte.

Warum werden Menschen rechtsextrem?

MATERIAL 12

Auf die Frage, warum Menschen rechtsextreme Einstellungen entwickeln, gibt es eine Vielzahl von Erklärungsangeboten, die nur lose untereinander verbunden sind. Sie lassen sich unterscheiden in persönlichkeitsbezogene Ansätze, die sich auf die Individualebene konzentrieren (Theorie der autoritären Persönlichkeit), und solche, die den Blick auf die gesellschaftliche Ebene richten. Letztere befassen sich mit den Auswirkungen gesellschaftlicher Modernisierung (Begriff der relativen Deprivation), den Folgen des sozialen Wandels (Individualisierungs- und Desintegrationstheorien) sowie der Bedeutung der politischen Kultur für die Entstehung rechtsextremer Einstellungen. [...] Bis heute gibt es nur wenige Versuche, Theorieansätze aufeinander zu beziehen und in umfassendere Erklärungsansätze zu integrieren.

- **Theorie der autoritären Persönlichkeit:** Die Autoritarismusforschung stellt spezifische Eigenschaften der Persönlichkeit in den Mittelpunkt der Analyse. Wegweisend war das unter anderem von Theodor W. Adorno geprägte Konstrukt der „autoritären Persönlichkeit". Träger dieser Persönlichkeitsstruktur unterwerfen sich Autoritäten, bezeugen ihnen Gehorsam und Respekt, besitzen rigide und konventionelle Wertvorstellungen und gebärden sich Schwächeren und vermeintlich Unterlegenen gegenüber dominant und aggressiv. Verantwortlich für diese Persönlichkeitsstruktur ist unter anderem eine autoritäre familiäre Sozialisation.
- **Relative Deprivation:** Relative Deprivation bezeichnet einen Zustand individuell wahrgenommener Frustration, Desillusionierung und Unzufriedenheit, der aufgrund einer Kluft zwischen dem Ist und dem Gewünschten entsteht. Je nach dem Bereich, in dem diese Kluft empfunden wird, kann von ökonomischer, sozialer und politischer Deprivation gesprochen werden. Dieses Konstrukt lebt unter anderem vom Vergleich der Eigengruppe mit einer Fremdgruppe [...]. Die ökonomische Statusgefährdung hat sich in dem Wort „Modernisierungsverlierer" verdichtet.
- **Anomie als Folge des sozialen Wandels:** Dieser Ansatz [...] legt zugrunde, dass ein rascher und nachhaltiger gesellschaftlicher Wandel zu steigender Verunsicherung, zu Ohnmachtsgefühlen, Statusängsten und Handlungsunsicherheit führt. Anomie bezeichnet einen Zustand der Regel- und Normlosigkeit in einem Gemeinwesen. In Phasen ausgeprägter Modernisierung verlieren einstmals verbindliche Normen und Werte ihre Bindungskraft. Anomie äußert sich auch in einer Unterminierung sozialer Kontrolle bei gleichzeitiger Zunahme abweichenden Verhaltens.
- **Desintegrationstheorie:** Einer der wohl prominentesten Erklärungsansätze der letzten Jahre ist die Desintegrationstheorie von Wilhelm Heitmeyer aus dem Jahr 1993: Kennzeichen moderner Gesellschaften sei die Auflösung überschaubarer Lebenswelten beziehungsweise sozialer Milieus. Die damit einhergehende Individualisierung biete zwar ein Mehr an Freiheit, provoziere aber auch Identitätsprobleme sowie Erosions- und Auflösungsprozesse. Bei Jugendlichen können – so die Folgerung – Orientierungslosigkeit und Statusängste zur Suche nach Gewissheiten führen, die rechtsextreme Gruppierungen anbieten. Rechtsextreme Postulate, die für sich das „Recht des Stärkeren" reklamieren, bieten somit die Umformung von Gefühlen individueller Ohnmacht in Gewaltakzeptanz an.
- **Einflüsse der politischen Kultur:** Die politische Kultur einer jeweiligen Gesellschaft beeinflusst im Sozialisationsprozess das Erlernen politischer Einstellungen und begünstigt, wenn Ideologiefragmente des Rechtsextremismus als legitim erachtet werden, die Herausbildung rechtsextremer Einstellungen. Schenkt man lerntheoretischen Ansätzen Glauben, greifen Kinder und Jugendliche auf Sinnangebote, auf Werte, Normen und Einstellungen zurück, die von ihrem sozialen Umfeld bereitgestellt werden.

Aus: Siegfried Frech/Clara Walther, Dimensionen des Rechtsextremismus, in: www.planet-schule.de/wissenspool/entscheide-dich/inhalt/hintergrund/dimensionen-des-rechtsextremismus.html (Zugriff: 4.4.2016)

INFO

Theodor W. Adorno
(1903–1969)
deutscher Philosoph, Soziologe und Komponist; einer der wichtigsten Vertreter der gesellschaftstheoretischen Denkrichtung der Kritischen Theorie

Wilhelm Heitmeyer
(* 1945)
Professor für Erziehungswissenschaften in Bielefeld und bis 2013 Direktor des Instituts für interdisziplinäre Konflikt- und Gewaltforschung

WISSEN KOMPAKT

Ist unsere Demokratie in Gefahr? – Pro- und Kontra-Argumente

Die Frage, ob sich unsere Demokratie in Gefahr befindet, ist nicht einfach mit Ja oder Nein zu beantworten. Vielmehr lassen sich eine Reihe von Pro- und Kontra- Argumenten anführen, die die These bestätigen oder sogar widerlegen:

Pro	Aspekt	Kontra
	politisches Interesse	Das politische Interesse steigt sowohl bei Erwachsenen als auch bei Jugendlichen kontinuierlich an. Der Anteil der kaum oder gar nicht politisch Interessierten sinkt ebenfalls.
Betrachtet man die historische Entwicklung, ist die Wahlbeteiligung im Vergleich (zum Beispiel zu den 1970er-Jahren) rückläufig.	Wahlbeteiligung	Seit 2009 steigt die Wahlbeteiligung sowohl auf Bundes- als auch auf Landesebene (NRW) wieder an. Ebenso sinkt der Anteil der Nichtwähler.
		Im europäischen Vergleich liegt die deutsche Wahlbeteiligung bei der Europawahl 2014 im oberen Mittelfeld.
Parteien befinden sich in einer Jugendmitgliederkrise, deren Ursachen u. a. die Überalterung der Parteimitglieder und die erstarrten Parteistrukturen sind.	Engagement/ Parteimitgliedschaft	Jugendliche wollen sich politisch beteiligen, ohne an eine Partei gebunden zu sein. Vielmehr engagieren sie sich dann, wenn sie persönlich von einem Thema betroffen sind, also eher partiell und kurzfristig.
Der demografische Wandel trägt dazu bei, dass die Anzahl der Parteimitglieder weiter sinken wird.		Die Mitgliederkrise der Parteien ist kein neues Problem, sondern vollzieht sich schon seit Jahren. Schon immer hatte nur ein kleiner Teil der Gesellschaft (hoher Bildungsgrad, finanziell gut situiert) ein Parteibuch.
Jugendliche sehen keinen Anreiz, sich einer politischen Partei anzuschließen (Mitgliedschaft muss sich rentieren, zu hoher Zeitaufwand, wenig Prestige).		
Parteien und Politiker leiden unter einem Glaubwürdigkeitsproblem.	Vertrauen	Das z. T. fehlende Vertrauen in Politiker und Parteien ist nicht mit einem fehlenden Vertrauen in die Demokratie gleichzusetzen. Die Zustimmung zur Demokratie als Staatsform ist weiterhin hoch.

Links- und Rechtsextremismus

Linksextreme streben eine sozialistische, kommunistische oder anarchistische Gesellschaftsordnung an. Als bekannteste linksextreme Gruppe ist in der deutschen Geschichte die RAF zu nennen, die besonders in den 1970er-Jahren Terroranschläge verübte.

Der Begriff des Rechtsextremismus bezeichnet „die Gesamtheit von Einstellungen, Verhaltensweisen und Aktionen" (Jaschke), die antidemokratische Ziele verfolgen, die Menschen nach ihrer ethnischen Zugehörigkeit auf- bzw. abwerten und eine ethnische Gleichheit herstellen wollen.

Zur Erklärung, warum Menschen rechtsextrem werden, gibt es verschiedene theoretische Ansätze:
- Frustration und Unzufriedenheit mit der Lebenssituation
- Identitätsverlust und Orientierungslosigkeit (Heitmeyer)
- Übernahme von Werten und Einstellungen des sozialen Umfeldes
- Prägung der Persönlichkeit durch autoritäre Sozialisation (Adorno)

Wann direkte Demokratie gefährlich werden kann

KLAUSUR

Kaum etwas ärgert viele Bürger so, wie das – nicht immer zutreffende – Gefühl, von „denen da oben" für dumm verkauft zu werden. Da heißt es in Verfassungen und Sonntagsreden, das Volk sei souverän, alle Staatsgewalt gehe von ihm aus. Tatsächlich scheinen die Eliten zu machen, was sie wollen. [...] So denken neben passionierten Wutbürgern auch viele andere, die an Staat und Gesellschaft (ver)zweifeln. Wenn die liberalen Demokratien überleben wollen, müssen sie diese Menschen zurückgewinnen.

Doch wie soll das gehen? Eine Antwort könnte lauten: Indem mit der Volkssouveränität ernst gemacht wird – am besten durch direkte Demokratie. „Jedes Gesetz, das das Volk nicht persönlich bestätigt hat, ist null und nichtig", schrieb der Aufklärer Jean-Jacques Rousseau. Sobald ein Volk Vertreter ernenne, also zum Beispiel Abgeordnete, sei es nicht mehr frei. Rousseaus Gedanken klingen attraktiv, sind wieder populär. Direkte Demokratie erlebt eine *Renaissance*. Die Bürger entscheiden über wichtige Fragen selbst: die Griechen über Sparpläne, die Schweizer über Zuwanderer, die Briten über Europa, die Ungarn über Flüchtlinge [...] Da sage noch einer, *vox populi*, die Stimme des Volkes, werde nicht gehört. Doch muss die Frage erlaubt sein, ob diese Referenden und Volksentscheide mehr Demokratie, eine bessere Politik und zufriedenere Bürger bringen.

Ungarn zum Beispiel. Hier kann von einer fairen Abstimmung [...] keine Rede sein. Die Regierung legte den Ungarn die *Suggestivfrage* vor, ob Europa ihnen die Ansiedlung fremder Menschen aufzwingen solle. Genauso hätte sie fragen können, ob die Bürger mehr Steuern zahlen oder weniger Urlaub haben möchten. [...] Auch die Griechen mussten erleben, wie wenig manche Politiker Referenden achten. 2015 stimmten sie gegen Reformpläne der Geldgeber. Die Folge: Die Pläne wurden umgesetzt, das Land erlebt einen Sparkurs sondergleichen. Viele Griechen dürften sich da genauso verschaukelt fühlen wie jene Dänen, die 1992 gegen den EU-Vertrag von Maastricht gestimmt hatten, worauf die Regierung das Volk nach ein paar Änderungen erneut abstimmen ließ – damit nun das Ergebnis passte. So frustriert man Demokraten.

[...] All das spricht nicht pauschal gegen Referenden und Volksentscheide. Sie können eine Demokratie beleben, wenn die Bürger gut informiert sind und Vor- und Nachteile einer Entscheidung klar abschätzen können. Direkte Demokratie wird aber problematisch, sobald es an fairen Bedingungen und verantwortungsbewussten Politikern fehlt – oder wenn gar Volksverhetzer ein Referendum kapern. Dann kann es zu dem paradoxen Ergebnis führen, dass Volkes Wille manipuliert, verbogen oder ignoriert wird.

Rousseaus Konzept der direkten Demokratie, bei dem die Mehrheit alles und die Minderheit nichts zählt, hat sich als gefährlich erwiesen. Totalitäre Regime beriefen sich darauf, um das Modell eines Einheitsvolkes unter autoritärer Führung zu legitimieren. Das lehrt: keine echte Demokratie ohne Minderheitenschutz. Dieser ist auch im Westen in Gefahr. Ganze Gesellschaften, etwa in Polen oder den USA, zerfallen in verfeindete Lager, die sich kompromisslos bekämpfen.

Referenden mit ihrer Verkürzung komplexer Fragen auf Ja oder Nein und ihrer radikalen Trennung von Siegern und Besiegten polarisieren zusätzlich. Dagegen kann der viel geschmähte Parteienstreit in den Parlamenten zu Kompromissen führen, die ein Land zusammenhalten.

Ulrich, Stefan: „Wann direkte Demokratie gefährlich werden kann. In: Süddeutsche online vom 04.10.2016. Auf: http://www.sueddeutsche.de/politik/referenden-wann-direkte-demokratie-gefaehrlich-werden-kann-1.3189563 [24.05.2017]

INFO
Stefan Ulrich ist ein deutscher Journalist.

Renaissance
hier: Wiedergeburt

vox populi
Stimme des Volkes; öffentliche Meinung

Suggestivfrage
Frageform, bei der der Befragte durch die Art und Weise der Fragestellung beeinflusst wird, eine Antwort mit vorbestimmtem Aussageinhalt zu geben, die der Fragesteller erwartet

1. **Beschreiben** Sie das demokratietheoretische Grundkonzept der Identitätstheorie nach Jean-Jacques Rousseau.
2. **Analysieren** Sie den Ihnen vorliegenden Text „Wann direkte Demokratie gefährlich werden kann" von Stefan Ulrich hinsichtlich der Position des Autors.
3. **Erörtern** Sie Vor- und Nachteile direkter Demokratie.

KLAUSUR

Erwartungshorizont		max. Punkte
Verstehensleistung	gesamt	100
Aufgabe 1 = AFB 1 **Beschreibung** des demokratietheoretischen Grundkonzepts Rousseaus Der Prüfling …	gesamt	24
1. gibt wesentliche Aspekte eines Sachverhaltes im logischen Zusammenhang unter Verwendung von Fachsprache wieder, etwa: ■ Die Theorie besagt, dass es keine Herrschaft der Regierenden/Herrschenden über die Regierten/Beherrschten gibt. Vielmehr seien alle zugleich Herrschende und Beherrschte. Bedingung dieser Identität sei, dass alle die Gesetze (einstimmig) mitbeschließen, denn dies bewirke, dass jeder nur dem Gesetz und damit sich selbst gehorche und man nur dann keinem fremden Willen gehorche. Werden die Gesetze hingegen nur mit Mehrheit beschlossen, ist die Minderheit fremdbestimmt und wird folglich beherrscht.		24
Aufgabe 2 = AFB II **Textanalyse** hinsichtlich der Position des Autors Der Prüfling …	gesamt	46
2. ordnet den Kommentar „Wann direkte Demokratie gefährlich werden kann" von Stefan Ulrich, der am 04.10.2016 auf „Süddeutsche"-online erschien, als wertenden Beitrag in der Debatte, ob es mehr direkte Demokratie geben sollte, ein.		5
3. arbeitet die Position des Autors in folgender oder gleichwertiger Weise heraus: ■ Der Autor positioniert sich deutlich zum Thema. Ulrich vertritt die Hauptthese, dass Referenden und Volksentscheide die „Demokratie beleben können", wenn „die Bürger gut informiert sind und Vor- und Nachteile einer Entscheidung klar abschätzen" können (Z. 53 ff.). Allerdings führe mehr direkte Demokratie nicht zwangsläufig zu besserer Politik und zufriedeneren Bürgern (Z. 27 ff.), sondern könne sogar „problematisch" (Z. 58) werden, wenn „faire Bedingungen und verantwortungsbewusste Politiker" (Z. 59 f.) fehlen.		10
4. analysiert die Begründung zur Position des Autors in folgender oder gleichwertiger Weise: ■ Eine Möglichkeit, die „Menschen zurückzugewinnen", sei es, mehr direkte Demokratie einzuführen. (Z. 11, 13 ff.); die direkte Demokratie erlebe deshalb eine „Renaissance" (Z. 22 f.). ■ Referenden und Volksentscheide bringen aber nicht zwangsläufig eine bessere Politik und zufriedenere Bürger, da oftmals unfaire Abstimmungen, Suggestivfragen (Z. 35 f.) die Regel seien. ■ Volksentscheide können „eine Demokratie beleben" und positiv sein (Z. 54 ff.), „direkte Demokratie wird aber problematisch", wenn sie zu „paradoxen Ergebnissen führen" (Z. 62 f.), und die Bürger manipulieren oder ignorieren. ■ Rousseaus Konzept sei gefährlich, da „totalitäre Regime" sich dadurch legitimieren (Z. 68 ff.). „Parteienstreit in den Parlamenten" führe hingegen zu Kompromissen, „die ein Land zusammenhalten" (Z. 79 ff.).		12
5. erläutert die Argumentationsweise des Autors, z. B.: ■ Der Kommentar ist auf einem mittleren bis einfachem Sprachniveau verfasst. Der Autor verwendet zwar wenige Fachbegriffe, setzt aber ein thematisches Vorwissen voraus. Er richtet sich damit an eine interessierte (Fach-)Leserschaft, die er von seiner Position überzeugen möchte. ■ Alle Thesen untermauert er mit zahlreichen aktuellen Beispielen, die auf den ersten Blick nachvollziehbar erscheinen, allerdings subjektive Bewertungen der Sachlagen darstellen, da sie nicht nachprüfbar sind (Z. 33 ff.). Ebenso nutzt er die Autorität Rousseaus, dessen Theorie er aber mit o. g. subjektiven Werturteilen bzw. Beispielen widerlegt. ■ Häufige Verwendung von Ironie (Z. 27 f.) und negativ wertenden Worten („aufzwingen", Z. 37; „verschaukeln", Z. 46), um seine Position zu stärken. Der Text ist durch die Wortwahl grundsätzlich leicht lesbar und setzt kein Vorwissen voraus, sodass die Identifikation des Lesers mit der Position des Autors leichter wird.		12
6. erschließt die Intention des Autors, z. B.: ■ Der Autor plädiert gegen den Ausbau der direkten Demokratie. Der Kommentar richtet sich an politisch interessierte Leserinnen und Leser, die über ein thematisches Fachwissen verfügen.		7

KLAUSUR

Aufgabe 3 = AFB III **Erörterung** von Vor- und Nachteilen direkter Demokratie Der Prüfling …	gesamt	30
7. nennt und begründet Argumente, die für direkte Demokratie sprechen, etwa: ■ Höhere Legitimation: Die Bürger können den politischen Entscheidungsprozess direkt beeinflussen. ■ Mehr Bürgernähe: Direkte Demokratie kann dazu führen, dass Politiker wieder stärker das Gespräch mit den Bürgern suchen. ■ Höheres Interesse an Politik: Direkte Demokratie fördert das Interesse und Engagement der Bürger.		12
8. nennt und begründet Argumente, die gegen direkte Demokratie sprechen, etwa: ■ Frage der Kompetenz: Politische Entscheidungen sollten von Fachleuten getroffen werden, die thematisch und fachlich Sachurteile treffen. Fehlentscheidungen durch die Bürger wären möglich. ■ Effizienz: Der Aufwand zur Herbeiführung einer Entscheidung ist sehr groß (Organisation, Information etc.). ■ Geringere Legitimation: Besonders von einem Thema Betroffene gehen zur Wahl. Es besteht daher die Gefahr, dass bei einer geringen Wahlbeteiligung eine politische Minderheit Entscheidungen trifft.		12
9. nimmt abschließend zusammenfassend Stellung.		6
10. erfüllt ein weiteres aufgabenbezogenes Kriterium.		(max. 4)
Darstellungsleistung Der Prüfling …	gesamt	20
strukturiert ihren/seinen Text schlüssig, stringent sowie gedanklich klar und bezieht sich dabei genau und konsequent auf die Aufgabenstellung.		5
bezieht beschreibende, deutende und wertende Aussagen schlüssig aufeinander.		4
belegt ihre/seine Aussagen durch angemessene und korrekte Nachweise (Zitate etc.).		3
formuliert unter Berücksichtigung der Fachsprache präzise und begrifflich differenziert.		4
schreibt sprachlich richtig (Grammatik, Orthografie, Zeichensetzung) sowie syntaktisch und stilistisch sicher.		4

möglicher Notenschlüssel															
Note	1+	1	1–	2+	2	2–	3+	3	3–	4+	4	4–	5+	5	5–	6
Notenpunkte	15	14	13	12	11	10	09	08	07	06	05	04	03	02	01	00
erreichte Punktzahl	120 bis 114	113 bis 108	107 bis 102	101 bis 96	95 bis 90	89 bis 84	83 bis 78	77 bis 72	71 bis 66	65 bis 60	59 bis 54	53 bis 47	46 bis 40	39 bis 32	31 bis 24	23 bis 0

3. Individuum und Gesellschaft

In diesen inhaltlichen Schwerpunkten erwerben Sie fachbezogene Kompetenzen

1 Interpretieren Sie das Bild hinsichtlich seiner Aussagekraft zur Überschrift.

3.1 Jugend gestern, heute – und morgen?

„Jugend ist ein Schonraum."
Ulrike Pörnbacher, Soziologin an der Universität Koblenz-Landau

„Diese Halbstarken, die aus allen Kreisen der Gesellschaft kommen, bilden den Mob, sind eine furchtbare, grauenerregende Macht, zumal im großstädtischen Leben, ein Schlamm, der immer mehr nach unten sinkt und, wenn das soziale Leben in ruhigen Gleisen fortfließt, sich am Boden der Gesellschaft festsetzt."
Clemens Schultz, Pastor (1862–1914)

„Die Jugend liebt heutzutage den Luxus. Sie hat schlechte Manieren, verachtet die Autorität, hat keinen Respekt vor älteren Leuten und schwatzt, wo sie arbeiten soll. Die jungen Leute stehen nicht mehr auf, wenn Ältere das Zimmer betreten. Sie widersprechen ihren Eltern, schwadronieren in der Gesellschaft, verschlingen bei Tisch die Süßspeisen, legen die Beine übereinander und tyrannisieren ihre Lehrer."
Sokrates, griechischer Philosoph (469–399 v. Chr.)

„Das Schicksal jedes Volkes und jeder Zeit hängt von den Menschen unter 25 Jahren ab."
Johann Wolfgang von Goethe, deutscher Dichter (1749–1832)

Äußerungen über „die" Jugend gibt es viele und erstaunlich ist die große Zahl negativer Einschätzungen. Ist diese Jugend schlechter als die Vorgängergeneration? Solche Aussagen werden vor allem von Älteren gemacht. Zugleich ist die Jugend in unserer Gesellschaft ein Trendsetter: Alles orientiert sich daran, Jugend ist „Lifestyle", wer sich jugendlich kleidet, ist „in" oder will es zumindest sein. Aber was ist wirklich „Jugend"? Und woran orientiert sie sich? Welche Zukunftsperspektiven, welche Zukunftsvorstellungen haben Jugendliche heute?

Die „Jugend" ist eine Erfindung der Neuzeit und als Begriff erst ca. 140 Jahre alt. Bis ins 19. Jahrhundert hinein endete die Kindheit mit ca. sieben Jahren und es erfolgte ein nahezu nahtloser Übertritt einer großen Mehrzahl junger Menschen ins Erwerbsleben, um die Eltern zu unterstützen. Erst mit Beginn der industriellen Revolution um 1800 bildete sich im gesellschaftlichen Verständnis eine eigenständige Lebensphase „Jugend" heraus. Ausschlaggebend war die Trennung von Wohn- und Arbeitsplatz sowie die schrittweise Durchsetzung der Schulpflicht, die erst mit Einführung der Weimarer Verfassung 1919 flächendeckend für ganz Deutschland erreicht war. Die Jugend war zunächst definiert als ein der Bildung und Berufsausbildung gewidmeter Lebensabschnitt, der lediglich eine Brückenfunktion zwischen Kindheit und erwachsenem Erwerbsalter hatte, aus diesem Grund auch nur kurz andauerte und mit Beginn des Erwerbslebens endete.

> **Basiswissen**
> Die Jugend wird auch als **Adoleszenz** bezeichnet und beginnt spätestens im Alter von 12 Jahren. Sie endet, folgt man juristischer Definition, mit 18 Jahren (Volljährigkeit). Gleichwohl spricht man auch von jungen Erwachsenen – oftmals wird der Jugendbegriff bis zum Ende der Berufsausbildung ausgedehnt.
>
> In die Jugendphase fällt die Pubertät, die Schul- bzw. Berufsausbildung, die Abnabelung vom Elternhaus und die Identitätsfindung.

1 **Analysieren** Sie die oben genannten Aussagen im Hinblick auf ihre Gültigkeit.
2 **Diskutieren** Sie, welcher Aussage Sie zustimmen – und welcher Ihre Eltern/Großeltern.
3 „Die Jugend ist ein Schonraum." **Nennen** Sie Argumente für und gegen diese Behauptung und **nehmen** Sie aus Ihrer persönlichen Empfehlung heraus **Stellung** hierzu.

Podcast erstellen

LERNWEG

Der Begriff Podcasting setzt sich aus den Begriffen Portable on demand und Narrowcasting zusammen. Bei Podcasting handelt es sich um ein dezentrales, internetbasiertes Medienkonzept. Hierbei wird ein neues Bewusstsein der Menschen im Umgang mit den Medien deutlich. Denn man nutzt eigene Medienkanäle und strahlt diese über das Internet aus. Auf der ganzen Welt können somit theoretisch Internetnutzer diesen Podcast herunterladen und anhören oder bei Videopodcasts auch ansehen und zwar zeitlich und örtlich unabhängig voneinander. So kann man Podcasts auch z. B. auf der Schulhomepage hochladen. Allerdings gelten hierfür dann zu beachtende gesetzliche Regelungen u. a. zum Datenschutz der Schülerinnen und Schüler oder Copyright-Richtlinien (siehe Info). Podcasts können aber auch im Unterricht als Präsentationsmethode für ein erarbeitetes Thema, eine durchgeführte Umfrage usw. genutzt und dann nur im Unterricht verwendet werden.

INFO
Datenschutz im Schulbereich
https://www.schulministerium.nrw.de/docs/Recht/Datenschutz/index.html

Technische Voraussetzungen
- Mikrofon oder Gerät mit Aufnahmefunktion (auch möglich: MP3-Player, Mobiltelefon etc.) oder eine Videokamera für ein Videopodcast
- Mixsoftware um die Beiträge zu schneiden, z. B. das kostenlose Audacity.

Vorgehen
- geeignetes Thema suchen, hier z. B.: Lebensentwürfe Jugendlicher
- Vorbereiten des Podcast z.B. durch Materialrecherche, Vorbereitung eines Radiobeitrags oder Interviews und Erarbeitung des Fragebogens, Einüben der Fragen, Dialog schreiben, Text formulieren und mehrmals einüben, Stimme ausprobieren etc.
- Struktur/Ablauf des Podcast aufschreiben („Regieanweisung" bei längeren Podcasts)
- Podcast aufnehmen, mit Mixsoftware schneiden und ggf. mit Musik unterlegen

Podcasttraining
- Gestalten Sie einen Podcast zum Thema „Mein liebstes Hobby". Spielen Sie sich die Podcasts gegenseitig vor und analysieren Sie sie hinsichtlich der inhaltlichen Darstellung, der Bild/Ton-Qualität und der gestalterischen Elemente.

Das Lebensspiel
Das Lebensspiel der Bundeszentrale für politische Bildung bietet die Möglichkeit, einen fiktiven Lebensverlauf zu durchleben. Ziel des Spiels ist es, das Leben mit dem Würfel zu meistern – angefangen bei Schule, Ausbildung und Karriereplanung bis hin zum Rentenalter. Dabei erlebt jeder Spieler sowohl schöne als auch weniger schöne Dinge, welche sich auf seinen Glückszustand, seine Lebenserfahrung und seine finanzielle Lage auswirken. Nähere Hinweise und alle Materialien zum Spiel finden Sie unter http://www.bpb.de/lernen/grafstatkrise-und-sozialisation/220832/m-01-01-lebensspiel

---

1 Wie leben Sie in 10–20 Jahren? Führen Sie eine Befragung in Ihrem Kurs/Ihrer Jahrgangsstufe zum Thema „Lebensentwürfe Jugendlicher" durch und erstellen Sie hierzu Podcasts.

2 Führen Sie das Lebensspiel in Ihrem Kurs durch und
  a. erläutern Sie, wodurch im Spiel der Lebensverlauf bestimmt wird und
  b. führen Sie im Kurs eine Abstimmung darüber durch, wovon Ihrer Meinung nach der Lebensverlauf bestimmt wird (siehe Vorlage der Bundeszentrale oben).

3 Vergleichen Sie Ihre Ergebnisse aus Aufgaben 1 und 2 und nennen Sie mögliche Einflussfaktoren auf den Lebensverlauf Jugendlicher.

Lebensentwürfe im Vergleich

MATERIAL 1 — Eine Generation, zwei Welten

Lara hat einiges vor in ihrer Zukunft. Erst mal Abi, dann studieren, gern im Ausland. Was genau, weiß sie noch nicht. Aber sie freut sich auf das, was kommt. Sie erzählt, dass sie gern Klavier spielt […]. Dass sie gern shoppen und tanzen geht, sagt sie, und dass sie, wann immer es passt, ihren Freund in Wien besucht. Ihr Taschengeld bessert sie mit Model-Jobs auf. Laras Eltern sind geschieden, ihr Vater war Unternehmer, ihre Mutter ist Kosmetikerin. Ihre Kindheit hat Lara auf einer Waldorf-Schule verbracht – ohne Hausaufgaben und, wie sie sagt, mit viel Betreuung. „Ich hätte mehr Druck gebraucht", sagt die 18-Jährige, die inzwischen die Schule gewechselt hat, selbstkritisch und lacht. „Ich bin nicht so diszipliniert."

Nico hört mit offenem Mund zu. Der 15-Jährige will auch unbedingt auf so eine besondere Schule. Aber nicht, weil er keine Lust hat auf Hausaufgaben – im Gegenteil. Wenn er von dem Matheunterricht bei seinem Lieblingslehrer erzählt, dann strahlen seine Augen. Er kann sich nur gar nicht vorstellen, wie es ist, wenn sich die Lehrer viel Zeit für den Einzelnen nehmen, wenn sie ihn nicht „gestört" nennen und wenn sie geduldig sind. Wie es ist, Taschengeld zu bekommen, weiß er auch nicht. […]

Seinen Vater, der weit weg wohnt, sieht er nie. Manchmal ruft er ihn an, wenn er Geld braucht, und manchmal bekommen er und sein Bruder dann etwas. In seiner Kindheit hat Nico schon einiges mitgemacht, aber darüber will er nicht sprechen. […]

Lara und Nico gehören einer Generation an, doch ihre Leben könnten nicht unterschiedlicher sein. Dennoch gibt es Verbindendes: Beide müssen einen nach Experteneinschätzung komplizierten Übergang in eine Erwachsenenwelt schaffen, die von Unsicherheiten geprägt ist. Vor allem dem 15 Jahre alten Nico ist klar, wie wichtig die Schule dabei für ihn sein könnte. Er wäre gern Fleischereifachverkäufer. Dafür braucht er einen Hauptschulabschluss – und ob er den schafft, steht auf der Kippe. Im Gegensatz zu Nico hat Lara das Gefühl, dass ihr alle Türen offenstehen. Die 18-Jährige wirkt optimistischer als Nico, sie strahlt das Gefühl aus, dass sie sich – unter den vielen möglichen – nur für den richtigen Weg entscheiden müsste.

wgr/© dpa, Meldung v. 23.06.2013

MATERIAL 2 — Warten auf die Zukunft

Soldaten ziehen durch die Viertel der Hauptstadt Guineas, brechen in Häuser ein, nehmen sich, was sie brauchen können, auch Ibrahims Familie verschonen sie nicht. Sie vergewaltigen seine Schwester, der Vater kommt eines Tages nicht mehr nach Hause, stirbt in einem Krankenhaus. Seine Mutter übersteht die Angriffe unverletzt, sorgen kann sie für Ibrahim [18] nicht mehr. Wo sie lebt, wie es ihr geht: Niemand weiß das. […]

Heimlich bringt ihn ein Freund des Vaters zum Flughafen nach Accra. Als Ibrahim in Hamburg aussteigt, ist er ein Teenager ohne Geld, der nur **Fulfulde** spricht, Französisch versteht und Suren aus dem Koran auswendig kann. Seitdem wartet Ibrahim auf den Brief der Ausländerbehörde. „Es ist wie Gefängnis mit Rumlaufen", sagt er, der in einer Wohngemeinschaft mit anderen Flüchtlingen lebt. Sein Asylantrag läuft, die Duldung muss er alle sechs Monate verlängern lassen, er darf nicht arbeiten, Hamburg nicht verlassen. Er wartet darauf, dass Deutschland entscheidet, was mit ihm wird. […]

In den vergangenen Jahren stieg die Zahl der Minderjährigen, die allein nach Deutschland kommen. […] Flüchtlingsverbände schätzen, dass es 3 000 bis 5 000 sind, legal oder illegal.

INFO
Fulfulde
afrikanische Sprache, die u. a. in mehreren Staaten der Sahara und des Sahel gesprochen wird

Wer unter 18 Jahren ist, hat einen Anspruch darauf, betreut und unterstützt zu werden. Im besten Fall findet sich ein Vormund. [...] Ibrahim kämpft gegen die Erinnerung an die Eltern, an seine Schwester, an die Heimat, er kämpft gegen Flashbacks. Und gegen die Nächte. [...] Die Lehrer sind in Sorge um ihn, der immer müder wird, nicht aufhören kann zu gähnen, der abdriftet, den Blick ins Leere gerichtet. Anfangs lernte er in seiner Klasse schnell Deutsch, seit einem Jahr geht es nicht recht weiter. Ibrahim versteht, aber er ringt mit den Sätzen, bricht sie ab, fängt neue an. Er will reden. Als er einmal glaubt, alles gesagt zu haben über die Angst, das Warten, die Zukunft, sagt er einfach: „Ich will meine Träume haben."

Aus: Jochen Brenner, Ein Brief für Ibrahim, in: Spiegel online, 12.1.2012 (Zugriff: 20.10.2013)

Ich will gar keine Prognose haben

MATERIAL 3

Seit wann weißt du von deiner HIV-Infektion?
Seit dem Frühsommer 2005, da war ich 17.
Wie kam es, dass du einen Test gemacht hast?
Drei bis vier Wochen nachdem ich mit der Person geschlafen hatte, die mich angesteckt hat, habe ich mich ziemlich schwummerig gefühlt und bin zum Arzt gegangen. Der hat pro forma dann auch einen HIV-Test gemacht, und so habe ich davon erfahren. Vorher hatte ich mich mit dem Thema nicht groß auseinandergesetzt.
Hast du dir jemals, auch als du jünger warst, viele Gedanken um die Zukunft gemacht?
Nein, nie. Ich habe immer von einem Tag auf den anderen gelebt und wenig Pläne gemacht.
Wie hat sich das durch die Infektion geändert?
Überhaupt nicht. Es gibt ein paar Dinge, die man im Leben planen muss: Umzüge oder wenn man seinen Geburtstag groß feiern möchte. Alles andere, den Fun, also Urlaub, Freunde treffen, Kino und so weiter, mache ich frei Schnauze. [...] Ich ignoriere die Infektion so gut wie möglich. Manchmal geht das natürlich nicht, dann wache ich morgens auf und denke: Du hast die Krankheit in dir. Aber sie gehört zu meinem Alltag, in dem beispielsweise das Autofahren im Berliner Schnee viel gefährlicher für mein Leben ist.
Welche Pläne oder Vorsätze hattest du vor der Infektion?
Ich habe eine Ausbildung zum Hotelfachmann gemacht und hatte schon immer vor, nach Australien auszuwandern und dort in einem Luxushotel zu arbeiten. Das konnte ich mir dann abschminken, weil man dazu einen negativen HIV-Test vorlegen muss. Ich war aber immer ein Kämpfer und bin dann eben Flugbegleiter geworden, denn einer meiner Träume war es auch, zu fliegen.
Wie verlief deine Infektion bisher, und was für eine Prognose hast du?
Ich will gar keine Prognose haben. Bislang hatte ich bei den Bluttests, die ich alle drei bis vier Monate machen muss, immer gute Ergebnisse und muss bislang auch keine Medikamente einnehmen. Wenn das so weitergeht, kann ich ziemlich alt werden. 60 oder 65 Jahre – das fände ich nicht schlecht. [...]
Hast du eine Vorstellung von dir selbst im Jahr 2020?
Ich wäre gern verheiratet. Mein Freund ist nicht so begeistert davon – aber ich bleibe am Ball. Außerdem wäre ich gern Senior Cabin Crew Member und wünsche mir eine Eigentumswohnung in Mitte oder Tiergarten. Und viel reisen möchte ich weiterhin. Aber das wäre es auch schon.

Aus: Interview von Hanna Engelmeier mit Marco, Ich will gar keine Prognose haben, in: Fluter 34/2010, S. 39

1 Stellen Sie die Lebensentwürfe der Jugendlichen tabellarisch dar (M 1–3).
2 **Benennen** Sie die Einflussfaktoren für die unterschiedlichen Freiheitsspielräume der vier Jugendlichen und vergleichen Sie diese mit Ihren Ergebnissen aus den Podcasts und/oder dem Lebensspiel (S. 171, Aufgaben 1, 2).
3 **Beurteilen** Sie die Freiheitsspielräume der Jugendlichen und entwickeln Sie auf dieser Grundlage mögliche zukünftige Lebensverläufe der porträtierten Jugendlichen.

Lebensphase Jugend: Definitionen und Einschätzungen

MATERIAL 4

Jugend – eine vernachlässigte Altersphase

Ein westdeutscher junger Mann, geboren 1945, begann im Alter von 14 Jahren seine Lehre und schloss sie mit knapp 18 ab. Danach stand der Wehrdienst an, anschließend die erste Arbeitsstelle und das erste eigene Geld; mit 21 Jahren dann die Volljährigkeit – sodass er mit 24 Jahren (!), 1969, zum ersten Mal bei einer Bundestagswahl wählen durfte. Seine Jugendphase war somit klar strukturiert: Nach Ausbildung und Militär wurde er zunächst ökonomisch eigenständig und mit 21 Jahren dann juristisch. Einer frühen Heirat stand daher auch nichts im Wege. Dieser Biografietypus weist auf eine überschaubare Jugendphase hin: Angehörige dieser Generation erlebten ihre Jugend in einem kurzen Zeitfenster zwischen Ende der Schulzeit und Erwerb der Volljährigkeit als einen linearen Prozess zunehmender Eigenständigkeit. Mit 21 Jahren war die Jugend definitiv vorbei. Etwas unübersichtlicher wird es beim nächsten Beispiel: Eine westdeutsche junge Frau, Jahrgang 1965, wurde bereits mit 18 Jahren volljährig. Dank der Bildungsexpansion zählte sie zu einer Generation junger Frauen, die vermehrt ein Gymnasium besuchte; nachdem sie dort eine Klasse wiederholen musste, machte sie ihr Abitur mit 20 Jahren. Weil danach das BAföG-geförderte Studium mehrere Jahre dauerte – klar war, dass man nebenher etwas dazuverdienen musste –, trat sie nach einer kurzen Phase von Arbeitssuche und Arbeitslosigkeit mit 27 Jahren ihre erste Vollzeitstelle an. Als Studentin, Mitte 20, war sie sicherlich keine „richtige" Jugendliche mehr. Aber in einer Studentenbude, ohne eigenes, geregeltes Einkommen und ohne feste Partnerschaft – war sie da schon erwachsen? Noch diffuser werden die Grenzen im dritten Fall: Ein junger westdeutscher Mann, Jahrgang 1992, wuchs in Niedersachsen auf und durfte im Alter von 16 Jahren zum ersten Mal bei einer Kommunalwahl seine Stimme abgeben. Mit 17 konnte er in einem Modellversuch seinen Führerschein machen, mit 18 war er volljährig. Ein Jahr später legte er erfolgreich das Abitur ab. Weil Bundeswehr oder Zivildienst inzwischen weggefallen waren, begann er sogleich ein Bachelorstudium, das er mit 23 Jahren abschloss. Seither arbeitet er – befristet angestellt und mäßig entlohnt – in einer Firma an seinem Heimatort. Daher wohnt er bis auf Weiteres wieder zu Hause in seinem alten Kinderzimmer. Ökonomische und räumliche Eigenständigkeit sind in weite Ferne gerückt, zumal der 25-Jährige demnächst ein Masterstudium beginnen will. Auf eigenen Füßen steht er noch nicht, pendelt er doch zwischen Eigenständigkeit und Abhängigkeit, und damit zwischen verschiedenen Lebensphasen.

https://www.dji.de/fileadmin/user_upload/bulletin/d_bull_d/bull115_d/DJI_1_17_Blackbox_Rauschenbach_v05_Endfassung.pdf, S. 2. Download 6.2.2018.

MATERIAL 5

Jugend: Definitionen und Charakterisierungen

Jugend ist eine gesellschaftlich institutionalisierte und intern differenzierte Lebensphase, deren Abgrenzung und Ausdehnung sowie deren Verlauf und Ausprägung wesentlich durch soziale (sozialstrukturelle, ökonomische, kulturelle, rechtliche, institutionelle) Bedingungen und Einflüsse bestimmt ist. Jugend ist keine homogene Lebenslage oder Sozialgruppe, sondern umfasst unterschiedliche, historisch veränderliche, sozial ungleiche und geschlechtsbezogen differenzierte Jugenden.

Albert Scherr: Jugendsoziologie. Einführung in die Grundlagen und Theorien, 9. Aufl., Wiesbaden 2009, S. 24 f.

In der wissenschaftlichen Forschung werden für die Lebensphase zwischen dem Ende der Kindheit und dem Beginn des Erwachsenseins die Begriffe „Jugend" und „Adoleszenz" (lateinisch *adolescere* „heranwachsen") verwendet. Diese Begriffe werden je nach Forschungsgebiet teilweise synonym oder auch für unterschiedliche Abschnitte dieser Lebensphase verwendet. So kann man z.B. differenzieren zwischen der ersten aggressiven Frühphase der Jugend, in der auch die Pubertät, also die starke körperliche Veränderung, fällt, der Phase der Adoleszenz, die man durch die verlängerte Ausbildungsphase in postmodernen Gesellschaften als Phase sozialer Gebundenheit bei gleichzeitiger psychischer Ablösung charakterisieren kann und der dritten Jugendphase, auch Phase „des verlängerten Probierens" genannt, die mit der (vorläufigen) Integration in die Gesellschaft abschließt.

Autorentext, vgl.: Vera King, Die Entstehung des Neuen in der Adoleszenz. Individuation, Generativität und Geschlecht in modernisierten Gesellschaften, Opladen 2002, S. 19 f.

Vom Jugendalter zum Erwachsenenalter

MATERIAL 6

Jugend ist demnach als ein Übergang, eine „Statuspassage" definiert, die von der unselbstständigen Kindheit in das selbstständige Erwachsenenalter führt. Als entscheidend gilt dabei der Grad der Verselbstständigung im Bereich der ersten beiden soziokulturellen Entwicklungsaufgaben:

Idealtypische Darstellung der Entwicklungsaufgaben in drei Lebensphasen und dazwischen liegende Statusübergänge

Entwicklungsaufgaben des Kindesalters		Entwicklungsaufgaben des Jugendalters		Entwicklungsaufgaben des Erwachsenenalters
Aufbau von emotionalem Grundvertrauen	Selbstverantwortete Leistungserbringung	Qualifizieren: Aufbau intellektueller und sozialer Kompetenzen	Übergang in die Berufsrolle	ökonomische Selbstversorgung
Entwicklung der Intelligenz		Binden: Aufbau einer eigenen Geschlechtsrolle und Partnerbindung	Übergang in die Partner- und Familienrolle	Familiengründung mit Kinderbetreuung
Entwicklung von motorischen und sprachlichen Fähigkeiten	Selbstverantwortete Gestaltung der Sozialkontakte	Konsumieren: Fähigkeit zur Nutzung von Geld und Warenmarkt	Übergang in die Konsumentenrolle	Selbständige Teilnahme am Kultur- und Konsumleben
Entwicklung von grundlegenden sozialen Kompetenzen		Partizipieren: Entwicklung von Wertorientierung und politischer Teilhabe	Übergang in die politische Bürgerrolle	Verantwortliche politische Partizipation

Klaus Hurrelmann/Gudrun Quenzel: Lebensphase Jugend, 11. vollständig überarbeitete Auflage, Weinheim/ München 2012, S. 40 f.

1 **Gestalten** Sie eine Collage zum Thema „Jugend früher und heute".

2 **Vergleichen** Sie die Kurzbiografien hinsichtlich der darin jeweils deutlich werdenden Merkmale der Jugendphase **miteinander** (M 4).

3 **Erläutern** Sie auch mithilfe der Bilder auf dieser Doppelseite, warum es „unterschiedliche, historisch veränderliche, sozial ungleiche und geschlechtsbezogen differenzierte Jugenden" gibt (M 4, 9 ff.).

4 **Fassen** Sie die Merkmale und Entwicklungsaufgaben der Lebensphase „Jugend" z. B. in einer Mindmap übersichtlich **zusammen** (M 4, 5, 6).

5 **Diskutieren** Sie die Auswirkungen einer verlängerten Jugendphase auf Ihre eigene Zukunft.

Werte und Normen

MATERIAL 7

Aus einem Benimmbuch für junge Mädchen aus dem Jahre …?

GLOSSAR
Werte

Wenn du in Begleitung eines Herrn bist, so geht er voraus, sucht einen Tisch aus und fragt, ob du damit einverstanden bist. Dann hilft er dir aus dem Mantel, auch wenn der Kellner herbeieilt. Den Hut setzt er sofort beim Hereinkommen ab, du kannst ihn aufbehalten, auch am Tisch, aber das ist kein Zwang. Wenn du noch sehr jung bist, setze deine Kappe lieber ab. Schal und Handschuhe werden von innen ins Ärmelloch gesteckt. Du kannst deine Haare durch kurzes Berühren mit den Fingerspitzen ordnen, Kämmen inmitten der Tische wäre unhygienisch. […]
Ist kein Tisch frei, darf man das Lokal wieder verlassen. Möchte man sich aber an einen schon besetzten Tisch setzen, so wendet sich der Herr mit der Frage „Verzeihen Sie, sind hier noch zwei Plätze frei?" an die dort Sitzenden.
Im Café fragt nun die Kellnerin nach den Wünschen. Im Restaurant bringt der Kellner die Speise- und Getränkekarte. Der Herr gibt die Speisekarte der Dame, während er die Getränkekarte studiert. Nur wenige Damen sind Weinkenner, auch sucht er wegen der Preise lieber selbst aus. Er muss ja nachher bezahlen. […] Eine junge Dame trinkt besser gar nichts Alkoholisches, es macht müde oder beschwipst, umso mehr, je weniger man es gewöhnt ist. Niemand nimmt es dir übel, wenn du um Apfelsaft bittest oder gar nichts trinken möchtest.
Du suchst aus der Speisekarte etwas aus und nennst es dem Herrn, er gibt die Bestellung an den Kellner weiter. Das Aussuchen von Kuchen an der Theke übernimmt die Dame. Du führst die Verhandlungen mit dem Kellner nicht selbst, aber er wird sich über ein Lächeln freuen. Wenn ein Gericht dir besonders lecker erschien, darfst du ihm das Kompliment für die Küche selbst sagen. Wenn du den Kellner herrufen möchtest, gib ihm das durch ein Zeichen oder leichtes Winken zu verstehen. Mit dem Messer ans Glas zu stoßen oder laut hallo zu rufen, ist ungehörig. […] Das Zahlen übernimmt der Herr. […] Nur wenn der Herr dich eigens eingeladen hat, brauchst du ihm nichts wiederzugeben. […] Wenn er dich nicht eingeladen hat, begleiche später die Rechnung mit ihm. Biete es wenigstens an. Er wird dir insgeheim dankbar sein, vielleicht ist er gar nicht so gut bei Kasse, wie es den Anschein hat.
Du darfst ein Restaurant oder Café auch allein besuchen, das ist nicht ungehörig. Vermeide aber, spätabends dort zu sitzen. Ein Tanzlokal oder eine Bar besucht ein junges Mädchen niemals allein.

Zitiert nach: Walter Leimeier, Ein herrenloses Damenfahrrad, Paderborn 1997, S. 166 f.

MATERIAL 8

Werte und Normen, Teil 1

INFO
Sanktion
auf ein bestimmtes Verhalten eines Individuums oder einer Gruppe hin erfolgende Reaktion der Umwelt, mit der dieses Verhalten belohnt oder bestraft wird

Im soziologischen Sinne kann man unter Werten die bewussten oder unbewussten Vorstellungen der Mitglieder einer Gesellschaft verstehen, was man erstreben und wie man handeln soll. Durch diese kollektiven Vorstellungen des Guten und Richtigen fühlen sich die Individuen einander verbunden.
- Werte geben einen allgemeinen Orientierungsrahmen für Denken und Handeln ab, Normen schreiben mehr oder weniger streng vor, wie gehandelt werden soll.
- Normen sind Regeln, über deren Einhaltung die Gesellschaft wacht. Das tut sie mittels positiver oder negativer **Sanktionen**, insofern bilden Werte den Hintergrund der Wechselwirkungen, in denen Individuen und Gruppen untereinander und mit der objektiven Welt stehen.

Aus: Heinz Abels, Einführung in die Soziologie, Bd. 2: Die Individuen in ihrer Gesellschaft, Wiesbaden 2007, S. 15

Werte und Normen, Teil 2

MATERIAL 9

Um [...] Werte verwirklichen zu können, gibt es in jeder Gesellschaft Organisationen und Institutionen. Um z. B. den Wert „Versorgung der Kranken" verwirklichen zu können, gibt es in unserer Gesellschaft das Gesundheitssystem (= Organisation) mit seinen zahlreichen Institutionen wie z. B. Krankenhäuser, Krankenkassen, verschiedene Heilberufe, Gesundheitsämter.

Werte sind aber nur ganz allgemein gefasst. Um für den Einzelnen umsetzbar zu sein, müssen diese Werte konkretisiert werden, d. h., jeder muss genau wissen, was er zu tun hat, um den Wert verwirklichen zu können. Diesem Zweck dienen die Normen. Normen sind Verhaltensweisen, die in bestimmten Situationen von einer Person gefordert oder erwartet werden. Je nach Wichtigkeit kann man zwischen Muss-, Soll- und Kann-Normen unterscheiden.

Beispiele:
- Ein Verkehrsteilnehmer muss an einer roten Ampel anhalten.
- Ein Mitarbeiter soll sich kollegial verhalten.
- Eine Krankenschwester kann sich mit einem Patienten über seine persönlichen Probleme unterhalten.

Damit die Normen eingehalten werden, übt die Gesellschaft durch die jeweiligen Institutionen auf den Einzelnen eine soziale Kontrolle aus. Je wichtiger Normen für das Überleben einer Gesellschaft oder Gruppe sind, desto strenger wird ihre Einhaltung überwacht und durchgesetzt. Dies geschieht entweder durch starke Verinnerlichung (Erziehung) oder durch Androhung von Strafen (Sanktionen). Jede Gesellschaft bestimmt Gruppen oder Personen, die die Macht besitzen, Sanktionen auszuüben (Polizei, Führungspositionen in Organisationen).

Aus: Ingeborg Prändl, Werte – Normen – Rollen, in: Individuum – Gruppe – Gesellschaft, unter: gesellschaft.psycho-wissen.net, 2011 (Zugriff: 29.10.2013)

Werte, Normen und Rollen in einer Gesellschaft

MATERIAL 10

Werte und Normen bilden also den Ordnungsrahmen der jeweiligen Gesellschaft, in der man lebt. Die Summe der durch die Verinnerlichung von Werten (durch Erziehung) und sanktionierbaren Normen geprägten, von der Gesellschaft erwarteten Verhaltensweisen bezeichnet man als eine Rolle.

Autorentext

QUERVERWEIS
Rollenmodelle, Rollenhandeln und Rollenkonflikte
Kap. 3.6, S. 223 ff.

- gesellschaftliche Werte, z. B.
  - Achtung
  - Gleichheit
  - Gerechtigkeit
  - Nützlichkeit
  - Verantwortung
- konkrete Normen, z. B.
  - freundlich sein
  - fachlich kompetent sein
  - darf niemanden bevorzugen
- Rolle
  - Lehrer

1 Stellen Sie die Regeln aus dem Auszug des Benimmbuchs mit heutigen gegenüber und **begründen Sie**, welche Regeln heute Ihrer Meinung nach noch Gültigkeit besitzen (M 7).

2 **Erläutern** Sie mithilfe von M 8 und M 9, wie sich Werte und Normen unterscheiden.

3 **Erklären** Sie Muss-, Kann- und Soll-Erwartungen anhand weiterer Beispiele (M 9).

4 **Beschreiben** Sie den in der Grafik deutlich werdenden Zusammenhang von Werten, Normen und Rolle innerhalb einer Gemeinschaft (M 10).

5 Halten Sie einen Vortrag zum Thema „Werte und Normen und ihre Bedeutung für die Entwicklungsaufgaben des Jugendalters" (M 6, S. 175, M 7 – 10).

6 **Diskutieren** Sie die Veränderbarkeit von Werten und Normen in einer Gesellschaft.

Jugend im Spiegel der Forschung

MATERIAL 11 Jugend und Forschung

GLOSSAR: Werte

Aus dem Vorwort des Buchs „Lebensphase Jugend" des Soziologen K. Hurrelmann:

Das Studium der Lebensphase Jugend ist deshalb von besonderem Interesse, weil sie sich in allen westlichen Gesellschaften in den letzten 50 Jahren stark an Umfang ausgedehnt hat und zu einer der wichtigsten Phasen im menschlichen Lebenslauf geworden ist. In dieser inzwischen recht lang gewordenen Spanne von im Durchschnitt 15 Lebensjahren müssen erhebliche Veränderungen der körperlichen, geistigen, emotionalen und sozialen Entwicklung bewältigt werden. Der Prozess der produktiven Auseinandersetzung mit der körperlichen und seelischen Innenwelt und der sozialen und gegenständlichen Außenwelt erfolgt in der Jugendphase meist in einer besonders intensiven und turbulenten Form. Persönlichkeits- und Gesellschaftsentwicklung befinden sich über die gesamte Lebensspanne hinweg in wechselseitiger Abhängigkeit, aber in der Jugendphase erreicht dieses Beziehungsverhältnis eine einzigartige Dichte. Viele Merkmale und Probleme der Jugendphase spiegeln Erscheinungen wider, die der gesamten Gesellschaft erst noch bevorstehen. [...] Jugendliche werden deshalb als „gesellschaftliche Seismografen" verstanden, die in sensibler Weise auf die sich abzeichnenden gesellschaftlichen Entwicklungen eingehen.

Klaus Hurrelmann, K.: Lebensphase Jugend. Eine Einführung in die sozialwissenschaftliche Jugendforschung, Weinheim und München 2004, S. 7 f.

MATERIAL 12 Die pragmatische Generation

Die aktuelle Shell Jugendstudie [von 2015] wird auch von der Frage geleitet, wie sich die Einstellungen junger Menschen in den vergangenen Jahren verändert haben.
Pragmatisch und unideologisch – so charakterisierte die Shell Jugendstudie 2002 die Jugend, die sehr individuell einen Platz in der Gesellschaft suchte und optimistisch war, diesen auch zu erreichen. Auffällig war eine Neuorientierung der Werte weg von den „postmaterialistischen", mit Selbstverwirklichung und Lebensgenuss verbundenen Orientierungen, hin zu einer Synthese dieser Orientierungen mit eher traditionellen Vorstellungen, zu denen beispielsweise Wohlstand, Fleiß, Ordnung und Sicherheit zählen. Die Shell Jugendstudie 2006 stellte die Kontinuität dieser pragmatischen Grundhaltung und Lebensgestaltung fest. Gleichzeitig wurden jedoch starke Ängste und Unsicherheiten bei den Jugendlichen beobachtet, ob sie den angestrebten Platz in der Gesellschaft erreichen würden und ob sie ihr Leben so gestalten könnten, wie sie es sich wünschten. Zur Zeit der Shell Jugendstudie 2012 herrschte bei den Jugendlichen weiterhin eine pragmatische Grundhaltung, Druck- und Angstgefühle verloren an Bedeutung. Im Gegenzug blickten die Jugendlichen optimistischer in die persönliche Zukunft. Leistungsorientierung und die Suche nach individuellen Aufstiegsmöglichkeiten im Verbund mit einem ausgeprägten Sinn für soziale Beziehungen fielen auf. Bei einigen der jüngsten Befragten zeigten sich ein Abrücken vom Fokus auf das eigene Leben und das engere private Umfeld sowie ein wachsendes politisches Interesse. Bei der Konzipierung der Shell Jugendstudie 2015 stellte sich die Frage, ob sich diese Öffnung hin zu gesellschaftlichen Themen fortsetzt und falls ja, in welche Richtung sie sich entwickelt. [...]

Mathias Albert, Klaus Hurrelmann u. a.: JUGEND 2015. 17. SHELL JUGENDSTUDIE. Deutsche Shell Holding GmbH, Hamburg 2015, S. 2

Wertorientierungen Jugendlicher (Shell Jugendstudie 2015)

MATERIAL 13

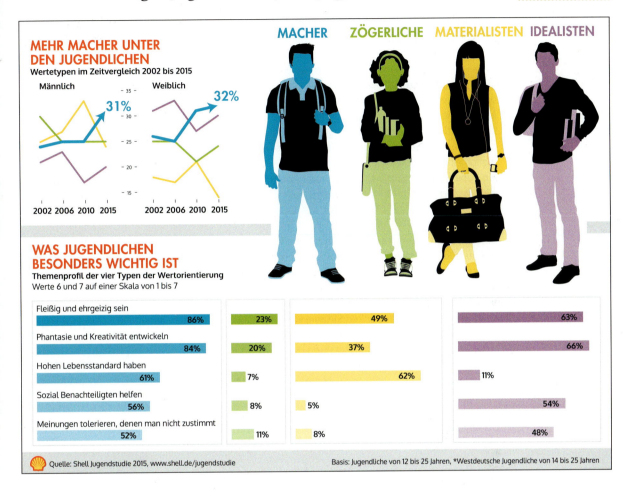

1. **Arbeiten** Sie aus M 11 heraus, warum Hurrelmann Jugendliche als „gesellschaftliche Seismografen" bezeichnet.
2. **Erläutern** Sie, warum die Shell-Jugendstudie die Jugendlichen der letzten Jahre als „pragmatische Generation" bezeichnet (M 12).
3. Recherchieren Sie die wichtigsten gesellschaftlichen Ereignisse, die in die Zeit der Shell-Studien von 2002 – 2012 fallen, und **erklären** Sie anhand Ihrer Rechercheergebnisse die unterschiedlichen Tendenzen der Studien zur Haltung der Jugendlichen.
4. **Gestalten** Sie einen Ausblick auf die möglichen Ergebnisse der Jugendstudie 2015 z.B. in Form einer Collage, einer Karikatur oder eines kurzen Podcasts: Wie pragmatisch bleibt die Generation Ihrer Meinung nach?
5. **Überprüfen** Sie Ihre Ergebnisse aus Aufgabe 4 anhand der Statistiken in M 13.
6. Jugend gestern, heute – und morgen? **Entwerfen** Sie eine Rede zu den Anforderungen an die „Jugend" in den kommenden Jahren.

METHODE — Umfragen und Fragetechniken

Die Durchführung von Umfragen ist eine wesentliche Forschungsmethode der Sozialwissenschaften. Man unterscheidet zwischen der *standardisierten Befragung* und der *nichtstandardisierten Befragung*.

Bei der *standardisierten Befragung* besteht der Fragebogen aus geschlossenen Fragen mit vorgegebenen Antwortmöglichkeiten und einer festen Fragenabfolge. Die Anzahl der Personen, die von der Interviewerin bzw. vom Interviewer persönlich, schriftlich, telefonisch oder online befragt wird, ist groß. Der Zeitrahmen ist eng gesteckt. Probleme ergeben sich durch die Künstlichkeit der Interviewsituation und durch die geringe Flexibilität des Interviewers bzw. der interviewten Person.

Bei der *nichtstandardisierten Befragung* existiert statt eines vorstrukturierten Fragebogens lediglich ein Leitfaden zur Gesprächsführung. Dies gestattet der Interviewerin bzw. dem Interviewer ein hohes Maß an Flexibilität. Die Anzahl der Personen, die vom Forschenden persönlich befragt wird, ist klein. Das Interview dauert erheblich länger als bei der standardisierten Variante. Probleme ergeben sich bei der Auswertung der Daten und der Definition der Messkriterien.

Grundsätzlich unterscheidet man vier **Fragetypen**:
- *Einstellungsfragen* können auch als Alternativfragen (auch als Entweder-Oder-Fragen bezeichnet) gestellt werden, indem zwei Antwortmöglichkeiten vorgegeben werden (Bsp.: „Extremistische Parteien sollten verboten werden: ja/nein").
- *Überzeugungsfragen* können offen gestellt werden, in Multiple-Choice-Form oder als Alternativfragen (Bsp.: „Was denken Sie, wie viele Menschen haben nicht genügend Trinkwasser?").
- *Verhaltensfragen* sollen die Dauer, Häufigkeit und Art eines bestimmten Verhaltens erfassen (Bsp.: „Trennen Sie regelmäßig Ihren Hausmüll?").
- *Sozialstatistische Fragen* können offen gestellt werden, in Multiple-Choice-Form oder als Alternativfragen (Bsp.: „Wie hoch ist Ihr durchschnittliches monatliches Haushaltsnettoeinkommen?").

Bei den **Frageformen** wird zwischen *offenen* und *geschlossenen Fragen* unterschieden. Je offener die Fragestellung ist, desto mehr Spielraum hat der Befragte bei der Beantwortung. Das Fehlen fester Antwortkategorien erschwert andererseits die Auswertung der Ergebnisse.

Es kann ferner zwischen *direkten* und *indirekten Fragen* unterschieden werden. Mithilfe indirekter Fragen sollen Erkenntnisse zutage gebracht werden, die dem Befragten selbst nicht bewusst sind. In diese Kategorie gehören z. B. Assoziationsfragen (Bsp.: „Woran denken Sie, wenn Sie das Wort ‚Zukunft' hören?").

Folgende Regeln sollten Sie bei der **Ausarbeitung Ihres Fragenkatalogs** beachten:
- Die Fragen sollten kurz und prägnant formuliert sein. Vermeiden Sie Fremdwörter, Fachausdrücke und Abkürzungen; diese Regel gilt eingeschränkt auch bei einer Expertenbefragung.
- Die Fragen sollten allgemein verständlich und positiv formuliert sein. Vermeiden Sie daher umgangssprachliche Ausdrücke oder Dialekt.
- Fragen mit doppelter Negation lassen Raum für Vermutungen und Unterstellungen und erschweren das Verständnis. Sie sind insofern zu vermeiden (Bsp.: „Sind Sie nicht unglücklich über …?").
- Vermeiden Sie wertbesetzte Begriffe; formulieren Sie neutral (Bsp.: „Vorgesetzter" statt „Boss").
- Stellen Sie keine Suggestivfragen (Bsp.: „Sie sind doch sicher auch der Meinung, dass die Steuern gesenkt werden müssen, oder?") bzw. keine hypothetischen Fragen (Bsp.: „Gesetzt den Fall, der Archaeopteryx wäre nicht ausgestorben, hätten dann nicht …?").
- Stellen Sie keine mehrdimensionalen Fragen, sondern pro Sachverhalt stets nur eine.
- Überfordern Sie Ihren Interviewpartner nicht (Bsp.: „Wie viel Prozent Ihres Bruttogehalts geben Sie täglich für Lebensmittel aus?").

METHODE

Beim **Aufbau Ihres Fragebogens** sollten Sie folgende Regeln beherzigen:
- Jeder Fragebogen beginnt mit einer *Eröffnungsfrage*, die dazu dient, das „Eis" zwischen Interviewer und Partner zu „brechen"; diese Frage muss nicht zwangsläufig zielgerichtet sein.
- Da die Aufmerksamkeit Ihres Gegenübers mit zunehmender Fragedauer sinkt, sollten die wichtigsten Fragen im zweiten Drittel des Fragebogens stehen.
- Arbeiten Sie – wenn nötig – mit sogenannten *Trichterfragen*, indem Sie während der Befragung vom Allgemeinen schrittweise zum Besonderen vordringen.
- Schalten Sie den einzelnen Frageblöcken *Filterfragen* vor. Diese gewährleisten, dass bestimmte Fragenkomplexe nur von Personen beantwortet werden, die zu diesem Thema tatsächlich etwas beitragen können (Bsp.: „Waren Sie in Ihrer Jugend in einer politischen Organisation aktiv?"). Wird eine solche Frage verneint, können Sie zum nächsten Fragenblock übergehen.
- Den Filterfragen ähnlich sind die *Gabelfragen*: Sie selektieren in unterschiedliche Anschlussfragen (Bsp.: „Sind Sie a) römisch-katholisch, b) evangelisch, c) anderer Religionszugehörigkeit oder d) ohne Religionszugehörigkeit?"). Auf Antwort a folgt ein anderer Fragenblock als auf Antwort b oder c. Mit Antwort d wird der Fragenblock übersprungen.
Filter- und Gabelfragen helfen, überflüssige Fragen zu vermeiden.
- Mischen Sie, so möglich, offene und geschlossene Fragestellungen.
- Stellen Sie heikle Fragen erst am Ende des Interviews und nur dann, wenn sich vorher eine positive Gesprächsatmosphäre eingestellt hat.
- Prüfen Sie kritisch die Länge Ihres Fragebogens; überlegen Sie, ob ggf. Kürzungen nötig sind.

Bei der **praktischen Vorbereitung des Interviews** sollten Sie im Vorfeld überlegen, ob die Interviews von einem oder mehreren (Hilfs-)Interviewern durchgeführt werden sollen. Mehrere Interviewer haben den Vorteil, dass Sie sich selbst entlasten und damit aufnahmefähiger sind: Die Bedienung des Aufnahmegeräts und das Führen des Protokolls lenkt Sie nicht vom Gespräch ab. Der Nachteil liegt darin, dass die Anwesenheit einer dritten Person die Gesprächssituation grundsätzlich ändert; dies kann, muss sich aber nicht negativ auf die Atmosphäre auswirken.

Bevor Sie Ihren ersten Interviewtermin wahrnehmen, sollten Sie Ihr Arbeitswerkzeug auf Funktionalität prüfen. Die Aufnahme der Interviews erfolgt in der Regel mit einem Diktafon; einige Handys und Smartphones verfügen ebenfalls über Aufnahmefunktionen: Prüfen Sie aber im Vorfeld, auf wie viele Minuten die Aufnahme begrenzt ist. Kleiden Sie sich der Situation angemessen: Bei staatlichen und behördlichen Würdenträgern oder bei Vertretern von Industrie und Handel wird das Auftreten in Anzug und Krawatte bzw. entsprechender Damenbekleidung erwartet. Ebenso sollten Sie auf Pünktlichkeit achten. Kommen Sie unverschuldet zu spät, so informieren Sie Ihren Interviewpartner so schnell wie möglich, am besten mit einem kurzen Telefonanruf.

Bevor Sie mit dem Interview beginnen, sollten Sie Ihrem Gegenüber – und sich selbst – in einer **Aufwärmphase** (kurzer „Small Talk") die Möglichkeit geben, sich in die Situation einzufinden. Sichern Sie Ihrem Gesprächspartner eingangs zu, dessen Aussagen bzw. Daten vertraulich zu behandeln und stellen Sie ihm/ihr jederzeit frei, auf eine Frage nicht zu antworten. Holen Sie in diesem Zusammenhang auch die Erlaubnis zur Tonbandaufzeichnung ein.

Folgende **Regeln** gilt es **während des Interviews** zu beachten:
- Gestalten Sie die Situation möglichst natürlich, vermeiden Sie ein reines Ablesen der Fragen.
- Halten Sie Blickkontakt; unterbrechen Sie Ihr Gegenüber nur bei grober Themenabschweifung und ermöglichen Sie ihm/ihr (Denk-)Pausen.
- Seien Sie flexibel und ziehen Sie eventuell Fragenkomplexe vor, falls sich dies aus der Gesprächsführung ergibt: Versuchen Sie nicht, um jeden Preis an Ihrem Aufbau festzuhalten.
- Klären Sie Dinge, die Sie nicht verstanden haben, mit kurzen und eindeutigen Nachfragen.
- Zeigen Sie sich kompetent und freundlich.
- Vermeiden Sie Bewertungen der Aussagen Ihres Interviewpartners: Bleiben Sie neutral.
- Lassen Sie sich nicht in ein zwar zwangloses, aber nicht zielführendes Gespräch verwickeln.
- Bleiben Sie stets auf Ihr Gegenüber konzentriert.

WISSEN KOMPAKT

Zukunftsperspektiven

Jugend bezeichnet eine Lebensphase, in der die Zukunft prinzipiell noch alle Möglichkeiten bietet. In Deutschland hängt die Verwirklichung von diesen Möglichkeiten aber stark von der Zugehörigkeit zu einer bestimmten Bevölkerungsgruppe bzw. von der sozialen Herkunft und der damit verbundenen Ausstattung mit (materiellen) Ressourcen ab.

Lebensphase Jugend

Man kann nicht von „der Jugend" sprechen, weil es unterschiedliche, historisch veränderliche, sozial ungleiche und geschlechtsbezogen differenzierte Jugenden gibt. Allerdings gibt es für diesen Lebensabschnitt charakteristische Entwicklungsaufgaben, die jeder Jugendliche durchlaufen muss:

- Aufbau intellektueller und sozialer Kompetenzen beim Übergang in die Berufsrolle (Qualifizieren)
- Aufbau einer eigenen Geschlechterrolle und Partnerbindung beim Übergang in die Partner- und Familienrolle (Binden)
- Fähigkeit zur Nutzung von Geld und Warenmarkt beim Übergang in die Konsumentenrolle (Konsumieren)
- Entwicklung von Wertorientierung und politischer Teilhabe beim Übergang in die politische Bürgerrolle (Partizipieren)

Die Lebensphase Jugend dehnt sich in der heutigen Gesellschaft immer weiter bis in das dritte Lebensjahrzehnt aus, bis alle Übergänge zum Erwachsenenalter vollzogen sind.

Werte und Normen

Werte und Normen spielen bei diesem Prozess eine bedeutende Rolle, denn sie bilden den Ordnungsrahmen einer Gesellschaft, an den sich alle Mitglieder dieser Gesellschaft halten müssen. Dabei geben Werte einen allgemeinen Orientierungsrahmen für das Denken und Handeln in einer Gesellschaft. Man versteht darunter alle bewussten und unbewussten Vorstellungen der Mitglieder über das Zusammenleben in der Gesellschaft. Konkretisiert werden die Werte in Normen. Sie sind Regeln, über deren Einhaltung die Gesellschaft wacht und geben konkrete und umsetzbare Handlungsvorschriften. Dabei unterscheidet man zwischen Kann-, Soll- und Muss-Normen.

Jugend im Spiegel der Forschung

Jugendliche gelten als gesellschaftliche Seismografen, weil sie zukünftige, gerade im Entstehen begriffene gesellschaftliche Befindlichkeiten aufgreifen und in ihrem Verhalten abbilden. Wertorientierungen von Jugendlichen werden seit Jahren regelmäßig von der Shell Jugendstudie erforscht, um auf gesellschaftliche Veränderungen zu schließen.

3.2 Identitätsmodelle

Identität definiert der berühmte Psychoanalytiker Erik Erikson als bewusstes oder unbewusstes Erleben der „Ich-Kontinuität". Was heißt das?

Für Erikson entdeckt der Mensch in seiner Jugendphase seine eigene Identität und lernt im Laufe seines Lebens, dass er trotz erheblicher Veränderungen und zahlreicher Erfahrungen der Gleiche bleibt, der er schon immer war, gleichgültig, wo er sich aufhält oder mit wem er gerade zu tun hat: in der Familie, im Beruf oder im Freundeskreis.

Auch für Klaus Hurrelmann entwickeln Jugendliche erst in der Pubertät eine einzigartige Persönlichkeit. Diese bleibt zwar nicht völlig statisch, es werden in dieser Lebensphase jedoch wesentliche Charaktermuster geformt.

Der Prozess der Identitätsbildung wird dabei von verschiedenen Faktoren mitbestimmt, z. B. durch das Geschlecht oder durch die kulturelle Herkunft.

Herausforderungen entstehen zudem durch neue Entwicklungen wie die Auflösung traditioneller Lebenswelten, die Globalisierung und dadurch verstärkte Migrationsbewegungen oder durch das Internet und die Möglichkeit, sich darin eine zweite, „virtuelle" Identität zuzulegen.

Zeichnung: Bernd Zeller

Basiswissen
Jeder Mensch ist für sich gesehen einzigartig. Diese Einzigartigkeit beginnt mit der Zeugung und dem dadurch entstandenen genetischen Erbe, das jeder Mensch mit auf seinen Lebensweg bekommt. Die Ausbildung einer eigenen Identität beginnt schon in der Kindheit: In ihr identifiziert sich der Mensch über seine Eltern und imitiert diese in der Frühphase seiner **Sozialisation**, um den Anforderungen seiner Umwelt gerecht werden zu können. Er erwirbt also elementare sprachliche, kognitive, moralische und soziale Kompetenzen und hat damit im Laufe der Zeit auch die Fähigkeit, ein bewusstes „Selbst" sowie eine „Ich-Empfindung" zu entwickeln. Mit dem Eintritt der Pubertät, die je nach Entwicklungsgrad zwischen dem zehnten und dreizehnten Lebensjahr ihren Anfang nimmt, beginnt der Ablösungsprozess von den primären Bezugspersonen, im Normalfall den Eltern. Trotzdem bleibt die persönliche Lebensgestaltung des Jugendlichen nach wie vor im Spannungsfeld von Selbstverwirklichung und sozialen Erwartungen und damit in seiner Entwicklung beeinflusst von den Sozialisationsinstanzen Familie, **Peergroup** und Sekundärinstitutionen wie zum Beispiel der Schule oder einem Verein.

Meist beginnt mit der Feststellung der biologischen Geschlechtszugehörigkeit auch die **geschlechtsspezifische Sozialisation**: Jungen erfahren häufig eine andere Erziehung als Mädchen, und auch die Erwartungen der Umwelt und Gesellschaft an das jeweilige Geschlecht sind unterschiedlich. Auch eine spezifische **kulturelle Sozialisation**, zum Beispiel beeinflusst durch eigene Migrationserfahrung oder einen Migrationshintergrund, kann einen Einfluss auf die Identitätsentwicklung haben.

GLOSSAR
Sozialisation

QUERVERWEIS
Sozialisationsinstanzen
Kap. 3.3

INFO
peer
engl. = Gleichaltrige/r, Gleichrangige/r

1 Analysieren Sie die Karikatur unter Berücksichtigung des Basiswissens.

Identitätskonzepte nach Erikson und Hurrelmann

MATERIAL 1   Das Entwicklungsmodell Erik H. Eriksons

INFO

Erik Homburger Erikson
*15.6.1902 in Frankfurt a. M.
† 12.5.1994 in Harwich/USA
deutsch-amerikanischer Psychoanalytiker in der Tradition von Sigmund Freud, dessen Theorie der Entwicklungsstadien Erikson neu fasste und ausbaute

In der Pubertät werden alle Identifizierungen [...] infrage gestellt, und zwar wegen des raschen Körperwachstums, das sich nur mit dem in der frühen Kindheit vergleichen lässt und dem sich jetzt die gänzlich neue Eigenschaft der physischen Geschlechtsreife zugesellt. Der wachsende und sich entwickelnde Jugendliche ist nun, angesichts der physischen Revolution in ihm, in erster Linie damit beschäftigt, seine soziale Rolle zu festigen. Er ist in manchmal krankhafter, oft absonderlicher Weise darauf konzentriert, herauszufinden, wie er, im Vergleich zu seinem eigenen Selbstgefühl, in den Augen anderer erscheint und wie er seine früher aufgebauten Rollen und Fertigkeiten mit den gerade modernen Idealen und Leitbildern verknüpfen kann. Manche Jugendliche müssen in ihrer Suche nach einem neuen Gefühl von Dauer und Identität die Kämpfe früherer Jahre noch einmal durchfechten und sind niemals bereit, sich bleibende Idole und Ideale als Hüter ihrer schließlichen Identität aufzurichten. Die Integration, die nun in der Form der Ich-Identität stattfindet, ist mehr als die Summe der Kindheitsidentifikationen. Sie ist das innere Kapital, das zuvor in den Erfahrungen einander folgender Entwicklungsstufen angesammelt wurde, wenn eine erfolgreiche Identifikation zu einer erfolgreichen Ausrichtung der Grundtriebe des Individuums auf seine Begabung und seine Chancen geführt hat. [...] Das Gefühl der Ich-Identität ist also das angesammelte Vertrauen darauf, dass der Einheitlichkeit und Kontinuität, die man in den Augen anderer hat, eine Fähigkeit entspricht, eine innere Einheitlichkeit und Kontinuität (also das Ich im Sinne der Psychologie) aufrechtzuerhalten. Dieses Selbstgefühl, das am Ende jeder der Hauptkrisen erneut bestätigt sein muss, wächst sich schließlich zu der Überzeugung aus, dass man auf eine erreichbare Zukunft zuschreitet, dass man sich zu einer bestimmten Persönlichkeit innerhalb einer nunmehr verstandenen sozialen Wirklichkeit entwickelt.

Aus: Erik H. Erikson, Identität und Lebenszyklus. Drei Aufsätze, Frankfurt a. M. 1989 (1966), S. 106 ff.

MATERIAL 2   Kritik am Modell Eriksons

INFO

Adoleszenz
(Endphase der) Jugendzeit

Seit Erik Eriksons Buch „Jugend und Krise" ist in der Entwicklungspsychologie unwidersprochen, dass die Herstellung einer autonomen Identität als die wichtigste Aufgabe der **Adoleszenz** betrachtet werden kann. [...]
Kritik geäußert wird allerdings an seiner Vorstellung, dass die Identität etwas ist, das sich einmal im Leben – in der Phase des Jugendalters nämlich – festlegt und dann für immer unverändert stehen bleibt. [...]
Inzwischen besteht weitgehend Einigkeit darüber, dass Identität keine psychische Eigenschaft ist, die einmal erworben wird und dann für immer gleich bleibt. Man geht heute vielmehr davon aus, dass es einer aktiven Konstruktionsleistung des Individuums bedarf, Identität fortlaufend neu zu erzeugen und über wechselnde Kontexte hinweg stabil zu balancieren. [...]
Während zu den Zeiten, in denen Erikson seine Bücher schrieb, die Menschen noch in relativ geruhsamen Verhältnissen lebten, in denen sie langfristige Lebensperspektiven aufbauen konnten und in denen es möglich war, auf ein allgemein anerkanntes System von Werten und Normen zurückzugreifen, sind diese stabilisierenden Faktoren heute und in Zukunft immer weniger vorhanden.

Aus: Maja Storch/Astrid Riedener (Pädagogisches Institut der Universität Zürich), Selbstmanagement für Jugendliche – Ein Trainingsmanual für die Arbeit mit dem Zürcher Ressourcen Modell, Bern 2005, S. 18

Die verschiedenen Identitäten von Lady Gaga

MATERIAL 3

Klaus Hurrelmann: Acht Thesen (Maximen) zum Jugendalter

MATERIAL 4

Erste Maxime
Wie in jeder Lebensphase gestaltet sich im Jugendalter die Persönlichkeitsentwicklung in einem Wechselspiel von Anlage und Umwelt.
5 *Hierdurch werden auch die Grundstrukturen für Geschlechtsmerkmale definiert.*
Etwa die Hälfte der Persönlichkeitsmerkmale und Verhaltenseigenschaften eines Menschen kann vermutlich auf die genetische
10 Ausstattung zurückgeführt werden. Hierdurch werden die Grundstrukturen von Geschlecht, körperlicher Konstitution, Intelligenz, Temperament und Psyche bestimmt. Die andere Hälfte wird durch die soziale und
15 physische Umwelt (Größe und Zusammensetzung der Familie, Anregungen in Freizeit und Freundesgruppe, Wohnsituation, Kultur- und Bildungsangebote, finanzielle Ressourcen, Wirtschaftslage, Klima usw.) bestimmt.
20 [...] Es herrscht ein ständiges Wechselspiel von Anlage und Umwelt.
Im Jugendalter wird das interaktive Verhältnis von Anlage und Umwelt bei der Ausprägung von männlichen und weiblichen Persönlichkeitsmerkmalen deutlich. Die an- 25 geborenen Unterschiede nach Körperbau, Organen und hormoneller Ausstattung werden durch kulturelle Vorstellungen von „Weiblichkeit" und „Männlichkeit" überformt. [...] 30

Zweite Maxime
Im Jugendalter erreicht der Prozess der Sozialisation, verstanden als die dynamische und produktive Verarbeitung der inneren und äußeren Realität, eine besonders intensive Phase und 35 zugleich einen für den ganzen weiteren Lebenslauf musterbildenden Charakter.
Wie in keiner anderen Lebensphase kommt es durch körperliche, psychische und soziale Umbrüche zu einem intensiven Prozess der Auseinandersetzung mit der inneren und äußeren 40 Realität. Die körperlichen und psychischen Grundstrukturen bilden dabei die „innere" Realität, die sozialen und physischen Umweltbedingungen die „äußere" Realität. [...] 45

INFO

Klaus Hurrelmann
*10.1.1944 in Gdingen
deutscher Sozialwissenschaftler mit Schwerpunkt Sozialisations-, Bildungs- und Gesundheitsforschung

Im Jugendalter werden Formen und Strategien der Selbstorganisation entwickelt, die in der Regel für den gesamten weiteren Lebenslauf bestehen bleiben. Sie stellen ein Muster der Lebensführung dar, auf das ein Mensch immer wieder zurückgreift, wenn er vor Herausforderungen und Beanspruchung steht.

Dritte Maxime
Menschen im Jugendalter sind schöpferische Konstrukteure ihrer Persönlichkeit mit der Kompetenz zur eigengesteuerten Lebensführung.
Menschen in der Lebensphase Jugend müssen sich – gerade weil sie im Vergleich zu Erwachsenen typischerweise noch nicht den vollen Grad der Autonomie des Handelns und das volle Spektrum von Kompetenzen für den Umgang mit den Lebensanforderungen besitzen – als aktiv handelnde Individuen profilieren. In der Lebensphase Jugend kommt es wegen der alterstypischen Umbruchsituationen zu einem ständigen Prozess des Suchens und Tastens, des Ausprobierens von Spielräumen und Verhaltensmöglichkeiten und zum Versuch, aktiven Einfluss auf die gegebenen Bedingungen in der sozialen und physischen Umwelt zu nehmen. Der unfertige, noch offene Charakter dieses Lebensabschnittes ermöglicht eine eigengesteuerte und letztlich auch selbstverantwortliche Lebensführung. [...]
Die „jugendtypischen" Formen der Lebensführung werden immer aussagekräftiger für die Lebensphasen im frühen und späten Erwachsenenalter, weil auch in diesen Phasen Umbrüche und Unsicherheiten typischer und häufiger werden.

Vierte Maxime
Die Lebensphase Jugend ist durch die lebensgeschichtlich erstmalige Chance gekennzeichnet, eine Ich-Identität zu entwickeln. Sie entsteht aus der Synthese von Individuation und Integration, die in einem spannungsreichen Prozess immer wieder neu hergestellt werden muss.
Im Unterschied zum Kindesalter wird es im Jugendalter möglich, Individualität zu entwickeln. Jugendliche besitzen die Fähigkeit, in einen Prozess der Kommunikation mit anderen über Werte, Normen und soziale Bedeutungen einzutreten und diese mit ihren eigenen Interessen, Neigungen und Handlungsmöglichkeiten in Verbindung zu bringen. Sie werden zur Teilnahme an sozialen Interaktionen fähig, weil sie sich selbst im Prozess des Handelns auch als „Akteur" und „Objekt" für andere wahrzunehmen vermögen. Sie bauen auf diese reflexive Weise ein Bild von sich selbst auf, indem sie alle Ergebnisse der bisherigen Interaktionen auswerten und zu einem in sich stimmigen und schlüssigen Entwurf als „Selbstbild" („Selbstkonzept") zusammenfügen. [...]

Fünfte Maxime
Der Sozialisationsprozess im Jugendalter kann krisenhafte Formen annehmen, wenn es Jugendlichen nicht gelingt, die Anforderungen der Individuation und der Integration aufeinander zu beziehen und miteinander zu verbinden. In diesem Fall werden die Entwicklungsaufgaben des Jugendalters nicht gelöst und es entsteht Entwicklungsdruck.
[...] Ein wachsender Anteil von Jugendlichen ist durch die komplexe Kombination von Entwicklungsaufgaben überfordert. Sie verfügen weder über die personalen noch die sozialen Ressourcen, um den Belastungs-Bewältigungs-Prozess erfolgreich zu durchlaufen. Die Überforderung drückt sich in sozialen und gesundheitlichen Entwicklungsstörungen aus. Diese Störungen sind gewissermaßen der „Preis", den Jugendliche für den heute typischerweise sehr hohen Grad der Selbststeuerung der Lebensführung mit der Chance zur individuellen Gestaltung der Biografie zu zahlen haben.

Sechste Maxime
Um die Entwicklungsaufgaben zu bewältigen und das Spannungsverhältnis von Individuations- und Integrationsanforderungen abzuarbeiten, sind neben individuellen Bewältigungsfähigkeiten („personale Ressourcen") auch soziale Unterstützungen durch die wichtigsten Bezugsgruppen („soziale Ressourcen") notwendig.
[...] Wie Jugendliche mit diesen Anforderungen zurechtkommen, hängt in entscheidendem Ausmaß von den Hilfestellungen ihrer sozialen Umwelt ab. Die sozialen Unterstützungen können dabei materiellen Charakter haben und sollten so eingesetzt werden, dass sie die Fähigkeit zur Selbstorganisation stärken. Wichtig ist auch, dass Spielräume für verschiedene Lösungswege akzeptiert werden und probeweises Handeln erlaubt ist. [...]

Siebte Maxime
Neben der Herkunftsfamilie sind Schulen, Ausbildungsstätten, Gleichaltrige und Medien als „Sozialisationsinstanzen" die wichtigsten Vermittler und Unterstützer im Entwicklungsprozess des Jugendalters. Günstig für die Sozialisation sind sich ergänzende und gegenseitig anregende Impulse dieser Instanzen.
[...] Den in den heutigen westlichen Gesellschaften speziell für die Aufgabe von Erziehung und Sozialisation eingerichteten Instanzen, insbesondere Schulen, Ausbildungsstätten, Jugendfreizeitstätten, Jugendberatungsstellen und Einrichtungen der Jugendhilfe kommt die Aufgabe zu, diese Ziele zu erreichen. Diese formellen Sozialisationsinstanzen stehen unter ständiger öffentlicher Kontrolle und werden in der Regel durch professionell geschultes Personal geleitet. Ihre Rolle ist aber begrenzt. Immer größer wird die Bedeutung und der Einfluss von Gleichaltrigengruppen, die wegen der frühen Ablösung Jugendlicher von der „primären" Sozialisationsinstanz Familie für Fragen des Lebensstils und der Wertorientierungen zu einer [...] „sekundären" Sozialisationsinstanz geworden sind. Das gilt auch für die Massenmedien und Freizeitorganisationen, deren Beitrag überwiegend anonym und kollektiv über Informations- und Unterhaltungsimpulse erfolgt. [...]

Achte Maxime
Die Lebensphase Jugend muss unter den heutigen historischen, sozialen und ökonomischen Bedingungen in westlichen Gesellschaften als eine eigenständige Phase im Lebenslauf identifiziert werden. Sie hat ihren früheren Charakter als Übergangsphase vom Kind zum Erwachsenen verloren.

Aus: Klaus Hurrelmann, Lebensphase Jugend, Weinheim/München 2004, S. 64 ff.

Vorbild

MATERIAL 5

Zeichnung: Marie Marcks

1. **Arbeiten** Sie aus M 1 Eriksons Identitätstheorie im Jugendalter **heraus**.
2. Stellen Sie Eriksons Theorie (M 1) die Kritik (M 2) gegenüber und stützen Sie die Argumentation mithilfe selbst gewählter Beispiele.
3. **Überprüfen** Sie vor dem Hintergrund der Kritik (M 2), inwiefern Eriksons Theorie (M 1) deskriptive und präskriptive Aussagen über die Jugendphase enthält.
4. **Überprüfen** Sie mithilfe von M 1 und des Autorentextes auf S. 183, ob sich Lady Gaga (M 3) für Erik Erikson noch in der pubertären Identitätsfindungsphase befinden würde.
5. Erstellen Sie mithilfe des Internets einen Steckbrief Lady Gagas, aus dem sich die Ursachen für ihre aktuelle Ich-Identität nach Hurrelmann (M 4) erschließen lassen.
6. **Erschließen** Sie die Aussagen Hurrelmanns (M 4) mithilfe einer Mindmap.
7. **Diskutieren** Sie die Thesen Hurrelmanns (M 4) im Kursverband und **überprüfen** Sie seine Aussagen – wo für Sie möglich – anhand eigener Erfahrungen.
8. **Gestalten** Sie auf Basis von M 4 eine Collage zur Identitätsbildung im Jugendalter.
9. **Analysieren** Sie die Karikatur (M 5) und erwägen Sie anschließend unter Berücksichtigung der Ausführungen Hurrelmanns (M 4, Wissen kompakt) Ursachen für diese Entwicklung.

QUERVERWEIS
Unterscheidung deskriptiver und präskriptiver Aussagen
S. 69

Identität und Geschlecht

MATERIAL 6 Lilly und Thorsten

Aus: Renate Alf, Kinderleicht, 1991

MATERIAL 7 Sozialisation und Geschlecht

In allen Kulturen werden Säuglinge nach der Geburt aufgrund ihrer äußeren Geschlechtsmerkmale dem einen oder dem anderen Geschlecht zugeordnet. [...] Gleichwohl sind
5 beispielsweise Fragen danach, wie ein Mädchen zum Mädchen und ein Junge zum Jungen wird [...], nicht so einfach zu beantworten. [...]
Geschlechtsspezifische Sozialisation beginnt
10 mit der Geburt: Über Sprache und über den Körper wird Kindern der „heimliche Code dieses Regelsystems" der Zweigeschlechtlichkeit vermittelt. Doch zunächst einmal werden wir als Mädchen oder als Junge ge-
15 boren, d. h., es gibt eine biologische Vorbestimmtheit. Die Frage, ob durch die biologische Vorbestimmtheit auch das Verhalten oder der Charakter eines Menschen vorbestimmt ist, wird schon seit Langem in der
20 Forschung kontrovers diskutiert. [...] Carol Hagemann-White hat in ihrer Bestandsaufnahme zur Forschung über Geschlechtsunterschiede darauf hingewiesen, dass Annahmen über biologische Ursachen für
25 Geschlechtsunterschiede nicht belegt werden können. [...] Wie sich Mädchen zu Mädchen und Jungen zu Jungen entwickeln, ist nicht (rein) biologisch begründbar. [...] Die überzeugendere Argumentation geht aber
30 bislang in die Richtung, dass sich die gesellschaftliche Konstruktion der Wirklichkeit auch in Geschlechterrollen ausdrückt und sich dementsprechend geschlechtsspezifische Verhaltensweisen von Mädchen/Frauen
35 und Jungen/Männern aufzeigen lassen. [...] [Der US-amerikanische Soziologe kanadischer Herkunft, 1922–1982] Erving Goffman geht davon aus, dass die körperlichen Unterschiede zwischen den Geschlechtern eigent-
40 lich keine große Bedeutung für die menschlichen Fähigkeiten zur Bewältigung der meisten Aufgaben haben und fragt sich deshalb, wie es zur geschlechtsklassenspezifischen Überlagerung der biologischen Unterschiede kommt. [...]
45 In unterschiedlichen sozialen Situationen **exerzieren** sich Frauen und Männer ihre (angeblich) unterschiedliche „Natur" wirkungsvoll vor. [...] Da Männer beispielsweise
50 in der Regel stärker sind als Frauen, können sie diesen beim Tragen von schweren Gegenständen ihre Hilfe anbieten. Frauen nehmen dieses Angebot gerne an und zollen den Männern dafür Anerkennung. Dies ist ein

INFO
exerzieren
(wiederholt) anwenden, praktizieren

Beispiel für soziale Praktiken, die es Männern und Frauen ermöglichen, die Bestätigung ihres sozialen Geschlechts zu inszenieren. [...] Auf dem Weg zu einer stabilen Geschlechtsidentität sind verschiedene Etappen zu durchlaufen. Der Beginn liegt beim Hören verbaler Bezeichnungen wie „Junge" oder „Mädchen". Das verbale Lernen der eigenen Geschlechtsidentität setzt etwa im Alter von zwei Jahren ein. [...] Ab dem dritten Lebensjahr kennt das Kind seine eigene Geschlechtsbezeichnung und verallgemeinert sie aufgrund einer Gruppierung physischer Merkmale unsystematisch auf andere. Im Alter von vier Jahren wird das Geschlecht nach allgemeinen physischen Kriterien bezeichnet, vor allem nach Kleidung und Frisur. Alle diese Ergebnisse zeigen, dass Kinder die Selbstbezeichnung ihres Geschlechts früh lernen. [...] Die Entstehung einer konstanten Geschlechtsidentität ist demnach ein Teil des allgemeinen Reifeprozesses. [Hinzu kommt], dass dem „Ich" eine wesentliche Rolle bei der Entwicklung zukommt. Kinder müssen, bevor sie eine Person imitieren, eine Vorstellung von ihr haben; und zwar eine Vorstellung, die dem Ich des Kindes ähnelt. Diese Vorstellung und deren Merkmale werden dann wegen der Ähnlichkeit imitiert. Um diese zu erkennen, muss eine gewisse Beziehung zwischen Kind und Imitationsfigur bestehen. [...] In der **kognitiven** Entwicklungstheorie wird dementsprechend davon ausgegangen, dass Jungen erst maskulin geschlechtstypisiert sein müssen (z. B. um Ähnlichkeiten zu erkennen), um sich dann mit dem Vater zu identifizieren. Jungen achten ihren Vater aufgrund der Ähnlichkeit – dies aber erst, nachdem sie eine eigene Geschlechtsidentität und maskuline Wertungen entwickelt haben. Voraussetzung ist hiernach die kognitive Kategorisierung der sozialen Umwelt in „männlich" und „weiblich" und die Zuordnung zu einer bestimmten Geschlechtergruppe (wir Jungen – die Mädchen bzw. wir Mädchen – die Jungen).

Aus: Arne Niederbacher/Peter Zimmermann, Grundwissen Sozialisation, Wiesbaden 2011, S. 159 ff.

Geschlechtsspezifische Wahl der Studienrichtung

MATERIAL 8

1. **Analysieren** Sie den Comic M 6.
2. **Arbeiten** Sie aus M 7 die Ursachen für das Entstehen einer Geschlechtsidentität **heraus** und **nehmen** Sie zu den Ausführungen **Stellung**.
3. **Diskutieren** Sie am Beispiel von M 6, ob es wünschenswert ist, dem Entstehen einer Geschlechtsidentität entgegenzuwirken.
4. Erstellen Sie in Ihrem Kurs – eventuell anonym – eine Grafik mit Ihren Studien- bzw. Berufswünschen nach Geschlechtern getrennt und **vergleichen** Sie diese mit M 8. **Überprüfen** Sie im Anschluss Ihre geschlechtsspezifische Sozialisation.

Patchworkidentität und virtuelle Identität

MATERIAL 9 — Heiner Keupp: Konzept der Patchworkidentität

Heiner Keupp
*16.6.1943 in Kulmbach
Sozialpsychologe;
1978 bis 2008
Professor für Sozial- und Gemeindepsychologie in München;
Vorsitzender der Expertenkommission, die den 13. Kinder- und Jugendbericht der Bundesregierung (2009) erarbeitete

Das Hineinwachsen in die Gesellschaft bedeutete bis in die Gegenwart hinein, sich in diesem vorgegebenen Identitätsgehäuse einzurichten. Die nachfolgenden Überlegungen knüpfen an diesem Bild an und betonen, dass dieses moderne Identitätsgehäuse seine Passformen für unsere Lebensbewältigung zunehmend verliert. [...]

Es hat sich ein tief greifender Wandel von geschlossenen und verbindlichen zu offenen und zu gestaltenden sozialen Systemen vollzogen. Nur noch in Restbeständen existieren Lebenswelten mit geschlossener weltanschaulich-religiöser Sinngebung, klaren Autoritätsverhältnissen und Pflichtkatalogen. Auf diesem Hintergrund verändern sich die Bilder, die für ein gelungenes Leben oder erfolgreiche Identitätsbildung herangezogen werden. Menschen hätten die festen Behausungen oder auch Gefängnisse verlassen: Sie seien „Vagabunden", „Nomaden" oder „Flaneure". Die Fixierung an Ort und Zeit wird immer weniger. Es ist die Rede von der „Chamäleon-Identität". Es wird die Metapher des „Videobandes" bemüht: „leicht zu löschen und wiederverwendbar". [...]

Mit welchen Bildern oder Metaphern können wir die aktuelle Identitätsarbeit zum Ausdruck bringen? Schon eigene Alltagserfahrungen stützen die Vermutung, dass von den einzelnen Personen eine hohe Eigenleistung bei diesem Prozess der konstruktiven Selbstverortung zu erbringen ist. Sie müssen Erfahrungsfragmente in einen für sie sinnhaften Zusammenhang bringen. Diese individuelle Verknüpfungsarbeit nenne ich „Identitätsarbeit", und ich habe ihre Typik mit der Metapher vom „Patchwork" auszudrücken versucht. [...]

Diese Metapher hat unseren wissenschaftlichen Suchprozess angeleitet und in Bezug auf das Ergebnis alltäglicher Identitätsarbeit bleibt sie hilfreich: In ihren Identitätsmustern fertigen Menschen aus den Erfahrungsmaterialien ihres Alltags patchworkartige Gebilde und diese sind Resultat der schöpferischen Möglichkeiten der Subjekte. [...] Im Zentrum der Anforderungen für eine gelingende Lebensbewältigung stehen die Fähigkeiten zur Selbstorganisation, zur Verknüpfung von Ansprüchen auf ein gutes und authentisches Leben mit den gegebenen Ressourcen und letztlich die innere Selbstschöpfung von Lebenssinn.

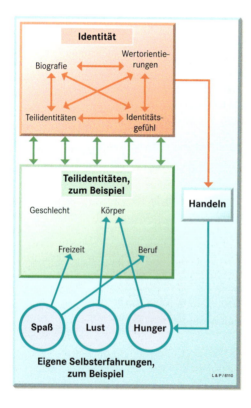

Aus: Heiner Keupp, Patchworkidentität – riskante Chancen bei prekären Ressourcen, Vortrag in Dortmund am 20.5.2005; www.ipp-muenchen.de/texte/keupp_dortmund.pdf (Zugriff: 25.6.2013)

1 **Arbeiten** Sie aus M 9 das Konzept der „Patchworkidentität" **heraus** und **vergleichen** Sie es mit den Modellen Eriksons (M 1) und Hurrelmanns (M 4).

Kampf ums Ich

MATERIAL 10

Mein anderes Ich wird von Google verwaltet, also gemacht. In 0,15 Sekunden erhalte ich bei der Suchmaschine 11 500 Treffer, wenn ich meinen Namen in Anführungsstrichen einge-
5 be. [...] Mein Google-Ich ist ein Wesen aus Bits und Links. Unbegreiflich. [...] Mein digitales Abziehbild hat allenfalls am Rande mit mir zu tun und macht mir zunehmend Sorgen, weil es ein Eigenleben zu führen beginnt. [...]
10 Mein digitales Ich ist eine Baustelle, auch wenn ich bislang glücklicherweise um echte Imagekatastrophen herumgekommen bin. Einem Kollegen etwa widerfuhr, dass jemand unter seinem Namen einen Account bei Face-
15 book anlegte: Sein Zweit-Ich **gerierte** sich als Rassist, gegen den er sich im realen Bekanntenkreis zur Wehr setzen musste. Das ist der schon „normale" Identitätsklau. [...]
Das Erinnerungsvermögen des Menschen ist
20 begrenzt. Mit den Jahren verblasst vieles. Selbst klassische Archive vergilben. Das Internet vergisst eigentlich nichts. Es lässt keine Milde walten [...]. Je virenähnlicher sich etwas ausbreitet, umso relevanter wird es aus
25 der Google-Perspektive. Das kann etwas Gutes sein. Hass, Häme und Kritik breiten sich indes beinahe a priori epidemisch aus. Jedes anonyme Info-Bruchstück ist im Netz erst mal gleich wichtig und suggeriert bisweilen zeitlo-
30 se Aktualität. [...]
Es soll darum gehen, wer wir noch sind. Wer macht uns? Wie können wir uns dagegen überhaupt wehren? Und wie beeinflusst unser Zweit-Ich schon jetzt unsere Erst-Existenz?
35 Wie droht es uns zu verändern, ja an den Rand zu drängen?
„In der hochprogrammierten Landschaft der Zukunft wird man entweder die Software erstellen oder man wird sie sein", glaubt der US-
40 Autor Douglas Rushkoff. „Es ist in der Tat so einfach: Programm werden oder programmiert werden." Der Medientheoretiker Norbert Bolz schreibt: „Ich bin meine Maus-
Klicks. Identität ist heute eine Rechenaufgabe."
45
Deshalb ist der aktuelle hiesige Streit um Googles Geo-Dienst Street View die falsche Debatte zum echten Problem. Es geht nicht um das Abfotografieren unserer Häuserfassaden, sondern um den digitalen Um- und Neu-
50 bau der Wesen dahinter und darum, dass wir das selbst bereits als Währung anerkennen. Es geht nicht um Egos, sondern um Identität. [...] Irgendwann braucht das Netz-Ich mich vielleicht gar nicht mehr. Es wird sich selbst ge-
55 nug sein. Wenn ich längst tot bin, wird dieses Über-Es weiterleben. Ich habe mit mir nichts mehr zu tun. [...]
Jeder Personalchef googelt heute neue Arbeitskräfte, jeder Kunde eine Firma, jeder Sin-
60 gle einen potenziellen Partner. Ich dagegen twittere nicht, ich bin bei keinem Netzwerk aktiv und habe keine Homepage. Macht mich das nicht erst recht verdächtig? [...] Jüngst dachte Google-Chef Eric Schmidt darüber
65 nach, ob man jungen Leuten nicht die Möglichkeit einräumen sollte, mit Erreichen der Volljährigkeit ihre reale Identität zu wechseln, um sich von virtuellen Jugendsünden zu befreien. Die Idee will er mittlerweile als Spaß
70 verstanden wissen. Doch vergangene Woche forderte Schmidt uns auf, seinem Konzern noch viel, viel mehr Daten zur Verfügung zu stellen. Nur so könnten unsere digitalen Ichs uns ähnlicher werden. Wozu? Schmidt glaubt,
75 dass die Leute von seiner Firma bald gar keine Antworten mehr auf ihre Fragen erwarteten, „sie wollen, dass Google ihnen sagt, was sie als Nächstes tun sollen". [...]
Beide Seiten müssen endlich umdenken. Die
80 Konzerne müssen ihren sorglosen Umgang mit unseren Ichs beenden, an dem wir natürlich nicht unschuldig sind, [...und unsere] Erst-Ichs [sollten] aufhören, Google & Co. als Identitätswährung zu akzeptieren.
85

> **INFO**
> **gerieren**
> sich aufführen; auftreten, sich als jemand, als etwas zeigen

Aus: Thomas Tuma, Kampf ums Ich, in: Der Spiegel 37/2010, S. 156 ff.

2 Ermitteln Sie aus M 10, worin die Problematik eines „virtuellen Ichs" liegt.
3 Diskutieren Sie die abschließenden Forderungen des Autors (M 10).
4 Überprüfen Sie an sich selbst, inwieweit Ihr reales und Ihr virtuelles Ich deckungsgleich sind. Erwägen und **erläutern** Sie Probleme und Chancen, die sich daraus ergeben.

Identitätsbalance und Einfluss der kulturellen Herkunft

MATERIAL 11 Identitätsbalance nach Lothar Krappmann

Lothar Krappmann
*19.11.1936 in Kiel
Soziologe und Pädagoge in der Tradition von George H. Mead mit den Schwerpunkten Sozialisationstheorie, Kindheit und Kinderpolitik; u. a. Vorsitzender der Sachverständigenkommission zur Erarbeitung des 10. Kinder- und Jugendberichts der Bundesregierung (1998); seit 2003 Mitglied im UN-Ausschuss für die Rechte des Kindes

INFO
divergent
entgegengesetzt, auseinanderstrebend
different
ungleich, verschieden
antizipieren
vorwegnehmen

QUERVERWEIS
Rollenmodelle, Rollenhandeln und Rollenkonflikte
Kap. 3.6, S. 223 ff.

Lothar Krappmann [hat...] die These begründet, dass die Teilnahme an sozialen Interaktionsprozessen und die Aufnahme interpersoneller Beziehungen die Menschen beständig nötigt, sich an den tatsächlichen oder zu erwartenden Reaktionen ihrer Mitmenschen auf das eigene Verhalten zu orientieren. Unter Rückgriff auf frühere Erfahrungen und unter Berücksichtigung der Anforderungen der aktuellen Handlungssituation sind die Einzelnen immer wieder von Neuem gezwungen, sich mit konkurrierenden Situationsdeutungen, **divergenten** Rollenerwartungen und **differenten** Identitätsentwürfen auseinanderzusetzen, diese zu interpretieren und sich wechselseitig über mögliche Handlungsperspektiven zu verständigen. Ein zu „starres Selbstbild" würde hierbei die Kreativität der Akteure zu stark beeinträchtigen und damit ihre Teilhabechancen an interpretationsbedürftigen Interaktionsprozessen verringern, was wiederum eine Destabilisierung sozialer Systeme zur Folge hätte. Soziologisch betrachtet, bezeichnet Identität also kein unveränderliches Wesensmerkmal der Person, sondern ein dynamisch sich entwickelndes subjektives Potenzial zum balancierenden Ausgleich der verschiedenen, an den Einzelnen herangetragenen Vergesellschaftungs- und Individualisierungserwartungen. [...]

Dadurch, dass die Praxis des Rollenhandelns den Akteuren beständig abverlangt, in der Interpretation ihrer jeweiligen sozialen Rollen auch ihre individuelle Einzigartigkeit zum Ausdruck zu bringen, ist die persönliche Identität weder für den Einzelnen „ein unverlierbarer Besitz, noch ist garantiert, dass sie von Handlungspartnern über die Abfolge von Ereignissen hinweg anerkannt wird". „Identität" manifestiert und bewährt sich deshalb in jeder Interaktion in der kreativen Interpretation von Rollenerwartungen. Ich-Identität ist dabei die Form, in der sich eine Person als besonderes Individuum mit unverwechselbaren Merkmalen im sozialen Raum positioniert und präsentiert. Verlangt wird von ihr dabei, dass sie zwischen ihren subjektiven Bedürfnissen, Erwartungen und Vorstellungen einerseits und den ohnehin interpretationsbedürftigen gesellschaftlichen Interessenlagen, Rollenerwartungen und Situationsdeutungen andererseits zu balancieren lernt. [...] Die Handelnden sehen sich somit gezwungen, in ihrer Handlungspraxis selbst in Erfahrung zu bringen, was im Interaktionsprozess als verbindlich akzeptierbare Situationsdefinition, Rollenerwartung und Handlungsorientierung gelten kann. Dies geschieht, indem sie sich in die Rolle ihrer Gegenüber und der Gesellschaft versetzen, um zu **antizipieren**, was die Situation von ihnen als Interaktionsteilnehmer verlangt (soziale Identität). Zugleich müssen sie erkunden, welche Möglichkeiten ihnen offenstehen, um ihre individuelle, durch ihre Biografie verbürgte Einzigartigkeit zum Ausdruck zu bringen (persönliche Identität). Angesichts dieser in der Struktur sozialer Interaktionen selbst begründet liegenden Interpretationsanforderungen müssen die Akteure lernen, die sozialen und personalen Fremd- und Selbstzuschreibungen so auszubalancieren, dass sie eine anerkennungsfähige Ich-Identität ausbilden, behaupten und weiterentwickeln können.

Kennzeichen einer gelungenen Identitätsbildung ist eine ausgewogene Verknüpfung der „sozialen Beteiligungen des Individuums aus der Perspektive der gegenwärtigen Handlungssituation zu einer Biografie, die einen Zusammenhang, wenngleich nicht notwendigerweise eine konsistente Abfolge zwischen den Ereignissen im Leben des Betreffenden herstellt."

Aus: Hermann Veith, Das Konzept der balancierenden Identität von Lothar Krappmann, in: Benjamin Jörissen/Jörg Zirfas (Hrsg.), Schlüsselwerke der Identitätsforschung, Wiesbaden 2010, S. 179–191

„Migrant"

TROTZ ALLER BEMÜHUNGEN FÜHLTE SICH HASSAN IN DEUTSCHLAND NIE RICHTIG HEIMISCH.

MATERIAL 12

INFO
divergent entgegengesetzt, auseinanderstrebend
different ungleich, verschieden
antizipieren vorwegnehmen

Identität als Beziehung zwischen dem Ich und den anderen

Wenn ich mir überlege, wer ich bin, dann bin ich – in meiner eigenen viel zu langen Erfahrung – verschiedene Identitäten gewesen. Und über die meisten der Identitäten, die ich gewesen bin, habe ich nur aufgrund der Art und Weise Bescheid gewusst, wie andere Menschen mich *betitelt* haben, und *nicht* aufgrund von etwas in mir – dem wahren Selbst. Ich ging also in den Fünfzigerjahren nach England, noch vor der großen Migrationswelle aus der Karibik und dem asiatischen Subkontinent. Ich kam aus einer äußerst angesehenen jamaikanischen Familie der unteren Mittelschicht. Als ich gegen Ende der Fifties wieder in meine Heimat zurückging, sagte meine Mutter, die sehr typisch war für jene Klasse und Kultur, zu mir: „Ich hoffe, die glauben da drüben nicht, du seist ein Immigrant!" Ich hatte mich noch nie als Immigrant gesehen! Und nun dachte ich mir, na ja, ich schätze, das bin ich wohl. In genau jenem Augenblick migrierte ich. [...] Und dann, gegen Ende der Sechziger- und in den frühen Siebzigerjahren, sagte jemand zu mir: „Diese Sachen ereignen sich in der Welt der Politik – ich schätze, du bist wirklich schwarz." Nun ja, ich hatte mich selbst auch nie für *schwarz* gehalten! Und ich werde Ihnen etwas sagen: In Jamaika hat das niemand getan! Bis zu den Siebzigern hatte sich die gesamte Bevölkerung für alles Mögliche gehalten, aber sie bezeichneten sich selbst niemals als „schwarz". Und in diesem Sinne hat *schwarz* eine Geschichte als Identität, die teilweise *politisch* geformt ist. Es ist nicht deine Hautfarbe. Es ist nicht in der Natur vorgegeben.

Aus: Stuart Hall, Ethnizität: Identität und Differenz, in: Jan Engelmann (Hrsg.), Die kleinen Unterschiede: Der Cultural Studies-Reader, Frankfurt a. M. 1999, S. 83–98, hier S. 91 f.

MATERIAL 13

INFO

Stuart Hall
* 3.2.1932 in Kingston, Jamaika
† 10.2.2015 in London, Vereinigtes Königreich
britischer Soziologe; Mitbegründer und wichtiger Vertreter der neomarxistisch und antikolonialistisch geprägten Cultural Studies, die sich anhand kultureller und subkultureller Praktiken mit dem Zusammenhang von Kultur, Macht und Identität befassen

1 **Arbeiten** Sie aus M 11 das Konzept der Identitätsbalance **heraus** und **vergleichen** Sie es mit den Modellen Eriksons (M 1), Hurrelmanns (M 4) und Keupps (M 9).

2 **Analysieren** Sie die Karikatur M 12. Suchen Sie nach Erklärungen für das Verhalten des Mannes links im Bild und erwägen Sie mögliche Folgen solcher Äußerungen für die Identitätsbalance der Angesprochenen.

3 **Diskutieren** Sie, inwieweit die kulturelle Herkunft die Identitätsbildung beeinflusst.

4 **Erörtern** Sie ausgehend von M 13 und auch unter Berücksichtigung eigener Erfahrungen, welche Rolle andere Menschen für die eigene Identität spielen.

WISSEN KOMPAKT

Identitätskonzepte I: Erik Erikson
Im Laufe der Pubertät ist die Suche nach der eigenen Identität besonders ausgeprägt, weil man im Vergleich zur Kindheit erst jetzt in der Lage ist, sich selbst als einheitliches und selbstständiges Wesen wahrzunehmen. Der Selbstwahrnehmung der eigenen Identität stehen **Rollenerwartungen** durch Dritte gegenüber. Damit wird der Heranwachsende in Rollen gedrängt: Er muss sich nach außen hin anpassen und so sein wahres Selbst verbergen. Bei einer Vielzahl von Erwartungen kann es zu einer **Verwirrung (Diffusion)** kommen. Diese Krise kann laut Erikson aber nur dadurch gelöst werden, dass sich der Jugendliche mit Gleichaltrigen identifiziert und vergleicht. Am Ende des Prozesses steht in der Regel die Ausbildung einer **stabilen Identität**.

Identitätskonzepte II: Klaus Hurrelmann
Aufbauend auf den Erkenntnissen Eriksons ist für Hurrelmann der Individuations- und Integrationsprozess von Jugendlichen in der Lebensphase Heranwachsender zentral. Unter **Individuation** versteht er die Entwicklung einer einzigartigen Persönlichkeit, die zum Aufbau einer **personalen Identität** führt, die aus den Lebenserfahrungen eines Menschen besteht. Der Prozess der sozialen **Integration** bezieht sich hingegen auf die Anpassung des Einzelnen an gesellschaftliche Werte und Normen, Verhaltensstandards und Konventionen, womit eine **soziale Identität** aufgebaut wird. In der Jugend werden die beiden Prozesse erstmals bewusst und intensiv aufeinander bezogen; Aufgabe des Einzelnen ist es, eine **Synthese** von Individuation und Integration zu erreichen. Eine derart gelungene Sozialisation zeichnet sich aus durch die Ausbildung einer **stabilen Ich-Identität**, die wiederum autonomes Handeln des Individuums ermöglicht.

Identitätskonzepte III: Patchworkidentität (Heiner Keupp)
Patchworkidentität bedeutet, dass der Prozess der Identitätsbildung – im Gegensatz zur Annahme Eriksons und Hurrelmanns – nie abgeschlossen ist. Aus den Alltagserfahrungen werden patchworkartige Gebilde geformt, die einem ständigen Umbau unterliegen. Es ist demnach in der heutigen modernen und offenen Gesellschaft auch nicht möglich, die eigene Identität dauerhaft zu sichern.

Identitätskonzepte IV: Identitätsbalance (Lothar Krappmann)
Auch für Krappmann gibt es keine starr ausgebildete Identität. Wie bei Keupp ist der Prozess der Identitätsbildung nie abgeschlossen. Ich-Identität wird ausgebildet, behauptet und weiterentwickelt durch ein **Ausbalancieren** sozialer und personaler Fremd- und Selbstzuschreibungen.

Virtuelle Identität
Das Entstehen einer virtuellen Identität ist ein Phänomen des neuen Jahrtausends. Durch die Möglichkeit, sich mithilfe des Internets eine zweite oder auch dritte „virtuelle" Identität zuzulegen, kann man sich einerseits anonym im Netz bewegen, kann aber andererseits auch seiner „analogen Erst-Identität" schaden.

Identität und Geschlecht
Das biologische Geschlecht ist kein zwangsläufiges Schicksal. Die Identifikation mit dem eigenen Geschlecht erfolgt in einem Prozess der Selbstsozialisation: Die Kinder und Jugendlichen erlernen durch ihren Umgang mit **Sozialisationsinstanzen** wie Familie, Kindergarten oder Schule, sich „männlich" oder „weiblich" zu verhalten und zu präsentieren. Die Sozialisationsinstanzen sind kulturell geprägt. Diese „Prägung" kann durch interkulturellen Austausch aufgebrochen werden.

Identität und kulturelle Herkunft
Auch hinsichtlich des Einflusses eines Migrationshintergrundes auf die Identität gibt es kein pauschales Schema, sondern verschiedene Formen, mit den Erwartungen des Herkunftslandes und des Einwanderungslandes umzugehen. Dennoch kann ein Migrationshintergrund eine besondere Herausforderung für die Identitätsbalance stellen – auch weil Identität sich immer im Wechselspiel zwischen dem, wie man sich selbst sieht, und dem, wie andere einen sehen, entwickelt.

3.3 Sozialisationsinstanzen

In der Sozialisationstheorie begegnet man unterschiedlichen Definitionen von Sozialisation:

> „… Gesamtheit aller Lernprozesse, die aufgrund der Interaktion des Individuums mit seiner gesellschaftlichen Umwelt stattfinden, gleichgültig, ob diese bewusst oder von irgendwem gewünscht oder geplant sind."
> (Dieter Geulen)

> „… Prozess, in dessen Verlauf sich der mit einer biologischen Ausstattung versehene menschliche Organismus zu einer sozial handlungsfähigen Persönlichkeit bildet, die sich über den Lebenslauf hinweg in Auseinandersetzung mit den Lebensbedingungen weiterentwickelt."
> (Klaus Hurrelmann)

> **INFO**
> **Sozialisation**
> „… Gesamtheit aller Lernprozesse, die aufgrund der Interaktion des Individuums mit seiner gesellschaftlichen Umwelt stattfindet, gleichgültig, ob diese bewusst oder von irgendwem gewünscht oder geplant sind."
> *(Prof. Dr. Dieter Geulen; Professor für Sozialisationsforschung)*

Basiswissen

Jeder Mensch entwickelt sich im Laufe seines Lebens immer weiter. Dabei bildet er Eigenschaften aus, die ihn besonders machen und mit denen er sich von anderen unterscheidet. Er ist ein **Individuum**.

Das Individuum lebt in einer **Gemeinschaft** (Familie, Freunde, Nachbarn, Mitschüler etc.), die ihn prägt. Es können allerdings auch Konflikte auftreten, wenn z. B. das Individuum die Erwartungen der Gruppe oder Gemeinschaft nicht erfüllt.

Die **Familie** bildet die Basis des menschlichen Zusammenlebens. Die Vorstellung, was man unter dem Begriff „Familie" versteht, hat sich in den letzten Jahrzehnten verändert und neue Familienformen sind hinzugekommen oder treten verstärkt auf (z. B. Patchworkfamilien, Alleinerziehende, gleichgeschlechtliche Lebensgemeinschaften).

Eine weitere, zunehmend wichtige Sozialstationsinstanz bilden die **Massenmedien**. Dies sind Medien, mit denen man einen großen Teil der Menschen erreicht (z. B. Fernsehen, Zeitungen etc.). Massenmedien können die Ereignisse, von denen sie berichten, aber auch die Meinungsbildung der Menschen beeinflussen. Sie werden daher auch häufig als „vierte Gewalt" im Staat bezeichnet.

> **GLOSSAR**
> **Sozialisation**
> **Gruppe**
> **Handeln, soziales**

Unter Sozialisationsinstanzen versteht man alle gesellschaftlichen Einrichtungen, in denen das Individuum sozialisiert, d. h., in denen es zum Leben in der Gesellschaft befähigt wird. Als wichtigste Instanzen sind die Familie, die Schule, die Gleichaltrigengruppe (Peergroup) und die Medien zu nennen.

1 **Vergleichen** Sie die beiden Definitionen von Sozialisation in den Sprechblasen hinsichtlich ihrer Kernaussage.

2 Überlegen Sie, wie man das Verhältnis von Sozialisation und Erziehung bestimmen könnte.

Die Familie

MATERIAL 1 — Die Familie als Bezugsgruppe

In der soziologischen Forschung zum Einfluss des Elternhauses auf die Persönlichkeitsentwicklung Jugendlicher sind insbesondere folgende Aspekte hervorgehoben worden:
- die sozioökonomischen Bedingungen der familialen Lebensführung und der familialen Sozialisation (Wohnsituation, Einkommens- und Vermögensverhältnisse),
- die soziale Zusammensetzung und Struktur der Familie (Autoritätsverhältnisse; vollständige und unvollständige Familien, Zahl der Geschwister, Geschlechterbeziehungen),
- die im Elternhaus vorherrschende Sprache (herkunfts- und milieubedingte Unterschiede), das Bildungsniveau sowie kulturelle Interessen und Praktiken,
- die Erziehungspraktiken, die Einstellungen der Eltern zueinander, zu Kindern und zur jungen Generation und das familiale Konfliktverhalten,
- die Einstellungen der Eltern zu Kultur und Gesellschaft, Politik und Religion sowie
- die „Ressourcen der Eltern" an Zeit, an ökonomischen Mitteln für Bildung, Förderung, Hobbys.

[...] Die Erziehung und Sozialisation in der Familie hat eine hohe Bedeutung für die Entwicklung zentraler Persönlichkeitseigenschaften.

GLOSSAR: Milieu

Aus: Albert Scherr, Jugendsoziologie. Einf. in Grundlagen und Theorien, 9. Aufl., Wiesbaden 2009, S. 134 f.

MATERIAL 2 — Der Apfel fällt nicht weit vom Stamm?!

Sprechblase: MEINE ELTERN MÖGEN MEINE FREUNDE, MEINE KLAMOTTEN UND SOGAR MEINE LIEBLINGSMUSIK. DIE SIND DOCH TOTAL GEMEIN!!

Egal, ob morgens beim Frühstück, beim Spieleabend oder beim Familienausflug am Wochenende: Immer tönt diese schreckliche Altherrenmusik aus den Boxen. Pauschal findet der Teenager erst einmal alles doof, was die Eltern mögen. Doch um die Musik der Eltern kommt man als Heranwachsender nicht herum. Schließlich entscheiden sie, welche Platten im Wohnzimmer aufgelegt werden und welcher Radiosender im Auto läuft. Als Kind muss man mithören, ob man will oder nicht. Psychologen von der Cornell University im Bundesstaat New York in den USA haben jetzt aber herausgefunden, dass der Musikgeschmack der Eltern auch den der Kinder prägt. Für ihre Studie spielten sie jungen Erwachsenen Musik aus den vergangenen fünfzig Jahren vor und ließen sie die Qualität der Songs bewerten. Besonders gern hörten sie natürlich die Musik aus den vergangenen 20 Jahren: Lady Gaga, Rihanna und Michael Jackson – also solche, mit der sie selbst aufgewachsen sind. Aber auch die Titel, die aus der Jugendzeit der Eltern stammen, wurden überwiegend positiv von den Versuchsteilnehmern bewertet. Es dauert einfach nur eine Weile, bis die Rebellion gegen Mama und Papa verebbt und die Plattensammlung mit Bob Dylan und den Rolling Stones interessant wird. Von der Rückbank im Auto kann man eben das Radio nicht ausschalten. Da wird man regelrecht gezwungen, die Musik zu hören – und in sie hineinzuwachsen.

Aus: Isabell Rollenhagen, Nicht von schlechten Eltern, in: Hannoversche Allgemeine online, 30.9.2013 [Zugriff: 11.2.2018]

3.3 Sozialisationsinstanzen

Die Ärzte: „Junge"

MATERIAL 3

Junge,
warum hast du nichts gelernt?
Guck dir den Dieter an,
der hat sogar ein Auto.
5 Warum gehst du nicht zu Onkel Werner
in die Werkstatt?
Der gibt dir ‚ne Festanstellung
(wenn du ihn darum bittest).
Junge ...

10 Und wie du wieder aussiehst,
Löcher in der Hose
und ständig dieser Lärm.
(Was sollen die Nachbarn sagen?)
Und dann noch deine Haare,
15 da fehlen mir die Worte.
Musst du die denn färben?
(Was sollen die Nachbarn sagen?)
Nie kommst du nach Hause.
Wir wissen nicht mehr weiter ...

20 Junge,
brich deiner Mutter nicht das Herz.
Es ist noch nicht zu spät,
dich an der Uni einzuschreiben.
Du hast dich doch früher so für Tiere
25 interessiert.
Wäre das nichts für dich?
Eine eigene Praxis,
Junge ...

Und wie du wieder aussiehst,
30 Löcher in der Nase
und ständig dieser Lärm.
(Was sollen die Nachbarn sagen?)

Von links: Rodrigo González, Bela B., Farin Urlaub

Elektrische Gitarren,
und immer diese Texte.
Das will doch keiner hören. 35
(Was sollen die Nachbarn sagen?)
Nie kommst du nach Hause,
so viel schlechter Umgang,
wir werden dich enterben.
(Was soll das Finanzamt sagen?) 40
Wo soll das alles enden?
Wir machen uns doch Sorgen ...

Und du warst so ein süßes Kind [...]
Du warst so süß ...

Und immer deine Freunde, 45
ihr nehmt doch alle Drogen,
und ständig dieser Lärm.
(Was sollen die Nachbarn sagen?)
Denk an deine Zukunft,
denk an deine Eltern. 50
Willst du, dass wir sterben?

Aus: Die Ärzte, Junge, auf: Jazz ist anders (2007), Text: Farin Urlaub, PMS Musikverlag GmbH, Berlin

---

1. **Stellen** Sie mithilfe eines Schaubildes **dar**, inwieweit die Sozialisation in der Familie an der Persönlichkeitsentwicklung Jugendlicher beteiligt ist (M1).
2. **Erläutern** Sie anhand von Beispielen, wieso die genannten Aspekte (z. B. Wohnsituation, Einkommensverhältnisse, Autoritätsverhältnisse, Bildungsniveau etc.) Einfluss auf die Persönlichkeitsentwicklung Jugendlicher haben (M1). Berücksichtigen Sie dabei mindestens einen ökonomischen und einen sozialen Aspekt.
3. **Vergleichen** Sie die Aussagen des Textes mit der Zeichnung (M2).
4. **Analysieren** Sie den Liedtext „Junge" der Band „Die Ärzte" hinsichtlich möglicher Konfliktlinien innerhalb von Familien (M3).
5. **Entwerfen** Sie Hypothesen, warum es durchaus normal ist, dass Konflikte, wie in M3 beschrieben, entstehen.
6. Bewerten Sie den Einfluss der Familie als Sozialisationsinstanz vor dem Hintergrund Ihrer eigenen Biografie.

QUERVERWEIS
Rollenkonflikte
S. 223, M 5

Die Schule

MATERIAL 4 — Funktionen der Schule

Die Schule bestimmt praktisch bis an das Ende des zweiten Lebensjahrzehnts für die große Mehrheit der Jugendlichen den täglichen Lebensrhythmus. [...] Schulen heute haben [daher] vielfältige Funktionen im Sozialisationsprozess. Sie erfüllen die Funktion der Wissensvermittlung und der intellektuellen und sozialen Kompetenzbildung für die Schülerinnen und Schüler. Sie leisten für die Gesellschaft die Aufgabe der sozialen Eingliederung, indem sie Jugendliche auf die vorherrschenden Normen und Werte einstimmen und deren Anpassungsbereitschaft gegenüber den gesellschaftlichen Lebens- und Arbeitsbedingungen einfordern. Sie haben eine Auslesefunktion, indem sie die soziale Platzierung im Arbeitsprozess vorbereiten und legitimieren. Das Kriterium für diesen Ausleseprozess ist die individuelle Leistung [...]

In der Schule wird ein hohes Maß an sozialer Anpassung verlangt, zugleich eine intensive Disziplinierung mit dem Zwang, eigene Bedürfnisse und Neigungen zurückzustellen. [...] Die Schule ist ein zentraler Ort [...] auch des sozialen Lernens. Hier werden Kontakte zu Mitschülerinnen und Mitschülern aufgebaut und Solidaritäts- und Spannungserlebnisse im Umgang mit anderen Jugendlichen erfahren. Auch im Unterricht spielt nicht nur die „offizielle" Leistungs- und Beziehungsebene eine Rolle, vielmehr bieten unterschwellige und versteckte Rituale zahlreiche Anknüpfungen für soziale Erfahrungen. Hier lernen Jugendliche, wie sie sich präsentieren und durchsetzen können, soziale Regeln aushandeln und sich ihnen unterwerfen müssen, Diskriminierungen und Enttäuschungen verarbeiten und Anerkennung und Erfolg erleben.

Aus: Klaus Hurrelmann, Lebensphase Jugend, Weinheim/München 2007, S. 94f., 98, 100

MATERIAL 5 — Nicht für die Schule, sondern für das Leben lernen wir?!

Die Kultusministerien aller Bundesländer betonen in ihren Lehrplänen die pädagogische Schlüsselrolle, die Sport als einzigem obligatorischem Bewegungsfach zukommt. "Schulsport soll [...] bei allen Kindern und Jugendlichen die Freude an der Bewegung und am gemeinschaftlichen Sporttreiben wecken und die Einsicht vermitteln, dass kontinuierliches Sporttreiben verbunden mit einer gesunden Lebensführung sich positiv auf ihre körperliche, soziale und geistige Entwicklung auswirkt. Gleichzeitig soll Sport in der Schule Fähigkeiten wie Fairness, Toleranz, Teamgeist, Einschätzen der eigenen Leistung und Leistungsbereitschaft, fördern und festigen." Ob diese pädagogischen Ziele tatsächlich erreicht werden können, hat nun zu ersten Mal eine empirische Studie der Universität Bern bei Schweizer Schülern untersucht. [...] So konnten die Forscher bei Mannschaftssportarten wie etwa Fußball oder Handball und bei Sportspielen besonders gut die soziale Kompetenz der Schüler beobachten. [...] Um bei den Schülern die Fähigkeit zu fördern, ihre Ängste beziehungsweise ihren Mut richtig einzuschätzen, wählten die Sportwissenschaftler Disziplinen, bei denen es auch darauf ankommt, Hilfestellung zuzulassen und anderen zu vertrauen. "Hier waren akrobatische Übungen wie Balancieren und abgesichertes Klettern an einer Wand ideal. [...]". [...] Gute Sportlehrer [...] haben eine Schlüsselfunktion für die Entwicklung der Kinder. [...] Denn nur im Sport [...] könnten mit den entsprechenden Methoden sowohl soziale Kompetenzen, empathisches Verhalten, emotionale Werte als auch Leistungsbereitschaft gleichzeitig geschult und ein ganzheitliches positives Selbstbild vermittelt werden. Dies seien Lerneffekte, die für das ganze Leben prägend sein können.

Aus: Nicola Wilbrand-Donzelli, Schulsport prägt - womöglich für das ganze Leben, in: http://www.t-online.de, 23.6.2016 [Zugriff 11.2.2018]

Homeschooling – Lernen ohne Schule?!

Spinnerei oder Alternative zum Pflichtpauken in der Schule? Sogenannte Freilerner erwerben Bildung fürs Leben zu Hause. In Deutschland ist Home- oder Unschooling – Lernen ohne
5 *Schulbesuch – bislang nicht erlaubt. Anders in einigen Kantonen der Schweiz: Dort wird das Modell praktiziert. Unter Auflagen.*

Bis vor zwei Jahren besuchten die 13-jährige Amanda Gremlich und ihr 14-jähriger Bru-
10 der Bastian noch die Schule. Dann teilte Amanda ihrer Mutter mit, dass sie dazu keine Lust mehr habe. "Ich wollte nicht, dass mir ein Lehrer immer sagt, was ich tun muss", erzählt die junge Schweizerin. Auch ihr Bru-
15 der fühlte sich nach der Schule oft niedergeschlagen. Die Mutter und gelernte Sozialpädagogin hatte Verständnis. So wurden die Gremlichs aus dem Schweizer Kanton Bern zur Freilerner-Familie: Die Teen-
20 ager lernen, wenn ihnen gerade danach ist, und beschäftigen sich mit dem, was sie interessiert. Amanda hilft dem Tierarzt, Bastian zeichnet geometrisch, sie spielen Theater und kochen amerikanisch.

25 In vielen Schweizer Kantonen ist Hausunterricht erlaubt. Anders als in Deutschland gilt dort – ebenso wie in einigen anderen europäischen Ländern – zwar Bildungs-, aber nicht Schulpflicht. Teils müssen Eltern eine Bewil-
30 ligung einholen und die Kinder müssen jährliche Lernkontrollen bestehen. Teils werden sie nur ab und zu von Schulinspektoren besucht. [...]

Freilerner-Eltern geben ihren Kindern kei-
35 nen Stundenplan oder konkrete Aufgaben. Stattdessen beantworten sie deren Fragen, geben Tipps oder besorgen bei Interesse Lernmaterialien. "Ich habe mit meinen Kindern den offiziellen Lehrplan besprochen,
40 aber ich zwinge sie nie, etwas zu lernen, was

MATERIAL 6

sie nicht wollen", sagt Andrea Gremlich. "Kinder wissen, was gut für sie ist. Amanda will später mit Tieren arbeiten, daher ist für sie Grammatik weniger wichtig." Auch beim
45 Spielen würden Kinder lernen. "Wenn sie etwas nicht interessiert, dann vergessen sie es ohnehin gleich wieder." [...]

Unschooler argumentieren, dass jedes Kind lernen will und dass die Schule diesen natürlichen Vorgang behindern würde. Amandas
50 Bruder hat in den letzten Monaten sein Englisch und Französisch aufgebessert. Dem Großvater in den USA half er, ein Haus zu bauen, und einige Zeit lebte er bei einer Heimunterrichtsfamilie in der französisch-
55 sprachigen Schweiz: "Jetzt spreche ich Englisch und Französisch viel besser, als wenn ich in der Schule Vokabeln gebüffelt hätte", sagt Bastian. [...]

Die Gründe, warum sich Familien entschlie-
60 ßen, ihre Kinder nicht zur Schule zu schicken, sind vielfältig: Sie misstrauen dem staatlichen Schulsystem, haben links-alternative oder konservativ-christliche Erziehungsziele, möchten ihre Kinder vor Mob-
65 bing und Gewalt schützen oder deren Bildung – wie bei der Familie Gremlich – einfach individueller gestalten. [...]

> **INFO**
> **Homeschooling** bzw. Hausunterricht ist in Deutschland für schulpflichtige Kinder grundsätzlich nicht zulässig, in ein paar anderen europäischen Ländern hingegen unter bestimmten Auflagen erlaubt, z. B. in Österreich, Dänemark und in der Schweiz.

Aus: Anne-Sophie Galli: Homeschooling: Lernen ohne Schule, ohne Noten, ohne Lehrer – in Deutschland verboten. Warum eigentlich?, in: www.news4teachers.de, 11.10.2016 [Zugriff 1.2.2018]

---

1 Beschreiben Sie, welche Sozialisationsfunktion die Schule nach M 4 und M 5 einnimmt.

2 Bewerten Sie den Einfluss der Schule als Sozialisationsinstanz vor dem Hintergrund Ihrer eigenen Biografie.

3 Erschließen Sie anhand von M 6 Pro- und Kontra-Argumente zum Thema Homeschooling. Ergänzen Sie eigene Argumente.

4 Erörtern Sie vor dem Hintergrund Ihrer Erkenntnisse zum Thema „Schule als Sozialisationsinstanz", ob Homeschooling auch in Deutschland erlaubt werden sollte.

Die Peergroup

MATERIAL 7

QUERVERWEIS
Die Peergrouop
S. 215, M 4

Sozialisationsfunktionen der Peergroup

Erfahrungsaustausch (z. B. bei Problemen)

Ersatz für das Elternhaus

Vorbildfunktion (z. B. für Beziehungen)

Geborgenheit

Eigene Darstellung

Ausbildung einer „Eigenkultur" (z. B. Sprache)

MATERIAL 8

Die Clique ist wichtig!

Größere Mengen Alkohol trinken, spät nach Hause kommen, Eltern anlügen, den modischen Style eines anderer annehmen – Teenager probieren mit Gleichaltrigen vieles aus, was ihre Eltern nicht unbedingt gutheißen. [...] Die Bedeutung der Peergroup, also der Gruppe der Gleichaltrigen, wird mit zunehmendem Teenageralter immer größer. Sie begleitet die Kinder mindestens ebenso intensiv wie die Eltern, manchmal sogar mehr. Auch wenn viele Erwachsene das nicht wahrhaben wollen. [...] Freundschaften werden immens wichtig, teilweise ersetzen sie sogar die Eltern als wichtigste Vertrauenspersonen. [...] Auch Franziska erlebte mit ihren Freundinnen in der achten und neunten Klasse eine experimentelle Zeit, in der sie sich aus heutiger Sicht gar nicht wohlfühlte. [...] Eine Peergroup aus dem schulischen Umfeld – egal in welcher Größe – kann sehr anstrengend sein. Gemeinschaften, die man sich im privaten Bereich sucht, sei es kirchlich, sportlich, musikalisch oder künstlerisch, wirken eher stabilisierend. Denn hier herrschen Gemeinsamkeiten vor, man handelt aus gleichen Interessen. [...] Ob verordnet oder selbst gewählt, eines gilt bei beiden Gruppen: Die Identifikation mit Gleichaltrigen ist extrem wichtig, weil sie als Selbstwertstabilisator dient. Gleichzeitig fungieren die Freunde als soziale Puffer, die helfen, Situationen wie etwa Mobbing oder Ärger mit den Eltern zu bewältigen. Dennoch werden Mutter und Vater von Pubertierenden nicht grundsätzlich ausgeschlossen. Stimmt die Basis, sind also Vertrauen und Respekt da, wird sie auch weiterbestehen. Nur vielleicht weniger intensiv. [...]

Aus: Angelika Finkenwirth, Die Erziehung der Peergroup, in: magazin-schule.de, 4.5.2016 [Zugriff: 11.2.2018]

1. **Ermitteln** Sie mithilfe von M 7 und M 8 die Funktionen der Peergroup als Sozialisationsinstanz.
2. **Bewerten** Sie die Funktionen der Peergroup als Sozialisationsinstanz vor dem Hintergrund Ihrer eigenen Biografie.
3. **Erläutern** Sie, welche Gefahren von Peergroups ausgehen können (M 8), und **vergleichen** Sie diese Aussagen mit dem Liedtext der Ärzte (M 3).

Präsentation

METHODE

Tipps für die Struktur Ihres Vortrages

- **Einleitung:** Stellen Sie am Anfang das Thema Ihres Referats vor. Dies sollte möglichst spannend mit einigen Sätzen erfolgen, denn gerade der Beginn ist entscheidend für den Eindruck der Zuhörer. Steigen Sie also mit einer Anekdote, einem Zitat oder allgemein mit einem inhaltlichen Punkt aus der Lebenswirklichkeit Ihres Publikums ein; kündigen Sie Ihr Vortragsziel an (Relevanz des Themas; Fragestellung).
- **Hauptteil:** Er kann einem chronologischen Muster folgen oder nach einzelnen Argumenten gegliedert sein. Begründen Sie dabei deren Anordnung und vermeiden Sie auf jeden Fall eine langweilige Faktensammlung. Es ist durchaus sinnvoll, zu Beginn des Hauptteils eine kurze Übersicht über das Gesamtreferat zu geben. Die Übersicht soll der „rote Faden" des Vortrags sein. Nehmen Sie im Folgenden immer wieder Bezug darauf.
- **Schluss:** Sie können am Schluss Ihre wichtigsten Inhaltspunkte noch einmal zusammenfassen oder Thesen für eine anschließende Diskussion formulieren: Seien Sie stets auch auf kritische Fragen gefasst!
- Wenn Sie Ihren Vortrag inhaltlich und medial vorbereitet haben, sollten Sie ihn unbedingt mehrfach **proben**.
- Bei einem Vortrag dürfen Sie Ihr Publikum nicht überfordern. Klären Sie mit Ihrer Lehrkraft daher die genaue **Vortragsdauer** ab.
- Idealerweise halten Sie Ihre Rede völlig frei. Keinesfalls sollten Sie DIN-A4-Papier als Stichwortzettel verwenden. Echte und zugleich unauffällige Hilfe bieten z. B. **Karteikarten**, die Sie nur auf einer Seite, mit wenig Text und in großer Schrift beschriften sollten.
- Die Verwendung eines **Thesenpapiers** oder Handouts kann sinnvoll sein. Es gibt den Zuhörern eine Stütze, um dem Vortrag besser folgen zu können. Entscheidend ist aber der mündliche Vortrag. Daher ist es sicher sinnvoll, das Thesenpapier erst nach dem Vortrag zu verteilen. Zwei Faktoren sind für die Form eines Thesenpapiers zentral: Einheitlichkeit und Logik.

Tipps zur Visualisierung Ihres Vortrags

Visuelle Hilfsmittel können Ihren Vortrag bereichern. Eine gelungene Visualisierung verdeutlicht wesentliche Aussagen, dient Ihrem Publikum als Orientierungshilfe und trägt dazu bei, die dargebotenen Informationen besser verarbeiten und erinnern zu können. Beachten Sie dabei den Grundsatz: Nicht das Medium, sondern Sie selbst stehen mit Ihrer Rhetorik im Mittelpunkt.

- **Tafel/Flipchart:** Achten Sie darauf, jedes Tafelbild/Plakat mit einer Überschrift zu versehen. Verwenden Sie bis zu drei unterschiedliche Farben, die gut lesbar sind. Gestalten Sie grafische Elemente möglichst einfach. Schreiben Sie groß und gut leserlich.
- **Overheadprojektoren:** Halten Sie Blickkontakt zum Publikum. Nummerieren Sie die Folien, um nicht durcheinanderzukommen. Legen Sie Ihre Folien nicht zu schnell nacheinander auf.
- **computergestützte Präsentationen:** Die Informationen auf einer Folie sollten auf einen Blick erfasst werden können. Es sollten keinesfalls mehr als 60 % jeder einzelnen Folie beschriftet werden. Textinformationen sollten gut gegliedert sein (z. B. Spiegelstriche). Die richtige Wahl für die Schriftgröße ist 20 +. Gestalten Sie die Folie nicht zu farbenfroh, da bunte Folien vom Wesentlichen ablenken. Gehen Sie mit Bilddateien sparsam um und geben Sie stets die Quelle an.

1 Stellen Sie die wichtigsten Informationen zu den in diesem Kapitel vorgestellten Sozialisationsinstanzen zusammen und bereiten Sie eine kurze Präsentation dazu vor.

2 Tragen Sie Ihre Kurzpräsentationen im Plenum vor.

3 Fertigen Sie anschließend gemeinsam ein Schaubild an, das die einzelnen Sozialisationsinstanzen übersichtlich zusammenfasst. **Charakterisieren** Sie die Funktionen der Instanzen hinsichtlich ihrer Bedeutung für den Sozialisationsprozess und versuchen Sie abschließend zu **bewerten**, welcher Stellenwert den Instanzen dabei jeweils zukommt.

Die Medien

MATERIAL 9 — Mediensozialisation von Kindern

Medien sind in vielfältiger Weise an der Sozialisation von Kindern beteiligt. Sie konstruieren deren Wirklichkeit mit und gewinnen Einfluss auf deren Weltbild. Im Kontext von Sozialisationsforschung muss daher auch von Mediensozialisationsforschung gesprochen werden, denn im Prozess der kindlichen Entwicklung und Sozialisation gewinnt Mediensymbolik auf allen Ebenen des Kinderalltags für deren Selbstfindung zunehmend an Bedeutung.

Mit Blick auf Ergebnisse der einschlägigen Forschung zu Medienrezeption lässt sich festhalten, dass die Medien den Heranwachsenden eine Projektionsfläche für ihre Wünsche, Emotionen und Fantasien bieten; sie offerieren – als „Sinnagenturen" – Orientierungshilfen und Identifikationspotenzial.

Mit zunehmendem Alter der Kinder erhalten Medien auch Relevanz für die Ausgestaltung und Regulation von Freundschaften, für Kontakte von Gleichaltrigengruppen (Peergroups) und familiäre Beziehungen. Die Medienhandlungsweisen der Kinder hängen dabei stark von ihrem sozialökologischen Hintergrund ab.

Aus: Ingrid Paus-Hasebring, Mediensozialisation von Kindern aus sozial benachteiligten Familien, in: Aus Politik und Zeitgeschichte, B 17/20.4.2009, S. 20

MATERIAL 10 — Wie Jugendliche Medien nutzen

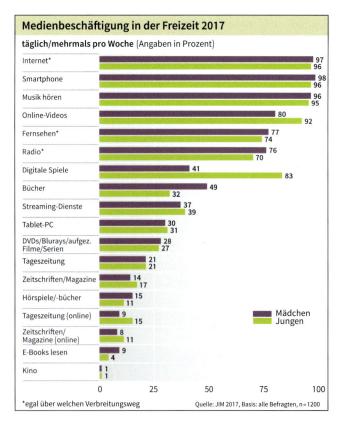

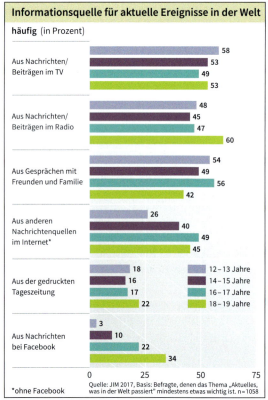

Böse Bildschirme?!

Übergewicht, Cybermobbing, Störungen von Schlaf und Entwicklung – Kritikern fällt vieles ein, was Bildschirme bei Kindern angeblich anrichten. Und sie wissen, was Abhilfe schafft: eine strenge Begrenzung der Nutzungszeit. Sie folgen dabei Empfehlungen, wie sie etwa von „Schau hin!" gegeben werden, einem Projekt des Familienministeriums [...]. Diese[s] empfiehlt Eltern, Kindern bis fünf Jahren höchstens eine halbe Stunde Mediennutzung am Tag zu erlauben. [...]
Gewiss gibt es bedenkliche Entwicklungen: Die sozialen Medien schaffen neue Kanäle zum Mobben. Und einige Studien zeigen, dass Smartphones im Kinderzimmer den Schlaf stören können. Wer die halbe Nacht auf neue Whatsapp-Nachrichten aus der Peergroup wartet, wird womöglich weniger schlafen. Wer vor der Nachtruhe interaktive Videospiele zockt oder aufregende Actionfilme guckt, wird vielleicht Mühe haben einzuschlafen. Und wer zehn Stunden am Tag vor dem Bildschirm sitzt, wird wohl eher dick werden und andere wichtige Dinge im Leben verpassen. Bloß: Dasselbe kann aber auch jemandem passieren, der den ganzen Tag Bücher liest und nebenbei Kekse futtert. Zudem ist der Begriff Bildschirmzeit viel zu weit gefasst. Egal ob jemand ein E-Book auf dem iPad liest, einen Märchenfilm auf dem Bildschirm schaut oder auf der Playstation einen blutigen Egoshooter spielt, alles wird von vielen vermeintlichen Kinderschützern gleich behandelt. Und die von ihnen genannten Zeitspannen sind nach Ansicht der meisten Forscher ohnehin willkürlich. [...] Ähnlich klingt [...] Anne Scheel vom Lehrstuhl für Entwicklungspsychologie an der Ludwig-Maximilians-Universität München: „Ich sehe nicht, dass für ein Baby, 20 Minuten mit der Oma zu skypen, schädlich sein soll." Sie verweist auf eine weitere Studie von Rachel Bedford in der Fachzeitschrift Frontiers in Psychology: Säuglinge, die schon früh einen Touchscreen bedienen, zeigen keine Anzeichen für Entwicklungsstörungen. Tatsächlich kann es sich sogar positiv auf die Motorik der Kinder auswirken. [...] Die neuen Medien haben positive Effekte auf die Kommunikationsfähigkeiten und Freundschaften bei Jugendlichen. Das zeigt eine Studie von Madeleine J. George, erschienen in Perspectives on Psychological Science: Schüchterne Jugendliche haben per Chat weniger Hemmungen zu kommunizieren. Auch lassen sich durch den einfachen und steten Austausch Freundschaften festigen. Wer dagegen kein Whatsapp hat, kann leicht einsam werden, etwa wenn er als Einziger in der Klasse nicht im Gruppenchat ist und so Einladungen zu Veranstaltungen verpasst.
Bei der Eltern-Kind-Beziehung finden sich ebenfalls Vorteile: Väter und Mütter, die auch online mit ihrem Spross Kontakt pflegen, haben eine größere Chance, mehr aus dessen Leben zu erfahren. [...] Anne Scheel empfiehlt Eltern, sich mit den Bildschirm-Inhalten auseinanderzusetzen, statt exakte Minuten-Kontingente vorzugeben: „Die Kinder sollten einen ausgewogenen Tag haben und eintönige Aktivitäten nicht zu lange am Stück machen."

Aus: Ali Vahid Roodsari, Böse Bildschirme?, in: Süddeutsche Zeitung online, 5.4.2017 [Zugriff: 11.2018]

„Ey Mann, wo hat das Ding denn seinen Kopfhöreranschluss?"
Zeichnung: Götz Wiedenroth

1 **Stellen** Sie die Funktionen der Medien als Sozialisationsinstanz dar (M 9).
2 **Werten** Sie die Grafik in M 10 hinsichtlich der Mediennutzung Jugendlicher aus.
3 **Analysieren** Sie den Text und die Karikatur in M 11 hinsichtlich der Mediennutzung Jugendlicher.
4 **Erörtern** Sie die Funktion der Medien als Sozialisationsinstanz vor dem Hintergrund Ihrer eigenen Biografie und Ihrer Erkenntnisse aus M 9 – M 11.

WISSEN KOMPAKT

Sozialisation

Der Begriff Sozialisation wird in der Literatur unterschiedlich gebraucht. Dennoch lassen sich bestimmte Gemeinsamkeiten feststellen: Unter Sozialisation werden in der Regel bewusste und unbewusste Lernprozesse des Individuums in der Wechselbeziehung zwischen ihm und der Gesellschaft verstanden. Der Sozialisationsprozess endet nicht, sondern dauert ein Leben lang.

Sozialisationsinstanzen

Der Sozialisationsprozess findet in Sozialisationsinstanzen statt. Dies sind alle gesellschaftlichen Institutionen, Einrichtungen und Situationen, mit denen das Individuum im Laufe seines Lebens in Berührung kommt:

Die **Familie** ist eine der prägendsten Sozialisationsinstanzen. Die Entwicklung der Persönlichkeit hängt dabei von einer Vielzahl von möglichen Lebensumständen ab, wie z. B. der finanziellen Situation, der Familienstruktur bzw. -zusammensetzung, der Sprache, dem Bildungsniveau und den Erziehungspraktiken.

In einer Familie kann es zu Konflikten kommen, wenn für die Kinder und Jugendlichen eine andere Instanz (z. B. die Peergroup) an Bedeutung gewinnt und eine bewusste Abgrenzung zum Elternhaus erfolgt.

Die **Schule** spielt als Sozialisationsinstanz ebenfalls eine große Rolle. Neben der Wissensvermittlung prägt sie soziale Kompetenzen und bereitet die Kinder und Jugendlichen auf die Arbeitswelt vor, indem sie die Werte und Normen einer Gesellschaft vermittelt.

In den vergangenen Jahren ist zu beobachten, dass die Sozialisationsfunktionen der Familie in bestimmten Bereichen von der Schule übernommen werden. Die Möglichkeit der Familie, die Sozialisationsfunktion der Schule zu übernehmen, z. B. in Form des Heimunterrichts (Homeschooling), ist in Deutschland nicht erlaubt.

Für Jugendliche spielt im Laufe ihres Heranwachsens die **Peergroup** als Sozialisationsinstanz eine zunehmend wichtige Rolle, die die Instanz Familie in den Hintergrund rücken lässt. Die Gleichaltrigengruppe dient beispielsweise dem Erfahrungsaustausch bei Problemen, sie gibt Geborgenheit und hat eine Vorbildfunktion. Dabei kann es zur Ausbildung einer Eigenkultur kommen, z. B. durch eine gemeinsame Sprache.

Probleme können aufkommen, wenn die Peergroup den Jugendlichen negativ beeinflusst (z. B. Drogenkonsum) oder der Loslösungsprozess vom Elternhaus Konflikte hervorruft.

Die **Medien** als Sozialisationsinstanz gewinnen immer mehr an Bedeutung für den Sozialisationsprozess. Sie beeinflussen die Meinungsbildung, wecken Wünsche, dienen zur Orientierung und Identifikation. Besonders die Medien Internet, Fernsehen und Handy spielen bei der Sozialisation eine immer größere Rolle.

Neben kritischen Stimmen zum Einfluss der Medien auf den Sozialisationsprozess gibt es Experten, die die Nutzung aufgrund der digitalisierten Welt als notwendig ansehen, solange die Medienkompetenz der Kinder und Jugendlichen ausreichend in der Schule und im Elternhaus gefördert wird.

3.4 Berufliche Sozialisation

Im Vergleich zu früheren Lehrmeinungen, dass die Jugend lediglich den kurzen Übergangszeitraum zwischen Kindheit und Erwerbs- und Erwachsenenalter kennzeichnet, gehen moderne Soziologen von einem Zeitraum aus, der vom Eintreten der Pubertät bis zum etwa 28. Lebensjahr dauert. Damit wird neben der Familie oder der Peergroup auch der Beruf zu einer wichtigen Sozialisationsinstanz und einem wichtigen Faktor zur Ausbildung der Ich-Identität.

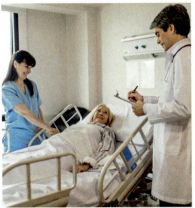

Unterschiedliche wissenschaftliche Untersuchungen haben gezeigt, dass sich die Mitarbeiterinnen und Mitarbeiter eines Unternehmens in ihrer Persönlichkeit ähnlicher sind, als dies hinsichtlich einer stark individualisierten Gesellschaft wahrscheinlich erscheint. Erklären lässt sich dies mit dem sogenannten **Sozialisationseffekt**: Unternehmen versuchen, ihre Mitarbeiter hinsichtlich der im Betrieb geltenden Werte und Normen „anzupassen", also auf die Mitarbeiter so einzuwirken, dass diese sich so verhalten, wie es die Organisation wünscht.

Möglich ist aber auch, dass Personen mit ähnlichen Wert- und Normvorstellungen von ähnlich ausgerichteten Unternehmen angezogen werden. Dies wird als **Gravitationseffekt** bezeichnet.

Die berufliche beziehungsweise betriebliche Sozialisation verläuft in drei Phasen: In der **Phase vor dem Eintritt** in einen Betrieb hat man ein Wertesystem verinnerlicht, das anscheinend zu dem Unternehmen, in das man eintreten möchte, passt. Diese persönliche Einstellung hat man im Bewerbungsgespräch so präsentiert, dass auch der Betrieb seinerseits davon ausgeht, dass man den „Richtigen" einstellt. In der **Phase nach dem Eintritt** treffen Realität und Wunschvorstellung aufeinander. Entweder passt sich nun der Neuling in der dritten Phase, der **Phase der Metamorphose** bzw. Verwandlung, den Erwartungen des Unternehmens an oder er verlässt es relativ schnell wieder, da sich die persönlichen Vorstellungen nicht mit der Realität decken.

Basiswissen
In den letzten fünfzig Jahren hat es in der Arbeitswelt starke Umbrüche gegeben: Deutschland entwickelte sich **vom Industrie- zum Dienstleistungsstaat**. Zudem kam es zu einem bis heute stark zunehmenden Einsatz von Automation und Mikroelektronik. Damit änderten sich nicht nur die Arbeitsinhalte, sondern auch die Berufsbilder und die notwendigen **Schlüsselqualifikationen** wie Selbstständigkeit, Teamfähigkeit, Risikobereitschaft, Flexibilität und Mobilität, um im modernen Arbeitsmarkt mithalten und bestehen zu können.

Dadurch gerieten die Überlegungen zur künftigen **Berufswahl** nicht nur stärker in den Fokus der Zukunftsplanung, sondern diese erfolgt auch immer früher. Die erste berufsdeterminierende Entscheidung erfolgt im dreigliedrigen deutschen Schulsystem schon nach der Grundschule. Aber auch danach müssen sich die jugendlichen Schülerinnen und Schüler jedes Jahr aufs Neue durch Fleiß und Arbeitseinsatz für ihren künftigen Lebensweg entscheiden, da der Bildungsgrad einen außerordentlich großen Einfluss auf den späteren beruflichen Werdegang hat: Leistungsverweigerern droht als Erwachsenen oftmals Arbeitslosigkeit oder eine Beschränkung auf prekäre Arbeitsverhältnisse.

QUERVERWEIS
Der Betrieb als wirtschaftliches und soziales System
Kap. 1.2

GLOSSAR
Sozialisation

Arbeit

1 Erörtern Sie am Beispiel der auf den Bildern dargestellten Berufe Unterschiede und Gemeinsamkeiten bezüglich des im jeweiligen Unternehmen geltenden Wertekanons.

Beruf und Identität

MATERIAL 1 — Einfluss des Geschlechts auf den Berufswunsch

Top 10 der Ausbildungsberufe

Neu abgeschlossene Ausbildungsverträge in Deutschland im Jahr 2017*

MÄNNER

Kraftfahrzeugmechatroniker	21 276
Elektroniker	13 683
Fachinformatiker	12 069
Kaufmann im Einzelhandel	12 039
Anlagenmechaniker SHK**	12 030
Industriemechaniker	11 805
Verkäufer	10 563
Fachkraft für Lagerlogistik	9294
Kaufmann im Groß- und Außenhandel	8841
Kaufmann für Büromanagement	7968

FRAUEN

Kauffrau für Büromanagement	20 688
Medizinische Fachangestellte	15 885
Zahnmedizinische Fachangestellte	12 648
Kauffrau im Einzelhandel	12 435
Verkäuferin	12 117
Industriekauffrau	10 338
Friseurin	8253
Hotelfachfrau	5730
Fachfrau im Groß- und Außenhandel	5499
Fachverkäuferin im Lebensmittelhandwerk	5277

*Stand 30. September   **für Sanitär-, Heizungs- und Klimatechnik   Quelle: Bundesinstitut für Berufsbildung

MATERIAL 2 — Einfluss der Berufswahl auf die Identität

Die Arbeitsorientierung und die Motivation, sich für die Ausbildung in einem bestimmten Beruf zu entscheiden und diesen auch noch auszuüben bzw. ausüben zu wollen, kann auch heute noch als ein zentraler Bestandteil der Identität einer Person erachtet werden. Im Unterschied zu Zeiten des **prosperierenden** Wirtschaftswachstums der 1950er- und 1960er-Jahre werden mit der Wahl eines Ausbildungsweges und eines konkreten Berufes die alltäglich verrichteten Tätigkeiten zwar nicht bis zum Zeitpunkt der Verrentung weitgehend vorgezeichnet, aber dennoch für einen zumindest zeitlich begrenzten Lebensabschnitt geprägt. Zudem hängen die weiteren Lebens- und Karrierechancen maßgeblich von den im Rahmen des vorberuflichen (schulischen) und beruflichen Werdegangs getroffenen Entscheidungen ab. [...] Für junge Menschen ist deshalb die Wahl des Ausbildungsweges und die Entscheidung für einen bestimmten Beruf weiterhin mit weitreichenden Folgen für die Möglichkeit und Chancen der personalen Entwicklung verbunden.

Aus: Jürgen Mansel/Heike Kahlert, Arbeit und Identität im Jugendalter, Weinheim/München 2007, S. 7 f.

INFO
prosperieren sich gut entwickeln, gedeihen

---

1. **Beschreiben** Sie mithilfe von M 1 den Einfluss des Geschlechts auf den Berufswunsch und führen Sie eine analoge Umfrage in Ihrem Kurs durch.
2. **Arbeiten** Sie aus M 2 **heraus**, inwiefern die Berufswahl Einfluss auf die Identität hat.
3. **Vergleichen** Sie die Erwartungen an die Azubis und an den Betrieb (M 3).
4. **Ermitteln** Sie den Unterschied zwischen vorberuflicher und beruflicher Sozialisation (M 4).
5. **Charakterisieren** Sie den Unterschied zwischen der beruflichen Sozialisation in den 1950er-Jahren und heute (M 2 und M 4).
6. **Analysieren** Sie M 3 und M 4 hinsichtlich der während der beruflichen Sozialisation zu erwerbenden Kompetenzen.

Was Betriebe erwarten – und was von Betrieben erwartet wird

MATERIAL 3

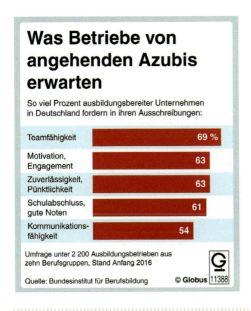

Was soll Ihnen das Arbeitsleben bieten?*	Schüler	Azubis
Abenteuer	4	2
Zeit für Familie	8	9
anderen helfen	4	4
etwas Nützliches tun	4	4
räumliche Nähe zum Elternhaus	1	1
faire Behandlung	6	7
Abwechslung	11	13
Flexibilität	4	6
Internationalität	5	2
Selbstverwirklichung	4	4
Verantwortung	5	6
Entwicklungsmöglichkeiten	8	9
hohes Einkommen	11	8
Führungsverantwortung	4	4
Karriere	7	5
Sicherheit	5	7
nette Kollegen	9	9

*Angaben in Prozent, Befragungszeitraum: 24.5.–22.10.2012
Aus: VhU, Jugend und Beruf (Onlinebefragung), 2012, S. 17 f.

Sozialisation durch den Beruf

MATERIAL 4

In der Sozialisation durch Ausbildungs- und Arbeitserfahrungen werden nicht nur fachliches Können und Wissen angeeignet, sondern auch soziale Handlungskompetenzen und Bausteine für die Identitätsgestaltung. Die neuere Sozialisationstheorie hebt die Verschränkung von sozialem Wandel und der Strukturierung von Lebensläufen hervor, eine sich lockernde Verbindung, die von den Menschen immer wieder Umorientierungen und Entscheidungen in einer unübersichtlichen Bildungs- und Arbeitsgesellschaft verlangt. Für die Übergangsphase Jugend bedeutet dies [...], dass durch die berufliche Sozialisation Kompetenzen wie Planungsfähigkeit, gedankliche Beweglichkeit, Kooperationsfähigkeit, Risikobereitschaft, Selbstbehauptung, Flexibilität und nicht zuletzt Enttäuschungsfestigkeit vermittelt werden sollten. Gemäß der **Interaktionstheorie** kann ein solches Kompetenzprofil nur aus einem Wechselspiel zwischen individuellen Ansprüchen, Eigenleistungen und entwicklungsförderlichen Lernumständen, die Selbstgestaltung ermöglichen, entstehen. [...]

Es ist sinnvoll, den Übergangsprozess in das Erwerbsleben in Phasen der vorberuflichen und beruflichen Sozialisation zu unterscheiden; Familie, Schule und andere Bildungseinrichtungen bereiten auf die Berufswelt vor, indem sie arbeitsbezogene Informationen und Orientierungen gleichsam aus zweiter Hand vermitteln. Diese Institutionen der vorberuflichen Sozialisation geben der Berufswahl und damit dem Übergang an der „ersten Schwelle" in die Ausbildung eine spezifische Ausrichtung. An der „zweiten Schwelle" nach abgeschlossener Ausbildung setzt die berufliche Sozialisation ein, bei der die Anforderungen und Erfahrungen auf dem Arbeitsmarkt und im Betrieb unmittelbar zur Geltung kommen. Diese stellen die Person durch die Einbindung in den Arbeitsprozess in einen Sozialisationskontext mit einem höheren Maß an Eigenverantwortung. [...] Lebensführung und Lebenslauf in der [heutigen] Risikogesellschaft können [jedoch] nicht vollständig durch Sozialisation vorbereitet werden, da neue Optionen von den Individuen selbst gestaltet und verantwortet werden müssen.

Aus: Walter R. Heinz, Jugend, Ausbildung und Beruf, in: Heinz-Hermann Krüger/Cathleen Grunert (Hrsg.), Handbuch Kindheits- und Jugendforschung, 2., aktual. u. erw. Aufl., Wiesbaden 2010, S. 662 f.

QUERVERWEIS
Symbolisch-interaktionistischer Ansatz nach Mead
S. 226

GLOSSAR
Symbolischer Interaktionismus

Identität in einer sich wandelnden Arbeitswelt

MATERIAL 5 — Wandel der Arbeitswelt

INFO
Erosion
(allmähliche) Zerstörung

Moratorium
Aufschub, (Frist-)Verlängerung

Die gesellschaftliche Diskussion und die Forschung über die Jugend haben sich bis in die 1980er-Jahre auf die Frage des Ausmaßes und der Richtung der Veränderungen von Wertvorstellungen der jungen Generation konzentriert: Es schien eine **Erosion** der Leistungsorientierung um sich zu greifen, die Bereitschaft, sich durch Erwerbstätigkeit früh vom Elternhaus zu emanzipieren, gehe zugunsten eines möglichst langen **Bildungsmoratoriums** zurück, Freizeit und Konsum würden an die Stelle von Arbeitsleistung und beruflichen Interessen treten. Allerdings haben die steigende Arbeitslosigkeit einerseits und die vom Arbeitsmarkt erwarteten höheren Bildungsabschlüsse andererseits zu einer objektiv verlängerten Übergangsphase in das Erwerbssystem geführt, die sowohl auf kulturelle Umbrüche als auch auf Veränderungen der Chancenstruktur verweist. [...]

Es wird deutlich, dass Jugendliche im Übergang in die Arbeitswelt Erfahrungen machen, die zu Veränderungen in der subjektiven Gewichtung von Beurteilungskriterien und teilweise auch zu widersprüchlichen Erwartungen führen. Der Beruf soll der Selbstverwirklichung dienen, aber auch einen sicheren Arbeitsplatz bieten. [...] Während Gymnasiasten sich (noch) nicht festlegen (müssen) und sich von beruflichen Leistungsstandards und konkreten Berufszielen eher distanzieren können, heben Haupt- und Realschüler eher das Kriterium Arbeitsplatzsicherheit hervor. [...]

Allerdings hat die Ungewissheit der beruflichen Zukunft keineswegs zu einer Flucht in die Freizeit oder in Resignation hinsichtlich beruflicher Pläne geführt, eher zu einer illusionslosen, d. h. realistischen Strategie der Verbesserung der Qualifikationsvoraussetzungen bzw. zu Kompromissen hinsichtlich der Arbeitsumstände beim Einstieg in die Beschäftigung. Wie [Forscher] aufzeigen, verlaufen vorberufliche Sozialisationsprozesse unter dem Druck des Arbeitsmarkts, der die Jugendlichen in eine „Optionslogik" der Berufsfindung einbindet. Diese Optionslogik ist durch die Chancenzuweisung auf einen der Schultypen im dreigliedrigen Bildungssystem vorgezeichnet und definiert die Realisierungschancen der Berufserwartungen, die Jugendliche im Verlauf des Übergangs durch Sozialisation in der Familie, Erfahrungen von Peers, Beratung durch Lehrer und Arbeitsamt, Ferienjobs und nicht zuletzt durch eigene Bewerbungen entwickeln. In diesem Übergangsprozess sind die Jugendlichen mit Entscheidungen zwischen verschiedenen Pfaden konfrontiert, z. B. weiter zur Schule zu gehen, eine Ausbildungsstelle zweiter Wahl zu akzeptieren, nach der Ausbildung zurück zur Schule zu gehen (für jene ohne Abitur), den Bildungsweg an der Hochschule fortzusetzen oder die Lehre für eine interessantere und aussichtsreichere Ausbildung abzubrechen, auch wenn dies bedeutet, vorübergehend einen Gelegenheitsjob zu machen oder arbeitslos zu sein. All diese Pfade hängen in ihrer Begehbarkeit von den materiellen, sozialen und kulturellen Ressourcen ab, auf die sich ein Jugendlicher beziehen kann. Die mehrfach während des Übergangs in die Berufswelt befragten Jugendlichen entwickelten ein geschärftes Risikobewusstsein und eine erstaunliche Illusionslosigkeit, sie betonen geradezu ihre Zuständigkeit für die Verwirklichung ihrer auf Berufsarbeit gerichteten Lebensplanung. [...]

Als Fazit ergibt sich, dass die Arbeitsorientierungen weniger einem epochalen Wandel unterliegen, sondern dass sich Jugendliche und vor allem junge Fachkräfte am Beginn des 21. Jahrhunderts (noch) nicht auf ein bestimmtes Lebenskonzept festlegen (lassen), sondern ihren Übergang in die Erwerbsbiografie als Aufgabe sehen, bei der es neben beruflichen Qualifikationen auch auf Improvisation und möglichst erfolgreiches Selbstmanagement ankommt.

Aus: Walter R. Heinz, Jugend, Ausbildung und Beruf, in: Heinz-Hermann Krüger/Cathleen Grunert (Hrsg.), Handbuch Kindheits- und Jugendforschung, 2., aktual. u. erw. Aufl., Wiesbaden 2010, S. 673–677

Rollenwechsel: Reinwachsen in die neue Chefrolle

MATERIAL 6

Wird aus einem Kollegen ein Vorgesetzter, beobachten ihn höhere Chefs und ehemalige Kollegen in der Anfangsphase oft argwöhnisch. Auch befindet sich der Aufgestiegene meist zwischen den Stühlen: Die ehemaligen Kollegen wünschen sich, dass alles beim Alten bleibt. Seine höheren Vorgesetzten erwarten, dass er die Unternehmensinteressen umsetzt.
Theoretisch kein schwerer Job, weiß er doch, welche Verbesserungen und Änderungen sich die Belegschaft wünscht. In der Praxis allerdings eine schwere Aufgabe. Da sind die Enttäuschung und die Missgunst der Kollegen, die ebenfalls aufsteigen wollten. Sie verweigern dem neuen Chef oft zunächst die Loyalität. Und dann können in der Geschäftsleitung Bedenken bestehen, dass eine Person von außen sich besser durchsetzen könnte.
Der Aufsteiger steht also unter einem enormen Erwartungsdruck: Er möchte eventuelle Zweifel der Geschäftsleitung aus dem Weg räumen, dabei aber die Beziehung zu den ehemaligen Kollegen nicht verschlechtern. Aber die verändert sich ohnehin. Aus der ehemaligen Verbundenheit kann Distanz werden, begleitet von Zweifel und Argwohn. „Solche Gefühle verändern unmerklich das Betriebsklima, rufen ‚Opfer‘, ‚Retter‘ und ‚Verfolger‘ auf den Plan. Der ehemalige Kollege, der um die enge Beziehung zum neuen Chef bangt, wird immer eine Warnung auf den Lippen haben – ganz in der Rolle des Retters aufgehen. Der Verfolger hingegen wird keine Gelegenheit auslassen, dem Neuen zu beweisen, dass er ständig Fehler macht. Bleibt noch der Opfertyp: Immer wieder wird jemand in Not geraten und um Hilfe bitten",

Zeichnung: Fran

GLOSSAR
Rolle

schreibt Dagmar Kohlmann-Scheerer, Trainerin und Autorin des Ratgebers *Gestern Kollege – heute Vorgesetzter*.
Aber auch die nächsthöheren Vorgesetzten können dem Aufsteiger das Leben schwer machen, denn mit ihm kommt eine neue Konkurrenz in den Führungszirkel. Die Folge: Sie greifen in die Trickkiste, um ihr „Revier" zu schützen. Wichtige Informationen werden häufig nicht weitergegeben, Termine nicht kommuniziert, der „Neue" isoliert.
In dieser Situation sollten Aufgestiegene die Ruhe bewahren, blinder Aktionismus schadet hier nur. Jetzt ist es sinnvoll, sich die Hintergründe des Widerstands anzuschauen. Ablehnung der Ideen und Ziele haben nichts mit der eigenen Person zu tun, sondern mit der Angst vor Veränderungen. Wer transparent agiert und sein Team von Anfang an in Prozesse einbezieht, baut Unruhe und Unsicherheiten ab.

Aus: Sabine Hockling, Reinwachsen in die neue Chef-Rolle, in: Die Zeit online, 2.11.2012 (Zugriff: 24.9.2013)

1 **Beschreiben** Sie mithilfe von M 5 den Wandel, der in der Arbeitswelt stattgefunden hat, und **arbeiten** Sie die Konsequenzen für Jugendliche, die am Anfang ihres Erwerbslebens stehen, **heraus**.

2 **Analysieren** Sie anhand des in M 6 skizzierten Beispiels die Probleme, die beim Erlernen einer neuen beruflichen Rolle entstehen können.

3 **Analysieren** Sie die Karikatur in M 6 und **überprüfen** Sie, inwiefern deren Aussage auf einen Wandel in der Arbeitswelt schließen lässt.

Konflikte im Betrieb

MATERIAL 7 Mobbing am Arbeitsplatz und Gegenstrategien

Zeichnung: Gerhard Mester

QUERVERWEIS
Intragruppenkonflikt
Mobbing
S. 221, M 12

Betriebliche
Mitbestimmung
S. 34, M 12/M 13

Es ist kein Zufall, dass Mobbing mit der Einführung neuer Technologien und neuer Arbeitsformen zusammenfällt.
Neues birgt Chancen und Risiken. In vielen Betrieben ist die Arbeit interessanter geworden, die Entscheidungsspielräume sind gestiegen. Zugleich ist die Verantwortung der Mitarbeiter gewachsen, Termin- und Zeitdruck haben zugenommen, und die Arbeit ist durch Leistungsverdichtung intensiver geworden. [...]
Betroffene sollten sich Verbündete im Unternehmen suchen. [...] Der Vorgesetzte kommt natürlich als einer der ersten Ansprechpartner in Sachen Mobbing infrage. Handelt es sich jedoch beim Chef und beim Mobber um ein und dieselbe Person, sollte die Geschäftsführung oder die Personalleitung darüber informiert werden. Denn Vorgesetzte sollen motivieren statt schikanieren, schlichten statt spalten, entscheiden statt entzweien. Beim Gespräch mit der Geschäftsführung kann man den Betriebs- oder Personalrat hinzuziehen.
Jeder Mobber ist so stark, wie es die Kollegen zulassen. Wer die Sache an sich vorbeilaufen lässt, ist vielleicht unbeteiligt, aber keineswegs unschuldig. Zumal es beim nächsten Mal auch einen selbst treffen kann. Wer als Kollegin oder Kollege mitbekommt, dass jemand gemobbt wird, sollte schnell aktiv werden und eingreifen.
Das kann bedeuten, dass man den Täter oder die Täterin direkt zur Rede stellt. Das kann aber auch bedeuten, dass man das Opfer direkt unterstützt, also Gesprächsangebote macht oder Betroffene bei Klärungsgesprächen begleitet. Wichtig ist, die Intrigen nicht zu unterstützen, sondern Partei für das Opfer zu ergreifen und es über den Tratsch zu informieren.
Außerdem sollten Mitläufer angesprochen und sensibilisiert werden. Denn vielleicht scheint einigen anfangs Unbeteiligten das Mobbing sogar gerechtfertigt. Dann sollte man mit dem Opfer die Angelegenheit analysieren und bereden.
Kollegen sollten auf jeden Fall den Mut haben, beim alltäglichen „Herziehen" über einen bestimmten Kollegen eine andere als die Mehrheitsmeinung zu vertreten. [...]
Ein Vorgesetzter hat nicht deshalb versagt, weil es in seinem Verantwortungsbereich einen Mobbing-Fall gibt. Sondern er hat dann versagt, wenn er ihn nicht zur Kenntnis nehmen will.
Vorgesetzte sollten sich ihrer Vorbildfunktion bewusst sein und sich entsprechend verhalten. Sie sollten deutlich machen, dass sie Mobbing keinesfalls als geeignetes Mittel zur Konfliktlösung akzeptieren. Abteilungsrundschreiben, Bürobesprechungen und Mitarbeitergespräche, in denen das Thema Mobbing gezielt aufgegriffen und angesprochen wird, können hilfreich sein. Ein solcher offensiver Umgang hat abschreckende Wirkung auf potenzielle Mobber. [...]
Betriebsräte können dazu beitragen, dass Mobbing im Unternehmen nicht entsteht. Sie können etwa bei der Planung von Arbeitsplätzen und Arbeitsabläufen mitwirken, um Spannungsquellen, die zu Mobbing führen können, schon in der Planungsphase zu verhindern. Außerdem kann der Betriebsrat in vielen Bereichen zur Mobbing-Prävention beitragen.

Aus: Wenn aus Kollegen Feinde werden, hrsg. v. d. Bundesanstalt für Arbeitsschutz und Arbeitsmedizin (BAuA) und der Initiative Neue Qualität der Arbeit (INQA), in: Wege aus dem Psychoterror, Süddeutsche Zeitung online, zusammengestellt von Sybille Haas, 11.7.2013 (Zugriff: 24.9.2013)

Konfliktgegenstände

MATERIAL 8

Im organisationspsychologischen Kontext ist die Unterscheidung zwischen Beziehungs- und Aufgabenkonflikten in Arbeitsgruppen von großer Bedeutung. Beziehungskonflikte haben unvereinbare private Einstellungen und Werthaltungen bzw. Fragen des persönlichen Miteinanders zum Gegenstand. Entscheidend ist, dass der Konflikt Sachverhalte betrifft, die nicht unmittelbar für die gemeinsame Aufgabe von Bedeutung sind. Aufgabenkonflikte gehen auf **dissonante** Standpunkte und Handlungspläne zurück, die die Bewältigung der gemeinsamen Aufgabe unmittelbar betreffen. Sie werden nochmals in prozessorientierte und inhaltsbezogene Konflikte untergliedert. Letztere beruhen darauf, dass Informationen, die für die Bewältigung der Aufgabe von Bedeutung sind, widerstreitend interpretiert werden. Im Kontext prozessorientierter Aufgabenkonflikte streiten die Beteiligten über die Mittel und Wege der Zielerreichung, die Zuweisung und Koordination der Teilaufgaben, der Verantwortlichkeiten und Arbeitsmittel. [...]

Oft lassen sich die beschriebenen Konflikttypen nur schwer auseinanderhalten. Denn erstens haben Konflikte die Tendenz, sich eskalierend auszuweiten: Nach kurzer Zeit wird es viele Konfliktgegenstände geben, die sich kaum voneinander trennen lassen. Häufig eskalieren Meinungsverschiedenheiten, die ganz sachlich begonnen haben, zu emotional stark aufgeladenen Beziehungskonflikten. [...] Zweitens verhalten sich die Konfliktgegner oft taktisch: Sie geben vor, Standpunkte zu vertreten und Ziele zu verfolgen, die in Wahrheit keine Rolle spielen.

INFO
dissonant
unstimmig, unharmonisch

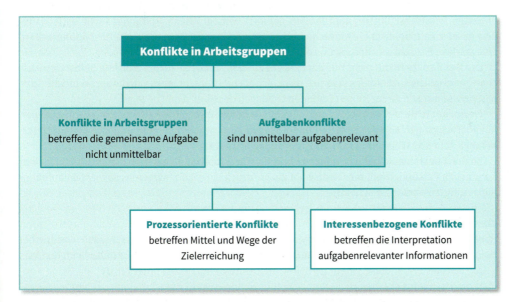

Aus: Friedemann Nerdinger, Arbeits- und Organisationspsychologie, Heidelberg 2008, S. 123

1. **Analysieren** Sie die Karikatur in M 7 und erwägen Sie weitere Kennzeichen innerbetrieblichen Mobbings.
2. Stellen Sie aus dem Text M 7 die vorgestellten Gegenstrategien zu Mobbing zusammen und **beurteilen** Sie deren Effektivität.
3. **Erläutern** Sie die verschiedenen Konfliktgegenstände in Betrieben (M 8) und **erörtern** Sie mögliche Gegenstrategien zur Vermeidung innerbetrieblicher Konflikte.

WISSEN KOMPAKT

Beruf und Identität

Neben den Sozialisationsinstanzen Familie, Schule oder Peergroup gilt auch der Beruf, der sich vor allem im Jugendalter prägend auf die Ausbildung der Ich-Identität auswirkt, als wichtige Sozialisationsinstanz. Dies gilt umso mehr, da sich die Wahl des Berufes entscheidend auf eine lange Zeitspanne des späteren Lebenswegs auswirkt.

Man unterscheidet zwischen der **vorberuflichen** und der **beruflichen Sozialisation**. Durch Schule und Familie werden den noch nicht arbeitenden Jugendlichen in der vorberuflichen Sozialisation Erwartungen und Ansprüche an ihr späteres Arbeitsleben vermittelt. Hier geht es allerdings weniger um konkrete Informationen zu bestimmten Berufen als vielmehr um Voraussetzungen, sich eigene Vorstellungen von einem späteren Berufsbild machen zu können. Diese Vorstellungen beziehen sich etwa auf die Kriterien Einkommen, Karriere, Arbeitsplatzsicherheit oder selbstständige Handlungsmöglichkeiten. Während der beruflichen Sozialisation, die direkt im Unternehmen, bei dem man beschäftigt ist, stattfindet, professionalisiert man bereits erworbene bzw. gewinnt man neue Kompetenzen wie etwa Planungsfähigkeit oder Flexibilität.

Neben den vorberuflichen Sozialisationsinstanzen wie etwa der Familie hat auch das **Geschlecht** der Jugendlichen einen erheblichen Einfluss auf die berufliche Sozialisation. Eine typisch geschlechtsspezifische Berufswahl ist auch im Zeitalter der Emanzipation und der rechtlichen Gleichberechtigung noch häufig gegeben.

Identität in einer sich wandelnden Arbeitswelt

Seit den Anfängen der Bundesrepublik Deutschland hat sich die Arbeitswelt stark gewandelt. Der **Umbau von einer Industrie- zu einer Dienstleistungsgesellschaft** hat zum Bedarf an höher qualifizierten Berufsabschlüssen und Berufen geführt. Demografische, kulturelle sowie wirtschafts- und gesellschaftspolitische Umbrüche bedingten verlängerte Bildungs- und Ausbildungszeiten, eine stärkere Freizeitorientierung und einen Anstieg der Arbeitslosigkeit.

Der Beruf sollte heute nicht nur die Existenz sichern, sondern auch die eigene Selbstverwirklichung ermöglichen. Allerdings sind sich die Jugendlichen heutzutage durch die vorberufliche Sozialisation realistisch ihrer eigenen Optionen bezüglich der Berufswahl bewusst.

Flexibilität in der Arbeitswelt ist permanent vonnöten. Dies gilt vor allem dann, wenn man den Rollenerwartungen von Vorgesetzten und Kollegen gerecht werden muss und sich das im Unternehmen geltende Werte- und Normensystem zueigen macht.

Zu den Bausteinen einer erfolgreichen beruflichen Sozialisation gehören die Entwicklung einer beruflichen Persönlichkeit, die Berufswahl als Ausdruck eines Lebensthemas sowie die Laufbahnanpassung, so sie nötig erscheint.

Konflikte im Betrieb

Konflikte in einem Betrieb sind – wie in jeder Gruppe – völlig normal. Unterschieden wird hierbei zwischen **Beziehungskonflikten** und **Aufgabenkonflikten**. Vor allem Letztere müssen im Konsens gelöst werden, wenn diese einem gemeinsamen Unternehmensziel entgegenstehen. Beide Konflikttypen können sich aber auch vermischen beziehungsweise manchmal nur schwer auseinandergehalten werden.

Ein großes Problem innerbetrieblicher Konflikte stellt das **Mobbing** gegen einen Mitarbeiter dar, dem man als Betroffener oder auch als Beobachter konsequent begegnen sollte. Mobbing ist weder in der Schule noch im Betrieb ein Kavaliersdelikt: Sind Beleidigung, Nötigung oder gar Körperverletzung im Spiel, handelt es sich um eine Straftat.

3.5 Verhalten von Individuen in Gruppen

Schon der griechische Philosoph Aristoteles bezeichnete den Menschen als *zoon politikon*, als Gemeinschaftswesen. Der Mensch lebt also normalerweise nicht allein, sondern in Gruppen. Dabei kann ein Individuum im Laufe seines Lebens mehreren Gruppen – auch gleichzeitig – angehören, Gruppen wechseln und Gruppen verlassen.

Zu manchen Gruppen muss man beitreten, zu anderen Gruppen wiederum gehört man, ohne es sich aussuchen zu können. Doch was überhaupt ist eine Gruppe? Und welche Besonderheiten machen die Beziehungen zwischen den Mitgliedern einer Gruppe aus?

INFO
Aristoteles
384–322 v. Chr. Schüler Platons und einer der bedeutendsten Philosophen der griechischen Antike

Basiswissen
Jeder Mensch gehört in seinem Leben verschiedenen Gruppen an. In die erste Gruppe, der man angehört, wird man hineingeboren: die **Familie**. Eine Gruppe unterscheidet sich von einer zufälligen Ansammlung von Menschen dadurch, dass sich ihre Mitglieder einander zugehörig fühlen. In einer Gruppe sind bestimmte Verhaltensweisen und Einstellungen erwünscht, andere unerwünscht. An das einzelne Gruppenmitglied richtet sich die Erwartung, sich an diesen erwünschten Verhaltensweisen und Einstellungen zu orientieren.

Vor allem bei Jugendlichen spielen Gruppen Gleichaltriger, Cliquen oder auch **Peergroups** genannt, eine wichtige Rolle.

QUERVERWEIS
Die Familie
S. 196 f.

GLOSSAR
Gruppe

1. **Erschließen** Sie aus den Bildern, ob, und wenn ja, um welche Gruppen es sich handelt und wo eventuell Unterschiede oder Gemeinsamkeiten bestehen.
2. **Nennen** Sie weitere Beispiele für Gruppen und **erörtern** Sie, welche weiteren Kriterien eine Gruppe charakterisieren.

Was ist eine Gruppe?

MATERIAL 1 — Definition von sozialen Gruppen

INFO
David W. Johnson/ Frank Pierce Johnson
Verfasser des Bestsellers über Gruppendynamik *Joining together. Group theory and group skills,* Englewood Cliffs, N.J. 1975 (11. Aufl.: 2012)

Gruppen machen einen beträchtlichen Teil unseres sozialen Lebens aus: Wir arbeiten in Gruppen, wir studieren in Gruppen, wir spielen in Gruppen etc. Gruppen beeinflussen unser Leben: Gruppen, denen wir angehören und denen wir uns zugehörig fühlen, geben uns Normen für unser Verhalten vor. [...] Gruppen streben – unter bestimmten Umständen – nach Uniformität [...]. Im einfachsten Falle ist eine soziale Gruppe eine soziale Kategorie, die aus Individuen besteht, die bestimmte Merkmale miteinander teilen (z.B. die Nationalität, das Geschlecht etc.). Eine Definition von sozialen Gruppen, auf die sich die meisten Gruppenforscher verständigt haben, stammt von Johnson und Johnson (1987):
Eine Gruppe besteht aus zwei oder mehr Personen,
- die miteinander interagieren,
- die sich der Gruppe zugehörig fühlen,
- deren Verhalten in irgendeiner Form wechselseitig voneinander abhängt,
- deren Interaktionen durch gruppenspezifische Rollen und Normen strukturiert sind,
- die sich gegenseitig beeinflussen,
- die ein gemeinsames Ziel verfolgen und
- deren individuellen Bedürfnisse durch die Gruppe befriedigt werden.

Aus: Mario Gollwitzer/Manfred Schmitt, Sozialpsychologie kompakt, Weinheim 2009, S. 188 f.

MATERIAL 2 — Arten von Gruppen

Man kann Gruppen unterschiedlich kategorisieren. So unterscheidet man zwischen

- **informellen** Gruppen (zum Beispiel die Familie), die sich spontan bilden und keine festgelegten Ordnungen haben, und **formellen** Gruppen, die sich als organisiert klassifizieren lassen und ein festgelegtes Ziel haben (zum Beispiel Klassengemeinschaften),
- **Primärgruppen**, die sich durch enge Bindungen und personenbezogene Kontakte auszeichnen (zum Beispiel die Familie) und **Sekundärgruppen**, die auf konkrete Ziele hin ausgerichtet sind (zum Beispiel die Schule),
- **Eigengruppen**, zu denen man selbst gehört, sowie **Fremdgruppen**, die aber mit der Eigengruppe vergleichbar sein müssen (zum Beispiel eigene Familie und Familie des Freundes),
- **Kleingruppen**, die eine geringe Mitgliederzahl aufweisen, was die Kontaktaufnahme untereinander erleichtert, sowie Großgruppen, wo man sich nicht zwangsläufig untereinander kennt.

Autorentext

---

1. **Erklären** Sie, was man unter einer sozialen Gruppe versteht (M 1).
2. **Erläutern** Sie die in M 2 definierten Gruppen jeweils anhand mehrerer Beispiele.
3. **Analysieren** Sie das Foto (M 3), klassifizieren Sie mithilfe von M 2 die Gruppe und **beschreiben** Sie etwaige gruppeninternen Normen, gegen die die Person rechts im Bild verstößt.
4. **Arbeiten** Sie aus dem Text M 4 Kennzeichen und Aufgaben einer Peergroup **heraus**.
5. **Erörtern** Sie mithilfe von Beispielen, unter welchen Umständen Peergroups zu einem „Risiko für die Stabilität und Funktionsweise von Gesellschaft" (M 4) werden.

Normverletzung

MATERIAL 3

Die Peergroup

MATERIAL 4

Die Verhaltensmuster und Orientierungen, die Kinder in der Familie erlernen, sind für das Agieren in der Gesellschaft [bei Jugendlichen] nicht mehr ausreichend. [...] Neue Interaktionsformen erproben und erlernen Jugendliche vor allem in der Peergroup (Gleichaltrigengruppe). Darunter werden relativ informelle Zusammenschlüsse/Gruppen von zumeist lokalen Freundeskreisen mit ausgeprägt hoher wechselseitiger Akzeptanz bezeichnet. [...] Für Individuen kommt der Peergroup die Funktion zu, den Übergang von emotionalen zu sachlichen Beziehungen zu erleichtern. Für [die] Gesellschaft kommt der Peergroup die Funktion zu, Motivation für die Zustimmung zu den Rollen der Erwachsenengesellschaft zu **evozieren**. [...] Die Funktion der Gleichaltrigengruppe ist hiernach die Vermittlung zwischen Familie und Gesellschaft – sie ist das Verbindungsglied von privaten und öffentlichen Bereichen. Peergroups stellen aber auch ein Risiko für die Stabilität und Funktionsweise von Gesellschaft dar. [...] Dies liegt [...] vor allem darin begründet, dass die Definitionsmacht aufseiten der Erwachsenen liegt und Jugendliche keinen logischen Zusammenhang in den Bestimmungen der Erwachsenen erkennen, denn die „Erwachsenen predigen den Jugendlichen häufig etwas anderes, als was sie selbst tun." [...] Wenn sich infolge der Abgrenzung Wertorientierungen herausbilden können, die sich von den Wertorientierungen der Erwachsenengesellschaft unterscheiden, dann werden durch die abweichenden Verhaltensweisen von Jugendlichen die vorherrschenden Strukturen, Normen und Werte einer Gesellschaft infrage gestellt. [...]
Die Gleichaltrigengruppe wird [...] wie folgt beschrieben:
- **physische Dimension:** Vergleich von körperlichen Entwicklungen unter Gleichaltrigen,
- **psychische Dimension:** Identitätsfindung [...]; Zugehörigkeitsgefühl zur Gruppe bzw. zu Gruppen; Orientierung, Stabilisierung und Sicherheit (in Bezug auf Verhalten und Status); Kompensierung von Einsamkeitsgefühlen; Entwicklung eines realistischen Selbstbildes durch Reflexion,
- **soziale Dimension:** [...] Möglichkeit zum Experimentieren mit neuen Rollen und Verhaltensweisen [...]; Beziehungsaufbau zum anderen Geschlecht; Rückhalt bei der Ablösung vom Elternhaus; Auseinandersetzung mit gesellschaftlichen Strukturen und Infragestellen von Autoritäten (z. B. Lehrer, Eltern).

Aus: Arne Niederbacher/Peter Zimmermann, Grundwissen Sozialisation, Wiesbaden 2011, S. 144 ff.

QUERVERWEIS
Die Peergroup
S. 200

INFO
evozieren
hervorrufen, bewirken

Wie funktionieren Gruppen?

MATERIAL 5 — Phasen der Gruppensozialisation

GLOSSAR: Sozialisation

Das Modell der Psychologen Richard L. Moreland und John M. Levine (1982):

1. Erkundung: In dieser Phase suchen sich Gruppen Individuen, die einen Beitrag zur Erreichung der Gruppenziele leisten können. Individuen (als potenzielle zukünftige Gruppenmitglieder) suchen wiederum nach Gruppen, die ihre Bedürfnisse befriedigen können. Legen sich beide Parteien darauf fest, eine Beziehung einzugehen, kommt es zum Eintritt in eine Gruppe (der „Initiation"). Dieser Eintritt ist häufig durch einen Ritus, eine Zeremonie oder eine formale Geste gekennzeichnet, die signalisiert, dass sich die Beziehung zwischen Individuum und Gruppe verändert hat; er markiert den Übergang zur Sozialisationsphase.

2. Sozialisation: Gruppe und Individuum versuchen einander in wechselseitigen sozialen Einflussprozessen so zu verändern, dass ihre Beziehung für beide Seiten gewinnbringend ist. Die Einflussprozesse der Gruppe zielen darauf ab, den Beitrag des Individuums zum Erreichen der Gruppenziele zu fördern, indem ihm z. B. die Gruppennormen und -regeln sowie seine Position und Rolle in der Gruppe vermittelt werden („Assimilationsprozess"). Der Einfluss des Individuums ist hingegen darauf gerichtet, die Gruppe so zu verändern, dass sie seine Bedürfnisse optimal befriedigt. Neue Mitglieder können z. B. versuchen, bestehende Normen und Regeln gemäß ihren persönlichen Zielen zu verändern („**Akkommodationsprozess**"). Wenn sich beide Seiten infolge der Sozialisationserfahrungen weiterhin auf die Beziehung festlegen, kommt es zur wechselseitigen Akzeptanz und das Individuum wird zum Vollmitglied.

INFO: Akkommodation — Anpassung

3. Aufrechterhaltung: Nach der Akzeptanz beginnt die Phase der Aufrechterhaltung der Gruppenzugehörigkeit. Gruppe und Individuum verhandeln über Veränderungen der Position des Individuums innerhalb der Gruppe oder die Übernahme neuer Rollen (z. B. Führungsrollen), die sowohl dem Erreichen der Gruppenziele als auch den Bedürfnissen des Individuums dienen. [...]

4. Resozialisierung: Wenn ein Mitglied es nicht schafft, die Erwartungen der Gruppe zu erfüllen, kann die Festlegung der Gruppe auf das Mitglied nachlassen. Umgekehrt kann das Interesse eines Mitglieds an der Gruppe nachlassen, weil es mit seiner Rolle innerhalb der Gruppe unzufrieden ist oder weil es andere, für die Bedürfnisbefriedigung attraktiver erscheinende Gruppen gibt. Beide Prozesse können dazu führen, dass das Mitglied seine Rolle in der Gruppe verliert und von einem Vollmitglied zu einem randständigen Mitglied wird. Wenn Randständigkeit innerhalb der Gruppe als Abweichung von zentralen Gruppennormen oder Werten interpretiert wird, können „Abweichler" erheblichem Druck ausgesetzt sein, sich wieder der Gruppe anzupassen („Resozialisierung") oder aber die Gruppe zu verlassen.

Menschen reagieren auf den Ausschluss aus Gruppen in der Regel äußerst sensibel. [...] Wenn die Zugehörigkeit zur Gruppe einen hohen Stellenwert für das Individuum hat, kann die Angst davor, ausgeschlossen zu werden, dazu führen, dass es sich den Normen anpasst, auch wenn es diese eigentlich nicht akzeptiert. Andernfalls kommt es infolge der nachlassenden Festlegung zum Austritt aus der Gruppe.

5. Erinnerung: Nach dem Austritt aus der Gruppe bewerten das Exmitglied und die Gruppe rückblickend ihre Beziehung. Beide halten in gewissem Rahmen an der Beziehung fest, falls sie die Beziehung als positiv und gewinnbringend beurteilen.

Aus: Stefan Stürmer/Birte Siem, Sozialpsychologie der Gruppe, Stuttgart 2013, S. 21 ff.

1 **Überprüfen** Sie den Verlauf Ihrer eigenen gegenwärtigen oder vergangenen „Mitgliedschaft" in Ihrer Clique/Ihrem Freundeskreis/Ihrem Verein mithilfe von M 5.

Koordinationsverluste

MATERIAL 6

Zu Koordinationsverlusten kommt es, wenn eine Gruppe nicht in der Lage ist, die individuellen Beiträge ihrer Mitglieder zur Zielerreichung optimal zu koordinieren. Dies
5 kann u. a. folgende Gründe haben:
- Die Aufgabenverteilung innerhalb einer Gruppe ist unklar;
- die individuellen Stärken und Schwächen der einzelnen Mitglieder wurden bei der
10 Zuweisung von Aufgaben und Positionen nicht angemessen berücksichtigt oder
- die Kommunikationsstrukturen und Arbeitsabläufe innerhalb der Gruppe sind ineffektiv.

Aus: Stefan Stürmer/Birte Siem, Sozialpsychologie der Gruppe, Stuttgart 2013, S. 38 f.

"Remember, guys, there's no 'I'll kill you before I ever budge an inch on any position' in TEAMWORK."
Zeichnung: Chris Wildt

INFO
to budge an inch
= entgegenkommen, sich einen Millimeter bewegen

Motivationsgewinne

MATERIAL 7

Zusammenarbeit in Gruppen wäre [...] nicht so verbreitet, wenn sie nicht effektiv wäre. Tatsächlich kann die Zusammenarbeit auch zu Motivationsgewinnen führen, sodass die
5 tatsächliche Leistung über dem Gruppenpotenzial liegt. Dabei spielen u. a. folgende Prozesse eine Rolle:
- **sozialer Wettbewerb:** Sind die individu-
10 ellen Leistungen der Gruppenmitglieder identifizierbar bzw. besteht die Möglichkeit sozialer Vergleiche innerhalb der Gruppe, sind die Mitglieder einer Gruppe möglicherweise motiviert, besser abzuschneiden als andere Gruppenmitglieder.
15 Dies kann dazu führen, dass sie sich innerhalb der Gruppe mehr anstrengen.
- **soziale Kompensation:** Insbesondere in hochkohäsiven [stark zusammenhalten-
den] Gruppen oder wenn das Erreichen des Gruppenziels hochrelevant für die 20 einzelnen Mitglieder ist, ist zu beobachten, dass die leistungsstärkeren Mitglieder der Gruppe sich mehr anstrengen, als sie dies unter individuellen Bedingungen täten, um die Leistungsdefizite schwächerer 25 Gruppenmitglieder auszugleichen.
- **Köhler-Effekt:** Sind die individuellen Beiträge zum Erreichen des Gruppenziels identifizierbar, kann auch beobachtet werden, dass schwächere Mitglieder der 30 Gruppe mehr arbeiten, als sie dies unter individuellen Bedingungen täten, um zu vermeiden, für eine schlechte Gruppenleistung verantwortlich gemacht zu werden. 35

INFO
Köhler-Effekt
benannt nach dem deutschen Sozialwissenschaftler Otto Köhler, der 1926 diesen Effekt in seinen Untersuchungen mit Mitgliedern eines Berliner Ruderclubs erstmals beobachtete

Aus: Stefan Stürmer/Birte Siem, Sozialpsychologie der Gruppe, Stuttgart 2013, S. 39 ff.

2 **Diskutieren** Sie im Kursverband, aus welchen Gründen Menschen „äußerst sensibel" (M 5, Zeile 66 f.) auf den Ausschluss aus einer Gruppe reagieren.

3 **Analysieren** Sie die Karikatur in M 6 und untersuchen Sie mithilfe des Textes, welche Art von Koordinationsverlust hier vorliegt.

4 Stellen Sie die Motivationsgewinne (M 7) und Koordinationsverluste (M 6) einander gegenüber und erwägen Sie Konzepte, Verluste bei Gruppenarbeit von vornherein auszuschließen.

Einflussnahme auf Gruppen

MATERIAL 8

Aschs Konformitätsexperimente

INFO

Solomon E. Asch
*14.9.1907 in Warschau
†20.2.1996
in Haverford/USA
Pionier der Sozialpsychologie; seine Konformitätsexperimente führte er in den USA der 1950er-Jahre durch.

FILMTIPP

Die Welle
Deutschland 2008;
nach dem gleichnamigen Roman von
Morton Rhue (1981);
Regie/Drehbuch:
Dennis Gansel;
mit Jürgen Vogel und
Max Riemelt.
107 Min.

Eine Gruppe von sieben Universitätsstudenten wurde in einen Unterrichtsraum geführt. Den Versuchspersonen wurde mitgeteilt, dass ihre Aufgabe darin bestünde, Striche gleicher Länge herauszufinden. An der linken Seite der Tafel befand sich eine weiße Karte mit einem einzigen Strich darauf, der Standardlinie. An der rechten Seite der Tafel befand sich eine zweite Karte, auf der drei verschieden lange Striche zu sehen waren, dies waren die sog. Vergleichslinien. Einer der Striche auf der rechten Karte war genauso lang wie der Strich auf der linken. [...]
Wenn man eine Person fragt, welcher der Striche auf der Vergleichskarte genauso lang wie der Strich auf der Standardkarte ist, werden nur sehr wenige Schätzfehler gemacht. Was geschieht nun, wenn sich jemand in der Gesellschaft von sechs anderen wiederfindet, die auch angewiesen werden, ihre Schätzungen laut vorzunehmen? Normalerweise sollte das keinen Unterschied machen. In der Asch-Situation war das jedoch anders, denn jeder der sechs anderen war ein Verbündeter des Versuchsleiters, ohne dass die „naive" Versuchsperson etwas davon wusste. [...]
Vor Versuchsbeginn und bevor die Versuchsperson erschien, war mit den sechs Komplizen sorgfältig durchgesprochen und durchgeübt worden, bei welchen Schätzungen sie einstimmig falsche Antworten geben sollten. So sagten sie z. B. in der Situation, die [unten] abgebildet ist, dass Strich 1 die gleiche Länge wie die Standardlinie aufwiese. Die unglückliche Versuchsperson befand sich nun plötzlich und unerklärlicherweise in Opposition zur gesamten Gruppe, und zwar nicht nur einmal, sondern mehrere Male im Verlauf des Versuches. [...]
In Aschs erster Versuchsreihe wurden 123 naive Versuchspersonen mit zwölf kritischen Schätzungen getestet. Von der Gesamtzahl der abgegebenen Schätzungen waren 37% falsch, d. h., 37% der Urteile der naiven Versuchspersonen stimmten mit den (objektiv falschen) Schätzungen der einstimmigen Mehrheit überein. Es wurden allerdings beachtenswerte individuelle Unterschiede in den Reaktionen auf den Mehrheitsdruck beobachtet, die von völliger Unabhängigkeit bei Einzelnen bis zur absoluten Unterwerfung bei allen Schätzungen bei anderen reichten. Immerhin gab ein Drittel aller Versuchspersonen dem Mehrheitsdruck in mindestens der Hälfte der Schätzungen nach.

Aus: Leon Mann, Sozialpsychologie, 11. Aufl., Weinheim/Basel 1999, S. 76 ff.

Standardkarte

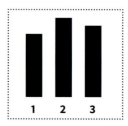
Vergleichskarte

1 **Beschreiben** Sie das Verhalten der Versuchspersonen in M 8 und suchen Sie nach Erklärungen.

2 Definieren Sie mithilfe von M 8 den Begriff „Konformität".

3 Als Asch den Versuchspersonen jemand zur Seite stellte, der derselben Ansicht wie die Versuchsperson war, verringerte sich die Tendenz zur Konformität drastisch. Erwägen Sie die Gründe.

Milgrams Gehorsamsexperimente

MATERIAL 9

In einer als Lernexperiment getarnten Untersuchung wurde psychisch unauffälligen erwachsenen Untersuchungspersonen unterschiedlicher sozialer Herkunft die Rolle eines
5 „Lehrers" zugeteilt, dessen Aufgabe es war, falsche Antworten eines „Schülers" durch die Applikation von Elektroschocks zu bestrafen (angeblich um herauszufinden, wie sich Bestrafung auf Lernen auswirkt). Bei dem
10 Schüler handelte es sich vermeintlich um eine andere Untersuchungsperson, tatsächlich war der Schüler aber ein Assistent des Versuchsleiters.
Der Schüler wurde im angrenzenden Raum
15 an einen Stuhl geschnallt und an seinem Arm wurden Elektroden befestigt. Der Versuchsleiter wies die Person in der Lehrerrolle an, beim ersten Fehler des Schülers über einen Schockgenerator einen Schock von 15 Volt zu
20 applizieren und die Dosis mit jedem weiteren Fehler um 15 Volt bis zu 450 Volt zu erhöhen. Der Schüler gab bei den ersten Durchgängen zunächst die richtigen Antworten, machte dann jedoch wiederholt Fehler. In einer Serie von Experimenten beobachtete Milgram,
25 dass ein hoher Prozentsatz der Untersuchungspersonen dem Schüler als Bestrafung für falsche Antworten intensive elektrische Schocks verabreichte – und dies, obwohl diese Untersuchungspersonen glaubten, die
30 Schocks wären sehr schmerzhaft und sogar lebensbedrohlich für die andere Person. Beginnend mit der Applikation von 75 Volt konnten die Untersuchungspersonen hören, wie der Schüler schmerzhafte Schreie aus-
35 stieß, ab einer Dosis von 150 Volt bat der Schüler den Versuchsleiter darum, das Experiment abzubrechen. Nichtsdestotrotz folgte ein Großteil der Untersuchungspersonen den Aufforderungen des Versuchsleiters, das Experiment fortzusetzen. Über 60% waren sogar bereit, die Maximaldosis von 450 Volt zu applizieren.

Aus: Stefan Stürmer/Birte Siem, Sozialpsychologie der Gruppe, Stuttgart 2013, S. 31 ff.

INFO

Stanley Milgram
* 15.8.1933 in New York
† 20.12.1984 in New York
Psychologe, eine Zeit lang Forschungsassistent bei Solomon Asch; das erste Milgram-Experiment fand 1961 statt, es wurde in verschiedenen Varianten wiederholt.

FILMTIPP

Hannah Arendt
Deutschland, Frankreich, Luxemburg 2012;
Regie: Margarethe von Trotta;
mit Barbara Sukowa und Axel Milberg;
113 Min.

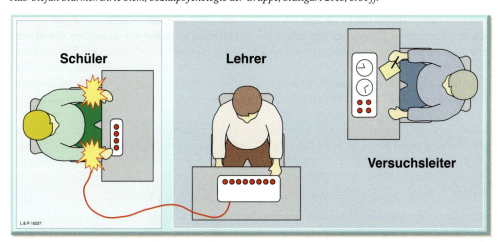

4 **Erörtern** Sie die Ursachen für das Verhalten der Versuchspersonen in M 9.

5 **Diskutieren** Sie, welche gesellschaftlichen Maßnahmen nötig sind, um unmenschlichem Gehorsam präventiv zu begegnen.

6 Als Milgram seine Experimente durchführte, herrschte in der Wissenschaft (und der weiteren Gesellschaft) die Auffassung vor, nur Personen, die einen besonders obrigkeitshörigen Charakter hätten, wären zu destruktivem Gehorsam bereit. Milgrams Experimente legen hingegen nahe, dass auch der „Durchschnittsmensch" dazu gebracht werden kann, einer Autorität Folge zu leisten, selbst wenn das geforderte Verhalten gegen eigene Werte und Überzeugungen verstößt.
Erwägen Sie mögliche Gründe, einer Autorität Gehorsam zu leisten.

Inter- und Intragruppenkonflikte

MATERIAL 10 — Das Etablierten- und Außenseiter-Modell

INFO

Norbert Elias
* 22.6.1897 in Breslau
† 1.8.1990 in Amsterdam
Soziologe jüdisch-deutscher Herkunft; in seinem Hauptwerk befasst er sich mit dem Prozess der Zivilisation (1939) vom frühen Mittelalter bis in die moderne Zeit.

Charisma
griech.: chárisma = Gnadengabe; besondere Ausstrahlung

Interdependenz
gegenseitige Abhängigkeit

Kohäsion
innerer Zusammenhalt

Der Soziologe Norbert Elias untersuchte gemeinsam mit John L. Scotson zwischen 1958 und 1960 eine etwa 5 000-köpfige englische Vorortgemeinde, genannt Winston Parva. Sie setzte sich zusammen aus einer schon länger bestehenden Siedlung und einem Ende der 1930er-Jahre geschaffenen Neubaugebiet, beide bewohnt von Arbeiterfamilien. Auch ansonsten gab es zwischen den zwei Gruppen außer der Wohndauer keine religiösen, ethnischen oder sozialen Unterschiede. Trotzdem wurden die „Neusiedler" von den Alteingesessenen ausgegrenzt und stigmatisiert. Anhand dieses Beispiels entwickelte Elias das Modell einer Etablierten-Außenseiter-Beziehung.

So traf man hier, in der Gemeinde von Winston Parva, gleichsam *en miniature* auf ein universal-menschliches Thema. Immer wieder lässt sich beobachten, dass Mitglieder von Gruppen, die im Hinblick auf ihre *Macht* anderen **interdependenten** Gruppen überlegen sind, von sich glauben, sie seien im Hinblick auf ihre menschliche Qualität *besser* als die anderen […].
In dieser kleinen Vorortgemeinde beruhte die Machtüberlegenheit der etablierten Gruppe ganz […] auf dem starken Zusammenhalt zwischen Familien, die einander seit zwei oder drei Generationen kannten – im Gegensatz zu den Zuwanderern, die nicht nur für die Alteingesessenen, sondern auch füreinander Fremde waren. Dank ihres größeren **Kohäsionspotenzials** und dessen Aktivierung durch soziale Kontrolle brachten die Alteinwohner es fertig, die Ämter in lokalen Einrichtungen wie Stadtbezirksrat, Kirchen oder Clubs für ihresgleichen zu reservieren und Menschen aus dem jüngeren Ortsteil, die eine locker gefügte Gruppe bildeten, strikt von ihnen fernzuhalten. Ausschluss und Stigmatisierung waren per se mächtige Waffen, mit deren Hilfe die Etabliertengruppe ihre Identität behauptete, ihren Vorrang sicherte und die anderen an ihren Platz bannte. […] Um zu erhalten, was sie als einen hohen Wert empfanden, schlossen sie ihre Reihen gegen die Zuwanderer, womit sie ihre Gruppenidentität schützten und ihren Vorrang sicherten. Dies ist eine vertraute Situation. Sie offenbart, wie **Gruppencharisma** und Gruppenschande – die menschliche Höherwertigkeit, die sich die Etablierten selbst, und die „schlechten" Eigenschaften, die sie den Außenseitern zuschreiben – einander ergänzen. […]
Gib einer Gruppe einen schlechten Namen, und sie wird ihm nachkommen. In Winston Parva war die am stärksten verachtete Sektion der Außenseitergruppe immer noch imstande, wenn auch hinterrücks, zurückzuschlagen. Wieweit sich die Scham von Außenseitern, die aus der unentrinnbaren Stigmatisierung durch die Etabliertengruppe erwächst, in lähmende Apathie und wieweit sie sich in aggressive Regel- und Gesetzlosigkeit verwandelt, hängt von der Gesamtsituation ab.

Aus: Norbert Elias/John L. Scotson, Etablierte und Außenseiter, Frankfurt a. M. 1993 (London 1965), S. 724

MATERIAL 11 — Ursachen für Intergruppenkonflikte

Sind die wahrgenommenen Ziele von Eigengruppe und Fremdgruppe unvereinbar (**negativ interdependent**), begünstigt dies das Entstehen bzw. die Verstärkung von negativen Vorurteilen sowie von feindseligen und aggressiven Verhaltensweisen gegenüber der Fremdgruppe. Eine negative Interdependenzsituation liegt z. B. vor, wenn beide Gruppen im Wettbewerb um knappe oder begrenzte Ressourcen stehen, sodass jeder Zugewinn der Fremdgruppe einen Verlust für die Eigengruppe darstellt. Sind die Gruppen hingegen im Hinblick auf das Erreichen ihrer Ziele aufeinander angewiesen (bzw. **positiv interde-**

pendent), resultieren positive Einstellungen gegenüber der Fremdgruppe und kooperative Verhaltensweisen, da diese im Hinblick auf die Gruppenziele funktional sind. [...]
Obwohl Wettbewerb um knappe Ressourcen eine hinreichende Bedingung für Feindseligkeiten darstellt, ist diese Bedingung nicht notwendig. Es gibt eine Fülle historischer Beispiele für Konflikte zwischen Gruppen, deren Ressourcenbasis hinreichend gesichert war. „Theorien der **relativen Deprivation**" nehmen daher an, dass neben einem objektiven Mangel an Ressourcen [...] die subjektiv wahrgenommene relative Deprivation eine zentrale Bedeutung für die Entstehung von Konflikten hat [...]

Herzstück [einer weiteren] Erklärung ist das Konzept der sozialen Identität. Menschen streben grundsätzlich nach einer positiven sozialen Identität. Wenn soziale Vergleichsprozesse zwischen Eigen- und Fremdgruppe auf einer relevanten Vergleichsdimension nun aber zu negativen Vergleichsergebnissen für die Eigengruppe führen, ist dieses Bedürfnis verletzt. [...]
Offener Konflikt zwischen Gruppen ist dann wahrscheinlich, wenn die soziale Identität als negativ wahrgenommen wird, die Gruppengrenzen undurchlässig sind und die Statusdifferenz zwischen der Eigen- und einer relevanten Fremdgruppe als illegitim und instabil angesehen werden.

INFO
relative Deprivation subjektive Wahrnehmung, weniger zu haben, als einem zusteht, die mit einem Gefühl der Unzufriedenheit einhergeht

Aus: Stefan Stürmer/Birte Siem, Sozialpsychologie der Gruppe, Stuttgart 2013, S. 66 ff.

Intragruppenkonflikt Mobbing

MATERIAL 12

Wenn jemand über einen längeren Zeitraum von einer oder mehreren Personen ausgegrenzt, bedroht und erniedrigt wird, dann nennt man das Mobbing. Wer jemanden mobbt, der hänselt und beleidigt eine Person absichtlich und regelmäßig. Er stellt sie in der Gruppe bloß, macht sich über die Person lustig und quält sie in manchen Fällen sogar körperlich.
Menschen, die gemobbt werden, leiden meist schwer darunter. Sie ziehen sich im Alltag zurück, meiden die Gruppe, fühlen sich allein und ängstlich. Viele verlieren an Selbstbewusstsein und trauen sich dadurch kaum noch, vor anderen zu sprechen. [...]
Mobbing in der Schule kann von verschiedenen Personen ausgehen, von Mitschülern, manchmal sogar von Lehrern. Oder Lehrer werden von Schülern, ganzen Klassen oder Kollegen gemobbt.
Die Gründe für Mobbing [...] sind sehr unterschiedlich und man kann sie nicht eindeutig benennen. Manchmal reicht es schon aus, dass jemand Angst vor Konkurrenz hat, neidisch und missgünstig ist. Andere fühlen sich selbst klein, haben wenig Selbstbewusstsein und erniedrigen andere, um sich größer und stärker zu fühlen.

QUERVERWEIS
Mobbing am Arbeitsplatz und Gegenstrategien
S. 210, M 7

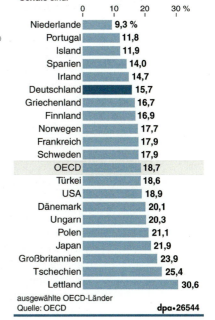

Aus: Was ist Mobbing?, in: Bibliothek KuriosAh!, Texte zur Reihe „Wissen macht Ah" des WDR, 2013; www.wdr.de/tv/wissenmachtah/bibliothek/mobbing.php5 (Zugriff: 19. 6. 2013)

1. **Erklären** Sie das „Etablierten-Außenseiter-Modell" nach Norbert Elias (M 10) und **erläutern** Sie seine Aussagen an einem weiteren Beispiel Ihrer Wahl.
2. **Erschließen** Sie ausgehend von M 11 die Ursachen des Intergruppenkonflikts in M 10.
3. Suchen Sie Beispiele für die in M 11 genannten Ursachen für Intergruppenkonflikte.
4. **Ermitteln** Sie aus M 12 die genannten Gründe für Mobbing.
5. Führen Sie in Ihrem Kurs eine anonyme Umfrage analog zur Grafik M 12 durch und besprechen Sie das Ergebnis in der Klasse.

WISSEN KOMPAKT

Definitionen und Arten von Gruppen

Eine Gruppe ist eine abgrenzbare Anzahl von Individuen, die sich selbst als Mitglieder eines genau definierbaren sozialen Zusammenhangs wahrnehmen und ein bestimmtes Maß an emotionaler Bindung an diese Gemeinschaft teilen, sich also der Gruppe zugehörig fühlen.

Gruppen können verschieden klassifiziert werden. Man kann zwischen **informellen Gruppen**, die sich spontan bilden und keine schriftlich festgelegten Ordnungen besitzen, und **formellen Gruppen**, die sich als organisiert und feste Ziele verfolgend definieren lassen, unterscheiden.

Primärgruppen sind durch enge Bindungen charakterisiert und bestehen aus Personen des direkten Umfelds eines Individuums, während **Sekundärgruppen** meist auf konkrete Ziele orientiert sind und die Beziehungen zwischen den Gruppenmitgliedern unpersönlich bleiben können.

Die Gruppe, der man selbst zugehört, wird als **Eigengruppe** bezeichnet, andere vergleichbare Gruppen als **Fremdgruppen**.

Ebenso unterscheidet man zwischen **Kleingruppen**, die aus einer geringen Anzahl von Mitgliedern bestehen und bei denen eine Kontaktaufnahme untereinander auf einfache Weise möglich ist, und **Großgruppen**, wo man sich untereinander nicht zwangsläufig kennt.

Peergroups sind kleine informelle Gruppen von meist gleichaltrigen und ähnlich gesinnten Jugendlichen, in denen Individuen soziale Orientierung suchen und die als Bezugsgruppe dienen. Diese Gruppen haben eigene Werte, Verhaltensweisen und Einstellungen.

Funktionsweise von Gruppen

Das Verhalten von Menschen wird größtenteils von **Normen** gesteuert. Normen sind allgemein anerkannte Verhaltensvorschriften, die kulturell, gesellschaftlich und auch historisch determiniert sind. Auch das Verhalten in Gruppen wird von solchen Normen, deren Beachtung von allen Gruppenmitgliedern erwartet wird, festgelegt. Die Normen geben den Gruppenmitgliedern in bestimmten Situationen vor, wie sie sich verhalten sollen. Bei Missachtung dieses Verhaltenskodexes muss man mit negativen Sanktionen durch die anderen Gruppenmitglieder rechnen.

Beeinflussung der Gruppe

Eine Gruppe kann entweder durch eine statusgleiche Mehrheit bzw. Minderheit oder durch eine „Autorität" beeinflusst werden. Wird das individuelle Verhalten oder die Einstellung der Gruppenmitglieder durch eine numerische Mehrheit (**Majorität**) verändert, so spricht man von Konformität. Die Minderheit in der Gruppe passt sich den Positionen der Mehrheit an. Dabei spricht man von **informationalem Einfluss**, wenn sich Individuen bei der Einschätzung eines Sachverhalts unsicher sind und sich deswegen an der Mehrheitsmeinung orientieren. **Normativer Einfluss** liegt hingegen vor, wenn sich Menschen der Mehrheitsmeinung unterwerfen, weil sie „dazugehören" bzw. sozial anerkannt werden wollen. Es ist aber genauso möglich, dass das Verhalten oder die Einstellung der Mehrheit der Gruppenmitglieder durch eine numerische Minderheit (**Minorität**) verändert wird. Der Minoritätseinfluss wird als wichtige Antriebskraft für Neuerungen und sozialen Wandel innerhalb einzelner Gruppen oder der Gesellschaft betrachtet.

Auch sogenannte **Autoritäten** können sozialen Einfluss innerhalb von Gruppen ausüben. Je höher ihr sozialer Status ist, desto leichter fällt es ihnen, auf die Meinung oder das Verhalten anderer einzuwirken, sogar wenn das geforderte Verhalten gegen die eigenen Überzeugungen verstößt. Die Machtquellen von Autoritäten können unterschiedlich sein: So kann sich eine Gruppe einer Person aufgrund ihrer **Amtsautorität**, die oft durch eine Uniform verbildlicht wird, beugen oder eine Person besitzt eine hohe **Sachautorität** und überzeugt mit ihrer Fachkompetenz oder die Person verfügt über großes Charisma und damit über eine **Persönlichkeitsautorität**.

Leistungsvermögen von Gruppen

Leistungssteigerung durch Gruppenarbeit ist abhängig von **Motivationsgewinnen**, z. B. durch sozialen Wettbewerb oder soziale Kompensation. Es kann aber auch vorkommen, dass die Gruppenleistung unter ihrem eigentlichen Potenzial liegt. Dies geschieht entweder, wenn es der Gruppe nicht gelingt, die Leistungen ihrer Mitglieder effizient zu koordinieren (**Koordinationsverluste**), oder die Gruppe nicht ausreichend motiviert werden kann (**Motivationsverluste**).

3.6 Rollenmodelle, Rollenhandeln und Rollenkonflikte

Um die verschiedenen Erscheinungsformen sozialen Handelns und die Verflechtungen mit der Gesellschaft, die sich daraus ergeben, besser verstehen und erklären zu können, haben US-amerikanische Wissenschaftler in den 1930er-Jahren die Rollentheorie entwickelt. Eine wichtige Richtung bildete dabei der Strukturfunktionalismus, den Talcott Parsons begründete. Seine Rollentheorie fragt danach, wie soziales Handeln beschaffen sein muss, damit es die Funktionsfähigkeit der Gesellschaft fördert, daher der Name Strukturfunktionalismus.

In Deutschland wurde die Rollentheorie durch den Soziologen Ralf Dahrendorf weiterentwickelt. Sein Ansatz begründete die Konflikttheorie, mit der er den Strukturfunktionalismus in den 1950er/60er-Jahren erweiterte. Er geht davon aus, dass jeder Mensch im Laufe seines Lebens mehrere Rollen – auch parallel zueinander – innehat, die von der jeweiligen sozialen Position vorgegeben sind, die die Person gerade einnimmt.

Im Gegensatz zu Dahrendorfs Konzept geht der Ansatz von George Herbert Mead davon aus, dass Rollen nicht als starr definiert werden dürfen, sondern stets in der jeweiligen Situation ausgehandelt und angepasst werden, es also ein größeres Maß an individueller Freiheit gibt.

Je nachdem, welchem dieser beiden Ansätze man folgt, ergibt sich auch eine andere Perspektive auf Rollenerwartungen und Rollenkonflikte. Im Rollenspiel kann man erproben, wie sich diese unterschiedlichen Perspektiven konkret auswirken.

> **INFO**
> Rolle
> Strukturfunktionalismus
> Symbolischer Interaktionismus

> **Basiswissen**
> Wie man eine Rolle spielt und sich dabei in andere hineinversetzt, lernen die meisten schon im Vorschulalter, zum Beispiel beim „Vater-Mutter-Kind-Spiel". Dabei werden die Verhaltensweisen der Eltern kopiert, aber noch nicht reflektiert. Die **Methode „Rollenspiel"** nimmt auch im Schulalltag eine wichtige Position ein, um den Schülerinnen und Schülern die Handlungsweisen anderer näherbringen zu können. Um einen Lernerfolg zu erreichen, ist es aber im Unterricht nötig, eine Rolle nicht nur schauspielerisch überzeugend zu spielen, sondern auch darüber – eventuell mit Unterstützung der Mitschülerinnen und Mitschüler – zu reflektieren, das heißt zu überlegen, warum sich eine Person so und nicht anders verhält.

1. **Erschließen** Sie aus den Fotos, welche Rollen die abgebildeten Jugendlichen jeweils ausfüllen, und **charakterisieren** Sie die Rollen im Anschluss.
2. Geben Sie ausgehend von den in den Fotos vorgegebenen Rollen ein Beispiel, ob und wie Rollen in der jeweiligen Situation angepasst werden.

Strukturfunktionalistischer Ansatz nach Parsons und Dahrendorf

MATERIAL 1

Strukturfunktionalismus

Talcott Parsons
* 13.12.1902 in Colorado Springs, USA
† 8.5.1979 in München
US-amerikanischer Soziologe und Begründer des Strukturfunktionalismus; Hauptwerk: *The Structure of Social Action* (1937)

Partikularismus
das besondere/einzelne Interesse über das allgemeine Interesse stellen

Universalismus
den Vorrang des Allgemeinen gegenüber dem Besonderen/Einzelnen betonen

Das soziale Handeln von Menschen tritt nicht vereinzelt auf, sondern immer nur in Konstellationen und spezifischen Verbindungen. Diese Konstellationen und spezifischen Verbindungen nennt Talcott Parsons – der Hauptvertreter des Strukturfunktionalismus – **soziale Systeme**. Soziale Systeme haben eine Struktur und eine Funktion:
Die **Struktur** kennzeichnet die statischen Anteile eines sozialen Systems wie auch der zugehörigen Subsysteme. Die Struktur besteht aus verhältnismäßig stabilen Teilen (z. B. dem Aufbau und der Organisation der Schule bzw. des Schulwesens).
Die **Funktion** beschreibt die dynamischen Aspekte eines sozialen Systems (z. B. die Art und Weise, wie die Schule funktioniert bzw. wie sie qualifizierend oder selektierend wirkt). [...]
Die Basis aller sozialen Systeme ist das handelnde Individuum. Das handelnde Individuum ist aber immer in verschiedenen Subsystemen – wie z. B. in das Subsystem Familie, das Subsystem Schule oder das Subsystem Arbeitswelt – eingebunden. Das ordnende Element des Handelns bilden bestimmte Rollen, welche die Grundeinheit der sozialen Interaktion bilden. Die Bedeutung der Rollen liegt darin begründet, dass sie das Verhalten und das Handeln eines Menschen gegenüber anderen Personen in deutlich identifizierbaren Mustern festlegen. Die in den Rollen gebündelten Erwartungen sind zudem mit einer gewissen Verbindlichkeit bzw. Normativität gekoppelt, sodass der Einzelne nicht ohne Weiteres aus einer Rolle ausbrechen kann. Jede Rolle verlangt also eine bestimmte Motivation vom Handelnden. [...]
Parsons [...] unterscheidet [...] unter anderem **partikularistische** und **universalistische** Orientierungen. Partikularistische Orientierungen erleben Kinder in der Familie: Hier begegnet man sich affektgeladen und in partikularen, wenig spezifizierten Rollen. In anderen sozialen (Sub-)Systemen, z. B. in der bereits angesprochenen Schule, müssen die Heranwachsenden lernen, sich sachlich und differenziert mit Erwartungen, die an bestimmte soziale Positionen geknüpft sind, auseinanderzusetzen.

Aus: Arne Niederbacher/Peter Zimmermann, Grundwissen Sozialisation, Wiesbaden 2011, S. 45 ff.

MATERIAL 2

Ein Mann namens Schmidt und seine gesellschaftlichen Rollen

Ralf Dahrendorf
* 1.5.1929 in Hamburg
† 17.6.2009 in Hamburg
Vertreter der Konfliktsoziologie, die er in kritischer Auseinandersetzung mit dem Strukturfunktionalismus entwickelte

Nehmen wir an, wir seien auf einer Gesellschaft, auf der uns ein bisher unbekannter Herr Dr. Hans Schmidt vorgestellt wird. Wir sind neugierig, mehr über diesen neuen Bekannten zu erfahren. Wer ist Hans Schmidt? Einige Antworten auf diese Fragen können wir unmittelbar sehen: Hans Schmidt ist (1) ein Mann, und zwar (2) ein erwachsener Mann von etwa 35 Jahren. Er trägt einen Ehering, ist daher (3) verheiratet. Anderes wissen wir aus der Situation der Vorstellung: Hans Schmidt ist (4) Staatsbürger; er ist (5) Deutscher, (6) Bewohner der Mittelstadt X, und er trägt den Doktortitel, ist also (7) Akademiker. Alles Weitere aber müssen wir von gemeinsamen Bekannten erfahren, die uns erzählen mögen, dass Herr Schmidt (8) von Beruf Studienrat ist, (9) zwei Kinder hat, also Vater ist, (10) als Protestant in der vorwiegend katholischen Bevölkerung von X einige Schwierigkeiten hat, (11) als Flüchtling nach dem Krieg in die Stadt gekommen ist, wo er sich indes (12) als 3. Vorsitzender der lokalen Organisation der Y-Partei und (13) als Schatzmeister des Fußballklubs der Stadt bald einen guten Namen zu verschaffen wusste. Herr Schmidt, so erfahren wir von seinen Bekannten, ist (14) ein leidenschaftlicher und guter Skatspieler. [...]
Unsere Informationen über Herrn Schmidt

beziehen sich sämtlich auf gewisse Stellungen, die er innehat, d. h. auf Punkte oder Orte in einem Koordinatensystem sozialer Beziehungen. Denn jede Position impliziert für den Kundigen ein Netz anderer Positionen, die mit dieser verknüpft sind, ein Positionsfeld. Als Vater steht Herr Schmidt in einem Positionsfeld mit Mutter, Sohn und Tochter; als Studienrat ist er auf seine Schüler, deren Eltern, seine Kollegen und die Beamten der Schulverwaltung bezogen; sein Posten als dritter Vorsitzender der Y-Partei verbindet ihn mit Vorstandskollegen, höheren Parteifunktionären, Parteimitgliedern und der wählenden Öffentlichkeit. Manche dieser Positionsfelder überschneiden sich, doch keine zwei decken einander völlig. Für jede der [...] Positionen des Herrn Schmidt, die wir kennen, lässt sich ein eigenes Positionsfeld angeben, das in einem bestimmten Gesellschaftszusammenhang mit diesen Positionen gewissermaßen automatisch gegeben ist. [...] Zu jeder Stellung, die ein Mensch einnimmt, gehören gewisse Verhaltensweisen, die man von dem Träger dieser Position erwartet; zu jeder sozialen Position gehört eine soziale Rolle. Indem der Einzelne soziale Positionen einnimmt, wird er zur Person des Dramas, das die Gesellschaft, in der er lebt, geschrieben hat. Mit jeder Position gibt die Gesellschaft ihm eine Rolle in die Hand, die er zu spielen hat. Durch Positionen und Rollen werden die beiden Tatsachen des Einzelnen und der Gesellschaft vermittelt; dieses Begriffspaar bezeichnet Homo sociologicus, den Menschen der Soziologie, und es bildet daher das Element soziologischer Analyse. [...] Wie Positionen sind auch Rollen prinzipiell unabhängig vom Einzelnen denkbar. Die vom Vater, Studienrat, Parteifunktionär und Skatspieler erwarteten Verhaltensweisen und Attribute lassen sich formulieren, ohne dass wir an irgendeinen bestimmten Vater, Studienrat, Parteifunktionär oder Skatspieler denken. Mit den Positionen entfallen auf jeden Einzelnen viele soziale Rollen, deren jede den Möglichkeiten nach eine Mehrzahl von Rollensegmenten umschließt. Die Erwartungen, die sich an den Spieler der sozialen Rolle „Studienrat" knüpfen, lassen sich aufgliedern in Erwartungen im Hinblick auf die Beziehung „Studienrat – Schüler", „Studienrat – Eltern" usw. Insofern ist jede einzelne Rolle ein Komplex oder eine Gruppe von Verhaltenserwartungen. [...] Soziale Rollen sind ein Zwang, der auf den Einzelnen ausgeübt wird – mag dieser als eine Fessel seiner privaten Wünsche oder als ein Halt, der ihm Sicherheit gibt, erlebt werden. Dieser Charakter von Rollenerwartungen beruht darauf, dass die Gesellschaft Sanktionen zur Verfügung hat, mit deren Hilfe sie die Vorschriften zu erzwingen vermag. Wer seine Rolle nicht spielt, wird bestraft; wer sie spielt, wird belohnt, zumindest aber nicht bestraft. **Konformismus** mit den vorgeprägten Rollen ist keineswegs nur die Forderung bestimmter moderner Gesellschaften, sondern ein universelles Merkmal aller gesellschaftlichen Formen.

GLOSSAR
Homo sociologicus

Konflikttheorie

INFO
Konformismus
Anpassung (an die herrschende Meinung, an die bestehenden Verhältnisse)

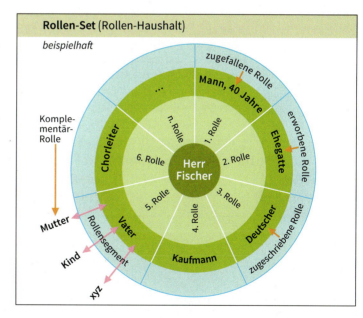

Aus: Ralf Dahrendorf, Homo Sociologicus, 17. Aufl., Wiesbaden 2010 (1958), S. 29 ff.

1 **Beschreiben** Sie den strukturfunktionalistischen Ansatz Talcott Parsons' (M 1).

2 **Arbeiten** Sie aus M 2 Ralf Dahrendorfs Konzept des Homo sociologicus **heraus**.

3 **Gestalten** Sie für sich selbst oder eine Ihnen gut bekannte Person eine Grafik analog der Grafik in M 2.

4 Wählen Sie eine der in M 2 beschriebenen Rollen und ordnen Sie ihr die betreffenden Rollenerwartungen zu.

Symbolisch-interaktionistischer Ansatz nach Mead

MATERIAL 3

Die symbolisch-interaktionistische Perspektive George Herbert Meads

George Herbert Mead
*27.2.1863 in South Hadley, Massachusetts, USA
†26.4.1931 in Chicago, USA
US-amerikanischer Philosoph, Soziologe und Psychologe; Vertreter des amerikanischen Pragmatismus und Mitbegründer der sog. Chicagoer Schule der Soziologie; bekanntestes Werk: *Mind, Self and Society from the Standpoint of a Social Behaviorist* (posthum veröffentlicht 1934)

antizipieren
vorwegnehmen (hier: die Erwartungen anderer)

Menschen [leben] nicht nur in einer natürlichen, sondern zugleich auch in einer symbolisch vermittelten Umwelt. Die mit spezifischen Bedeutungen verbundenen Symbole (z. B. Wörter und Gesten) ermöglichen die Definition sozialer Situationen und ein wechselseitig aneinander orientiertes Handeln (Interaktion). George Herbert Mead [...] geht von der Grundannahme aus, dass sich die Kommunikation von Tieren und Menschen in einem wesentlichen Punkt unterscheidet: Während die meisten Tiere auf Gesten anderer Tiere nach einem (auf Instinkten basierenden) Reiz-Reaktions-Schema reagieren, sind Menschen durch Instinktarmut gekennzeichnet und werden von ihm dementsprechend als symbolverwendendes „Tier" beschrieben. [...]
Aber nicht nur soziales Handeln, sondern auch die Persönlichkeitsentwicklung insgesamt findet über Interaktion statt. [...] Mead geht davon aus, dass wir andere sein müssen, um wir selbst sein zu können. Durch die Teilhabe an einem gemeinsamen Symbolsystem ist das Individuum in der Lage, sein Handeln auch vom Standpunkt seines Gegenübers aus zu betrachten. Mead spricht in diesem Zusammenhang von I und Me. Der Begriff „I" bezeichnet das Spontane, das Kreative, das Individuelle am Individuum. Das „Me" bezeichnet die Vorstellung, die Menschen davon haben, wie sie von anderen Menschen gesehen werden. Das „Me" ist also die soziale Komponente, die Vorstellung von dem, was andere von mir erwarten, oder das Bild, was andere von mir haben.
Beide Komponenten müssen als Bestandteile eines entstehenden Selbstbildes vom Individuum zusammengefügt werden, d. h. aus dem Wechselspiel von „I" und „Me" entwickelt sich das Self, die Ich-Identität. Die Fähigkeit, „I" und „Me" aufeinander zu beziehen, ist uns nicht mit in die Wiege gelegt worden, sondern das Ergebnis eines langwierigen Sozialisationsprozesses. [...]
In der Konzeption des Symbolischen Interaktionismus wird deutlich, wie Sozialisation im Wechselspiel von Vergesellschaftung und Individuation begriffen werden kann. Gegen die normativen Vorstellungen von Parsons wendet [Meads Schüler Herbert] Blumer ein, dass es der soziale Prozess des Zusammenlebens ist, „der die Regeln schafft und aufrechterhält, und es sind nicht umgekehrt die Regeln, die das Zusammenleben schaffen und erhalten." [...] Die Vertreter des Symbolischen Interaktionismus gehen dabei „vom Modell eines kreativen, produktiv seine Umwelt verarbeitenden und gestaltenden Menschen aus. Der Mensch wird als ein schöpferischer Interpret und Konstrukteur seiner sozialen Lebenswelt verstanden." [...]
Unterbestimmt ist [...] bei Mead [...] das „I" bzw. die „personale Identität", denn es wird letztlich nicht geklärt, worauf die Fähigkeit von Individuen beruht, sich gegen die **antizipierten** bzw. artikulierten Erwartungen der anderen in der sozialen Interaktion durchzusetzen.

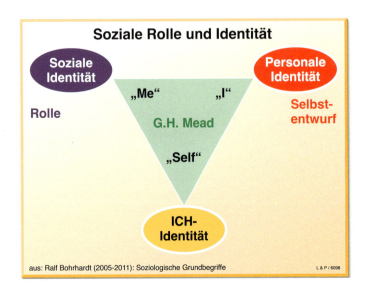

aus: Ralf Bohrhardt (2005-2011): Soziologische Grundbegriffe

Aus: Arne Niederbacher/Peter Zimmermann, Grundwissen Sozialisation, Wiesbaden 2011, S. 47–51

Ein Fallbeispiel zum Rollenkonflikt

MATERIAL 4

Mein Freund Karl Heinz ruft mich an und ist sauer. „Jetzt habe ich eine Woche Landkarten studiert, weil wir zusammen wandern wollten, und da schickst du mir eine E-Mail, dass du nicht mitkommen kannst, weil ihr am Freitagnachmittag eine Konferenz habt. Ich kann ja verstehen, dass du nicht einfach eine Konferenz absagen kannst, aber ich habe mir extra Urlaub genommen und möchte, dass du mit mir wandern gehst. Sag doch einfach, du wärst krank!"

Damit bringt er mich in eine schwierige Situation: Ich kann mir natürlich gut vorstellen, dass er nicht sehr glücklich über meine E-Mail war. Ich kann mir auch vorstellen, wie sehr er sich auf die Wanderung gefreut hat. Andererseits möchte ich seinen Vorschlag nicht akzeptieren. Erstens sage ich nicht gerne, dass ich krank bin, wenn es nicht stimmt, und zweitens werden in dieser Konferenz Dinge besprochen, die für mich sehr wichtig sind.

Ich antworte also: „Ich kann dich gut verstehen, aber ich wusste noch nichts von dem Konferenztermin, als wir die Wanderung vereinbart haben. Ich möchte die Konferenz aber nicht versäumen, das musst du verstehen. Du hast sicher recht, wenn du jetzt enttäuscht bist, aber ich erwarte von einem Freund auch Verständnis dafür, dass ich nicht einfach meine Arbeit verlassen kann. Ich schlage vor, dass wir erst nach der Konferenz starten. Dann haben wir noch das ganze Wochenende zum Wandern."

Aus: Hans Göttmann, Soziales Handeln als Rollenhandeln. Basisinformationen zur Rollentheorie, 1.12.2007, www.stk.tu-darmstadt.de (Zugriff: 24.6.2013); in Anlehnung daran auch Aufg. 3

Rollenkonflikte

MATERIAL 5

aus: Ingeborg Prändl (2011): Intra-Rollenkonflikt

1. **Arbeiten** Sie aus M 3 die Grundzüge der symbolisch-interaktionistischen Perspektive zur Rollentheorie **heraus** und **erläutern** Sie den wichtigsten Unterschied zum strukturfunktionalistischen Ansatz Dahrendorfs (M 2).
2. **Nehmen** Sie **Stellung** zu beiden Ansätzen. **Erläutern** Sie, welches Menschen- und Gesellschaftsbild beiden Ansätzen jeweils zugrunde liegt, und **erörtern** Sie dieses.
3. **Ermitteln** Sie, an welchen Stellen sich in M 4 Inter- bzw. Intrarollenkonflikte, Rollendistanz und Empathie zeigen.
4. **Beschreiben** Sie die Rollenkonflikte in M 5 und **gestalten** Sie eine ähnliche Grafik für ein selbst gewähltes Beispiel eines Intra- bzw. Interrollenkonflikts.

INFO

Rollendistanz
Fähigkeit, reflektiert mit Normen und Rollenerwartungen umzugehen

Umgang mit Rollenerwartungen im kulturellen Kontext

MATERIAL 6

GLOSSAR Migration

Nummer sicher

Zeichnung: Thomas Plaßmann

MATERIAL 7

Die Männer stehen über ihnen

Als Hülya Yilmaz aus der Ankunftshalle des Flughafens tritt, ist ihr speiübel. Vor ihr steht ihr Ehemann. Er hat kaum noch Haare auf dem Kopf, sein Bauch wölbt sich über den Gürtel. Er lächelt sie an. An diesem Wintertag im fahlen deutschen Morgenlicht sieht er noch unattraktiver aus, als sie ihn in Erinnerung hatte.
Er ist Mitte 60, sie Anfang 20. Er ist hässlich, sie ist schön. Er wird bald mit ihr schlafen wollen. Sie wird protestieren. Aber das tut nichts zur Sache. Sie gehört ihm. Ihr Vater hat sie von der Südtürkei nach Norddeutschland verheiratet. Sie könne sich glücklich schätzen, dass eine wie sie überhaupt noch einen Mann abbekommt. [...] Es war damals ihre zweite Zwangsheirat. [...]
Meltem Dogan arbeitet beim Krisentelefon, seitdem sie ihr Jurastudium beendet hat. Hülya Yilmaz hat die Notrufnummer vor vier Jahren gewählt, nachdem sie ihren Mann verlassen hatte, immer in Panik, dass einer aus der Sippe sie finden könnte. Sie haben ihr mit Mord gedroht. [...]
Hülya weiß nicht mehr, wie alt sie war, als sie zum ersten Mal auf den Acker musste. Klein war sie, nicht älter als sechs oder sieben. [...] Im Koran gibt es viele Passagen, die sich auf die Rolle der Frau beziehen: Sie wird hauptsächlich im Kontext der Familie gesehen, als Mutter, Tochter oder Ehefrau. Einige Stellen verheißen den Frauen nichts Gutes: „Die Männer stehen über ihnen", beginnt ein Vers. Auch gibt es eine Vielzahl von frauenfeindlichen Hadithen, also überlieferten Geschichten aus dem Leben des Propheten, die als moralische Richtschnur für Muslime gelten. „Ich hinterlasse dem Manne keinen schädlicheren Unruhestifter als die Frauen", lautet etwa ein Hadith. Eine Vorlage für jeden Mann, der sich überlegen fühlen möchte.
Es existieren jedoch auch Überlieferungen, die den Mann ermahnen, seine Frau gut zu behandeln: „Der ist der Beste unter euch, der zu seinen Frauen am besten ist."
Hülya glaubt, dass die Männer in ihrer Familie weder die einen noch die anderen Passagen wirklich kennen. „Sie sind es einfach ge-

wohnt, dass sie immer recht haben und dass sie bedient werden", sagt sie. [...] Was in den religiösen Schriften stehe, sei nebensächlich. Als Hülya in Südostanatolien 16 Jahre alt wird, entscheidet ihr Vater, wen sie heiraten soll. Die Wahl fällt auf einen ihrer Cousins. Er ist in Hülyas Alter. „Hätte schlimmer kommen können", findet sie. Die Hochzeit bietet ihr wenigstens die Chance, ihrem cholerischen Vater zu entkommen. Ein Imam verheiratet die Jugendlichen. Hülya zieht ins Nachbardorf zu der neuen Großfamilie.
Von nun an muss sie nahezu allein den Haushalt schmeißen. Zwischen vier und fünf Uhr morgens steht sie auf, facht den Ofen an, macht sauber und kocht Schwarztee. „Du bist da nichts anderes als eine Arbeitsmaschine", sagt sie. „Und wenn du keine Schläge abbekommst, dann hast du es gut erwischt."

Hülya beklagt sich nicht. Auch nicht, als sich ihr Mann nach zwei Jahren in eine andere verliebt und auch diese Frau heiraten möchte. Das geht problemlos, weil die Hochzeit zwischen ihm und Hülya nicht amtlich ist. Der türkische Staat hat nie davon erfahren. [...] Hülya wird zurückgegeben. Ihr Ehemann liefert sie bei ihrem Vater ab. Gründe hat er genug: Sie habe ihm auch nach zwei Jahren noch keinen Sohn geschenkt. Und sie habe schlecht gearbeitet. Hülyas Vater ist rasend. Verprügelt sie, weil sie Schande über die Familie gebracht habe. [...]
In den Augen ihrer Eltern hat sie gleich zweimal die Familienehre verletzt. Für ihren ersten Mann war sie nicht gut genug. Und dem zweiten ist sie davongelaufen. Dabei hatte er Geld für sie bezahlt.

Aus: Katrin Elger, Die Männer stehen über ihnen, in: Spiegel online, 28.9.2010 (Zugriff: 24.6.2013)

Modern und erfolgreich

MATERIAL 8

Duisburg. Beide sind moderne und erfolgreiche Frauen, stammen aus Marxloh, haben anatolische Wurzeln und gelten als Paradebeispiele für gelungene Integration: Die Schriftstellerin Hatice Akyün (41) und die Ruhr2010-Direktorin Asli Sevindim (36). [...] Für beide ist Bildung der entscheidende Schlüssel zu einer erfolgreichen Integration. [...] Bildung war im Hause Sevindim jedenfalls wichtig. „Das hat meine Grundschullehrerin – eine wunderbare Frau – meinen Eltern nahegebracht." Und daran hat sich ihr Vater, der heute noch als Kranführer bei ThyssenKrupp arbeitet, gehalten: Ihr sollt niemals wie Matten werden, an denen sich andere die Füße abtreten, gab er seinen drei Töchtern mit auf den Weg.
Auch bei Hatice Akyün war es eine Pädagogin, die ihr den Weg in den Journalismus und in die Schriftstellerei ebnete. [...] Auch ihr Vater, der aus einem anatolischen Dorf stammt und niemals die Schule besuchen durfte, ist heute stolz auf seine gebildete Tochter. „Vor einigen Wochen saßen wir beim Zuckerfest alle gemeinsam am Tisch, meine vier Nichten zwischen sechs und 18 Jahren waren da. Mein Vater schaute sie an und sagte streng: ‚Ihr werdet wie eure Tante Hatice, ihr macht alle Abitur.' Sowohl Sevindim als auch Akyün funktionieren für die jungen Migrantinnen als Vorbilder. [...]
„Es ist absoluter Quatsch, dass Religion ein Integrationshemmnis sein soll", [...] verspricht Hatice Akyün, die sich selbst mit knappen Worten beschreibt: „Türkin, Deutsche, Muslima, Journalistin. Nicht zwangsverheiratet und trägt auch kein Kopftuch."

Aus: Markus Peters, Die Jung-Türkinnen, in: NRZ online, 22.10.2010 (Zugriff: 24.3.2019)

1 **Analysieren** Sie die Karikatur M 6, **erläutern** Sie die „Herrn Mohamed" unterstellten Rollenerwartungen und **nehmen** Sie dazu kritisch **Stellung**.
2 **Charakterisieren** und **erläutern** Sie die Rollenerwartungen, die an Hülya Yilmaz im Laufe ihres Lebens gestellt wurden (M 7).
3 **Vergleichen** Sie das in M 7 skizzierte Rollenbild mit dem in M 8 vermittelten Rollenbild.
4 Berichten Sie über Ihre persönlichen Erfahrungen mit stereotypen Rollenbildern.

LERNWEG Rollenspiel

Grundlegendes

Bei einem Rollenspiel versetzt man sich, wie es der Name schon sagt, spielerisch in die Rolle einer anderen Person in einer bestimmten, vorgegebenen Situation. Zuerst muss man sich in der Gruppe darüber einig werden, nach welchem Rollenkonzept man im Spiel vorgehen möchte: dem strukturfunktionalistischen nach Dahrendorf oder dem symbolisch-interaktionistischen nach Mead.

Folgt man Dahrendorf, so ist der einem Mitspieler zugestandene Handlungsrahmen einer zugewiesenen Rolle wesentlich enger: Die Anweisungen zur Ausfüllung der Rolle sind meist eindeutig, die gegenseitigen Erwartungen der am Rollenspiel Beteiligten stimmen überein, jeder orientiert sich nur an einer ihm übertragenen Rolle sowie dem gültigen Werte- und Normensystem der Gesellschaft. Eine spontane und fantasievolle Reaktion eines Teilnehmers innerhalb des Rollenspiels wird auf diese Weise mehr oder weniger ausgeschlossen. Diese Variante bietet sich daher besonders an, wenn es darum geht, soziale oder historische Verhaltensnotwendigkeiten zu demonstrieren.

Folgt man der Theorie Meads, so sind bestimmte Verhaltensmuster innerhalb einer Rolle nicht von vornherein festgelegt und ein spontanes, unkonventionelles Reagieren in vorgegebenen Situationen wird somit möglich. Bestehende Rollennormen können so infrage gestellt und problematisiert bzw. alternative Handlungsmöglichkeiten aufgezeigt werden.

Welche Variante auch vorgegeben ist, wichtig ist, dass die einem zugewiesene Rolle so glaubwürdig gespielt wird, dass der Eindruck entsteht, dass das ganze Geschehen so auch in der Wirklichkeit hätte vorkommen können. Daher sollten allzu große Abweichungen von der normierten Rolle vermieden beziehungsweise nur realistische Verhaltensabweichungen getestet werden.

Vorüberlegungen

Eine Lerngruppe sollte durch den Einsatz eines Rollenspiels nicht überrumpelt werden. Brauchbare Ergebnisse sind eigentlich nur möglich, wenn man sich vorher gut genug kennt, um ohne Scham oder Vorbehalte in von außen vorgegebene Rollen schlüpfen zu können. Lässt die Zeit dies nicht zu, weil ein Kurs zum Beispiel nur innerhalb einer Projektwoche zustande kommt, so sollten im Vorfeld Kennenlernspiele oder Ähnliches durchgeführt werden, um die Scheu voreinander ablegen zu können und ein angstfreies Agieren im Rollenspiel zu ermöglichen. Ebenso ist eine „Warm-up-Phase" denkbar, in der die Teilnehmer durch kleinere Rollenspiele zum Hauptthema hingeführt werden.

Als zentrale Vorüberlegung sollte jeder, der ein Rollenspiel für seine Zwecke einsetzen möchte, überprüfen, ob das Szenario nahe genug am Erfahrungshorizont der Teilnehmer liegt, damit ein Hineinversetzen in eine Rolle auch machbar bleibt. Einem zehnjährigen Schüler die Rolle des Papstes oder des Bundeskanzlers zu übertragen, dürfte kaum zum gewünschten Erfolg führen.

Organisation und Durchführung

LERNWEG

Ein Rollenspiel lässt sich in drei Phasen gliedern:

1. Vorbereitungsphase
- Beschreibung des Szenarios, in das sich die Beteiligten hineinversetzen müssen, im Plenum.
- Wahl der am Rollenspiel beteiligten Personen und Zuweisung der geplanten Rollen.
- Austeilen von im Vorfeld vorbereiteten Rollenkarten, die die Rollenerwartung möglichst präzise beschreiben und noch einmal auf die Wichtigkeit der Rollenglaubwürdigkeit hinweisen.
- Austeilen der Karten für die „Beobachter" mit detaillierten Hinweisen, worauf zu achten ist. Kommentare während des Rollenspiels oder andere Störungen der Spieler sollten unterbleiben. Eventuell ist es sinnvoll, die Aufgaben der Beobachter im Plenum zu besprechen und gemeinsam zu verändern beziehungsweise anzupassen. Je nach Rollenspiel und Gruppengröße ist es auch möglich, jedem Beobachter einen Spieler zuzuordnen.
- Je nach Rollenspiel und Sinnhaftigkeit der Situation Austeilen von Requisiten.
- Zeit für die Rollenspieler, sich in die Situation hineinzuversetzen und sich mit ihr vertraut zu machen.
- Klärung von sich ergebenden Fragen.

2. Spielphase
- Keine Einmischung von außen, das heißt weder durch den Spielleiter noch die Beobachtergruppe.
- Je nach Intention enge Auslegung der Rolle oder freieres Spiel.

3. Entlassungsphase
- Heraustreten der Spieler aus ihrer Rolle, Wiederherstellen des vorherigen Zustands des Raumes; Ziel: Herstellung einer Distanz zum Spiel/zwischen Person und Rolle.

4. Auswertungsphase
- Freie Äußerung von emotionalen Ersteindrücken durch die Spieler ohne Negativkritik anderer Mitspieler oder des Spiels selbst.
- Rekonstruktion des Spiels und der einzelnen Spielphasen durch die Beobachtergruppe, eventuell mithilfe der Tafel oder des Overheadprojektors.
- Herstellen einer Kompatibilität (Vereinbarkeit) zwischen den Beobachtungen der Spieler und der Beobachter.
- Analyse des Spiels unter den Kriterien „Realität", „alternative Verhaltensweisen", „Widersprüche" und „Lösung des dargestellten Problems".
- Erarbeitung eines Ergebnisses oder Lernerfolgs.
- Schriftliche Fixierung der Ergebnisse.

WISSEN KOMPAKT

Ralf Dahrendorf: Homo sociologicus

Dahrendorf will die Wechselbeziehungen zwischen Gesellschaft und Individuum dadurch erklären, dass jeder Mensch ein Träger sozial vorgeformter Rollen ist, zum Beispiel Sohn, Schüler, Freund. In jeder Position spielt das Individuum seine Rolle. Dabei hat jeder Mensch sein eigenes Bündel von Rollen, das er auf sich vereinigt, das sogenannte **role set** bzw. **Rollenset**. Die Rollen können dabei zugewiesen, zugefallen oder erworben sein.

Soziale Rollen werden also als Verhalten verstanden, das man von einem Individuum in einer bestimmten Position erwartet (**Rollenverhalten**). Das erwartete Verhalten wird durch gesellschaftliche Normen vorgeschrieben. Soziales Handeln ist damit immer auch Rollenhandeln und soziale Systeme sind immer auch Rollensysteme, was die gesamte Gesellschaft zu einem System von kleineren Rollensystemen macht.

Für Dahrendorf erfolgt die Sozialisation eines Menschen durch das Erlernen von Rollen. Jedes Individuum eignet sich die Rollen durch Beobachtung, Nachahmung oder bewusstes Lernen an. Im Laufe des Sozialisationsprozesses werden die meisten gesellschaftlichen Normen so gut erlernt, dass es dem Individuum nach einer gewissen Zeit gar nicht mehr bewusst ist, dass Forderungen durch die Gesellschaft vorliegen, die es (auch aus Angst vor Sanktionen) erfüllt.

George Herbert Mead: der symbolisch-interaktionistische Ansatz

Mead unterscheidet verschiedene Instanzen in der Persönlichkeitsstruktur des Individuums: Das „**I**" symbolisiert die vorsoziale und subjektive Instanz der Persönlichkeit. Das „**Me**" ist die eigene Vorstellung von dem Bild, das andere von einem haben. Weil dieses Bild bei verschiedenen Personen unterschiedlich ausfallen kann, existieren mehrere unterschiedliche „Me"s, die zu einem einheitlichen Selbstbild, dem „**Self**", zusammengeführt werden müssen. Aus dem Zusammenspiel von „Me" und „I" entsteht die Ich-Identität des „Self". Das Individuum ist dabei nicht nur ein Anpassungsprodukt seiner Umwelt, sondern kann auch verändernd auf sein soziales Umfeld einwirken.

Die Verbindlichkeit von Rollenerwartungen

Manche Verhaltensmuster erlernt man, weil sie zweckmäßig sind – zum Beispiel morgendliches Zähneputzen –, und wenn man sich nicht daran hält, ist das eine „Privatangelegenheit". Die Einhaltung der meisten Verhaltensmuster allerdings ist essenziell, um ein geregeltes Zusammenleben in der Gesellschaft zu garantieren. Laut Dahrendorf zeichnen sich Rollenerwartungen dadurch aus, dass ihrer Verbindlichkeit durch gesellschaftliche Sanktionsmöglichkeiten Nachdruck verliehen werden kann. Dahrendorf unterscheidet die Erwartungen, die an eine Rolle gestellt werden, nach dem Verbindlichkeitsgrad in **Muss-, Kann- und Soll-Erwartungen**.

Die Bezugsgruppe

Die Muss-Erwartungen werden durch das Parlament in Form von Gesetzen stellvertretend für die Gesellschaft festgesetzt. Die Soll- und Kann-Erwartungen hingegen werden durch die sogenannte Bezugsgruppe formuliert. Die Bezugsgruppe ist die Menge derjenigen, die ihre Verhaltenserwartungen an den Rolleninhaber richten.

Kulturabhängige Rollenerwartungen und Rollenkonflikte

Soziale Normen, die die jeweiligen Rollenerwartungen bestimmen, sind abhängig vom kulturellen und zeitgeschichtlichen Umfeld.

Da jeder Mensch mehrere Rollen innehat, kommt es oft vor, dass sich Erwartungen, die mit den unterschiedlichen Rollen zusammenhängen, nicht zur gleichen Zeit erfüllen lassen. In diesem Fall spricht man von Rollenkonflikten. Man unterscheidet zwischen den **Intra-Rollenkonflikten**, also Konflikten innerhalb einer Rolle, und **Inter-Rollenkonflikten**, also wenn nicht zu vereinbarende Erwartungen aus verschiedenen Rollen von einer Person gleichzeitig erfüllt werden sollen. Viele soziale Probleme lassen sich auf Intra- und Inter-Rollenkonflikte zurückführen.

Die Jugend von heute – Wer ist eigentlich diese Generation Z?

KLAUSUR

Nach X und Y kommt Z wie Zukunft. Wer ist die Generation Z, die auf die berüchtigten Ypsiloner folgt? Wer sind die jungen Menschen, die nach 1995 geboren wurden? Wie leben sie? Was wollen sie? Und: Werden sie unsere Gesellschaft verändern? Der Wissenschaftler Michael Haller schreibt in seinem Buch „Was wollt ihr eigentlich?" über die Generation Z: „Sie lernte bereits während der Grundschulzeit die Social Media, vor allem YouTube, Instagram und Facebook, kennen." Gerade YouTube ist Haller zufolge für die zwischen 15- und 21-Jährigen zu einer wichtigen Drehscheibe geworden. Nicht Claus Kleber und Caren Miosga erklären ihnen die Welt. Im Gegenteil: Die Jugendlichen setzen sich mit ihren YouTube-Stars wie LeFloid, Dagibee oder den Lochis direkt und auf Augenhöhe über das Weltgeschehen auseinander. [...] Doch wer jetzt glaubt, diese sehr jungen Digital Natives, die noch viel technikaffiner und schneller sind als die Ypsiloner, würden die Generation Y auch in ihren Forderungen nach mehr Sinn und Selbstverwirklichung übertrumpfen, liegt falsch. Selbstverwirklichung im Job scheint für die Generation Z nicht so wichtig zu sein, wie der Wissenschaftler Christian Scholz in seinem Buch „Generation Z. Wie sie tickt, was sie verändert und warum sie uns alle ansteckt" schreibt. Vielleicht sind die Zler auch einfach abgeklärter als ihre heute zwischen Mitte 20 und Mitte 30 Jahre alten Vorgänger. Pragmatische Realisten ohne die Vision der Generation Y – so könnte man Scholz' Beschreibung der Generation Z zusammenfassen. Während die Ypsiloner, wenn sie für ein Projekt brennen, gerne auch einmal mehr arbeiten, sind die Zler weniger enthusiastisch, [...] stehen dem, was sie tun, demnach distanzierter gegenüber und identifizieren sich nicht unbedingt mit ihrem Job. Das führt auch dazu, dass sie sich leichter abgrenzen können und eine klare Trennung von Freizeit und Beruf einfordern, wie der Professor für Personalmanagement schreibt [...] Während es für die Generation Y wichtig ist, eine Balance zwischen den sich immer stärker mischenden Bereichen Freizeit und Arbeit zu erzielen, lehnen die Zler eine Vermischung der beiden Bereiche Scholz zufolge konsequent ab. [...] Demnach wollen die Zler im Job klare Vorgaben und Strukturen – diese kennen sie schließlich schon aus ihrem Bachelor- und Master-Studium. [...] Das Wochenende soll frei von jeglichen Job-Gedanken oder beruflichen Ambitionen sein. Überhaupt ist Freizeit wichtig für die Zler. YOLO – You only live once – ist zu einem Motto ihrer Jugend geworden. Die Frage nach dem Sinn, das „Warum" –, [...] scheint für die Generation Z in den Hintergrund zu rücken. „Zurzeit gefällt sich die Generation Z als umworbene Zielgruppe, die Bedingungen diktieren kann", so Scholz. [...] Die Huffington Post urteilte sogar „illoyal, verwöhnt, visionsfrei", dabei kann man die Zler auch positiver sehen: Jugendforscher Klaus Hurrelmann, der die Nachfolge-Generation der Ypsiloner in seinem Buch „Die heimlichen Revolutionäre" erst ab dem Geburtsjahrgang 2000 ansetzt, sieht mit Bezug auf die „World Vision Kinderstudien" eine sehr „selbstbewusste" Generation heranwachsen, „die sich angesichts der verbesserten Arbeitsbedingungen lange nicht so unter Druck setzt wie die vorangehende." [...] Dies dürfte Hurrelmann zufolge auch wieder „zu einem verstärkten Engagement für gemeinschaftliche und öffentliche Belange führen." Spannend bleibt es mit der Generation Z in jedem Fall: „Vielleicht wird sie eine der selbstbewussten Genießer?", so Hurrelmann. „Ihre wirkliche Gestalt wird sich erst in etwa zehn Jahren identifizieren lassen."

Rebecca Erken, Kölnische Rundschau, 19.01.16. URL: www.rundschau-online.de/23445440 [Zugriff: 31.05.2018]

INFO
Claus Kleber, Caren Miosga
Nachrichtensprecher im Fernsehen

INFO
Huffington Post
The Huffington Post ist eine US-amerikanische Onlinezeitung mit verschiedensprachigen Regionalausgaben.

[1] Jemand, der (zukünftige, gerade im Entstehen begriffene) gesellschaftliche Befindlichkeiten aufgreift, darstellt, in seinem Verhalten abbildet.

1 **Analysieren** Sie den Text hinsichtlich der Position der Autorin zu den Eigenschaften der neuen Generation Z.
2 **Beschreiben** Sie die Lebensphase Jugend und nennen Sie ihre Entwicklungsaufgaben.
3 **Nehmen** Sie **Stellung** zu der These, dass Jugendliche als gesellschaftliche Seismographen[1] angesehen werden können.

KLAUSUR

Erwartungshorizont	max. Punkte
Verstehensleistung gesamt	**100**
Aufgabe 1: Analysieren Sie den Text hinsichtlich der Position der Autorin zu den Eigenschaften der neuen Generation Z. Der Prüfling …	**40**
1. ordnet den Text ein	4
2. arbeitet die **Position/Hauptthese** in folgender oder gleichwertiger Weise heraus, z. B.: Erken ist der Meinung, dass die wirkliche Gestalt der Generation Z („illoyal, verwöhnt, visionsfrei" oder „abgeklärt, selbstbewusst mit verstärkten Engagement für gemeinschaftliche Belange") erst in ein paar Jahren deutlich werden wird.	6
3. analysiert den **Begründungsgang** in folgender oder gleichwertiger Weise, z. B. ■ **Hinführung (Z. 2–4):** Bezug zur Vorgängergeneration Ypsilon auf, die als „berüchtigt" beschrieben wird, daraufhin wird die Frage nach der Veränderung der Gesellschaft durch die neue Generation Z aufgeworfen, deren Lebensentwurf und Einfluss auf die Gesellschaft Thema des Textes ist. ■ **Hauptteil (Z. 4–38):** Die Autorin beschreibt die Generation Z kontrastierend im Vergleich zur Generation Y, indem Sie hervorhebt, – dass diese Generation zwar noch viel technikaffiner ist als die Generation Y, aber diese nicht in den Forderungen nach Sinn und Selbstverwirklichung übertrifft (Z. 7–10), – dass sie laut einem Experten eine Generation pragmatischer Realisten ohne die Vision der Generation Y ist (Z.13 f.) und dies am Beispiel der Trennung von Freizeit und Arbeitszeit belegt (Z. 15–25). – dass für diese Generation die Frage nach dem Sinn in den Hintergrund rückt und das Motto eher „You only live once" zu sein scheint, da sie sich dies als „umworbene Zielgruppe, die Bedingungen diktieren kann" (Zitat eines Experten) auch leisten kann (Z. 26–29), – dass, obwohl die Huffington Post die Generation Z als „illoyal, verwöhnt, visionsfrei" (Z. 30) beschreibt, man diese auch – laut Klaus Hurrelmann – als selbstbewusst bezeichnen kann, da sie sich im Gegensatz zur Genration Y einfach auf „verbesserte Arbeitsbedingungen" (Z. 33 f.) berufen kann. ■ **Fazit (Z. 38–40):** Durch das Zitat von Hurrelmann (Z. 39–40) wird unterstrichen, dass die Charakterisierung der Generation Z noch nicht abgeschlossen ist und ihr Einfluss auf die Gesellschaft deshalb noch nicht prognostiziert werden kann. Die am Anfang aufgeworfene Frage bleibt also offen.	16
4. analysiert die **Argumentationsweise**, z. B. ■ einfache, verständliche Sprache, die wenig Fachwissen voraussetzt ■ Stützen der Charakterisierung der Generation Z auf Experten ■ Kontrastierende Gegenüberstellung der positiven und negativen Einschätzungen der Experten zur Generation, aber auch allgemein zur Vorgängergenration um Unterschiede zu verdeutlichen	6
5. erschließt die **Intention**, z. B.: ■ Die Autorin möchte auf die neue heranwachsende Generation aufmerksam und deutlich machen, dass eine Beeinflussung der Gesellschaft durch diese Generation zwar wahrscheinlich, aber in ihrem Ausmaß noch nicht absehbar ist, da die wirkliche Gestalt der Generation Z erst in ein paar Jahren deutlich werden wird.	4
6. zieht ein **Fazit**, z. B.: ■ Insgesamt ist die Autorin der Meinung, dass es positive und negative Eigenschaften der und Meinungen zur Generation Z gibt, die sich aber erst aus der Rückschau als richtig oder falsch bewahrheiten werden.	4
erfüllt ein weiteres aufgabenbezogenes Kriterium.	(2)
Aufgabe 2: Beschreiben Sie die Lebensphase Jugend und nennen ihre Entwicklungsaufgaben. (Schülerband S. 174 f.) Der Prüfling …	**30**
beschreibt die Lebensphase als ■ eine in 3 Phasen aufgeteilte Lebensphase (Frühphase, Adoleszenz und Phase des verlängerten Probierens) ■ eine Phase, deren Merkmale die persönliche und berufliche Findung, die Volljährigkeit und die zunehmende Eigenverantwortung sind ■ eine Phase, die die Übergänge in die Berufsrolle, die Partner- und Familienrolle, die Konsumentenrolle und die Bürgerrolle markiert	18

KLAUSUR

nennt die Entwicklungsaufgaben intellektuell und soziale **Qualifizieren**; **Binden**, z.B. in einer Partnerschaft; im ökonomischen Sinn eigenverantwortliches **Konsumieren**; **Partizipieren** durch politische Teilhabe und Entwicklung einer eigenen Wertorientierung	12
erfüllt ein weiteres aufgabenbezogenes Kriterium.	(2)
Aufgabe 3: Nehmen Sie Stellung zu der These, dass Jugendliche als gesellschaftliche Seismographen angesehen werden können. Der Prüfling…	30
1. formuliert einen Einleitungssatz.	2
2. nennt Argumente, die für die These sprechen: ■ die Auseinandersetzung mit der eigenen Innenwelt und der Außenwelt erfolgt in der Jugend besonders intensiv, so dass man unterstellen kann, dass Jugendliche besonders sensibel für sich abzeichnende gesellschaftliche Entwicklungen sind ■ Jugendliche sind in einer besonderen Phase der Findung und des Probierens und können so gesellschaftliche Trends setzen oder verstärken	10
3. nennt Argumente, die gegen die These sprechen ■ Die Jugendphase ist im Vergleich zu anderen Lebensphasen eine relativ kurze, so dass Beeinflussungen der Gesellschaft nicht größer einzuschätzen sind als durch andere Lebensphasen ■ in Deutschland ist die Gruppe derjenigen Personen, die sich in der Jugendphase befinden, im Vergleich zur Gruppe der Adulten oder Senioren relativ klein, sodass kein großer Einfluss auf gesellschaftliche Entwicklungen unterstellt werden kann	10
4. nimmt abschließend in einem in sich konsistenten Argumentationsstrang begründet Stellung und kommt zu einem eigenständigen Gesamturteil, das auf der Gewichtung der vorangegangenen Argumente beruht.	8
5. erfüllt ein weiteres aufgabenbezogenes Kriterium	[4]
Darstellungsleistung **gesamt** Der Prüfling…	20
strukturiert ihren/seinen Text schlüssig, stringent sowie gedanklich klar und bezieht sich dabei genau und konsequent auf die Aufgabenstellung	5
bezieht beschreibende, deutende und wertende Aussagen schlüssig aufeinander.	4
belegt ihre/seine Aussagen durch angemessene und korrekte Nachweise (Zitate etc.).	3
formuliert unter Berücksichtigung der Fachsprache präzise und begrifflich differenziert.	4
schreibt sprachlich richtig (Grammatik, Orthografie, Zeichensetzung) sowie syntaktisch und stilistisch sicher.	4

ACHTUNG

Bei der Bewertung der Darstellungsleistung kann es vonseiten des Schulministeriums NRW zu Änderungen kommen.
Die jeweils aktuellen Angaben finden Sie unter:
folgt±±±±±±
(unter: „Downloads").

möglicher Notenschlüssel															
Note	1+	1	1–	2+	2	2–	3+	3	3–	4+	4	4–	5+	5	5–	6
Noten-punkte	15	14	13	12	11	10	09	08	07	06	05	04	03	02	01	00
erreichte Punktzahl	120 bis 114	113 bis 108	107 bis 102	101 bis 96	95 bis 90	89 bis 84	83 bis 78	77 bis 72	71 bis 66	65 bis 60	59 bis 54	53 bis 47	46 bis 40	39 bis 32	31 bis 24	23 bis 0

Operatorentrainer

Operatoren sind Formulierungen, die für die Aufgabenstellung in Klausuren und Abiturprüfungen verwendet werden. Hinter allen Operatoren steckt ein konkreter Arbeitsauftrag, den es zu bearbeiten gilt. Dabei gibt es Operatoren, hinter denen sich dieselbe Aufgabenstellung verbirgt, einige andere wiederum hören sich ähnlich an, verlangen aber von Ihnen eine andere Vorgehensweise. Der folgende Operatorentrainer soll Ihnen dabei helfen, die Aufgabenstellung in Klausuren zu verstehen, die Operatoren zu unterscheiden und richtig zu bearbeiten.

Die Operatoren gliedern sich in insgesamt drei Anforderungsbereiche, die sich vom Schwierigkeitsgrad und damit auch in der Punkteverteilung unterscheiden:

Darauf sollten Sie achten: Die Reihenfolge der Aufgabenstellung orientiert sich in der Regel am Schwierigkeitsgrad der Aufgaben, d. h.,
- Aufgabe 1 ist in der Regel dem AFB I zuzuordnen,
- Aufgabe 2 dem AFB II und
- Aufgabe 3 dem AFB III.

Es kann jedoch vorkommen, dass die Reihenfolge von AFB I und II vertauscht wird, d. h., Aufgabe 1 ist dann dem AFB II zuzurechnen, Aufgabe 2 dem AFB I.

Anforderungsbereich I (AFB I) verlangt in der Regel die Wiedergabe (**Reproduktion**) von Wissen. Dabei kann es sich um im Unterricht erlernte Theorien und Modelle handeln, aber auch um die Zusammenfassung der Textquelle. Da hier die wenigste Eigenleistung von Ihnen verlangt wird, erhalten Sie dafür maximal 30 von 100 Punkten.

Im **Anforderungsbereich II (AFB II)** sollen Sie Ihr Wissen anwenden und auf einen Quellentext, eine Grafik oder eine Karikatur übertragen (**Reorganisation und Transfer**). Hierfür gibt es in der Klausur bzw. Abiturprüfung maximal 40 Punkte.

Im **Anforderungsbereich III (AFB III)** ist in der Regel Ihre Urteilskompetenz, aber auch Ihre Kreativität gefragt. An dieser Stelle wird von Ihnen die größte Eigenleistung erwartet (**Reflexion und Problemlösung**). Sie erhalten in den Klausuren bzw. Abiturprüfungen maximal 30 Punkte.

(Im Abitur werden in der Regel 120 Punkte vergeben, davon maximal 100 Punkte für Ihre Verstehensleistung, d. h. die sachlich angemessene Beantwortung der Aufgaben, und maximal 20 Punkte für Ihre Darstellungsleistung, d. h. für sprachliche Angemessenheit und richtiges Zitieren.)

Operator	Beschreibung laut Schulministerium NRW	Das wird von Ihnen verlangt	AFB A
analysieren	Materialien oder Sachverhalte kriterienorientiert oder aspektgeleitet erschließen, in systematische Zusammenhänge einordnen und Hintergründe und Beziehungen herausarbeiten	Hier sollen Sie einen Text oder einen Sachverhalt kriterienorientiert untersuchen. Handelt es sich um einen Text, können Sie die einzelnen Schritte der dann von Ihnen geforderten *Textanalyse der Methode Textanalyse in Sozialwissenschaften* auf S. 68 f. entnehmen. Handelt es sich um eine Statistik, eine Tabelle, ein Bild, einen Vertrag, eine Rechtsbestimmung usw., müssen Sie genau auf die in der Aufgabenstellung genannten Aspekte oder Kriterien achten und den Gegenstand hierauf strukturiert untersuchen.	überw. II

Operatorentrainer | 237

Operator	Beschreibung laut Schulministerium NRW	Das wird von Ihnen verlangt	AFB
auswerten	Daten oder Einzelergebnisse zu einer abschließenden Gesamtaussage zusammenführen	Dies ist ein gängiger Operator zu Erschließung von Statistiken und Grafiken. Sie erarbeiten zunächst einzeln die Aussagen der Ihnen vorliegenden Statistiken/Grafiken und verknüpfen anschließend die Aussagen miteinander. Ziehen Sie ein abschließendes Fazit.	II
begründen	zu einem Sachverhalt komplexe Grundgedanken unter dem Aspekt der Kausalität argumentativ und schlüssig entwickeln	Der Operator steht in der Regel in Verbindung zu einer im Material aufgestellten These oder Meinung. Diese soll von Ihnen auf Basis von Fachwissen und -begriffen belegt oder widerlegt werden. Wichtig ist, dass sie logisch/schlüssig argumentieren, warum Sie die These als belegt bzw. widerlegt ansehen.	III
benennen	Sachverhalte, Strukturen und Prozesse begrifflich präzise aufführen	Ein häufig genutzter Operator zur Abgrenzung von Begrifflichkeiten. Theorien, Modelle oder Aussagen/Thesen des Autors aus der Ihnen vorliegenden Textquelle sollen in eigenen Worten dargelegt werden. Hier wird besonders auf die richtige Verwendung von Fachbegriffen und –sprache Wert gelegt.	I – II
beschreiben	wesentliche Aspekte eines Sachverhaltes im logischen Zusammenhang unter Verwendung der Fachsprache wiedergeben	Auch hier sollen Sie eine Theorie oder die Aussagen des Textes in eigenen Worten zusammenfassen. Der Schwerpunkt liegt bei diesem Operator auf der Darstellung in einer logischen Textstruktur und dem Einbezug von Fachbegriffen und -sprache.	I – II
beurteilen	den Stellenwert von Sachverhalten oder Prozessen in einem Zusammenhang bestimmen, um kriterienorientiert zu einem begründeten Sachurteil zu gelangen	Es wird von Ihnen verlangt, Ihr eigenes (Sach-) Urteil zum Thema darzulegen. Nutzen Sie dabei Ihr Fachwissen aus dem Unterricht und verwenden Sie Fachbegriffe! Wichtig ist, dass Sie zu einem begründeten Sachurteil gelangen und dieses schlüssig mit Argumenten untermauern. Beachten Sie hierfür auch das *Modell Politische Urteilskompetenz* auf S. 110 f.	III
bewerten	Wie beurteilen, aber zusätzlich mit Reflexion individueller und politischer Wertmaßstäbe, die Pluralität gewährleisten und zu einem begründeten eigenen Werturteil führen	Bei diesem Operator wird die Darlegung Ihrer eigenen Meinung zur Thematik unter Einbeziehung von Wertmaßstäben verlangt. Formulieren Sie Ihr Urteil auf Basis Ihres Fachwissens und unter Einbezug des Materials. Geben Sie eigene Beispiele, die Ihre Argumente unterstützen. Achten Sie auch hier auf eine schlüssige Struktur! Auch hierfür können Sie die Hinweise im *Modell Politische Urteilskompetenz* auf S. 110 f. nutzen.	III
charakterisieren	Sachverhalte in ihren Eigenarten beschreiben und diese dann unter einem bestimmten Gesichtspunkt zusammenführen	Hier soll das Ihnen vorliegende Material erläutert werden, allerdings unter einem vorgegebenen Aspekt bzw. Schwerpunkt. Fassen Sie am Ende Ihre Ergebnisse kurz zusammen.	II – III
darstellen	siehe „beschreiben"	siehe „beschreiben"	I – II
diskutieren	zu einem Sachverhalt, zu einem Konzept, zu einer Problemstellung oder zu einer These etc. eine Argumentation entwickeln, die zu einer begründeten Bewertung führt	Bei diesem Operator ist Ihre Urteilskompetenz gefragt. Entwickeln Sie eine Argumentationsstruktur, die Ihre eigene Meinung zum Thema schlüssig und unter Berücksichtigung Ihres Fachwissens darlegt.	III

Operator	Beschreibung laut Schulministerium NRW	Das wird von Ihnen verlangt	AFB
einordnen	eine Position zuordnen oder einen Sachverhalt in einen Zusammenhang stellen	Ordnen Sie die Position des Textautors, der Karikatur etc. einer Theorie, einem Modell oder einer Denkrichtung zu, die Sie zuvor im Unterricht besprochen haben. Ordnen Sie das Ihnen vorliegende Material in einen größeren Sinnzusammenhang ein, bspw. in die Inhalte der Unterrichtsreihe.	**überw. II**
entwerfen	ein Konzept in seinen wesentlichen Zügen erstellen	Hier sollen Sie Vorschläge oder Einschätzungen zur Thematik/Problemstellung vornehmen, die über das zuvor bearbeitete Material hinausreichen. Auch hier ist es wichtig, dass Sie Ihre Einschätzungen unter Einbezug Ihres Fachwissens logisch begründen.	III
entwickeln	zu einem Sachverhalt oder einer Problemstellung ein konkretes Lösungsmodell, eine Gegenposition, ein Lösungskonzept oder einen Regelentwurf begründend skizzieren	Entwerfen Sie in groben Zügen einen Lösungsvorschlag für ein im Material dargestelltes Problem. Beziehen Sie dabei die Perspektive der sich gegenüberstehenden Positionen mit ein. Begründen Sie Ihren Entwurf auf Basis Ihres Fachwissens.	III
erklären	Sachverhalte durch Wissen und Einsichten in einen Zusammenhang (Theorie, Modell, Regel, Gesetz, Funktionszusammenhang) einordnen und deuten	Auch hier sollen Sie das Ihnen vorliegende Material mithilfe Ihres Fachwissens aus dem Unterricht einer Theorie etc. zuordnen bzw. in einen größeren Sinnzusammenhang bringen (siehe „einordnen"). Im Gegensatz zum Operator „einordnen" wird hier zusätzlich eine Deutung des Materials verlangt.	II
erläutern	wie erklären, aber durch zusätzliche Informationen und Beispiele verdeutlichen	Sie erläutern eine Theorie, ein Modell etc. mithilfe des Ihnen vorliegenden Materials, des Fachwissens aus dem Unterricht und eigenen Beispielen mit z. B. aktuellem Bezug.	II – III
ermitteln	aus Materialien bestimmte Sachverhalte herausfinden, auch wenn sie nicht explizit genannt werden, und Zusammenhänge zwischen ihnen herstellen	Sie arbeiten aus dem Ihnen vorliegenden Material vorgegebene Aspekte heraus. Die Schwierigkeit besteht darin, dass nicht alle Punkte offensichtlich erkennbar sind, sondern evtl. durch Andeutungen etc. „versteckt". Haben Sie alle Sachverhalte herausgearbeitet, stellen Sie Verknüpfungen und Zusammenhänge zwischen den einzelnen Punkten her.	II
erörtern	zu einer vorgegebenen Problemstellung eine reflektierte, kontroverse Auseinandersetzung führen und zu einer abschließenden, begründeten Bewertung gelangen	Bei diesem Operator steht der Einbezug der verschiedenen Positionen zu einer Thematik im Vordergrund. Wägen Sie diese mithilfe Ihres Fachwissens argumentativ schlüssig gegeneinander ab und formulieren Sie abschließend ein eigenes Urteil.	III
erschließen	siehe „ermitteln"	siehe „ermitteln"	II
gestalten	Produktorientierte Bearbeitung von Aufgabenstellungen. Dazu zählen unter anderem das Entwerfen von eigenen Reden, Strategien, Beratungsskizzen, Karikaturen, Szenarien, Spots und von anderen medialen Produkten sowie das Entwickeln von eigenen Handlungsvorschlägen und Modellen	Im Gegensatz zu den Operatoren „entwerfen" und „entwickeln" steht hier die kreative Bearbeitung der Problemlösung im Vordergrund. Wichtig ist, dass Sie dennoch auf Basis Ihres Fachwissens die Aufgabenstellung bearbeiten.	III

Operator	Beschreibung laut Schulministerium NRW	Das wird von Ihnen verlangt	AFB
herausarbeiten	siehe „ermitteln"	siehe „ermitteln"	II
interpretieren	Sinnzusammenhänge aus Materialien erschließen	Stellen Sie Verknüpfungen zu den im Material genannten Aspekten her und erläutern Sie diese.	II – III
nennen	Kenntnisse (Fachbegriffe, Daten, Fakten, Modelle) und Aussagen in komprimierter Form unkommentiert darstellen	Hier sollen Sie, je nach Aufgabenstellung, eine Theorie, Modelle oder die Aussagen/Thesen der Ihnen vorliegen Textquelle kurz, aber vollständig, in eigenen Worten zusammenfassen. Wichtig ist, dass Sie die Wiedergabe sachlich, ohne eigene Wertung vornehmen. Eine Analyse erfolgt an dieser Stelle noch nicht.	I – II
problematisieren	Widersprüche herausarbeiten, Positionen oder Theorien begründend hinterfragen	Der Operator bezieht sich auf das von Ihnen zuvor erarbeitete Material. Die aufgestellten Thesen oder Positionen sollen von Ihnen erneut aufgegriffen und anhand des Fachwissens kritisch beleuchtet und ggf. entkräftet werden.	III
prüfen	Inhalte, Sachverhalte, Vermutungen oder Hypothesen auf der Grundlage eigener Kenntnisse oder mithilfe zusätzlicher Materialien auf ihre sachliche Richtigkeit bzw. auf ihre innere Logik hin untersuchen	Ähnlich wie beim Operator „problematisieren" sollen Sie die Richtigkeit der im Material aufgestellten Thesen etc. kritisch hinterfragen und ggf. widerlegen. Richtige Aussagen und Behauptungen sollten Sie allerdings ebenfalls hervorheben. Berücksichtigen Sie ebenso die Argumentationsstruktur (bzw. die logischen Verknüpfungen) im Material. Nutzen Sie dazu Ihr Fachwissen aus dem Unterricht.	III
sich auseinandersetzen	siehe „diskutieren"	siehe „diskutieren"	III
Stellung nehmen	siehe „bewerten"	siehe „bewerten"	III
überprüfen	siehe „prüfen"	siehe „prüfen"	II – III
vergleichen	Sachverhalte gegenüberstellen, um Gemeinsamkeiten, Ähnlichkeiten und Unterschiede herauszufinden	Aus einem Material verschiedene Positionen (z. B. von Politikern oder Experten) miteinander vergleichen und Gemeinsamkeiten und Unterschiede exakt herausarbeiten. Aus verschiedenen Materialien (z. B. Text und Karikatur oder Statistik / Grafik) Gemeinsamkeiten und Unterschiede der Aussagen herausarbeiten. Wichtig ist hier, dass Sie sowohl Material 1, als auch Material 2 erst eigenständig bearbeiten und dann einen Vergleich anstellen.	II – III
widerlegen	Argumente anführen, dass Daten, eine Behauptung, ein Konzept oder eine Position nicht haltbar sind	Arbeiten Sie zunächst die Thesen/Behauptungen des vorliegenden Materials heraus, die Sie widerlegen möchten. Gehen Sie nun die Thesen durch und begründen Sie anhand Ihres Fachwissens aus dem Unterricht, warum diese nicht stimmen.	II – III

Selbstprüfung zu den erworbenen Kompetenzen

Seit 2014 hat das Land Nordrhein-Westfalen auch in der Sekundarstufe II kompetenzorientierte Kernlehrpläne eingeführt. **Kompetenzorientierung** bedeutet, dass die Lernergebnisse im Mittelpunkt stehen (Output- statt Inputorientierung). In den im Kernlehrplan Sozialwissenschaften aufgeführten Kompetenzen ist also definiert, was Sie am Ende der Einführungsphase bzw. der Qualifikationsphase können sollen.

Festgelegt werden dabei zum einen **übergeordnete Kompetenzerwartungen,** die grundlegende Sach-, Methoden-, Urteils- und Handlungskompetenzen bestimmen und thematisch übergeordnet sind. Zum anderen gibt es **konkretisierte Kompetenzerwartungen,** die die Sach- und Urteilskompetenzen bezogen auf bestimmte Inhaltsfelder präzisieren.

Mit der folgenden Liste können Sie überprüfen, ob Sie alle Kompetenzen für die Einführungsphase beherrschen und wo möglicherweise Nachbesserungsbedarf besteht.

Die Seitenangaben zeigen Ihnen, wo die entsprechende Kompetenz in diesem Schülerband schwerpunktmäßig (nicht ausschließlich) behandelt wird.

Übergeordnete Kompetenzerwartungen*

Sachkompetenz Die Schülerinnen und Schüler …	Seiten im SB*
analysieren exemplarisch gesellschaftliche Bedingungen (SK 1)	11, 14 f., 44 f., 56–59, 60 ff., 142 f., 160 f., 172 f., 196, 198 f., 208, 228 f.
erläutern exemplarisch politische, ökonomische und soziale Strukturen, Prozesse, Probleme und Konflikte (SK 2)	12 f., 31, 34 ff., 46 f., 49, 60–63, 108 f., 118 f., 172 f., 176 f., 188 f., 191, 193, 196 f., 198, 200, 220 f., 228 f.
erläutern in Ansätzen einfache sozialwissenschaftliche Modelle und Theorien im Hinblick auf Grundannahmen, Elemente, Zusammenhänge und Erklärungsleistung (SK 3)	16–23, 40 f., 79, 109, 144–147, 184–187, 190, 192 f., 216 f., 220 f., 224–227
stellen in Ansätzen Anspruch und Wirklichkeit von Partizipation in gesellschaftlichen Prozessen dar (SK 4)	84–91, 155–159, 165
analysieren exemplarisch Veränderungen gesellschaftlicher Strukturen und Lebenswelten sowie darauf bezogenes Handeln des Staates und von Nichtregierungsorganisationen (SK 5)	88 f., 102, 108 f., 117, 165, 203

Methodenkompetenz Die Schülerinnen und Schüler …	Seiten im SB*
Verfahren sozialwissenschaftlicher Informationsgewinnung und -auswertung	
erschließen fragegeleitet aus sozialwissenschaftlich relevanten Textsorten zentrale Aussagen und Positionen sowie Intentionen und mögliche Adressaten der jeweiligen Texte und ermitteln Standpunkte sowie Interessen der Autoren (MK 1)	40 f., 66 f., 68, 79, 165, 233
erheben fragegeleitet Daten und Zusammenhänge durch empirische Methoden der Sozialwissenschaften und wenden statistische Verfahren an (MK 2)	91, 142, 178–181, 206, 221
werten fragegeleitet Daten und deren Aufbereitung im Hinblick auf Datenquellen, Aussage- und Geltungsbereiche, Darstellungsarten, Trends, Korrelationen und Gesetzmäßigkeiten aus (MK 3)	11, 27, 56–59, 77, 86 f., 88, 142, 156–163, 178 f., 202, 206 f.

---

* Da die übergeordneten Kompetenzerwartungen sehr grundlegend definiert sind, finden sie sich an zahlreichen Stellen des Schülerbandes. Die Seitenangaben beziehen sich daher auf eine Auswahl besonders prägnanter Beispiele.

Selbstprüfung zu den erworbenen Kompetenzen | 241

Verfahren sozialwissenschaftlicher Analyse und Strukturierung	
analysieren unterschiedliche sozialwissenschaftliche Textsorten wie kontinuierliche und diskontinuierliche Texte (u. a. positionale und fachwissenschaftliche Texte, Fallbeispiele, Statistiken, Karikaturen sowie andere Medienprodukte) aus sozialwissenschaftlichen Perspektiven (MK 4)	Texte: siehe MK 5 Fallbeispiele: 31, 61 f., 64 ff., 108, 117, 136 f., 139, 172 f., 169, 193, 196 f., 200, 227 ff. Statistiken: siehe MK 3 Karikaturen: bes. 148, dazu u. a.: 153, 155, 157, 183, 187, 193, 203, 209 f., 217, 228
ermitteln mit Anleitung in themen- und aspektgeleiteter Untersuchung die Position und Argumentation sozialwissenschaftlich relevanter Texte (Textthema, Thesen/Behauptungen, Begründungen, dabei insbesondere Argumente und Belege, Textlogik, Auf- und Abwertungen – auch unter Berücksichtigung sprachlicher Elemente –, Autoren- bzw. Textintention) (MK 5)	bes. 68 f., dazu u. a. 40 f., 44 f., 62 ff., 79, 144–147, 165, 183–187, 233

Verfahren sozialwissenschaftlicher Darstellung und Präsentation	
stellen themengeleitet exemplarisch sozialwissenschaftliche Fallbeispiele und Probleme in ihrer empirischen Dimension und unter Verwendung passender soziologischer, politologischer und wirtschaftswissenschaftlicher Fachbegriffe und Modelle dar (MK 6)	20 f., 23, 108 f., 216, 218 f.
präsentieren mit Anleitung konkrete Lösungsmodelle, Alternativen oder Verbesserungsvorschläge zu einer konkreten sozialwissenschaftlichen Problemstellung (MK 7)	21, 53, 158, 211, 219
stellen – auch modellierend – sozialwissenschaftliche Probleme unter wirtschaftswissenschaftlicher, soziologischer und politikwissenschaftlicher Perspektive dar (MK 8)	20–25, 46 f., 79, 108 f., 220 f.
setzen Methoden und Techniken zur Präsentation und Darstellung sozialwissenschaftlicher Strukturen und Prozesse zur Unterstützung von sozialwissenschaftlichen Analysen und Argumentationen ein (MK 9)	bes. 201, dazu u. a. 39, 49, 59
setzen bei sozialwissenschaftlichen Darstellungen inhaltliche und sprachliche Distanzmittel zur Trennung zwischen eigenen und fremden Positionen und Argumentationen ein (MK 10)	bes. 68 f.

Verfahren sozialwissenschaftlicher Erkenntnis- und Ideologiekritik	
ermitteln Grundprinzipien, Konstruktion sowie Abstraktionsgrad und Reichweite sozialwissenschaftlicher Modelle (MK 11)	16–23, 79, 109–115, 184–187, 216 f., 220 f.
arbeiten deskriptive und präskriptive Aussagen von sozialwissenschaftlichen Materialien heraus (MK 12)	bes. 68 f., dazu u. a. 40 f., 126 f., 184–187
analysieren sozialwissenschaftlich relevante Situationen und Texte – auch auf der Ebene der Begrifflichkeit – im Hinblick auf die in ihnen wirksam werdenden Perspektiven und Interessenlagen (MK 13)	bes. 68 f., dazu u. a. 40 f., 44–47, 79, 144–147, 165, 233
identifizieren eindimensionale und hermetische Argumentationen ohne entwickelte Alternativen (MK 14)	bes. 68 f., dazu u. a. 62 ff., 233 ff.
ermitteln in sozialwissenschaftlich relevanten Situationen und Texten den Anspruch von Einzelinteressen, für das Gesamtinteresse oder das Gemeinwohl zu stehen (MK 15)	60–65, 98–101

Urteilskompetenz Die Schülerinnen und Schüler …	
ermitteln in Argumentationen Positionen bzw. Thesen und ordnen diesen aspektgeleitet Argumente und Belege zu (UK 1)	60 ff., 79, 126 f., 144–147, 150 ff., 165, 185–187, 233
ermitteln in Argumentationen Positionen und Gegenpositionen und stellen die zugehörigen Argumentationen antithetisch gegenüber (UK 2)	35, 60 ff., 144–147, 226 f.
entwickeln auf der Basis der Analyse der jeweiligen Interessen- und Perspektivleitung der Argumentation Urteilskriterien und formulieren abwägend kriteriale selbstständige Urteile (UK 3)	bes. 110–115, dazu u. a. 25, 31, 35, 77, 67, 98–101, 126 f.
beurteilen exemplarisch politische, soziale und ökonomische Entscheidungen aus der Perspektive von (politischen) Akteuren, Adressaten und Systemen (UK 4)	bes. 110–115, dazu u. a. 24 f., 35, 53, 71, 73, 77, 159

beurteilen exemplarisch Handlungschancen und -alternativen sowie mögliche Folgen und Nebenfolgen von politischen Entscheidungen (UK 5)	bes. 110–113, dazu u. a. 126 f., 142 f., 152 f.
erörtern exemplarisch die gegenwärtige und zukünftige Gestaltung von politischen, ökonomischen und gesellschaftlichen nationalen Strukturen und Prozessen unter Kriterien der Effizienz und Legitimität (UK 6)	bes. 110–113, dazu u. a. 12, 20 f., 60 f., 62, 110, 126 f.

Handlungskompetenz Die Schülerinnen und Schüler …	
praktizieren im Unterricht unter Anleitung Formen demokratischen Sprechens und demokratischer Aushandlungsprozesse und übernehmen dabei Verantwortung für ihr Handeln (HK 1)	25, 141, 155, 152
entwerfen für diskursive, simulative und reale sozialwissenschaftliche Handlungsszenarien Handlungspläne und übernehmen fach-, situationsbezogen und adressatengerecht die zugehörigen Rollen (HK 2)	53, 112 f., 125, 159, 230 f.
entwickeln in Ansätzen aus der Analyse wirtschaftlicher, gesellschaftlicher und sozialer Konflikte angemessene Lösungsstrategien und wenden diese an (HK 3)	21, 62 ff., 112 ff., 124 f., 211, 219
nehmen unter Anleitung in diskursiven, simulativen und realen sozialwissenschaftlichen Aushandlungsszenarien einen Standpunkt ein und vertreten eigene Interessen in Abwägung mit den Interessen anderer (HK 4)	25, 62 ff., 112 ff., 162
beteiligen sich simulativ an (schul-)öffentlichen Diskursen (HK 5)	37, 85, 91, 112 f., 142, 171
entwickeln sozialwissenschaftliche Handlungsszenarien und führen diese ggf. innerhalb bzw. außerhalb der Schule durch (HK 6)	131, 171

Inhaltliche Schwerpunkte und konkretisierte Kompetenzerwartungen** nach Inhaltsfeldern des Kernlehrplans

Inhaltsfeld 1: Marktwirtschaftliche Ordnung

Inhaltliche Schwerpunkte:

- Rolle der Akteure in einem marktwirtschaftlichen System: Kap. 1.1
- *Der Betrieb als wirtschaftliches und soziales System:* Kap. 1.2
- Ordnungselemente und normative Grundannahmen: Kap. 1.3
- Marktsysteme und ihre Leistungsfähigkeit/ *Das Marktsystem und seine Leistungsfähigkeit*: Kap. 1.4
- Wettbewerbs- und Ordnungspolitik: Kap. 1.4 und 1.5

Konkretisierte Kompetenzerwartungen

Sachkompetenz Die Schülerinnen und Schüler …	Seiten im SB
beschreiben auf der Grundlage eigener Anschauungen Abläufe und Ergebnisse des Marktprozesses	18 f.
analysieren ihre Rolle als Verbraucherinnen und Verbraucher im Spannungsfeld von Bedürfnissen, Knappheiten, Interessen und Marketingstrategien	12–15, 20 f., 24 f., 31
analysieren unter Berücksichtigung von Informations- und Machtasymmetrien Anspruch und erfahrene Realität des Leitbilds der Konsumentensouveränität	24 f.
erklären Rationalitätsprinzip, Selbstregulation und den Mechanismus der „unsichtbaren Hand" als Grundannahmen liberaler marktwirtschaftlicher Konzeptionen vor dem Hintergrund ihrer historischen Bedingtheit	bes. 19, dazu 17, 41
benennen Privateigentum, Vertragsfreiheit und Wettbewerb als wesentliche Ordnungselemente eines marktwirtschaftlichen Systems	bes. 19, dazu 42–49, 71
beschreiben das zugrunde liegende Marktmodell und die Herausbildung des Gleichgewichtspreises durch das Zusammenwirken von Angebot und Nachfrage	18 f.

** Kursiv sind solche Schwerpunkte und Kompetenzen markiert, die nur im Kernlehrplan Sozialwissenschaften/Wirtschaft verbindlich sind, d. h., wenn Sie eine Schule mit ökonomischer Schwerpunktbildung besuchen. In diesem Fall entfallen für Sie dafür einige der Kompetenzen aus dem Kernlehrplan Sozialwissenschaften, die hier mit zwei Sternchen hervorgehoben sind.

erläutern mithilfe des Modells des erweiterten Wirtschaftskreislaufs die Beziehungen zwischen den Akteuren am Markt	22 f.
beschreiben Strukturen, Prozesse und Normen im Betrieb als soziales System	27–38, 207, 209 ff.
beschreiben an Fallbeispielen Kernfunktionen eines Unternehmens	31
erläutern Modelle der Preisbildung in unterschiedlichen Marktformen	72 f.
stellen die Möglichkeiten der betrieblichen und überbetrieblichen Mitbestimmung und die Rolle von Gewerkschaften in Unternehmen dar	34 ff.
erläutern Grundprinzipien der Entlohnung und der Tarifpolitik	36
beschreiben normative Grundannahmen der sozialen Marktwirtschaft in der Bundesrepublik Deutschland wie Freiheit, offene Märkte, sozialer Ausgleich gemäß dem Sozialstaatspostulat des Grundgesetzes	39–54
erläutern Chancen der Leistungsfähigkeit des Marktsystems im Hinblick auf Wachstum, Innovationen und Produktivitätssteigerung	14 f., 56 f.
erklären Grenzen der Leistungsfähigkeit des Marktsystems im Hinblick auf Konzentration und Wettbewerbsbeschränkungen, soziale Ungleichheit, Wirtschaftskrisen und ökologische Fehlsteuerungen	71–78, 55 ff., 60 ff.
erläutern die Notwendigkeit und Grenzen ordnungs- und wettbewerbspolitischen staatlichen Handelns	bes. 71–78, dazu 47, 60 ff.
analysieren kontroverse Gestaltungsvorstellungen zur sozialen Marktwirtschaft in der Bundesrepublik Deutschland	62 ff.
Urteilskompetenz Die Schülerinnen und Schüler ...	**Seiten im SB**
erörtern das Spannungsverhältnis zwischen Knappheit von Ressourcen und wachsenden Bedürfnissen	13, 15
erörtern das wettbewerbspolitische Leitbild der Konsumentensouveränität und das Gegenbild der Produzentensouveränität vor dem Hintergrund eigener Erfahrungen und verallgemeinernder empirischer Untersuchungen	24 f., 47
beurteilen die Zielsetzungen und Ausgestaltung staatlicher Ordnungs- und Wettbewerbspolitik in der Bundesrepublik Deutschland	71–78, 60 ff.
bewerten die ethische Verantwortung von Konsumentinnen und Konsumenten sowie Produzentinnen und Produzenten in der Marktwirtschaft	17, 21
erörtern die eigenen Möglichkeiten zu verantwortlichem, nachhaltigem Handeln als Konsumentinnen und Konsumenten	21, 24 f.
beurteilen Interessen von Konsumenten und Produzenten in marktwirtschaftlichen Systemen und bewerten Interessenkonflikte	12 f., 18 ff., 24 f., 47
beurteilen Unternehmenskonzepte wie den Stakeholder- und Shareholder-Value-Ansatz sowie Social und Sustainable Entrepreneurship	32 f.
beurteilen lohn- und tarifpolitische Konzeptionen im Hinblick auf Effizienz und Verteilungsgerechtigkeit	36
erörtern unterschiedliche Standpunkte zur Bewertung der Mitbestimmung in deutschen Unternehmen	35
beurteilen die Aussagekraft des Marktmodells und des Modells des Wirtschaftskreislaufs zur Erfassung von Wertschöpfungsprozessen aufgrund von Modellannahmen und -restriktionen	16, 18 f., 22 f., dazu 30
beurteilen den Zusammenhang zwischen Marktpreis und Wert von Gütern und Arbeit	16, 18 f.
bewerten die Modelle des Homo oeconomicus sowie der aufgeklärten Wirtschaftsbürgerin bzw. des aufgeklärten Wirtschaftsbürgers hinsichtlich ihrer Tragfähigkeit zur Beschreibung der ökonomischen Realität	17, 20 f.
bewerten unterschiedliche Positionen zur Gestaltung und Leistungsfähigkeit der sozialen Marktwirtschaft im Hinblick auf ökonomische Effizienz, soziale Gerechtigkeit und Partizipationsmöglichkeiten	60 ff., 64 ff.
erörtern Zukunftsperspektiven der sozialen Marktwirtschaft im Streit der Meinungen von Parteien, Gewerkschaften, Verbänden und Wissenschaft	64 ff.

Inhaltsfeld 2: Politische Strukturen, Prozesse und Partizipationsmöglichkeiten

Inhaltliche Schwerpunkte:

- Partizipationsmöglichkeiten in der Demokratie: Kap. 2.1
- Demokratietheoretische Grundkonzepte**: Kap. 2.5
- Verfassungsgrundlagen des politischen Systems: Kap. 2.3 und 2.4
- Kennzeichen und Grundorientierungen von politischen Parteien sowie NGOs: Kap. 2.1 und 2.2
- Gefährdungen der Demokratie: Kap. 2.6

Konkretisierte Kompetenzerwartungen

Sachkompetenz Die Schülerinnen und Schüler …	Seiten im SB
beschreiben Formen und Möglichkeiten des sozialen und politischen Engagements von Jugendlichen	84 – 92, bes. 85 f., 88 f.
ordnen Formen des sozialen und politischen Engagements unter den Perspektiven eines engen und weiten Politikverständnisses, privater und öffentlicher Handlungssituationen sowie der Demokratie als Lebens-, Gesellschafts- und Herrschaftsform ein**	86 f., 89
erläutern fallbezogen die Funktion der Medien in der Demokratie**	116 f.
erläutern Ursachen für und Auswirkungen von Politikerinnen- und Politiker- sowie Parteienverdrossenheit (Auswirkungen nur KLP Sowi**)	88 f., 155 – 164
erläutern fall- bzw. projektbezogen die Verfassungsgrundsätze des Grundgesetzes und die Arbeitsweisen der Verfassungsinstanzen anlässlich von Wahlen bzw. im Gesetzgebungsverfahren	90 f., 105 – 119, 124 – 127
erläutern die Verfassungsgrundsätze des Grundgesetzes vor dem Hintergrund ihrer historischen Entstehungsbedingungen**	129 – 140, bes. 129 ff.
analysieren ein politisches Fallbeispiel mithilfe der Grundbegriffe des Politikzyklus**	108 f.
vergleichen *wirtschafts- und sozialpolitische* Programmaussagen von politischen Parteien und NGOs anhand von Prüfsteinen *und ordnen sie in ein politisches Spektrum ein*	96 f., 102 f.
ordnen politische Parteien über das Links-Rechts-Schema hinaus durch vergleichende Bezüge auf traditionelle liberale, sozialistische, anarchistische und konservative politische Paradigmen ein**	98 – 101, 103
unterscheiden Verfahren repräsentativer und direkter Demokratie	149 – 153, 165
erläutern soziale, politische, kulturelle und ökonomische Desintegrationsphänomene und -mechanismen als mögliche Ursachen für die Gefährdung unserer Demokratie	155 – 164
Urteilskompetenz Die Schülerinnen und Schüler …	Seiten im SB
beurteilen unterschiedliche Formen sozialen und politischen Engagements Jugendlicher im Hinblick auf deren privaten bzw. öffentlichen Charakter, deren jeweilige Wirksamkeit und gesellschaftliche und politische Relevanz	86 f., 88 f.
erörtern demokratische Möglichkeiten der Vertretung sozialer und politischer Interessen sowie der Ausübung von Einfluss, Macht und Herrschaft	84 – 92, 94 f., 96 f.
erörtern die Veränderung politischer Partizipationsmöglichkeiten durch die Ausbreitung digitaler Medien**	117
bewerten unterschiedliche Politikverständnisse im Hinblick auf deren Erfassungsreichweite**	86 f., 88 f., 91
bewerten die Bedeutung von Verfassungsinstanzen und die Grenzen politischen Handelns vor dem Hintergrund von Normen- und Wertkonflikten sowie den Grundwerten des Grundgesetzes	108 f., 114 f., 126 f., 127, 134 – 139
bewerten die Chancen und Grenzen/*Reichweite und Wirksamkeit* repräsentativer und direkter Demokratie	147 – 151, 161
beurteilen Chancen und Risiken von Entwicklungsformen zivilgesellschaftlicher Beteiligung (u. a. E-Demokratie und soziale Netzwerke)	117, 165, dazu 87, 202 f.
beurteilen für die Schülerinnen und Schüler bedeutsame Programmaussagen von politischen Parteien vor dem Hintergrund der Verfassungsgrundsätze, sozialer Interessenstandpunkte und demokratietheoretischer Positionen (Demokratietheorie nur KLP Sowi**)	bes. 102, dazu 96 f., 98, 141 – 147

erörtern vor dem Hintergrund der Werte des Grundgesetzes aktuelle bundespolitische Fragen unter den Kriterien der Interessenbezogenheit und der möglichen sozialen und politischen Integrations- bzw. Desintegrationswirkung	155 – 164, bes. 160 ff. sowie 98 f., 102, 112 f.

Inhaltsfeld 3: Individuum und Gesellschaft

Inhaltliche Schwerpunkte:

- Sozialisationsinstanzen**: Kap. 3.3
- Individuelle Zukunftsentwürfe sowie deren Norm- und Wertgebundenheit: Kap. 3.1
- Verhalten von Individuen in Gruppen**: Kap. 3.5
- Identitätsmodelle**: Kap. 3.2
- Rollenmodelle, Rollenhandeln und Rollenkonflikte: Kap. 3.6
- Strukturfunktionalismus und Handlungstheorie: Kap. 3.6
- Soziologische Perspektiven zur Orientierung in der Berufs- und Alltagswelt: Kap. 3.1, 3.2 und 3.4
- *Berufliche Sozialisation:* Kap. 3.4

Konkretisierte Kompetenzerwartungen

Sachkompetenz Die Schülerinnen und Schüler …	Seiten im SB
vergleichen Zukunftsvorstellungen Jugendlicher im Hinblick auf deren Freiheitsspielräume sowie deren Norm- und Wertgebundenheit	172 ff., 178 f.
erläutern die Bedeutung normativ prägender sozialer Alltagssituationen, Gruppen, Institutionen und medialer Identifikationsmuster für die Identitätsbildung von Mädchen und Jungen bzw. jungen Frauen und Männern	172 ff., 176 ff., 188 f., 191, 193, 196 f., 200, 214 f., 220 f.
erläutern die Bedeutung der kulturellen Herkunft für die Identitätskonstruktion von jungen Frauen und jungen Männern	193, 228 f.
analysieren am Fallbeispiel das Rollenlernen im beruflichen Umfeld	209
analysieren Situationen der eigenen Berufs- und Alltagswelt im Hinblick auf die Möglichkeiten der Identitätsdarstellung und -balance**	bes. 190 – 193, dazu u. a. 172 f., 178, 197, 206, 208 f.
analysieren alltägliche Interaktionen und Konflikte mithilfe von strukturfunktionalistischen und interaktionistischen Rollenkonzepten und Identitätsmodellen	223 – 227
erläutern das Gesellschaftsbild des Homo sociologicus und des symbolischen Interaktionismus	224 – 227, bes. 227
erläutern den Stellenwert kultureller Kontexte für Interaktion und Konfliktlösung**	193, 196 f., 228 f.
Urteilskompetenz Die Schülerinnen und Schüler …	Seiten im SB
bewerten den Stellenwert verschiedener Sozialisationsinstanzen für die eigene Biografie *auch vor dem Hintergrund der Interkulturalität*	195 – 204, bes. 201, 205 – 212, bes. 207
bewerten unterschiedliche Zukunftsentwürfe von Jugendlichen sowie jungen Frauen und Männern im Hinblick auf deren Originalität, Normiertheit, Wünschbarkeit und Realisierbarkeit	172 ff.
erörtern am Fallbeispiel Rollenkonflikte und Konfliktlösungen im beruflichen Umfeld	209 ff.
beurteilen unterschiedliche Identitätsmodelle in Bezug auf ihre Eignung für die Deutung von biografischen Entwicklungen von Jungen und Mädchen auch vor dem Hintergrund der Interkulturalität**	183 – 194, bes. 188 f., 193
bewerten die Freiheitsgrade unterschiedlicher Situationen in ihrer Lebenswelt und im Lebenslauf bezüglich ihrer Normbindungen, Konflikthaftigkeit, Identitätsdarstellungs- und Aushandlungspotenziale**	172 f., 176, 178 f., 181, 191, 196 – 200, 214 f., 223, 227 ff.
erörtern Menschen- und Gesellschaftsbilder des strukturfunktionalistischen und interaktionistischen Rollenkonzepts	224 – 227

Glossar

Abgeordnete: Von den Bürgerinnen und Bürgern (Volk) durch allgemeine, unmittelbare, freie, gleiche und geheime → Wahlen gewählte Repräsentanten, die in den deutschen Parlamenten mit keinerlei Aufträgen oder Weisungen (z. B. aus der → Partei oder dem Wahlkreis) gebunden werden können (Art. 38 Abs. 1 GG); dieser Freiheit der Abgeordneten steht allerdings faktisch die Fraktionsdisziplin gegenüber. Zur ungehinderten Ausübung ihres Amtes sind die Abgeordneten u. a. durch ihre Immunität und den Bezug von Diäten, die ihren Lebensunterhalt sichern, in der Lage. Die Abgeordneten einer Partei oder gleicher politischer Überzeugung schließen sich in den Parlamenten zu → Fraktionen oder Gruppen zusammen. Im Deutschen → Bundestag können Abgeordnete eine Fraktion bilden, wenn dieser mindestens fünf Prozent der Abgeordneten angehören. Der wichtigste Teil der Abgeordnetenarbeit findet nicht in den Plenarsitzungen, sondern in den Parlamentsausschüssen und Fraktionen statt.

Agenda 2010: Die Agenda 2010 bezeichnet ein Bündel von Reformen (vor allem in den Bereichen Wirtschaft, Arbeitslosen-, Kranken- und Rentenversicherung) der rot-grünen Bundesregierung in den Jahren 2003 bis 2005. Ziel war es, durch Senkung der Lohnnebenkosten, Flexibilisierung der Arbeitsverhältnisse sowie Kürzungen der Sozialleistungen die deutsche → Wirtschaft international wettbewerbsfähiger zu machen. Bekanntestes Beispiel dieser Maßnahmen ist die Hartz-IV-Reform zur Neuregelung des Arbeitslosengeldes.

Anarchismus: Eine politische → Ideologie, die darauf zielt, jede Herrschaft von Menschen über Menschen und jede gesetzliche Ordnung, besonders den → Staat, zu beseitigen. Dem Anarchismus liegt die utopische Vorstellung zugrunde, dass ein Zusammenleben frei von jeglicher Autorität und Hierarchie möglich sei.

Arbeit: Arbeit ist eine menschliche, sowohl körperliche als auch geistige Tätigkeit, die dazu dient, die zur Existenzsicherung notwendigen Mittel zu beschaffen. Die Art und Weise ihrer Ausübung ist wesentlich vom sozialen Umfeld bestimmt. In kapitalistisch-industriellen → Gesellschaften unterscheidet man zwischen Erwerbsarbeit und Reproduktionsarbeit, die als Haus-, Familien-, Erziehungs- und Pflegearbeit unentgeltlich ausgeübt wird. Die Unterscheidung zwischen selbstständiger und unselbstständiger Arbeit zielt auf Über- und Unterordnungsverhältnisse (Weisungsbefugnis) im Arbeitsprozess, wobei diese Unterscheidung durch neue Beschäftigungsformen wie z. B. die „Scheinselbstständigkeit" zunehmend aufgeweicht wird.

Arbeitgeberverbände: Es gibt in Deutschland gut 1 000 Verbände von Unternehmenseigentümern bzw. -leitungen, die in der Bundesvereinigung der Deutschen Arbeitgeberverbände (BDA) zusammengeschlossen sind. Die BDA vertritt ihre Mitglieder in der Sozial- und Gesellschaftspolitik, dient als Plattform für die Koordinierung der Interessenvertretung gegenüber den Ländern, dem Bund und der Europäischen Union. Die Arbeitgeberverbände der jeweiligen Branchen sind Verhandlungspartner der → Gewerkschaften bei den Tarifverhandlungen (→ Tarifvertrag). Im weiteren Sinne werden auch die im Bundesverband der Deutschen Industrie (BDI) zusammengeschlossenen Wirtschaftsfachverbände, in denen nach Angaben des BDI ca. 100 000 Unternehmen organisiert sind, zu den Arbeitgeberverbänden gezählt. Aufgabe des BDI ist die Wahrnehmung der wirtschaftspolitischen Interessen seiner Mitglieder; er ist Mitglied der Union der Industrie- und Arbeitgebervereinigungen Europas, die die Interessen ihrer Mitglieder gegenüber den EU-Organen vertritt.

Arbeitsteilung: Eine Arbeitsaufgabe wird in nebeneinander und nacheinander ablaufende Teilprozesse zerlegt. Es lassen sich inbesondere die berufliche bzw. personale, die innerbetriebliche bzw. gesellschaftlich-technische (zwischen verschiedenen Abteilungen), die zwischenbetriebliche bzw. volkswirtschaftliche (zwischen verschiedenen Unternehmen/Branchen in einem Land) und die internationale (zwischen verschiedenen Ländern) sowie ggf. zusätzlich die regionale Arbeitsteilung unterscheiden. Im Zuge zunehmender Arbeitsteilung kommt es zur → Spezialisierung und damit zur Steigerung der → Produktivität. Zugleich wachsen allerdings auch die wechselseitigen Abhängigkeiten.

Aufgeklärter Wirtschaftsbürger: Leitbild der ökonomischen Bildung bzw. der Wirtschaftsethik; Aufklärung ist hier als die Fähigkeit zu verstehen, reflektiert und selbstbestimmt (ökonomische) Entscheidungen zu treffen. Der aufgeklärte Wirtschaftsbürger handelt dabei rational und gleichzeitig verantwortlich gegenüber der Umwelt und der Gesellschaft. Während er hinsichtlich seiner Rationalität dem → Homo oeconomicus gleicht, unterscheidet er sich von diesem dadurch, dass für seine Entscheidungen auch Fairness eine Rolle spielt.

Aufklärung, Europäische: Epoche, die Ende des 17. Jahrhunderts in England ihren Anfang nahm und im 18. Jahrhundert das geistige Leben im gesamten europäisch geprägten Raum bestimmte; wesentliches Ziel der Aufklärung war es, den Menschen „aus seiner selbst verschuldeten Unmündigkeit" (Immanuel Kant) zu befreien, also vorgegebene und feste (religiöse) Denkmuster zu hinterfragen.

Betriebsrat: Vertretungsorgan einer (Firmen-)Belegschaft; er hat die Interessen der Arbeitnehmerinnen und Arbeitnehmer gegenüber dem Arbeitgeber wahrzunehmen. Der Betriebsrat übt die der Arbeitnehmerschaft des einzelnen Betriebes laut Gesetz zustehenden Rechte aus, vor allem das Recht der → Mitbestimmung. Der Betriebsrat schließt mit dem Arbeitgeber eine Betriebsvereinbarung, in der u. a. Arbeitsbedingungen verabredet werden können. Er wird in geheimer Wahl von den Belegschaftsmitgliedern für vier Jahre gewählt. Das Amt des Betriebsrats ist ein Ehrenamt, für das keine Vergütung gewährt werden darf. Mitglieder des Betriebsrats genießen einen besonderen Kündigungsschutz. Betriebsräte sind von den → Gewerkschaften unabhängig und an den Betriebsfrieden gebunden, dürfen also nicht zum Streik aufrufen (Betriebsverfassungsgesetz.)

Bruttoinlandsprodukt (BIP): Wert aller Güter und Dienstleistungen, die in einem Jahr innerhalb der Landesgrenzen einer → Volkswirtschaft erwirtschaftet werden; das BIP enthält also auch die Leistungen der Ausländer, die innerhalb eines Landes arbeiten, während die Leistungen der Inländer, die im Ausland arbeiten, nicht berücksichtigt werden. Anders als das eher auf Einkommensgrößen hin orientierte → (Brutto-)Sozialprodukt misst das BIP die wirtschaftliche Leistung eines Landes von der Produktionsseite her.

Bundeskanzler: Deutscher Regierungschef; von einer Mehrheit des Deutschen → Bundestages auf Vorschlag des → Bundespräsidenten gewählter, die Richtlinien der Politik bestimmender Chef der Exekutive (→ Gewaltenteilung).

Bundespräsident: Deutsches Staatsoberhaupt; von der Mehrheit der → Bundesversammlung für fünf Jahre gewählt; eine einmalige Wiederwahl ist zulässig (Art. 54 GG). Seine Aufgaben sind die völkerrechtliche Vertretung Deutschlands und der Abschluss von Verträgen des Bundes mit dem Ausland sowie die Verkündung und Ausfertigung der Gesetze. Der Bundespräsident hat das Recht, Begnadigungen auszusprechen. Außerdem besitzt er das Vorschlagsrecht für die Wahl des → Bundeskanzlers (Art. 63 GG). Er ernennt diesen und entlässt ihn auf Ersuchen des → Bundestages.

Bundesrat: Der Bundesrat (offiziell: Deutscher Bundesrat) ist die zweite Kammer des Parlaments in Deutschland. Durch ihn wirken die Bundesländer bei der Gesetzgebung und Verwaltung des Bundes und in Angelegenheiten der Europäischen Union mit (Art. 50 GG). Ihm gehören 69 Mitglieder an, die nicht direkt von den Wahlberechtigten gewählt, sondern als Vertreter der Landesregierungen an deren Weisung gebunden sind. Die Anzahl der entsandten Mitglieder des Bundesrates variiert entsprechend dem Bevölkerungsanteil der Bundesländer zwischen drei und sechs Vertretern pro Land. Die Stimmen jedes Landes können nur geschlossen abgegeben werden (→ Gewaltenteilung).

Bundesregierung: Oberstes deutsches Exekutivorgan (→ Gewaltenteilung), an dessen Spitze der → Bundeskanzler steht, der von den Bundesministern unterstützt wird (Art. 62 GG).

Bundestag: Oberstes Parlament in Deutschland; seine Mitglieder (→ Abgeordnete) werden in allgemeiner, unmittelbarer, freier, gleicher und geheimer Wahl (Art. 38 GG) für vier Jahre von den deutschen Bürgern gewählt. Er besteht aus mind. 598 Abgeordneten (siehe → Wahlen). Zu den wichtigsten Aufgaben des Bundestages zählen a) Wahl (und ggf. Abwahl) des → Bundeskanzlers, b) die Kontrolle der → Bundesregierung und der ihr unterstellten Verwaltung (Ministerien), c) die Gesetzgebung des Bundes und die Feststellung des Bundeshaushalts, d) die Mitwirkung bei der Wahl des → Bundespräsidenten sowie e) der Richter am → Bundesverfassungsgericht und f) die Feststellung des Spannungs- oder Verteidigungsfalles. Eine wichtige Funktion bei der parlamentarischen Arbeit der Abgeordneten kommt den Bundestagsausschüssen zu.

Bundesverfassungsgericht: Das Bundesverfassungsgericht ist eine Art oberster Hüter der Verfassung in Deutschland (Art. 93 GG). Es ist allen anderen Verfassungsorganen (→ Bundestag, Bundesregierung, Bundesrat, Bundespräsident) gegenüber selbstständig, unabhängig und diesen gleichgeordnet. Die Kompetenzen des Bundesverfassungsgerichts erstrecken sich u. a. auf a) Verfassungsstreitigkeiten zwischen obersten Bundesorganen, b) Streitigkeiten zwischen Bund und Ländern und zwischen den Ländern, c) Verfassungsbeschwerden von Bürgern und den Gemeinden d) die Überprüfung von Rechtsvorschriften, e) Feststellung der Verfassungswidrigkeit politischer → Parteien, f) die Wahlprüfverfahren.

Bundesversammlung: Sie besteht aus den Mitgliedern des → Bundestages und einer gleichen Anzahl von Mitgliedern, die von den Volksvertretungen der Länder gewählt werden. Einzige Aufgabe der Bundesversammlung ist die Wahl des → Bundespräsidenten.

Demokratie, direkte: (Ggs.: → Demokratie, repräsentative) Direkte Demokratie (auch: plebiszitäre Demokratie) bezeichnet eine Herrschaftsform, bei der die politischen Entscheidungen unmittelbar vom Volk z. B. durch Volksabstimmung getroffen werden. Lediglich die Art ihrer Umsetzung wird der Entscheidung einer Behörde überlassen. Rein auf direkter Demokratie basierende Gesellschaftsmodelle gibt es bisher nur in der Theorie (v. a. sozialistischer Rätesysteme). Das Modell der Schweiz ist dadurch gekennzeichnet, dass neben den direktdemokratischen (Volksinitiative, Referendum) auch repräsentative Elemente (z. B. Parlamente) existieren. Grundgedanke dieser Mischform ist es, das Mehrheitsprinzip (der repräsentativen Demokratie) zugunsten einer wesentlich höheren Beteiligung von Minderheiten am Entscheidungsprozess einzuschränken. Auch in Ländern mit repräsentativer Demokratie sind in verschiedenen Verfassungen und Gesetzen (z. B. deutscher Bundesländer und Gemeindeordnungen; US-amerikanischer Bundesstaaten) direktdemokratische Elemente wie → Volksbegehren und Volksentscheid vorgesehen.

Demokratie, innerparteiliche: Die Anwendung demokratischer Grundsätze innerhalb der → Parteien, z. B. die regelmäßig stattfindende Wahl der Führungsgremien und die freie innerparteiliche Meinungsäußerung.

Demokratie, repräsentative: Eine Form der Demokratie, in der vom Volk gewählte Vertreter die politischen Entscheidungen treffen, die im Namen des Volkes handeln, aber nicht an dessen Auftrag oder Weisung gebunden sind.

Desintegration: (Ggs.: → Integration) Auflösung eines Ganzen in seine Teile, in der → Soziologie Auflösung sozialer Gefüge (→ Gruppen, Staaten, Gesellschaften), oft bewirkt durch gesellschaftliche Umbrüche oder Modernisierungsprozesse. Desintegration kann auf verschiedenen Ebenen (auch gleichzeitig) erfolgen: ökonomisch, sozial, kulturell und politisch. Für das Individuum kann die Auflösung des Gemeinschaftszusammenhangs zur Orientierungslosigkeit führen. Mögliche Folgen sind Gewalt oder → Extremismus.

Diktatur: Staatsform, in der sich eine Person, Gruppe, → Partei oder Regierung anmaßt, „von oben" bestimmen zu können, was dem allgemeinen Wohl der Bürger diene. Es werden zumeist autoritäre und totalitäre Diktatur unterschieden. Letztere, zu denen vor allem der Nationalsozialismus und der Stalinismus gerechnet werden, stehen im schärfsten möglichen Gegensatz zum demokratischen Verfassungsstaat. Kennzeichen totalitärer Diktatur sind eine geschlossene → Ideologie, staatlicher Terror gegen Andersdenkende, die Kontrolle der → Massenmedien und des wirtschaftlichen Lebens sowie die Konzentration der → Macht bei einer hierarchisch strukturierten Massenpartei.

Extremismus: Bezeichnet politische Einstellungen, die die freiheitliche demokratische Grundordnung (FDGO) beseitigen wollen. Extremisten vertreten fanatische oder → fundamentalistische Haltungen, → Ideologien oder Ziele, oftmals auch mit Gewalt. Die Formen des Extremismus lassen sich in die Kategorien „rechts", „links" und „religiös" untergliedern.

Föderalismus: (lat. foedus = Bündnis, Vertrag) Gliederung eines → Staates in mehrere gleichberechtigte, in bestimmten politischen Bereichen selbstständige Bundesländer, die an der Willensbildung des Bundes mitwirken.

Fraktion: Organisatorischer Zusammenschluss einer Gruppe von → Abgeordneten einer → Partei bzw. von Parteien, die nicht miteinander konkurrieren (Fraktionsgemeinschaft), zur gemeinsamen Wahrnehmung parlamentarischer Aufgaben.

Fundamentalismus: Das kompromisslose Festhalten an politischen oder religiösen Grundsätzen; der Fundamentalismus bezeichnet unterschiedliche, meist religiös motivierte → Ideologien und → extremistische Strömungen, die den Gedanken des → Pluralismus ablehnen und den Dialog verweigern.

Gesellschaft: Unter Gesellschaft wird eine dauerhafte und strukturierte Vereinigung von Menschen in einem sozialen Raum zum Zweck der Befriedigung und Gewährleistung der Bedürfnisse ihrer Mitglieder verstanden. Die Gesellschaft umfasst nicht nur die Bürger eines → Staates, sondern alle dort Lebenden. Dabei sind die wechselseitigen Beziehungen dieser Menschen von entscheidender Bedeutung. Im Unterschied zu zufälligen Zusammentreffen oder Gemeinschaften sind Menschen einer Gesellschaft dauerhaft aufeinander angewiesen, etwa bezogen auf die → Arbeitsteilung in der → Wirtschaft. Es ist umstritten, ob wir uns aufgrund der → Globalisierung auf dem Weg zu einer europäischen Gesellschaft oder sogar einer Weltgesellschaft befinden.

Gesellschaftsvertrag: Nach den Vorstellungen verschiedener Staatstheoretiker (u. a. John Locke und Jean-Jacques Rousseau) basiert sowohl das Entstehen als auch das Bestehen eines → Staates auf einer freien Vereinbarung der Einzelnen. Die Vertragslehre geht von einem Naturzustand aus, in dem die Einzelnen ohne eine Rechts- und Staatsordnung nebeneinander und mutmaßlich im „Kampf aller gegen alle" (Thomas Hobbes) lebten. Dieser Zustand wurde erst durch einen Gesellschaftsvertrag beendet, eine vereinbarte Herrschaftsordnung zur Gewährleistung von Sicherheit, Frieden und Recht. Historisch wurde ein Gesellschaftsvertrag nie abgeschlossen.

Gewaltenteilung: Grundprinzip in der Organisation (demokratischer) staatlicher Gewalt; Ziel ist es, die Konzentration und den Missbrauch politischer → Macht zu verhindern, die Ausübung politischer Herrschaft zu begrenzen und zu mäßigen und damit die bürgerlichen Freiheiten zu sichern. Gemeinhin wird zwischen der gesetzgebenden Gewalt (Legislative), der ausführenden Gewalt (Exekutive) und der rechtsprechenden Gewalt (Judikative) unterschieden. Diese Funktionen werden unabhängigen Staatsorganen (→ Bundestag, Bundesregierung, Bundeskanzler, Bundesrat, Bundesverfassungsgericht) zugewiesen. In der Praxis ergeben sich Abweichungen vom strikten Prinzip der Gewaltenteilung oder sind Abweichungen sogar vorgesehen (z. B. Verordnungen der Exekutive, Gesetzesinitiativen der Regierung). Auch die Prinzipien des → Föderalismus werden als Teil der Gewaltenteilung angesehen.

Gewerkschaften: Vereinigungen, in denen sich Arbeitnehmerinnen und Arbeitnehmer zusammenschließen, um gemeinsam ihre Interessen gegenüber den Arbeitgebern zu vertreten; die relative Schwäche der einzelnen Arbeitnehmer gegenüber ihren Arbeitgebern soll so ausgeglichen werden. Die Hauptziele der Gewerkschaften in Deutschland sind die Durchsetzung von Lohnforderungen, die soziale Absicherung der Arbeitenden sowie die Verbesserung der Arbeitsbedingungen. Auch der Ausbau der → Mitbestimmung der Arbeitnehmerinnen und Arbeitnehmer in den Betrieben gehört zu den Zielen gewerkschaftlicher Arbeit. Um diese Ziele zu erreichen, verhandeln die Gewerkschaften mit den Arbeitgebern bzw. den → Arbeitgeberverbänden. Die Arbeitsniederlegung, der Streik, ist das letzte Druckmittel der Gewerkschaften. Die meisten und größten deutschen Gewerkschaften sind im Deutschen Gewerkschaftsbund (DGB) zusammengeschlossen.

Gini-Koeffizient: Der Gini-Koeffizient ist ein statistisches Maß der Wohlfahrtsökonomie und dient zur Quantifizierung der relativen Konzentration einer Einkommensverteilung. Im Falle der maximalen Gleichverteilung der Einkommen nimmt er den Wert Null an, während er im anderen Extremfall einer maximal ungleichen Einkommensverteilung den Wert Eins annimmt. Man kann den Gini-Koeffizienten mit der Lorenzkurve bestimmen. Der Gini-Koeffizient entspricht dabei der Fläche zwischen der Winkelhalbierenden (Gerade der perfekten Gleichverteilung) und der entsprechend ermittelten Lorenzkurve in Relation zur Gesamtfläche unterhalb der Winkelhalbierenden.

Globalisierung: Der Begriff bezeichnet eine Zunahme der Staatsgrenzen überschreitenden sozialen Beziehungen v. a. ab den 1990er-Jahren. Insbesondere werden zu den Merkmalen der Globalisierung eine starke Zunahme internationaler Wirtschafts- und Finanztransaktionen, die Ausdehnung der Kommunikationstechnologien (Internet usw.) sowie eine weltweite Ausdehnung (westlicher) Kultur gezählt. Ursachen sind neben der technischen Entwicklung vor allem der Abbau von wirtschaftlichen Schranken durch die wichtigsten Industriestaaten. Eine genaue historische Abgrenzung der Globalisierung von früheren Entwicklungen, z. B. des Weltmarktes, ist umstritten.

Grundgesetz (GG): Das Grundgesetz der Bundesrepublik Deutschland vom 23. Mai 1949 ist die deutsche Verfassung. Das GG hat Vorrang vor allen anderen deutschen Gesetzen, die mit ihm in Übereinstimmung stehen müssen. Es gliedert sich in 14 Abschnitte, denen eine Präambel (Vorwort) vorausgeht. Aufgrund ihrer Bedeutung stehen die Grundrechte in Abschnitt I des GG (Art. 1–19). Das GG kann nur mit einer Zweidrittelmehrheit in → Bundestag und → Bundesrat geändert werden (Art. 79 Abs. 2); die → Grundrechte und der Grundsatz, dass die Länder bei der Gesetzgebung mitwirken, dürfen nicht geändert werden (Art. 79 Abs. 1 und 3). Die Bezeichnung „Gesetz" wählte der Parlamentarische Rat, um den provisorischen Charakter der (west-)deutschen Republik im geteilten Deutschland zu betonen. Im Zuge der Wiedervereinigung und der europäischen Integration wurden verschiedene Änderungen vorgenommen. Es kam nicht zur Ausarbeitung einer neuen gesamtdeutschen Verfassung.

Grundrechte: Verfassungsmäßige, vom jeweiligen → Staat garantierte Rechte, die den Bürger vor staatlichen Übergriffen schützen (Abwehr- bzw. Freiheitsrechte) und ihm die Teilnahme an der politischen Willensbildung garantieren (Teilhaberechte).

Gruppe: Im → soziologischen Sinn ist eine Gruppe eine Ansammlung von mind. zwei (z. T. auch erst ab definiert ab drei) Menschen. Die Mitglieder dieser sozialen Gruppe stehen in direkter Beziehung zueinander, d. h., jedes Gruppenmitglied muss sich der anderen Mitglieder bewusst sein. Dadurch ist eine Interaktion der Mitglieder möglich. Eine Gruppe kann auch eine organisierte Form annehmen und ein bestimmtes Ziel verfolgen, dann spricht man von einer formellen Gruppe. Bilden Menschen aus emotionalen Gründen eine Gruppe, z. B. Cliquen, wird von einer informellen Gruppe gesprochen. Gruppenmitglied ist dabei, wer sich dieser zugehörig fühlt und als Mitglied von den anderen akzeptiert wird.

Handeln, soziales: Soziales Handeln bezieht sich immer auf das Verhalten anderer. Nach Max Weber (1864–1920) ist es zentraler Gegenstand der → Soziologie. Er schrieb: „Soziologie [...] soll heißen eine Wissenschaft, welche soziales Handeln deutend verstehen und dadurch in seinem Ablauf und seinen Wirkungen ursächlich erklären will. ‚Handeln' soll dabei ein menschliches Verhalten (einerlei ob äußeres oder innerliches Tun, Unterlassen oder Dulden) heißen, wenn und insofern als der oder die Handelnden mit ihm einen subjektiven Sinn verbinden. ‚Soziales' Handeln aber soll ein solches Handeln heißen, welches seinem von dem oder den Handelnden gemeinten Sinn nach auf das Verhalten anderer (bezogen) und daran in seinem Ablauf orientiert ist." (Wirtschaft und Gesellschaft, §1)

Homo oeconomicus: Leitbild der Wirtschaftstheorie, das einen rationalen, ausschließlich wirtschaftlich denkenden und handelnden Akteur beschreibt. Dabei wird angenommen, dass der Homo oeconomicus alle Entscheidungsmöglichkeiten kennt und sich für jene entscheidet, die ihm den größtmöglichen Nutzen versprechen (Nutzenmaximierung). Das theoretische Leitbild des Homo oeconomicus dient dazu, komplexe wirtschaftliche Zusammenhänge in Form von Modellen besser beschreiben und prognostizieren zu können. Die Vorstellung des Homo oeconomicus steht (partiell) im Gegensatz zum → aufgeklärten Wirtschaftsbürger.

Homo sociologicus: Vom Soziologen Ralf Dahrendorf in Tradition des → Strukturfunktionalismus, aber auch in kritischer Auseinandersetzung damit (→ Konflikttheorie) entwickeltes Modell; es bezeichnet einen Menschen, dem in seinem alltäglichen Leben verschiedene soziale Rollen zugewiesen werden. Mit diesen Rollen sind verschiedene → Werte, Normen und damit gesellschaftliche Erwartungen verbunden, denen sich das Individuum beugen muss. Diese Rollen können in einen Konflikt treten. Dabei wird zwischen dem Inter- und dem Intra-Rollenkonflikt unterschieden. Bei diesen Konflikten wird der Homo sociologicus sich immer in die Rolle fügen, bei der der Druck am stärksten ist. Die Unterscheidung findet zwischen Muss-, Soll- und Kann-Erwartungen statt. Da die Erwartungen von der → Gesellschaft ausgehen und das Individuum keinen Einfluss auf sie hat, kann es sich ihnen nicht entziehen. Dies kann dazu führen, dass Normen internalisiert werden und sich das Individuum bei Nichteinhaltung selbst bestraft oder belohnt. Das Werte- und Normensystem und die damit verbundenen Erwartungen werden nur selten von der Gesamtgesellschaft definiert, sondern oft von kleineren Gruppen, die für die jeweilige Rolle von Relevanz sind. Das Individuum ist dadurch einer Mischung von Normen und Erwartungen unterworfen, die sein Handeln bestimmen.

Ideologie: Im neutralen Sinne die Lehre von den Ideen, d. h. der wissenschaftliche Versuch, die unterschiedlichen Vorstellungen über Sinn und Zweck des Lebens, die Bedingungen und Ziele des Zusammenlebens etc. zu ordnen; im politischen Sinne dienen Ideologien der Rechtfertigung politischen Handelns, wobei eine bestimmte Weltanschauung und bestimmte Interessen kombiniert werden.

Industrialisierung: Ausbreitung der Industrie, d. h. der Produktion und Weiterverarbeitung von materiellen Gütern und Waren in Fabriken im Verhältnis zu Handwerk und Landwirtschaft; in Europa fand dieser Prozess grundlegend während des 19. Jahrhunderts statt. Inzwischen wurde er von der Tertiarisierung, der Ausweitung des Dienstleistungssektors, abgelöst.

Integration: (Ggs.: → Desintegration) Im sozialwissenschaftlichen Sinne die Herstellung einer gesellschaftlichen Einheit.

Investitionen: Langfristig gebundenes (Finanz-)Kapital in materiellen oder immateriellen Vermögensgegenständen. Dabei steht die zielgerichtete Verwendung der Finanzmittel im Vordergrund. Unterschieden wird zwischen a) Rationalisierungsinvestitionen zum Zweck der Verbesserung bzw. Modernisierung der zur langfristigen Nutzung bestimmten Produktionsmittel, b) Anlageinvestitionen mit dem Ziel der Vergrößerung und Verbesserung des Produktionsapparates, wozu die Ausrüstung (z. B. technische Anlagen, Maschinen, Fahrzeuge oder Betriebs- und Geschäftsausstattung) und Baumaßnahmen (z. B. Wohn- und Verwaltungsgebäude, Büros oder Straßen und andere Verkehrswege) gehören, und c) Vorratsinvestitionen, unter die die Bestände an nicht dauerhaften Produktionsmitteln wie Roh-, Hilfs- und Betriebsstoffe, unfertige Erzeugnisse, fertige Erzeugnisse oder Handelswaren fallen.

Kapitalgüter: Langlebige Gebrauchsgüter bzw. Dienstleistungen; sie werden von Unternehmen angeschafft und zur Herstellung oder Weiterverarbeitung von anderen Gütern bzw. zur Bereitstellung von Dienstleistungen genutzt. Beispiele hierfür sind Grund und Boden, Gebäude.

Kapitalismus: Besonders durch Karl Marx (1818–1883) und Friedrich Engels (1820–1895) geprägter Begriff für das System der → Wirtschaft, in dem wir leben; es zeichnet sich durch Privateigentum an den Produktionsmitteln und Gewinnstreben aus, wobei Letzteres durch das Wirtschaftssystem selbst erzeugt wird (Marktsteuerung, Konkurrenz). Kapitalismus geht von der Freiheit der einzelnen Wirtschaftssubjekte aus sowie von der Annahme, dass deren Austausch auf dem Markt nicht nur ihrem eigenen Gewinn, sondern letztendlich dem Wohle aller diene. Marx kritisierte am Kapitalismus demgegenüber besonders die „Ausbeutung der Arbeiterklasse", seine Krisenhaftigkeit sowie seine Neigung zur Verschwendung (durch Konkurse, Krisen usw.) und zur Hervorbringung von Armut. Versuche, eine Wirtschaft statt über den Markt zentral durch den → Staat zu steuern, sind in der jüngeren Geschichte mehrfach gescheitert.

Koalition: (lat. = das Zusammenwachsen) Bündnis zweier oder mehrerer → Parteien in einem Parlament, um gemeinsam die Regierung zu bilden und zu stützen und ein politisches Programm durchzusetzen. Koalitionen sind dann erforderlich, wenn eine einzelne Partei nicht über die absolute Mehrheit der Parlamentssitze verfügt und sich deshalb mit (kleineren) anderen Parteien verbünden muss.

Kommunismus: Bezeichnet das politische Ziel einer klassenlosen Gesellschaft, herbeigeführt durch einen gewaltsamen Umsturz, die proletarische Revolution; in der kommunistischen Gesellschaft ist das Privateigentum an Produktionsmitteln aufgehoben, und das erwirtschaftete → Sozialprodukt wird gesellschaftlich angeeignet, d. h. allen Menschen gleichermaßen zugänglich gemacht. Der bedeutendste Denker des Kommunismus war Karl Marx.

Konflikttheorie: Innerhalb der → Soziologie nimmt der Konflikt eine besondere Rolle ein. Er wird als ein zentrales Element der gesellschaftlichen Zusammenlebens und als eine Triebkraft des sozialen Wandels begriffen. Dabei wird die Frage gestellt, welche Ursachen sozialen Konflikten zugrunde liegen und welche Folgen sie haben. Zu diesem Zweck werden auch verschiedene Gegenstände der Konflikte, z. B. Verteilungs-, Anerkennungs- oder Machtkonflikte, aber auch Rollenkonflikte untersucht. In Deutschland wurde die Konflikttheorie vor allem von Ralf Dahrendorf vertreten. So hat sein Rollenmodell des → Homo sociologicus zwar viel mit dem → Strukturfunktionalismus und dessen These, dass die Rollen, die jedes Individuum zu erfüllen hat, für die Aufrechterhaltung der Gesellschaft funktional sind, gemein. Im Unterschied zum klassischen Strukturfunktionalismus betont Dahrendorf jedoch nicht eine daraus resultierende Harmonie, sondern die Konflikte, die für das Individuum aus den Widersprüchen zwischen gesellschaftlichen Zwängen und eigenen Freiheitsbedürfnissen entstehen.

Konjunktur: Bezeichnung für die zyklischen Schwankungen der wirtschaftlichen Aktivität. Ein Konjunkturzyklus kann unterteilt werden in Tief (Depression, Stagnation), Aufschwung (Wiederbelebung, Expansion), Hoch (Boom) und Abschwung (Krise, Rezession).

Konservatismus: (lat.: conservare = bewahren) Politische Anschauung, die sich vornehmlich für die Erhaltung und Entwicklung des Bestehenden ausspricht. Kennzeichen sind in der Regel Verfassungspatriotismus, Achtung der nationalen Existenz, Forderung nach einem ordnenden → Staat.

Konsumentensouveränität: (Ggs.: → Produzentensouveränität) Volkswirtschaftlicher Grundsatz, nach dem Umfang und Struktur der Produktion durch die Präferenzen des Konsumenten bestimmt sind bzw. bestimmt werden sollen. Dieses Leitbild stellt eine zentrale Legitimationsbasis für → Marktwirtschaften dar.

Lebensstandard: Bezeichnet den wirtschaftlichen Wohlstand, d. h. den Grad der Versorgung von Personen oder privaten Haushalten in einer → Volkswirtschaft mit Gütern und Dienstleistungen. Nach Art. 25 der Allgemeinen Erklärung der Menschenrechte hat jeder Mensch ein Recht auf „einen Lebensstandard, der seine und seiner Familie Gesundheit und Wohl gewährleistet". Inbegriffen sind hierin Nahrung, Kleidung, Wohnung, ärztliche Versorgung und notwendige soziale Leistungen. Gemessen wird der Lebensstandard u. a. durch das durchschnittliche → Bruttoinlandsprodukt pro Kopf der Bevölkerung, das Bruttonationaleinkommen bzw. Bruttosozialprodukt (→ Sozialprodukt) oder das Pro-Kopf-Einkommen.

Legitimation: Anerkennung einer politischen Ordnung und ihrer Repräsentanten durch das Volk; Voraussetzung dafür ist die Übereinstimmung der politischen Ordnung mit den in der → Gesellschaft allgemein anerkannten Vorstellungen über die Begründung von politischer Herrschaft. In einer demokratischen Ordnung wird die Legitimation der Herrschaftsausübung auf Zeit vor allem durch demokratische → Wahlen geschaffen.

Liberalismus: Philosophische Weltanschauung, die aus der → Aufklärung hervorgegangen ist; im Vordergrund steht die Freiheit des einzelnen Menschen. Jegliche Form des geistigen, sozialen, politischen oder staatlichen Zwangs wird abgelehnt. Unterschieden wird dabei zwischen dem politischen Liberalismus, der die Freiheitsrechte des Individuums und die Beschränkung der politischen Herrschaft in der Form eines Rechts- und Verfassungsstaats anstrebt, und dem Wirtschaftsliberalismus, der eine Wirtschaftsordnung des Privateigentums und der Vertragsfreiheit durchsetzen will. In der liberalen Wirtschaftsordnung kann jedes Individuum seinen eigenen Lebensentwurf konzipieren und realisieren, die individuellen Handlungen werden vom → Staat lediglich koordiniert.

Macht: Verhältnis der Über- und Unterordnung zwischen Personen, → Gruppen, Organisationen oder → Staaten, das – im Unterschied zu Herrschaft und Autorität – nicht der Anerkennung von ihr Betroffenen bedarf. Der Soziologe und Ökonom Max Weber (1864–1920) definierte Macht als „die Chance, innerhalb einer sozialen Beziehung den eigenen Willen auch gegen Widerstreben durchzusetzen, gleichviel, worauf diese Chance beruht".

Marktwirtschaft: Wirtschaftssystem des Wettbewerbs, in dem die Wirtschaftsprozesse dezentral geplant und über die Preisbildung auf den Märkten gelenkt werden; Gewerbe- und Vertragsfreiheit sowie die freie Wahl des Berufs bzw. des Arbeitsplatzes sind Grundvoraussetzungen der Marktwirtschaft (→ Kapitalismus). In Deutschland ist dies durch das Ziel des sozialen Ausgleichs ergänzt (→ soziale Marktwirtschaft).

Massenmedien: Technische Mittel, durch die Aussagen schnell und über große Entfernungen zu einer großen Zahl von Menschen gebracht werden können; Empfänger und Sender von Nachrichten sind sich dabei nicht persönlich bekannt. Massenmedien sind sehr einflussreich und werden als eine Kontrollinstanz z. B. gegenüber dem → Staat angesehen („vierte Gewalt"). Zugleich aber sind die durch sie verbreiteten Nachrichten für die Empfänger kaum noch zu überprüfen. Zu den Massenmedien zählen Zeitungen, Hörfunk, Fernsehen und das Internet.

Menschenrechte: Rechte, die jedem Menschen zustehen, unabhängig von Herkunft, Geschlecht, Religion und Vermögen. Ihr Inhalt liegt darin, jedem Menschen eine gesicherte Existenz und Entfaltung zu ermöglichen. Im Gegensatz zu anderen Rechten sollen die Menschenrechte jedem Menschen von Natur aus zukommen, also nicht erst durch die Garantie eines → Staates (Bürger). Deshalb „gelten" sie nicht wie andere Rechte, sondern bezeichnen den Anspruch auf ein menschenwürdiges Leben.

Migration: (lat.: migratio = Wanderung) Mit diesem Ausdruck werden verschiedene Formen der Ein- und Auswanderung zusammengefasst (Asylsuche, Arbeitsmigration, Flucht vor Krieg usw.). Das trägt der Tatsache Rechnung, dass alle diese Formen Gemeinsamkeiten aufweisen: einen Migrationsgrund, der nahezu immer eine Art von Zwang beinhaltet, und soziale Probleme, die aus der Situation im Aufnahmeland folgen.

Milieu, soziales: Das soziale Umfeld, in dem ein Mensch lebt und von dem er geprägt wird.

Mitbestimmung: Mitwirkungsrechte der Arbeitnehmer(-vertreter) bei unternehmerischen Entscheidungen; zu unterscheiden sind die betriebliche Mitbestimmung und die Mitbestimmung im Aufsichtsrat. Die betriebliche Mitbestimmung in der privaten Wirtschaft ist im Betriebsverfassungsgesetz festgelegt. Wichtigstes Organ der betrieblichen Mitbestimmung ist der → Betriebsrat. Die Mitbestimmung im Aufsichtsrat (auch: Unternehmensmitbestimmung) wird durch mehrere Gesetze geregelt. Wesentliches Element ist die Vertretung der Arbeitnehmerinnen und Arbeitnehmer im Aufsichtsrat von Kapitalgesellschaften. Der Anteil der ihnen zustehenden Aufsichtsratsmandate hängt von der Zahl der Mitarbeiter ab.

Nachhaltigkeit: Bezeichnung für das Prinzip, nach dem die wirtschaftliche Entwicklung so zu beeinflussen ist, dass der Umweltverbrauch zunehmend geringer wird und das ökologische System sich erholen kann; die Idee der nachhaltigen Entwicklung geht zurück auf den Bericht der Brundtland-Kommission der Vereinten Nationen von 1987 und insbesondere auf die UN-Konferenz für Umwelt und Entwicklung (UNCED) 1992 in Rio de Janeiro.

Nichtregierungsorganisation: (engl.: non-governmental organization, NGO) Nichtstaatliche Organisation, die sich für bestimmte Belange des Gemeinwohls einsetzt. Das Regionale Informationszentrum der Vereinten Nationen für Westeuropa (UNRIC) bestimmt eine NGO als „nicht gewinnorientierte Organisation von Bürgern, die lokal, national oder international tätig sein kann. Auf ein bestimmtes Ziel hin ausgerichtet, versuchen NGOs, eine Vielzahl von Leistungen und humanitären Aufgaben wahrzunehmen, Bürgeranliegen bei Regierungen vorzubringen und die politische Landschaft zu beobachten. NGOs stellen Analysen und Sachverstand zur Verfügung und helfen, internationale Übereinkünfte zu beobachten und umzusetzen. Manche NGOs wurden für ganz bestimmte Aufgaben gegründet, so zum Beispiel für Menschenrechte, Umwelt oder Gesundheit."

Normen: Siehe → Werte.

Opposition: Minderheit im Parlament; ständige Alternative zur Regierung, die entsprechend den konstitutionellen Regeln (→ Wahlen, konstruktives Misstrauensvotum) Mehrheit werden will und kann.

Ordnungspolitik: Summe aller rechtlich-organisatorischen Maßnahmen, durch die die Träger der Wirtschaftspolitik über eine entsprechende Ausgestaltung der Wirtschaftsverfassung die längerfristigen Rahmenbedingungen für den Wirtschaftsprozess innerhalb einer Wirtschaftsordnung setzen. Die ordnungspolitischen Maßnahmen müssen dem Grundtypus der Wirtschaftsordnung (→ Marktwirtschaft) entsprechen (z. B. marktkonform sein).

Parlamentarischer Rat: Er erarbeitete zwischen September 1948 und Mai 1949 das → Grundgesetz der Bundesrepublik Deutschland, das er am 8. Mai 1949 verabschiedete. Grundlage dafür waren die „Frankfurter Dokumente" der Westalliierten (USA, Großbritannien und Frankreich) vom 1. Juli 1948 und ein vom Verfassungskonvent auf Herrenchiemsee (10. bis 23. August 1948) konzipierter Verfassungsentwurf. Der Parlamentarische Rat bestand aus 65 Mitgliedern der westdeutschen Länderparlamente. Vorsitzender war der spätere deutsche Bundeskanzler Konrad Adenauer. Nach der Vorbereitung der Wahl zum ersten Deutschen → Bundestag am 14. August 1949 löste sich der Parlamentarische Rat auf.

Partei: Parteien sind auf Dauer angelegte Organisationen politisch gleichgesinnter Menschen. Sie verfolgen bestimmte wirtschaftliche, gesellschaftliche etc. Vorstellungen, die meist in Parteiprogrammen festgeschrieben sind, sowie das Ziel, Regierungsverantwortung zu übernehmen. Politische Parteien existierten bereits in der Antike, die Parteien im heutigen Sinne jedoch erst seit der Entwicklung des Parlamentarismus im 18. Jahrhundert und der Französischen Revolution. In Deutschland ist ihre Stellung im → Grundgesetz besonders hervorgehoben (Art. 21 GG).

Partizipation: Beteiligung der Bürger am Willensbildungs- und Entscheidungsprozess im demokratischen System, u. a. durch → Wahlen, Mitgliedschaft in → Parteien, → Verbänden, Bürgerinitiativen und Vereinen bzw. durch Wahrnehmung der in der Verfassung verankerten Artikulations- und Mitwirkungsrechte.

Plenum: Die Gesamtheit der Mitglieder eines Parlaments; eine Sitzung, an der die Abgeordneten teilnehmen, nennt man auch Plenarsitzung.

Pluralismus: Auffassung, dass es mehrere, in Voraussetzungen und Zielsetzungen verschiedenartige politische und gesellschaftliche Vorstellungen gibt, die in der Gesellschaft gleichzeitig legitim nebeneinander vorhanden sind, wobei allen das gleiche Recht auf Entfaltung ihrer Interessen zukommt.

Politik: Im weiten Sinne jegliche Art der Einflussnahme und Gestaltung sowie der Durchsetzung von Forderungen und Zielen, sei es in privaten oder öffentlichen Bereichen; im engeren bzw. klassischen Sinne Staatskunst, das Öffentliche bzw. das, was alle Bürger betrifft und verpflichtet; das Handeln des Staates und das Handeln in staatlichen Angelegenheiten (von griech.: polis = Stadtstaat); im modernen Sinne auf die Durchsetzung bestimmter Ziele besonders im staatlichen Bereich und auf die Gestaltung des öffentlichen Lebens gerichtetes Handeln von Regierungen, Parlamenten, Parteien, Organisationen etc.

Produktionsfaktoren: Mittel, mit denen Menschen Güter und Dienstleistungen herstellen: Arbeit, Boden (bzw. Umwelt) und Kapital; inzwischen wird als vierter Faktor z. T. der technische Forschritt hinzugenommen.

Produktivität: Verhältnis zwischen mengenmäßiger Produktion und den zur Produktion notwendigen → Produktionsfaktoren, vor allem Arbeit und Kapital.

Produzentensouveränität: (Ggs.: → Konsumentensouveränität) Nach dem Leitbild der Produzentensouveränität gehen die Lenkungskräfte des Marktes nicht von den Verbrauchern, sondern von den Produzenten aus, die die Bedürfnisse der Verbraucher z. B. durch Marketing beliebig formen könnten; der Konsument habe keinen maßgeblichen Einfluss auf die Produktion = „Herrschaft der Anbieter" (Kenneth Galbraith).

Rassismus: Bezeichnet eine → Ideologie, die Menschen aufgrund körperlicher oder kultureller Eigenarten oder aufgrund ihrer ethnischen, nationalen oder religiösen Zugehörigkeit in angeblich naturgegebene Gruppen – sogenannte Rassen – einteilt und diese hierarchisiert. Rassisten glauben dabei an die Überlegenheit der eigenen „Rasse" bzw. Gruppe und betrachten andere kulturelle oder gesellschaftliche Gruppen als minderwertig.

Realsozialismus: Als Realsozialismus oder real existierender Sozialismus wird ein politisches und ökonomisches System bezeichnet, das in der Sowjetunion (UdSSR) und vielen mit ihr eng verbundenen Staaten des ehemaligen Ostblocks existierte. Neben der Berufung der politischen Führung auf die Lehren von Karl Marx und Friedrich Engels galten staatlicher Zentralismus und Planwirtschaft als Kennzeichen dieser Länder. Bürgerliche Freiheitsrechte existierten nicht. Der Begriff „real" bringt zum Ausdruck, dass die entsprechenden Staaten sich als Verwirklichung der Ideen des → Sozialismus und → Kommunismus verstanden. Idee und Realität jedoch waren nicht deckungsgleich.

Rechtsstaat: Bezeichnung für einen → Staat, in das Handeln der staatlichen Organe gesetztem Recht (i. d. R. Verfassungen, in Deutschland dem → Grundgesetz) untergeordnet ist; den einzelnen Bürgerinnen und Bürgern stehen damit bestimmte unverbrüchliche → Grundrechte zu, während dem staatlichen Handeln bestimmte Grenzen gesetzt sind. Im Rechtsstaat soll alles staatliche Handeln dem (Verfassungs-)Recht und der Verwirklichung von Gerechtigkeit dienen.

Rolle: In jedem zusammenhängenden System werden Verhaltensweisen eingenommen, die durch die Erwartungen der → Gesellschaft dem Individuum abverlangt werden. Diese Rollenerwartungen unterscheiden sich nach der jeweiligen sozialen Position. Das Individuum kann dabei verschiedene Rollen gleichzeitig einnehmen, z. B. Schüler, Sohn, Mitglied im Sportverein. Jede Rolle kann andere Erwartungen an das Individuum herantragen. Hieraus können Rollenkonflikte entstehen.

Solidaritätsprinzip: In der gesetzlichen → Sozialversicherung der Grundsatz, dass alle zu versichernden Risiken solidarisch von allen Versicherten (durch nach Einkommen gestaffelte Beiträge) zu tragen sind, die Leistungen jedoch unabhängig von der Beitragshöhe gewährt werden. In der Bundesrepublik ist das Solidaritätsprinzip grundsätzlich durch das → Subsidiaritätsprinzip ergänzt.

Souveränität: Der Begriff Souveränität ist ein Produkt des modernen → Staates und seiner Theorie und bezeichnet die höchste, nicht abgeleitete, umfassende und nach innen wie nach außen unbeschränkte Hoheitsgewalt, im Staatsinneren als staatliches Gewalt- und Rechtsetzungsmonopol, nach außen als „Völkerrechtsunmittelbarkeit", d. h. als Hoheit über ein bestimmtes Staatsgebiet (Prinzip der Selbstregierung) und rechtliche Unabhängigkeit nach außen. In der → Demokratie ist das Volk der oberste Souverän (Prinzip der Volkssouveränität).

Soziale Marktwirtschaft: Bezeichnung für eine Wirtschaftsordnung, die auf der Basis des Wettbewerbs dem → Staat die Aufgabe zuweist, sozialpolitische Korrekturen vorzunehmen und auf sozialen Ausgleich hinzuwirken. Dieses in Tradition des Ordoliberalismus u. a. von Alfred Müller-Armack und Walter Eucken entwickelte wirtschaftspolitische Modell wurde nach dem Zweiten Weltkrieg bes. von Bundeswirtschaftsminister Ludwig Erhardt umgesetzt und gilt bis heute als Grundlage des deutschen Wirtschaftssystems. Ein → Sozialstaat ist in dieser Wirtschaftsordnung notwendig, weil der ungehemmte → Kapitalismus des 20. Jahrhunderts zu schwerwiegenden sozialen Problemen führte und so mit zu den politischen Erschütterungen und den beiden Weltkriegen beitrug.

Sozialisation: Sozialisation umfasst die aktive und fortwährende Integration des Individuums in unterschiedliche soziale Einheiten – von der Familie bis zur → Gesellschaft – mittels der Aneignung von z. B. → Werten, Normen oder Verhaltensmustern.

Sozialismus: Politische Theorie mit Hauptaugenmerk auf der Gleichheit und Brüderlichkeit der Menschen; er stellt einen Gegenpol zum → Liberalismus dar. In der sozialistischen Idee soll das Privateigentum abgeschafft werden und die Gemeinschaft die Produktionsmittel besitzen. Damit soll die soziale und ökonomische Abhängigkeit beendet werden. Der Sozialismus beruht auf dem Grundgedanken der solidarischen → Gesellschaft und die Idee hat verschieden starke Ausprägungen. Das Wirtschaftssystem im Sozialismus ist die Plan- oder Zentralverwaltungswirtschaft. In dieser Wirtschaftsordnung werden die Produktion und die Verteilung von Gütern und Dienstleistungen vom → Staat gelenkt. Diese Verwaltung folgt einem staatlich vorgegebenen Plan. Alle Wirtschaftssubjekte müssen sich an diesen Plan halten. In der Realität (= Realsozialismus) scheiterten vergangene Planwirtschaften daran, dass der Plan und die Realisierung nicht übereinstimmten und so Defizite erwirtschaftet wurden. Zudem konnte mangels Innovationen keine Weiterentwicklung stattfinden.

Sozialprodukt: Das Sozialprodukt bezeichnet die Summe aller wirtschaftlichen Leistungen einer → Volkswirtschaft (i. d. R. bezogen auf ein Jahr), d. h. aller Güter und Dienstleistungen, die investiert, gegen ausländische Güter und Dienstleistungen getauscht oder verbraucht wurden. Es ist daher Ausdruck der quantitativen Leistungskraft einer Volkswirtschaft, dient als Vergleichsgröße (z. B. gegenüber anderen Ländern), liefert Informationen über die Zusammensetzung einer Volkswirtschaft (Wirtschaftsstruktur) und die → Konjunkturentwicklung. Inwieweit das Sozialprodukt als Maß für die Wohlstandsentwicklung eines Landes tauglich ist, ist in der Fachliteratur umstritten, da bestimmte Größen (Umweltbelastung, Reichtumsverteilung) durch das Sozialprodukt nicht erfasst werden. Unterschieden werden das Bruttosozialprodukt (BSP, auch Bruttonationaleinkommen, BNE) und das Nettosozialprodukt. Bei der Berechnung des BSP wird vom → Bruttoinlandsprodukt ausgegangen. Von diesem werden die Erwerbs- und Vermögenseinkommen abgezogen, die an das Ausland geflossen sind, und die Einkommen hinzugefügt, die von Inländern aus dem Ausland bezogen worden sind. Das Nettosozialprodukt ist das BSP abzüglich volkswirtschaftlicher Abschreibungen (Wertminderung der Produktionsmittel durch Veralten oder Abnutzung).

Sozialstaat: Eines der vier Grundprinzipien des politischen Systems der Bundesrepublik Deutschland – neben Demokratie, → Rechtsstaat und Bundesstaat (→ Föderalismus). Das Prinzip bedeutet, dass der → Staat seine Bürger gegen soziale Risiken abzusichern und soziale Ungleichheit abzumildern hilft.

Sozialversicherung, gesetzliche: Die gesetzliche Sozialversicherung umfasst: a) die gesetzliche Krankenversicherung (GKV), die sich aus (jeweils zur Hälfte entrichteten) Beiträgen der Arbeitgeber und der Arbeitnehmer finanziert; der Beitrag hängt vom individuellen Einkommen des Arbeitnehmers ab; b) die gesetzliche Rentenversicherung (GRV), die sich ebenfalls aus Beiträgen der Arbeitnehmer und der Arbeitgeber finanziert; c) die gesetzliche Unfallversicherung (GUV), deren Beiträge von den Unternehmen bzw. den öffentlichen Arbeitgebern entrichtet werden; d) die Arbeitsförderung/Arbeitslosenversicherung, die hauptsächlich durch (je zur Hälfte entrichtete) Beiträge der Versicherten und der Unternehmen finanziert wird; e) die gesetzliche Pflegeversicherung.

Soziologie: Die Wissenschaft von der menschlichen Gesellschaft; sie untersucht verschiedene Formen von → Gesellschaften und ihren Untergruppen (z. B. Familien oder Vereine) sowie deren Wandlungen im Zeitablauf. Dabei erklärt die Soziologie das Zusammenspiel von Verhaltensweisen, Strukturen und Funktionen in diesen → Gruppen.

Spezialisierung: Die Beschränkung auf einen Teil eines Ganzen; sie entsteht in der Wirtschaft durch → Arbeitsteilung. Die einzelne Stelle oder Abteilung ist dabei auf eine Teilaufgabe innerhalb der gesamten Unternehmensaufgaben spezialisiert. Vorteile der Spezialisierung liegen in einer erhöhten → Produktivität durch die Beschränkung der Ausführenden auf Tätigkeiten, die von ihnen am besten erfüllt werden können. Spezialisierung findet in der Produktion, in der Verwaltung, zwischen Unternehmen einer → Volkswirtschaft und zwischen Volkswirtschaften selbst im Rahmen der Weltwirtschaft statt.

Staat: Politische Organisation, unter der die Menschen einer Gesellschaft leben; nach der gängigen Definition sind drei Aspekte für einen Staat notwendig: Er muss ein eindeutiges eigenes Territorium haben (Staatsgebiet), die Menschen wohnen, die zu diesem Staat gehören (Staatsvolk; Bürger), und eine Regierung, die vom Staatsvolk anerkannt ist (Staatsgewalt). Ein Staat hat Außenbeziehungen zu anderen Staaten, die im Allgemeinen durch das Völkerrecht geregelt werden. Nach innen ist der Staat → souverän, d. h., es steht keine Gewalt über ihm. Im → Rechtsstaat verpflichtet sich der Staat, seine Gewalt nur gemäß den geltenden Gesetzen auszuüben.

Strukturfunktionalismus: Der Strukturfunktionalismus ist eine theoretische Richtung der → Soziologie, er betrachtet soziale Systeme als Gebilde, die ihre eigene Existenz erhalten wollen. Es wird untersucht, welche Bestandsvoraussetzungen gegeben sein müssen, um das System strukturell zu sichern, und welche Funktionen diese Struktur hat. Die zentrale Frage ist nach Talcott Parsons dabei, wie soziale Ordnung möglich ist. Dabei wird davon ausgegangen, dass soziale Ordnung auf geteilten → Werten und Normen beruht und diese die individuellen Handlungsziele vorgeben und zu den Zielen anderer Akteure passen. Dies geschieht durch bewusste oder unbewusste Orientierung am sozialen Gefüge. Normen wirken dabei systemstabilisierend, weil sie das Handeln und die Ziele des Individuums lenken können.

Strukturwandel: Folgenreiche Änderung der Zusammensetzung des Wirtschaftslebens (in einer Region); der Niedergang des Bergbaus und der Stahlindustrie im Ruhrgebiet etwa brachte vielfältige wirtschaftliche, politische und soziale Veränderungen mit sich. Die Politik versucht, den Strukturwandel günstig zu beeinflussen, indem sie u. a. die Ansiedlung neuer Betriebe anstelle wegfallender Arbeitsplätze fördert.

Subsidiaritätsprinzip: Aus der katholischen Soziallehre stammendes gesellschaftliches Gestaltungsprinzip, das die Selbstbestimmung und Selbstverantwortung des Individuums bzw. der jeweils kleineren sozialen Gruppen im Verhältnis zum Staat sowie den Vorrang von Regelungen auf jeweils unterer Ebene gegenüber Regelungen „von oben" betont.

Subventionen: Finanzhilfen bzw. Steuervergünstigungen zur Unterstützung privater Unternehmen.

Symbolischer Interaktionismus: Theorie des Philosophen und Sozialpsychologen George Herbert Mead; das menschliche Erleben und Verhalten lässt sich nach seiner Auffassung nur durch Berücksichtigung sowohl der individuellen Persönlichkeit als auch der jeweiligen Situation vorhersagen. Es ist damit Teil und Folge eines Interaktionsprozesses. Somit beschäftigt sich diese Theorie mit der Interaktion zwischen Personen und basiert auf dem Grundgedanken, dass die Bedeutung von sozialen Objekten, Situationen und Beziehungen im Interaktionsprozess bzw. in der Kommunikation ausgehandelt wird. Im Unterschied zum → Strukturfunktionalismus sieht es also demnach auch eine größere Freiheit der Individuen im Umgang mit → Rollen gegeben.

Tarifvertrag: Vertrag zwischen Parteien mit Tariffähigkeit zur Regelung ihrer Rechte und Pflichten und zur Festsetzung von arbeitsrechtlichen Normen.

Transferleistungen: Staatliche Finanzleistungen an ein Individuum bzw. an private Haushalte ohne die Verpflichtung zu einer wirtschaftlichen Gegenleistung; sie werden auch als Sozialleistungen bezeichnet (Zahlungen an Unternehmen als → Subventionen). Dazu zählen z. B. Leistungen der → Sozialversicherungen, Kindergeld und Ausbildungsbeihilfen.

Verbände: Organisierte Gruppen mit bestimmten sachlichen und/oder ideellen Zielen und Interessen. Sie unterscheiden sich von → Parteien dadurch, dass sie kein allgemeines politisches Programm anbieten und keine Beteiligung an → Wahlen anstreben. Stattdessen versuchen sie, politische Entscheidungen in ihrem Sinne zu beeinflussen.

Volksbegehren: Recht der Gesetzesinitiative des Volkes, das dann zu einem → Volksentscheid führt, wenn es von einer bestimmten Anzahl wahlberechtigter Bürger durch ihre Unterschrift unterstützt wird.

Volksentscheid: Verbindliche Entscheidung des Volkes zu einer bestimmten Frage.

Volkspartei: Ein Typ von → Parteien, der mit einem breit gefächerten Programm möglichst viele Wähler und Mitglieder aus unterschiedlichen sozialen Schichten ansprechen will.

Volkswirtschaft: Alle privaten Haushalte, Unternehmen und Einrichtungen eines → Staates bilden zusammen die Volkswirtschaft. Alle, die Güter erzeugen, verteilen und verbrauchen, gehören dazu. Zwei wichtige Merkmale sind eine gemeinsame Währung und ein gemeinsames Wirtschaftssystem.

Wahlen: In einem repräsentativen System werden Volksvertreter gewählt (→ Demokratie, repräsentative). Die Bundestagswahl ist eine personalisierte Verhältniswahl. Die 598 Sitze im Bundestag werden zur Hälfte über die Erststimme, mit der man einen Kandidaten aus seinem Wahlkreis wählt, vergeben (299 Wahlkreise = 299 Direktmandate) und zur Hälfte über die Zweitstimme, mit der man eine Partei bzw. die Landesliste einer Partei wählt (299 Listenmandate). Die Zweitstimme entscheidet darüber, wie viele Sitze eine Partei im Bundestag erhält. Hinzu kommen die sogenannten Überhang- und Ausgleichsmandate: Erhält eine Partei mehr Direktmandate, als ihr gemäß dem Anteil an Zweitstimmen zusteht, so darf sie diese zusätzlichen „Überhangmandate" in den Bundestag einbringen. Der Bundestag wird dann so lange vergrößert, bis der Partei die entsprechende Anzahl der Sitze gemäß ihrem Zweitstimmenanteil zusteht. Ihre Überhangmandate werden also durch Ausgleichsmandate für die anderen Parteien vollständig neutralisiert.

Werte: Werte sind allgemeine und grundlegende Orientierungsmaßstäbe bei Handlungsalternativen. Aus Werten leiten sich Normen und → Rollen ab, die das Alltagshandeln bestimmen.

Wirtschaft (Ökonomie): Unter Wirtschaft versteht man die Gesamtheit aller menschlichen Tätigkeiten, die sich auf die Produktion und den Verbrauch von Gütern und Dienstleistungen beziehen. Da unsere Gesellschaft → arbeitsteilig arbeitet, können darunter auch Tätigkeiten fallen, die scheinbar mit der Güterproduktion gar nichts zu tun haben, wie z. B. Planungs- oder Kontrolltätigkeiten. Häufig werden unter „Wirtschaft" dabei nur die Teilbereiche von Arbeit verstanden, in denen Menschen gegen Bezahlung tätig sind. Tatsächlich aber sind z. B. Arbeiten im Haushalt für eine → Gesellschaft von großer Wichtigkeit. Die Art und Weise, in der die Wirtschaft auf gesellschaftlicher Ebene organisiert ist, nennt man Wirtschaftsordnung.

Wirtschaftswunder: Der wirtschaftliche Aufschwung in der Bundesrepublik Deutschland nach den schweren Zerstörungen des Zweiten Weltkriegs; dieser Aufschwung währte von 1949 ununterbrochen bis 1966. Als Grundlage gelten die Währungsreform von 1948, ein großes Reservoir an gut ausgebildeten Arbeitskräften (später auch die sogenannten Gastarbeiter) sowie niedrige Löhne und Lohnnebenkosten.

Stichwortverzeichnis

A

Abgeordnete 84, 105, 114 f., 122 ff., 149 f., 161
Agenda 2010/Hartz IV 51
Anarchismus 97, 101, 104
Angebot/Angebotskurve 18 f.
Antisemitismus 94
Arbeitslosigkeit(-squote) 56 ff., 58 f., 67, 73, 136, 158, 174, 208
Arbeitsteilung
- in der Wirtschaft 14, 24
- internationale 30, 55
- zwischen Bürgern und Politikern 165 f.

Arbeitsverhältnisse 66 f., 207 f., 212
Atompolitik 108

B

Bedürfnis 10 ff.
Beruf 85, 205 ff.
Betrieb 27 ff., 206, 210 f.
Betriebsrat 34, 206
Bilanz 32
Bruttoinlandsprodukt 64
Bundesfreiwilligendienst 85
Bundeskanzler 105, 107, 124 f., 126, 128
Bundeskartellamt 46, 76, 77 f.
Bundespräsident 105, 107, 125 ff., 135, 140
Bundesregierung 105 f., 108, 128, 135, 140
Bundesrat 105, 108, 126, 128, 135, 140
Bundesstaat(-sprinzip) 126, 131
Bundestag 82, 91, 105, 108, 113, 122, 124 f., 128, 135, 140
Bundesverfassungsgericht 105 f., 126 f., 131, 135, 138 ff.
Bundesversammlung 105

C

Ceteris-paribus-Klausel 16

D

DDR/Ostdeutschland 133 f.
Demokratie
- direkte 90, 141, 149 ff., 161 ff.
- repräsentative 90, 141, 149 ff., 154
- Gefährdung der 155 ff.

Demokratietheorien 141 ff.
Desintegration 163 f.
Diktatur 43 f., 129

E

E-Mobilität 62 f.
Ehrenamt 87 f.
Einkommensverteilung 36, 40, 60, 66 f.
Entrepreneurship 33
Etablierten-Außenseiter-Modell 220
Experiment (Asch, Milgram) 219 f.
Extremismus 155, 160 ff.

F

Familie 195 ff., 204
FDGO 129 ff.
Föderalismus 126, 130
Fragebogen 180 f.
Freiwilliges Ökologisches Jahr 85
Freiwilliges Soziales Jahr 85
Fundamentalismus 155
Fusion 75 f.

G

Geld
- Funktionen 39
- Stabilität 44, 46, 48 f.

Gerechtigkeit 36, 49, 55 f., 66
Geschlecht 176, 183 f., 206, 212, 228 f.
Gesellschaftsvertrag 143 ff.
Gesetzgebung 50, 105 ff., 129, 140
Gewaltenteilung 134 f., 140
Gewaltenverschränkung 135, 140
Gewerkschaft 35 f., 65
Gewinn- und Verlustrechnung 32
Gleichgewichtspreis 18 f.
Globalisierung 39, 55 f., 71
Google 191
Grundgesetz
- polit. System 90, 94, 97, 122 f., 127 ff., 130, 132
- Sozialstaat 50
- Wirtschaft 44, 54

Grundrechte 129 ff., 136 ff.
Gruppe, soziale 213 ff.
Güter, Güterarten, Güternutzen 10 f.

H

Homeschooling 199
Homo oeconomicus 17, 19, 21, 26
Homo sociologicus 224 f., 232

I

Identität 183 ff.
Identitätsbalance 192, 194
Individuation 186, 194, 226
Innovation 73, 75
Integration 85, 163, 184, 186, 194, 229
Interesse, politisches 156, 164
Internet 120, 171, 191, 203
Interview 180 f.
Investitionen 13 f., 22, 28, 33

J

Jugend (Lebensphase) 170 ff.

K

Knappheit 15, 26
Koalitionsbildung 124
Konflikt 103 f., 210 ff., 220 f., 227, 232
Konservatismus 99, 104
Konsum 10 ff.
Konsumentensouveränität 24 ff.

L

Lebensstandard 11, 79
Liberalismus 19, 39, 41, 42, 98 f., 104

M

Manipulation (durch Werbung) 20, 24
Marketing 31
Marktformen (Monopol, Oligopol, Polypol) 72, 75
Marktmodell 18 f., 26
Marktversagen 40, 66 ff., 70
Marktwirtschaft
- freie 19, 41, 48
- soziale 39 ff., 55 ff., 70

Medien 116 f., 118 ff., 128, 202 ff.
Mehrheitswahl 84
Menschenrechte 129 ff.
Menschenwürde 130
Migration(-shintergrund) 183, 193 f., 228 f.
Misstrauensvotum, konstruktives 122, 125
Mitbestimmung (im Betrieb) 34 ff.
Mobbing 203, 210 f., 212, 221
Modellbildung, wirtschaftswissenschaftliche 16

N

Nachfrage/Nachfragekurve 16, 18 f.
Nachhaltigkeit 21, 26, 33
Nichtregierungsorganisation 87 f., 92, 102
Normen, soziale 176 f., 182, 214 ff., 222, 232

O

Ökonomisches Prinzip 15, 28
Opportunitätskosten 15
Opposition 123, 128, 132 f.
Ordnungspolitik 47, 71 ff.
Ordoliberalismus 45

P

Parlamentarischer Rat 130
Partei, politische 87 f., 93 ff., 158 f.
Parteien-/Politikverdrossenheit 88 f., 155 ff., 165 ff.
Partizipation 84 ff., 155 ff., 165 ff.
Peergroup 194, 200 ff., 202 f., 204
Planwirtschaft 41, 42 f.
Pluralismus 86 f., 92, 146 f., 154
Politikdimensionen (Polity, Policy, Politics) 109
Politikzyklus 109
Präsentation 201
Preisbildung 18 f., 43, 72
Privateigentum 19, 42, 46, 48
Produktion, Produktionsfaktoren 14, 18 f., 26, 30
Produktivität 14
Produzentensouveränität 24 ff.
Programmaussagen, Analyse von 96, 102

R

Rationalität(-sprinzip) 15, 17, 26
Rechtsstaat(-sprinzip) 40, 44, 49, 50, 129 ff., 138 f.
Rolle, soziale 174, 177, 184, 188 f., 192, 194, 197, 200, 214 ff., 223 ff., 230 ff.
Rollenerwartungen 194, 224 ff., 230 f.
Rollenwechsel 209

S

Schule 198 f., 204
Shareholder-Value 33
Shell Jugendstudie 86, 88, 155, 158, 178 f.
Solidaritäts(-sprinzip) 87, 92, 96, 104
Sozialisation 163, 164, 183, 185 ff., 188 f., 195 ff., 201 ff., 205 ff.
Sozialismus 41, 42 ff., 69, 96 f., 100, 104
Sozialstaat(-sprinzip) 50 ff., 55
Staatsversagen 40 f., 70
Stakeholder-Value 33
Statistiken, Analyse von 58
Strukturfunktionalismus 223 ff.
Subsidiarität(-sprinzip) 87, 92
Symbolischer Interaktionismus 207, 223, 226 f.
Szenario 124, 125, 230

T

Tarifverhandlungen/-vertrag 34 ff., 36
Teamwork 217, 222
Textanalyse 68 f.

U

Überflussgesellschaft 10, 11, 13, 26
Ultimatumspiel 17
„Unsichtbare Hand" 19, 41
Unternehmen
• Formen 29
• Gründung 27 f.
• Kernfunktionen 31
Untersuchungsausschuss 123, 128, 140
Urteilskompetenz, politische 110 ff.

V

Verband 62, 64, 70, 74, 86
Verhältniswahl 84, 106
Vertragsfreiheit 19, 24, 42, 44, 46, 51, 79, 98
Vertrauensfrage 125, 128, 135
Volksbegehren 90, 151, 152, 154
Volksentscheid 90, 151 f., 153, 154, 165
Volksinitiative 149, 151, 154

W

Wahlbeteiligung 156, 164, 165 ff.
Wahlen 84, 90 f., 92
Wahlrecht 84
Werte 176 f., 179, 182
Wertschöpfung 30, 38
Wettbewerb 71 ff., 75 f.
Wettbewerbsbeschränkungen 72 ff., 75
Wettbewerbsordnung/-politik 47, 74 ff., 77
Wirtschaftsbürger, aufgeklärter 20 f., 26
Wirtschaftskreislauf 10, 22 f., 26, 47
Wirtschaftskrise 42

Z

Zukunft
• Jugendlicher 170 ff.
• der Demokratie 92 f., 117, 155 ff.
• der sozialen Marktwirtschaft 67 ff.

Bildquellenverzeichnis

|akg-images GmbH, Berlin: 94, 94, 98, 141; Lessing, Erich 98, 144. |alamy images, Abingdon/Oxfordshire: Levine, Richard 84; Trinity Mirror/Mirrorpix 174. |Alf, Renate, Weimar: 188. |APPD, Berlin: 97. |Baaske Cartoons, Müllheim: Dieter Hanitzsch 148, 148; Ulrich Kieser 118. |Bergmoser + Höller Verlag AG, Aachen: 43, 49, 59, 59, 60, 61. |bpk-Bildagentur, Berlin: 100; Deutsches Historisches Museum 95, 95. |Bridgeman Images, Berlin: R. Bayne Powell Collection 99. |Bundesamt für Familie und zivilgesellschaftliche Aufgaben, Köln: 85. |Bundesarbeitskreis FSJ, Berlin: 85. |Bundesministerium der Finanzen, Berlin: 53. |BÜNDNIS 90/DIE GRÜNEN, Berlin: 93, 96. |Bündnis C – Christen für Deutschland, Karlsruhe: 97. |CartoonStock.com, Bath: 209; Schwadron, Harley 199; Wildt, Christ 217. |CDU Deutschlands, Berlin: 93, 95, 96. |Die Grauen - Für alle Generationen, Berlin: 97. |DIE LINKE, Berlin: 93, 97. |die medienanstalten — ALM GbR, Berlin: 117. |Die PARTEI, Berlin: 97. |DIE REPUBLIKANER (REP), Berlin: 97. |Domke, Franz-Josef, Hannover: 36, 39, 51, 52, 65, 120, 225; Bertelsmann Stiftung (2017): Infografik - Soziale Gerechtigkeit in Europa 2017 57; IfM Institut für Mittelstandsforschung 27; KfW-Gründungsmonitor 2016, Tabellen- und Methodenband 27, 27; nach: Shell Jugendstudie 2015 88; Quelle: Bertelsmann Stiftung (2017): Populäre Wahlen – NRW. Mobilisierung und Gegenmobilisierung der sozialen Milieus bei der Landtagswahl NRW 2017, Gütersloh 2017, S. 7 156; Quelle: JIM-Studie 2017, www.mpfs.de 202, 202; © Bundeskanzlei BK, Bern 149; © Bundeskartellamt 77, 77, 77. |FDP Freie Demokratische Partei, Berlin: 93. |Feministische Partei DIE FRAUEN, Berlin: 97. |FÖJ - Bundesarbeitskreis (BAK) der Träger im Freiwilligen Ökologischen Jahr, Hachenburg: 85. |Freie Demokratische Partei e. V., Berlin: 96. |Getty Images, München: NBCU Photo Bank/Lubin, Justin 185. |Haitzinger, Horst, München: 153. |Haus der Geschichte der Bundesrepublik Deutschland, Bonn: 42; Wolfgang Hicks (Künstler) 46. |HSB-Cartoon, Horstmar: 158. |Huber, Jakob, Berlin: 83. |Institut für Demoskopie Allensbach, Allensbach: 9. |Interfoto, München: WELTBILD 130. |iStockphoto.com, Calgary: alvarez 205; carterdayne 10; FatCamera 215; industryview 223; Rawpixel 200; skynesher 37; vgabusi 213; ZU_09 101. |Langner & Partner Werbeagentur GmbH, Hemmingen: 10, 12, 18, 20, 21, 22, 22, 23, 30, 31, 31, 32, 36, 47, 54, 58, 71, 72, 87, 103, 106, 107, 109, 112, 124, 125, 135, 136, 189, 190, 219; Ingeborg Prändl (2011); Intra-Rollenkonflikt 227, 227; Nach: Bergmoser + Höller Verlag, zahlenbilder.de 47, 123; Ralf Bohrhardt (2005-2011): Soziologische Grundbegriffe 226. |Marcks, Marie/Verlag Antje Kunstmann GmbH, München: 187, 187, 187. |mauritius images GmbH, Mittenwald: Ikon Images 17. |Mester, Gerhard, Wiesbaden: 89, 89, 210. |MLPD, Gelsenkirchen: 97. |Mohr, Burkhard, Königswinter: 119. |NPD, Berlin: 97. |ÖDP Ökologisch-Demokratische Partei, Stuttgart: 97. |Partei Mensch Umwelt

Tierschutz, Treuen: 97. |Picture-Alliance GmbH, Frankfurt/M.: AAP/Lewins, Dean 185; akg-images 48, 152; BSIP/CHASSENET 213; dieKLEINERT.de/Weyershausen, Karsten 193; dpa-infografik 11, 55, 56, 57, 57, 59, 156, 157, 157, 159, 206, 207, 221; dpa/Brakemeier, Tim 185; dpa/Fishman, Robert B. 163; dpa/Gebert, Andreas 190; dpa/Haid, Rolf 224; dpa/Kalaene, Jens 192; dpa/Kumm, Wolfgang 82; dpa/Neal, Leon 185; dpa/Rohwedder 44; dpa/Witschel, Roland 126, 220; dpa/Wolf, Jens 213; dpa/Zimmer 174; DUMONT Bildarchiv/Lueger, R. 8; empics 185, 185; Hackenberg, Rainer 213; imagestate/HIP 98; REUTERS/Hanschke, Hannibal 10; Sven Simon/Hoermann, Frank 114; SZ Photo/Heddergott, Andreas 213; SZ Photo/Rumpf, Stephan 129; van Katwijk, Patrick 193; ZB/Endig, Peter 138; ZB/Förster, Peter 8; ZB/Grimm, Peer 84; ZB/Pleul, Patrick 162; ZB/Schutt, Martin 84; ZB/Thieme, Wolfgang 162; ZB/Wolf, Jens 129; ZUMAPRESS.com/Goodman, Joel 162. |Piratenpartei Deutschland, Berlin: 97. |Plaßmann, Thomas, Essen: 228. |PMS Musikverlag GmbH, Berlin: © Nele König 197. |ROSCH, Wien: 76. |Schoenfeld, Karl-Heinz, Potsdam: 155. |Shell Deutschland Oil GmbH, Hamburg: Shell Jugendstudie 2015, www.shell.de/jugendstudie 158, 179. |Shutterstock.com, New York: Ollyy 231. |SPD-Parteivorstand, Berlin: 93, 95, 96. |Speth, Frank /www.kunstsam.de, Quickborn: 12. |stock.adobe.com, Dublin: contrastwerkstatt 213; eyetronic 168; industrieblick 205; JackF 174; Kostic, Dusan 223; lightpoet 223; rcfotostock 169. |Süddeutsche Zeitung - Photo, München: S.M. 45. |Tonn, Dieter, Bovenden-Lenglern: 160. |toonpool.com, Berlin, Castrop-Rauxel: Karsten Schley 196. |ullstein bild, Berlin: AP 163; Archiv Gerstenberg 95; imagebroker.net 84; Interfoto Rauch 19; Rieckhoff, Jan 218, 219; The Granger Collection 184, 224, 226; Viollet, Roger 146; Wieczorek 147. |Umweltbundesamt, Dessau-Roßlau: 11. |Wiedenroth, Götz/www.wiedenroth-karikatur.de, Flensburg: 203. |Zeller, Bernd, Jena: 183.

Wir arbeiten sehr sorgfältig daran, für alle verwendeten Abbildungen die Rechteinhaberinnen und Rechteinhaber zu ermitteln. Sollte uns dies im Einzelfall nicht vollständig gelungen sein, werden berechtigte Ansprüche selbstverständlich im Rahmen der üblichen Vereinbarungen abgegolten.